新时代万有文库

刘跃进 主编

郭 丽·校点

管子

辽海出版社

图书在版编目（CIP）数据

管子 / 郭丽校点 . —沈阳：辽海出版社，2025.1
（新时代万有文库 / 刘跃进主编）
ISBN 978-7-5451-6854-9

Ⅰ . ①管…　　Ⅱ . ①郭…　　Ⅲ . ①《管子》　　Ⅳ . ①B226.1

中国国家版本馆CIP数据核字（2024）第003553号

出 版 者：辽海出版社
　　　　　　（地址：沈阳市和平区十一纬路25号　邮编：110003）
印 刷 者：辽宁新华印务有限公司
发 行 者：辽海出版社
幅面尺寸：160mm×230mm
印　　张：34
字　　数：340千字
出版时间：2025年1月第1版
印刷时间：2025年1月第1次印刷
责任编辑：吴昊天
装帧设计：新思维设计　刘清霞
责任校对：林明慧

书　　号：ISBN 978-7-5451-6854-9
定　　价：175.00元

购书电话：024-23285299
网址：http://www.lhph.com.cn
法律顾问：辽宁普凯律师事务所　王　伟
如有质量问题，请与印刷厂联系调换
印刷厂电话：024-31255233
盗版举报电话：024-23284481
盗版举报信箱：liaohaichubanshe@163.com

《新时代万有文库》

编辑委员会

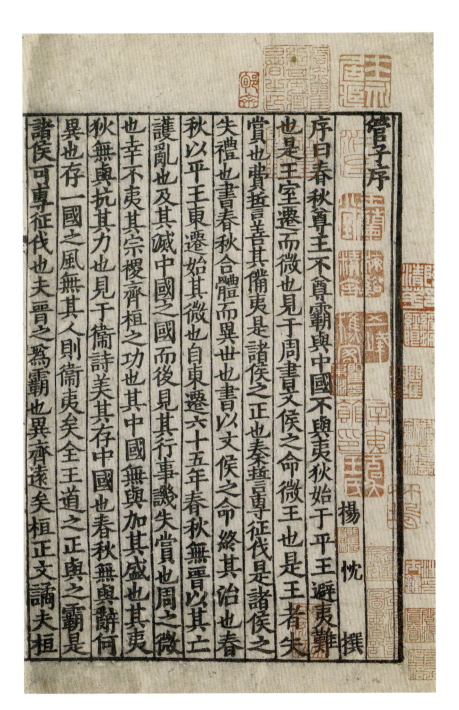

管子序

楊忱撰

序曰春秋尊王不貴霸與中國不與夷狄始于平王避夷難

也是王室遷而微也見于周書夏侯之命微王也是王者失

賞也費誓言告其備夷是諸侯之正也秦誓言專征伐是諸侯之

失禮也書春秋合體而異世也書以文侯之命終其治也春

秋以平王東遷始其微也自東遷六十五年春秋無貴以其上

護亂也及其滅中國之國而後見其行事譏失賞也周之微

也幸不夷其宗櫻齊桓之功也其中國無與加其盛也其夷

狄無與抗其力也見于備詩美其存中國也全王道之正輿之何

異也存一國之風無其人則備夷矣全王道之正輿之霸是

諸侯可專征伐也夫賈之為霸也異齊遠矣桓正文讍夫桓

◎宋绍兴间浙刻本《管子》（中国国家图书馆藏）

迂管子卷第一

牧民第一　權脩第三　乘馬第五

形勢第二　立政第四

唐司空房玄齡　註

牧民第一　國頌　四維　六親　五法

經言一

凡有地牧民者務在四時　守在倉廩　國多
财則遠者來地辟舉則民留　倉廩實則知
禮節衣食足則知榮辱上服度則六親固
四維張則君令行故省刑之要在禁文巧守
國之度在飾四維順民之經在明鬼神祇山川
敬宗廟恭祖舊不務天時則財不生不務地利
則倉廩不盈野蕪曠則民乃菅上無量則民乃妄文巧

◎宋紹興壬申瞿源蔡潛道宅墨寶堂刻本《管子》

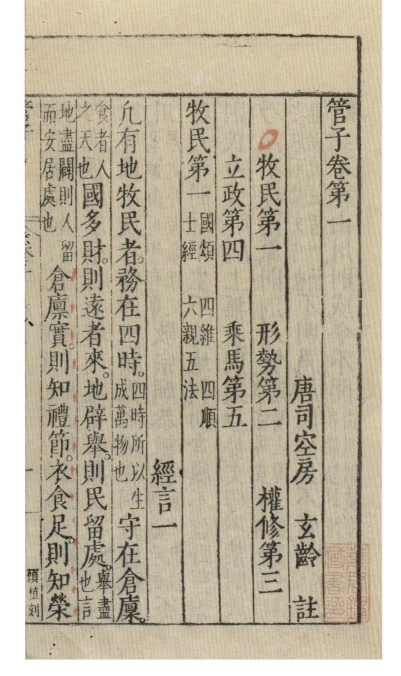

管子卷第一

唐司空房　玄齡　註

○牧民第一　形勢第二　權修第三

立政第四　乘馬第五

牧民第一　十一經

國頌　四維　四順

六親五法　　　經言一

凡有地牧民者務在四時。守在倉廩。四時所以生守在倉廩。成萬物也。

國多財則遠者來。地辟舉則民留處。食者人之天也地辟舉則民留處。舉盡言也

倉廩實則知禮節。衣食足則知榮地盡闢則人留而安居處也

頓植刻

◎明万历间赵用贤《合刻管子韩非子》本《管子》

明吳郡趙氏本

唐司空房玄齡注

七法第六　版法第七　　經言六

七法第六謂則象法化決　塞心術計數

言是而不能立言非而不能廢用之謂之不能立其人而

退之有功而不能賞有罪而不能誅若是而能治民者之非不能廢其

未之有也是必立非必廢有功必賞有罪必誅若是安能此四者可以安治矣而

治矣未也猶未其下事故是何也曰形勢器未者則以未其下事故是何也曰形勢器

管子卷二

◎清光緒二十七年浙江書局重刊《二十二子》本《管子》

总　序

刘慧晏

新时代、新征程、新伟业，更加迫切地需要"两个结合"提供支撑和滋养。辽宁出版集团贯彻落实习近平文化思想，着眼于服务"第一个结合"，集海内百余位专家之力，分国内传播、世界传播两辑，出版《马克思主义经典文献传播通考》。巨著皇皇，总二百卷，被誉为当代马克思主义基础研究扛鼎之作。着眼于服务"第二个结合"，辽宁出版集团博咨众意，精研覃思，决定出版《新时代万有文库》。

自古迄今，中华文化著述汗牛充栋。早在战国时，庄子就发"以有涯随无涯，殆已"的感慨。即使在知识获取手段高度发达的今天，我想，也绝对没有人敢夸海口：可尽一生精力遍读古今文化著述。清末好读书、真读书的曾国藩，在写给儿子的家书里，做过统计分析，有清一代善于读书且公认读书最多的王念孙、王引之父子，每人一生熟稔的书也不过十几种，而他本人于四书五经之外，最好的也不过《史记》、《汉书》、《庄子》、韩愈文四种。因此，给出结论："看书不可不知所择。"

高邮王氏父子也罢，湘乡曾国藩也罢，他们选择熟读的每一本书，当然都是经典。先秦以降，经典之书，积累亦多矣。虽然尽读为难，但每一本经典，一旦选择，都值得花精力去细读细研细悟。

中华文化经典，是中华优秀传统文化的物质载体和精神表达，凝聚着中华先贤的思想智慧，民族文化自信在焉。书海茫茫，典籍浩瀚，何为经典？何为经典之善本？何为经典之优秀注本？迷津得渡，知所择读，端赖方家指引。正缘于此，辽宁出版集团邀约海内古典文史专家，不惧艰辛，阅时积日，甄择不同历史时段文化经典，甄择每部文化经典的善本和优秀注本，拟分期分批予以整理出版，以助广大读者在创造性转化和创新性发展中赓续中华文脉。

《马克思主义经典文献传播通考》的美誉度，已实至名归。《新时代万有文库》耕耘功至，其叶蓁蓁、其华灼灼、下自成蹊，或非奢望！

出版说明

一、《新时代万有文库》（以下简称“《文库》”）拟收录中华传统文化典籍中具有根脉性的元典（即“最要之书”）500种，选择具有重要学术价值和版本价值的经典版本，给予其富有鲜明时代特征的整理与解读，致力于编纂一部兼具时代性、经典性、学术性、系统性、开放性的中华优秀传统文化经典丛书，深入挖掘和阐发中华优秀传统文化的精神内涵和时代价值，激活经典，熔古铸今，为“第二个结合”提供助力，满足新时代读者对中华文化经典的需求。

二、为满足不同读者的需求，《文库》收录的典籍拟采取“一典多版本”和“一版三形式”的方式出版。“一典多版本”是指每种典籍选择一最精善之版本予以重点整理，同时选择二至三种有代表性的经典版本直接刊印，以便读者比较阅读，参照研究。“一版三形式”是指每种典籍选择一最精善之版本，分白文本、古注本、今注本三种形式出版。各版本及出版形式，根据整理进度，分批出版。

三、典籍白文本仅保留经典原文，并对其进行严谨校勘，使其文句贯通、体量适宜，便于读者精析原文，独立思考，涵泳经典。考虑到不同典籍原文字数相差悬殊的实际情况，典籍白文本拟根据字数多少，或一种典籍单独出版，或几种典籍合为一册出版。合出者除考虑字数因素外，同时兼顾以类相从的原则，按照四部书目"部、类、属"三级分类体系，同一部、同一类或同一属的典籍合为一册出版。如子部中，同为"道家类"的《老子》与《庄子》合为一册出版。

四、典籍古注本选取带有前人注疏的经典善本整理出版。所选注本多有较精善的、学术界耳熟能详的汉、唐、宋、元人古注，如《老子》选三国魏王弼注，《论语》选三国魏何晏集解，《尔雅》选晋代郭璞注，等等。

五、典籍今注本在整理典籍善本基础上，对典籍进行重新注释，包括为生僻字、多音字注音；给难解的词语如古地名、职官、典制、典故等做注，为读者阅读、学习经典扫清障碍。

六、每部典籍卷首以彩色插页的形式放置若干面重要版本的书影，以直观展现典籍的历史样貌及版本源流。

七、每部典籍均撰写"导言"一篇，主要包括作者简介、创作背景、内容简介、时代价值、版本考释等方面内容。其中重点是时代价值，揭示每一种中华传统文化经典所蕴含的优秀基因和至今仍有借鉴意义的思想观念、人文精神、道德规范等，展示中华民族的独特精神标识，彰显中华传统文化经典的"魂"，满足读者借鉴、弘扬其积极内涵的需求，找准中华传统文化与社会主义核心价值观之间的深度契合点，指明每种经典在建设中华民族现代文明中能提供哪些宝贵资源。同时，对部分经典中存在的陈旧过时或已成为糟粕性的内容，予以明确揭示，提醒读者正确取舍，有鉴别地对待，有扬弃地继承，避免厚古薄今、以古非今。

八、校勘整理以对校为主，兼采他书引文、相关文献及前人成说，不做烦琐考证。选择一种或多种重要版本与底本对勘，以页下注的形式出校勘记，对讹、脱、衍、倒等重要异文进行说明，并适当指出旧注存在的明显问题。鉴于不同典籍在内容、体例、底本准确性等方面存在较大差异，《文库》对是否校改原文及具体校勘方式不作严格统一，每种典籍依具体情况灵活处理，并在书前列"整理说明"。

九、《文库》原则上采用简体横排的形式，施以现代新式标点，不使用古籍整理中的专名号。古注本的注文依底本排在正文字句间，改为单行，变更字体字号与正文相区别。

十、《文库》原则上使用规范简化字，依原文具体语境、语义酌情保留少量古体字、异体字、俗体字。《说文解字》《尔雅》等古代字书则全文使用繁体字排印。

《新时代万有文库》编辑委员会

2023年10月

目　录

管
子

导　言

　　武王灭商，有周建立，太公封齐。齐国盐碱地很多，"地潟卤，人民寡"❶，太公因地制宜，通工商之业，便鱼盐之利，齐国逐渐以丝织业、煮盐业闻名于天下。东周天子影响力减弱，春秋时期，各诸侯国开始争霸。诸侯国的卿大夫中，一些才能突出的人因时乘势，显名当世，创造历史。齐国的管仲因辅助齐桓公首霸，成为春秋时期影响较大的人物。孔子曰："桓公九合诸侯，不以兵车，管仲之力也。如其仁，如其仁。"❷又云："管仲相桓公，霸诸侯，一匡天下，民到于今受其赐。微管仲，吾其被发左衽矣。"❸评价甚高。《管子》一书便大量保存了管仲的思想主张和生平事迹。

一

　　管仲，名夷吾，颍上人❹，生年已经不可准确得知，卒于

---

　　❶ ［汉］司马迁：《史记·货殖列传》，中华书局，1959，第3255页。
　　❷ 杨伯峻译注：《论语译注》，中华书局，2009，第149页。
　　❸ 杨伯峻译注：《论语译注》，中华书局，2009，第149页。
　　❹ 《史记·管晏列传》记载："管仲夷吾者，颍上人也。"（中华书局1959年版，第2131页）颍上是颍水边之意，说明管仲出生在颍水流域，具体到现在的地域，一般认为是在安徽颍上县。又有学者认为，管仲故里"颍上"在河南禹州至临颍之间。

齐桓公四十一年（前645）❶。

根据《史记·管晏列传》的记载，管仲年轻的时候，家庭贫困，只能靠经商谋生；他还有过几次仕宦经历，但并不成功；几次上战场参战，似乎也没有取得什么战功。管仲有一位好友鲍叔牙，二人年轻时便有交往，鲍叔牙深信管仲的才能。

公元前698年，齐僖公去世。公子诸儿因为是长子而继位成为君主，是为齐襄公。齐襄公在位十二年，被堂兄弟公孙无知杀害。公孙无知自立为君，他为政暴虐，旋被国人杀死。公子小白与公子纠争夺国君之位，最终公子小白获胜即位，是为齐桓公。在这场政治斗争中，鲍叔牙和管仲分别辅佐公子小白和公子纠，成为对立的双方。齐桓公即位后，想任用鲍叔牙为相，鲍叔牙却极力推荐管仲，说管仲很有政治才华，齐国若想雄霸天下，非用管仲不可。齐桓公本来就是一个心胸开阔的人，他接受了鲍叔牙的劝说，不计前嫌，从鲁国召回管仲，任命为相。

管仲初任相职，向齐桓公讲述治国理念。他认为，国家要富强，就要得民心；要得民心，就要爱百姓；爱百姓，就要让百姓先富足。百姓富足了，国家才能得到治理。国家若要强盛，需要发展生产，重视经济，这样才能富民足食。百姓家里粮仓充实，吃饱穿暖后，才会知道礼节，才会有荣辱观。管仲强调礼、义、廉、耻"四维"是维护国家的根本。

在此基础上，管仲对齐国政治经济进行变革。最有名的举

----

❶ 本节的公元纪年，主要参考了杨伯峻的《春秋左传注》（中华书局1990年版）。

措，是实施"相地而衰征"的制度，就是根据土地的肥瘠程度不同，分等级征税，使百姓的粮食收入达到一种均衡的状态。为了"定民之居，成民之事"，管仲分齐国都城为二十一乡，其中工商六乡，士农十五乡。农夫平时耕田，战时当兵，实施兵农合一的劳动力编制，对于加强齐国的军事力量作用很大。

管仲积极促使齐桓公采取"尊王攘夷"的办法。"尊王"就是尊重周天子的权威，"攘夷"就是抗击威胁中原诸侯国安全的北方部族，遏止向北扩张的南方楚国。当时北方的燕国，经常受山戎、北狄的侵扰，齐桓公亲率大军北征，打败山戎、令支、孤竹国。公元前661年，北方的邢国受到狄人的侵袭。管仲说："戎狄豺狼，不可厌也；诸夏亲昵，不可弃也。"❶齐派兵救邢，帮助邢国迁徙到夷仪（今山东聊城西南），还为邢国修筑了都城。公元前660年，狄人攻下卫国都城，杀了卫懿公。卫国人逃到曹（今河南滑县城关街道东），拥立戴公。不久戴公去世，弟文公立。齐为卫国修筑楚丘城作为首都，卫国得以安定。救邢、存卫，是齐桓公时期的两大功业。齐国阻挡了狄人的南侵，为诸夏作了屏藩，在诸侯国间树立了威信。周惠王二十一年（前656），齐桓公率领诸侯进军楚国，迫使楚国在召陵（今河南漯河市郾城区东南）结盟修好，挡住了楚国北进的势头，楚国派使臣向周天子恢复进贡包茅，表示尊王。

周襄王四年（前648），周襄王的弟弟叔带勾结戎人进攻京城，管仲襄助天子平息内乱，获得赞赏。管仲是齐国的下

---

❶ 杨伯峻编著：《春秋左传注》，中华书局，1990，第256页。

卿，天子为了嘉奖管仲，准备用上卿的礼仪进行款待，管仲辞谢。管仲最终接受下卿的礼仪待遇，人们夸赞管仲"知礼"。在管仲的辅佐下，齐桓公"九合诸侯，一匡天下"，成为公认的霸主，齐国称霸三十余年。

齐桓公四十一年（前645），管仲病重。齐桓公请教，若是管仲去世，谁可以继任为相。管仲推荐非常有政治智慧的卿大夫隰朋，同时劝诫齐桓公远离易牙、竖刁、卫公子开方这三个佞人。管仲去世之后不到两年，易牙、竖刁、开方专权作乱，桓公去世，齐国的霸业也衰落了。

二

《管子》的成书过程和著者，是研读《管子》需要了解的内容。20世纪60年代，关锋、林聿时的《管仲遗著考》论证《管子》的"经言"部分共9篇、"外言"中的《五辅》篇是管仲所作。❶顾颉刚推断管仲不会自著书。❷孙以楷认为《管子》可能是稷下学者的著作，并将稷下学宫中的这一学派称为"管仲学派"。❸李学勤《〈管子·轻重〉篇的年代与思想》综合学界诸说，依据山东新出土的文字及实物材料，考订《管

---

❶ 关锋、林聿时：《管仲遗著考》，《春秋哲学史论集》，人民出版社，1963。

❷ 顾颉刚：《"周公制礼"的传说和〈周官〉一书的出现》，《文史》（第六辑），中华书局，1979，第15-16页。

❸ 孙以楷：《稷下学宫考述》，《文史》（第二十三辑），中华书局，1984，第45、50页。

子·轻重》诸篇为战国末世《管子》一系学者的著作。❶

余嘉锡认为，诸子著作称为子书，是为了辨明是一家之学。一般来说，周秦时期的典籍，在流传过程中，"门弟子相与编录之，以授之后学，若今之用为讲章；又各以所见，有所增益，而学案、语录、笔记、传状、注释，以渐附入"❷。古人著书，很多是单篇别行；等到将所有篇章编次成书的时候，多成于门弟子或后学之手，"因推本其学之所自出，以人名其书"❸。吕思勉认为子书是一家之学，说："治先秦之学者，可分家而不可分人。"❹

我们认为，《管子》一书至晚在战国中后期已经完成。《韩非子》曰："今境内之民皆言治，藏商、管之法者家有之，而国愈贫。"❺可能在齐国稷下学宫结束之前，学者对此书有所补充和修订。汉代《管子》继续流传，司马迁曰："吾读管氏《牧民》《山高》《乘马》《轻重》《九府》，及《晏子春秋》，详哉其言之也。既见其著书，欲观其行事，故次其传。"❻言其书"世多有之"，可知《管子》在当时流传甚广。到成帝时，刘向集合众本进行整理，所作《管子书录》

---

❶ 李学勤：《〈管子·轻重〉篇的年代与思想》，《道家文化研究》（第二辑），上海古籍出版社，1992。

❷ 余嘉锡：《古书通例》，《余嘉锡讲目录学》，凤凰出版社，2009，第139页。

❸ 余嘉锡：《古书通例》，《余嘉锡讲目录学》，凤凰出版社，2009，第142页。

❹ 吕思勉：《先秦学术概论》，东方出版中心，1985，第22页。

❺ ［清］王先慎：《韩非子集解》，中华书局，1998，第451页。

❻ ［汉］司马迁：《史记·管晏列传》，中华书局，1959，第2136页。

曰："所校雠中《管子》书三百八十九篇，太中大夫卜圭书二十七篇，臣富参书四十一篇，射声校尉立书十一篇，太史书九十六篇，凡中外书五百六十四，以校除复重四百八十四篇，定著八十六篇，杀青而书可缮写也。"刘向搜集宫中与宫外所藏《管子》五百六十四篇，删除重复者四百八十四篇，最后定为八十六篇，这是今本《管子》的由来。

三

今本《管子》八十六篇，按照篇目顺序，依次分为"经言""外言""内言""短语""区言""杂篇""管子解""轻重"八类，其篇目与内容如下。

（一）"经言"九篇：《牧民》《形势》《权修》《立政》《乘马》《七法》《版法》《幼官》《幼官图》。"经言"是《管子》中非常重要的部分，一般认为包含了管仲治理国家的总体思想，能够反映管仲时期齐国的法规制度。

（二）"外言"八篇：《五辅》《宙合》《枢言》《八观》《法禁》《重令》《法法》《兵法》。《宙合》为"前经后解"形式，行文风格与"经言"相近。《枢言》类似于格言警句的汇编。其余各篇涉及治国理政经验、齐国政令法规、兵家用兵之道等。

（三）"内言"九篇：《大匡》《中匡》《小匡》《王言》《霸形》《霸言》《问》《谋失》《戒》。其中《王言》和《谋失》内容亡佚，仅有篇名。其余各篇记述齐桓公前后时期齐国的历史，特别是管仲的事迹和管仲辅助齐桓公成就霸业的历程。

（四）"短语"十八篇：《地图》《参患》《制分》《君臣上》《君臣下》《小称》《四称》《正言》《侈靡》《心术上》《心术下》《白心》《水地》《四时》《五行》《势》《正》《九变》。其中《正言》内容亡佚，仅有篇名。"短语"即短书，不是说文章短，而是说用较短的竹简写成的书。这部分内容较多，包括涉及军事作战的《地图》，阐述君臣各自职守与相互关系的《君臣上》《君臣下》，讨论君主行为准则的《小称》《四称》，主张鼓励奢侈消费进而拉动生产、富国强兵的《侈靡》，论述内心修养与社会国家乃至天下万物关系的《心术上》《心术下》《白心》，讨论万物本源、四时节令、五行变化、顺势而为等哲学性概念的《水地》《四时》《五行》《势》，探讨治理国家、约束民众手段的《正》《九变》。

（五）"区言"五篇：《任法》《明法》《正世》《治国》《内业》。这一组为法家与黄老道家之言，从中可略窥由道而法递变的趋势。

（六）"杂篇"十三篇：《封禅》《小问》《七臣七主》《禁藏》《入国》《九守》《桓公问》《度地》《地员》《弟子职》《言昭》《修身》《问霸》。《封禅》篇原文已不存，现有内容是从《史记·封禅书》中摘录而来；《言昭》《修身》《问霸》三篇内容亡佚，仅存篇名。这部分杂记管子之逸闻逸事，兼及其他内容，汇为杂篇。

（七）"管子解"五篇：《牧民解》《形势解》《立政九败解》《版法解》《明法解》。其中《牧民解》内容亡佚，仅存篇名。古代经与解分别流传，故别为一类。"解"这种体裁一般认为产生于战国时期。

（八）"轻重"十九篇：《巨乘马》《乘马数》《问乘马》《事语》《海王》《国蓄》《山国轨》《山权数》《山至数》《地数》《揆度》《国准》《轻重甲》《轻重乙》《轻重丙》《轻重丁》《轻重戊》《轻重己》《轻重庚》。其中《问乘马》《轻重丙》《轻重庚》内容亡佚，仅存篇名。这是一组阐述财政经济思想的文章。

《管子》内容既多且广，并非一人一时之作，其中有管子遗说，也有后人阐发及增益的内容。其核心思想，在于阐述齐国的治国经验。特别是书中提出"仓廪实则知礼节，衣食足则知荣辱"的观点，指出治理国家必须"务在四时，守在仓廪"，强调经济发展，重视农业生产。在发展农业的基础上，采取教化、赏罚并行的管理措施，从礼、义、廉、耻四个方面推行教化，实行"严刑罚""信庆赏"的法治政策，以维护政治秩序，增强综合国力，实现"地大国富，人众兵强"的目标。这些观点和理论在中国古代国家治理中产生了深刻影响。

四

《管子》作为先秦国家治理经验的总结，对于今天的社会治理和个人发展具有重要的启示和借鉴意义。

（一）具有超前意义的经济思想

《管子》中蕴含大量关于经济发展的思想理论和政策主张，涉及社会经济的方方面面，堪称先秦经济思想的集大成者。

1. 改革农业税收制度

管仲为政时期，不同的土地税收标准不同，这就是"相地而衰征"。因为土地质量有优劣，产出的粮食也有等差，国家对土地进行调节，质量差的土地按照一定比例折合之后再授予农户，不同质量的劣地折合成良田的比例也不相同。根据《管子·乘马》，不长粮食的土地、没有树木的荒山、干涸的沼泽、不生草木的土地、荆棘丛生的土地，一百亩折算成一亩田的税收；生长水草的沼泽、能长细木的丘陵，九亩折算成一亩田的税收；可以下网捕鱼的河流湖水、树木成材的森林，五亩折算成一亩田的税收。这是根据土地不同状况进行合理折算，以此为标准征税，更加符合实情，符合民意。

2. 大力发展商业贸易

《管子》主张通过轻税措施鼓励商业发展，"弛关市之征，五十而取一"（《管子·大匡》），税率只有五十分之一，也就是百分之二。并且，关税和市税只征收一项，不重复征收。对空车来的、身背货物徒步而来的其他诸侯国商人均不征税。《管子》认为，其他诸侯国的商人来到齐国，需要吃饭、消费，能够增加齐国的财政收入。为吸引客商，《管子》主张为他们提供优质的服务，"为诸侯之商贾立客舍，一乘者有食，三乘者有刍菽，五乘者有伍养"（《管子·轻重乙》）。为了吸引商旅，还要专门修整道路，建立驿站；制定迎送客商的制度，为宾客提供便利，保证他们钱财无损和人身安全。

《管子》还很早地发现了商品价格与供求关系的规律，并提出了人为操控价格、控制市场，以达成政治目的的方法，这在《管子》中称为"轻重"。《管子》利用大量篇幅讲述了轻重之术的基本原理和实施案例，主张以轻重之术与诸侯国进行贸易竞争。比如有的诸侯国谷价是十，齐国的谷价是二十，那么诸侯国的粮食就流归齐国。通过轻重调节，引进外财，使其他诸侯国的物资流向齐国，以增加本国的财富和经济实力。《管子》认为，对于本国所拥有的粮食和其他重要物资，要竭尽全力地"守"，保存在国内；对于别国所拥有的粮食或其他重要物资，要想方设法地"射"，大量吸引到自己的国家。具体办法就是"谨守重流"，执行高价流通政策，保持本国的粮食和重要物资的高价位。对本国需要卖到其他诸侯国的物资则采取"天下高而我下"的做法，使这些物品的价格低于诸侯国，以对外倾销，在竞争中取胜。最终目的是使天下的粮食和重要物资皆备于我，国家有大量的物资储备，既可以调控本国经济，又能在很大程度上影响诸侯国的经济，就可以"御天下"，"朝天下"，无敌于天下了。

《管子》的重商思想不仅在当时具有开创性，放眼整个中国古代思想史也十分罕见，是中国古人关于商业研究与实践的重要总结。

3. 实行盐铁官营

盐在百姓饭食中不可缺少，铁是民用不可或缺之器。盐铁作为百姓的日常必需品，却又不能人人生产。盐铁专卖可以增加财政收入，利归国家；可以减免农田赋税，减轻农民负担；可以抑制富商大贾谋取暴利，减少商贾对百姓的财富掠夺。鉴于此，《管子》主张由国家管理盐铁经营。

根据《管子》的记载，在冬十月至次年正月农闲的时候，齐国使若干劳动力煮卤水为盐，总量达到三万多钟之后，则停止煮盐。食盐的总量有限，必然促使其价格居于高位。一个万乘的大国，人口总数千万人不止，国家每天卖盐的收入能达到二百万钱，一月可得六千万钱。齐国还将盐卖到其他诸侯国，通过盐业来操控经济命脉，收取天下利益。

铁对于民生也很重要。因为每一位妇女至少要有一根针、一把剪刀，然后才能做针线活；每一位农夫必须有一把耒、一把耙、一把大锄，然后才能干农活；每一位木匠，必须有一斧、一锯、一锥、一凿，然后才能做工。当时齐国一人一月的税收大概是三十钱，若是每根针的价格增加一钱，三十根针的加价收入，就等于一个人每月所纳的人口税；每把剪刀加价六钱，五把剪刀的加价收入就等于一个人每月所纳的人口税；每件耙铁加价十钱，三件耙铁的加价收入就等于一个人所纳的人口税。

《管子》提出的盐铁官营主张，在汉代被推行为国家定制，成为影响中国古代两千余年的重要制度。从中可见《管子》经济思想的超前性和影响力。

4. 重视经济活动的计划性

《管子·山国轨》详细讲述了对经济的规划和干预办法，以乡、县为单位进行测算，掌握田地、人口数量，通过知晓一乡一县田地收获的粮食总量，与人口所需食物进行比较，算出土地肥沃地区能够剩下多少粮食，以及田地贫瘠地区粮食不足的数量，以此为基础，制定基本规划。粮食生产不足的时候，由国家先贷款给农民，人口多的家庭贷放多，人口少的家庭贷放少。等到粮食收获后，百姓的贷款按谷价折算，百姓以谷物缴还国家。这样，农民收获的大量谷物集中于国家府库中，等到谷价上涨时，国家可以抛售谷物，获得巨大利润。

在农业与家庭手工业相结合的条件下，《管子》也主张国家参与国内纺织产品的买卖。国家根据掌握的乡里从事纺绩的成年女性人数，计算出每个家庭自用的纺织品总量，对有余的产品按照市价购买储存。当这些纺织品的市场价格上升时，就售出以获得收益。国家对牛马、器械、山泽物产也预购储存，适时卖出，以充实财政。同时，售出这些货物又有平抑物价的作用，有利于稳定社会秩序，保障社会平稳运行。

《管子》中具有超前意义的经济思想，体现出中国古人很早便已从丰富的经济活动中总结出规律，并将其上升至国家层面，敏锐地察觉到经济活动的政治功能，通过国家力量参与经济活动来实现政治目的。两千多年后的今天，我们面对的社会经济实践和国际贸易局势已远比管仲的时代更加复杂多变，但其背后蕴含的一些基本原理仍能从《管子》中找到雏形。从这一点来说，《管子》为我们了解中国古代的经济思想提供了一个窗口，对于今天的社会经济治理和经济学研究仍然具有一定的启示意义。

（二）选贤任能、因材施用的人才观

《管子》重视人才的选拔和任用。《管子·小匡》描述了齐桓公时推行的"三选"制度，由乡长、官长至于国君本人，层层选举，"匹夫有善，故可得而举也；匹夫有不善，可得而诛也"，形成了一套健全的人才选拔任用机制。

《管子》中以管仲为首的齐国卿大夫的任用也鲜明体现了任人唯贤、因材施用的理念。隰朋接待宾客，符合礼节，应对得当，管仲请齐桓公将其"立为大行"；甯戚能组织百姓开垦荒地，充分利用土地，就让他管理农业，"立为大司田"；王子城父是军事天才，能使战士勇敢杀敌，奋勇向前，视死如归，于是让他负责军事，"立为大司马"；宾胥无判决案情合理，不伤害无罪的人，不冤枉好人，就让他负责审理案件，"立为大司理"；东郭牙不畏惧死亡，不屈服于富贵，不怕冒犯君主，能够忠心劝谏，于是"立以为大谏之官"。《管子》认为，国家治理需要众人的智慧。因为一个人的能力有限，只有集众人的智慧，才能成就富国强兵的大业。

（三）尊重法律、赏罚分明的法治观

《管子》推崇依法治国，强调法律的重要地位，"法者，天下之至道也"（《管子·任法》）。《管子》认为圣明的君主应当"明法而固守之"，不以私废法，只有"君臣上下贵贱皆从法"，才能实现"大治"。《管子》主张赏罚分明，"有善者，赏之以列爵之尊、田地之厚，而民不慕也；有过者，罚之以废亡之辱、僇死之刑，而民不疾也"（《管子·君臣上》）。特别强调赏罚必信，"论在不挠，赏在信诚"，以此来树立规范，引导百姓的行为，突出法律的预判作用。正因为如此，《管子》反对轻易赦免罪行。《管子·法法》说："凡赦者，小利而大害者也，故久而不胜其祸；毋赦者，小害而大利者也，故久而不胜其福。故赦者，奔马之委辔；毋赦者，痤雎之矿石也。"赦免的弊端大于益处，从长远看祸害很大。减轻或免除罪犯的刑罚，对犯罪之人不能实施惩戒，就好像奔马没有缰绳，容易失去控制。严格执行法律，看上去很严酷，实际上能对潜在违规者形成震慑，能阻止更多人犯罪。因此，

《管子》认为，赦免只能使人获得小的利益，而对整个国家危害巨大，时间长了，引起的祸患无穷。不赦免罪人，只是个别人受害，对整个群体有利，时间长了，好处就会明显表现出来。总的来说，严格执行法律，人们因为畏惧而不敢犯罪，犯罪会逐步减少。

（四）尊重规律、顺应自然的生态观

《管子》主张重视自然规律，按照时节来做事。《管子·八观》说："山林虽广，草木虽美，禁发必有时；国虽充盈，金玉虽多，宫室必有度；江海虽广，池泽虽博，鱼鳖虽多，罔罟必有正。"自然环境和人的生活密切相关。若是山谷广阔，水泽面积大，土地肥沃，草木就肥美，桑麻就容易成长，牲畜也长得肥壮。人对自然界要保持敬畏，应该顺应季节做事。纵然山谷森林离家很近，草木长得肥美，林木的采伐也要在合适的季节；纵然国家富裕，财宝很多，修建宫室也要有限度；纵然大江大海、沼泽滩涂面积广阔，鱼鳖虾蟹很多，捕捞的时间也要有限定，不可一次性捕捞完。这样才能与自然保持一种和谐的关系，实现可持续发展。天地之间各种事物的生长，与人类活动的节制密不可分。《管子》重视生态环境保护，主张制定严格的法律，禁止竭泽而渔、焚林而猎，强调人类社会对自然资源的有序利用，体现了人与自然和谐相处的思想。

五

《管子》一书最初是以篇的形式流传。《汉书·艺文志》著录："《筦子》八十六篇。名夷吾，相齐桓公，九合诸侯，

不以兵车也，有《列传》。"颜师古注："筦读与管同。"❶
根据《新唐书》和《旧唐书》记载，《管子》在唐代有无注本
和有注本两种形式。

从北宋开始，随着经济的繁盛，雕版印刷日渐发达。《管
子》在北宋已有刻本印行。现存宋本《管子》中，比较重要的
两种均刊刻于南宋绍兴年间，其中一种经学者考证刊刻于浙江
一带，题"唐司空房玄龄注"❷，前有杨忱《管子序》，后附
张嵲《读管子》，并有黄丕烈、戴望跋。此本经文徵明、黄
丕烈诸位藏书家之手，传至铁琴铜剑楼，现藏于中国国家图
书馆。浙刻本《管子》刻印精审，文字讹误较少，更多地保
存了《管子》的原貌，清代学者陆贻典对此本评价甚高。❸
与浙刻本大体同时，南宋绍兴壬申（1152）年间瞿源蔡潜道
宅墨宝堂亦刊有《管子》。此本经黄丕烈、汪士钟递藏，后
归海源阁，民国年间流失海外，现藏于俄罗斯国家图书馆。

---

❶ ［汉］班固：《汉书·艺文志》，中华书局，1962，第1729、1732
页。

❷ 关于《管子》的注释者，各种刻本《管子》均题唐房玄龄注，《新
唐书》和《宋史》则题唐尹知章注，乾嘉及以后的学者如王念孙、俞樾、
戴望、章太炎、刘师培、于省吾、郭沫若、张舜徽也认为是尹知章注。根
据我们考证，《管子》注当为尹知章所作，主要依据是《崇文总目》最早著
录尹知章注《管子》，《旧唐书·尹知章传》《新唐书·艺文志》也有相
关记载。今本《管子》题房玄龄注的原因，是南宋绍兴年间科举取士，从
《管子》及注文中出题，书商为提高书籍的销售量，将《管子》注者托名为
位高名重的初唐良相房玄龄。参见郭丽：《房玄龄还是尹知章注释了〈管
子〉》，《西南交通大学学报（社会科学版）》，2006年第3期。

❸ 参见郭丽：《国家图书馆藏南宋浙本〈管子〉考略》，《图书情报
工作》，2009年第23期。

墨宝堂本《管子》缺失卷十三至卷十九，清人以宋本钞补完全。清代多位藏书家均曾利用该本进行校勘。❶两本相较，浙刻本《管子》质量更佳，影响更大，清光绪年间张瑛曾据其影刊，民国年间《四部丛刊》、2004年北京图书馆出版社（现国家图书馆出版社）《中华再造善本》、2018年国家图书馆出版社《国学基本典籍丛刊》均据其影印。本次整理即以此本作为底本。

现存明代版本中，以刘绩《管子补注》本为最早。一般认为，刘绩《管子补注》是从南宋墨宝堂本而来，但是多了二十余条新注解，有助于《管子》文句解读。此本在万历七年（1579）由朱东光诸人翻刻，收入《中都四子集》。《中都四子集》本的版刻特征与刘绩本比较接近，内容上改正了刘绩本的一些讹误，却又出现了新的讹误。❷万历十年（1582），赵用贤《合刻管子韩非子》集南宋浙刻本和明代刘绩《管子补注》之长，形成新本《管子》，自言校正《管子》讹误"千百余处"。赵用贤本《管子》在明代刊印之后，影响甚大，其后诸多《管子》刻本出自此本。

清代《管子》版本中，《四库全书》收有刘绩《管子补注》本和赵用贤本《管子》。将明刻《管子补注》与文渊阁《四库全书》本《管子补注》比较，可以发现四库馆臣对于缮录的《管子补注》有校改，版本质量较明刻本为佳。文渊阁

---

❶ 参见郭丽：《南宋墨宝堂本〈管子〉考略》，《图书馆杂志》，2010年第11期。

❷ 参见郭丽：《〈中都四子集〉本〈管子补注〉考略》，《图书馆理论与实践》，2010年第6期。

《四库全书》所收赵用贤本《管子》亦有多处校改，但是在抄写过程中出现了新的讹误。光绪二年（1876），浙江书局据明刻赵用贤本翻刻《管子》，订正了明刻本的一些讹误，刻印精审，成为通行的本子。光绪初年，浙江书局还刊印了《二十二子》本《管子》，亦据赵用贤本翻刻，校对精审。光绪五年（1879），张瑛影刊宋本《管子》，以瞿氏铁琴铜剑楼所藏南宋浙刻本《管子》为底本，质量甚佳，在清末民初影响较大。相较之下，刘绩《管子补注》一系版本因自身脱漏语句较多，文字讹误较南宋浙刻本与明赵用贤本为多，虽然保存了部分古字古义，仍不免渐趋式微。

清代中后期至民国年间，《管子》主要考订成果有王念孙《读书杂志》、洪颐煊《管子义证》、宋翔凤《管子识误》、孙诒让《札迻》、俞樾《诸子平议》、张佩纶《管子学》、章太炎《管子余义》、陶鸿庆《读诸子札记》、刘师培《管子斠补》、李哲明《管子校义》、于省吾《双剑誃诸子新证》等。抗日战争时期，许维遹吸收诸家成果完成《管子校释》，并经闻一多校阅、订补部分内容。❶郭沫若在许维遹、闻一多《管子》校勘成果的基础上，广校诸本、兼参前说，著成《管子集校》，于1956年出版，达到很高水平。20世纪60年代，黎翔凤参考郭沫若《管子集校》，重新校注《管子》。后经梁运华整

---

❶ 许维遹《管子校释》的稿本，有三分之一经闻一多校订。闻一多的《管子校勘》现收录在《闻一多全集》中。

理加工❶，黎翔凤的《管子校注》于2004年由中华书局出版。此本以南宋浙江刻本《管子》为底本，以其他版本参校，在汇集前人旧说的基础上，多作未发之论，为学术界研究《管子》提供了重要参考。

---

❶ 在整理出版黎翔凤《管子校注》之前，梁运华以《四部丛刊》本《管子》为底本，点校整理了《管子》，由辽宁教育出版社于1997年出版，收入《新世纪万有文库》丛书。此书为白文标点本，删去了原文注释。参见郭丽：《管子版本研究通论》，齐鲁书社，2019，第120-123页。

整理说明

一、本书以南宋绍兴年间浙江刻本《管子》为底本。所用参校本主要包括：南宋绍兴壬申（1152）瞿源蔡潜道宅墨宝堂本（简称"墨宝堂本"），明刘绩《管子补注》本（简称"刘绩本"），明万历年间赵用贤《合刻管子韩非子》本（简称"赵用贤本"）。

二、底本书前有杨忱《管子序》及刘向《管子书录》，书后有张嵲《读管子》及黄丕烈、戴望所题跋文，今一并校录。部分卷后附有少量文字音释，亦予保留。

三、底本篇目附注原参差不齐，如《地数第七十七》标注"管子轻重十"，《揆度第七十八》则标注"轻重十一"，整理时适当进行体例上的统一，作"轻重十""轻重十一"。个别篇目标题不完整，按照原书体例并参考清光绪二年（1876）浙江书局据赵用贤本校刻的《管子》（简称"浙江书局本"）补全。

四、原书部分篇章亡佚，仅存篇目。整理时将篇目照录，下注"亡佚"二字。

五、底本书前原有目录，并有"右二十四卷，凡八十六篇（内十篇）"字样。各卷卷首原题"唐司空房玄龄注"，并附该卷篇目。今一并删去。

六、《管子》部分篇目下分细目，如第一篇《牧民》分

《国颂》《四维》《四顺》《士经》《六亲五法》五部分，底本中篇目后即列有此篇五个细目，正文相应内容后则标明"右国颂"等字样。整理时，将篇目后的细目删去，列入目录中，将正文后的细目移至正文前作标题。

七、本次整理采用简体横排形式。字形简化、异体字处理以2013年国务院公布的《通用规范汉字表》为主要依据，参考《现代汉语词典》（第7版）、《辞海》（第7版）。结合具体语境中的特殊用法、特殊称谓等情况，酌情保留繁体、异体字形。

八、底本避宋代始祖"玄朗"、宋太祖之祖父"敬"、宋太祖之父"弘殷"、宋太祖"匡"、宋仁宗"祯"字讳，"玄""敬""弘""殷""匡""祯""贞"阙末笔，"朗"阙末两笔，整理时均改为规范字形。

九、校勘仅对诸本重要的、影响文意理解的异文进行说明，以页下注形式出校勘记。底本文字显误的，在正文中改正并出校记；底本、校本异文难以判定正误的，不改正文，仅出校记说明。

十、底本中多有将"扌/木""艹/竹""已/巳/己""日/曰""今/令""未/末""榖/穀"等混用、误用之处，类似这种情况，能够据文意推定应作哪一字的，原则上径改不出校记。

管子序

杨忱　撰

序曰：《春秋》尊王不尊霸，与中国不与夷狄，始于平王避夷难也。是王室迁而微也，见于《周书·文侯之命》。微王也，是王者失赏也。《费誓》善其备夷，是诸侯之正也；《秦誓》专征伐，是诸侯之失礼也。《书》《春秋》合体而异世也。《书》以《文侯之命》终其治也，《春秋》以平王东迁始其微也。自东迁六十五年，《春秋》无晋，以其亡护乱也。及其灭中国之国，而后见其行事，讥失赏也。周之微也，幸不夷其宗稷，齐桓之功也。其中国无与加其盛也，其夷狄无与抗其力也。见于《卫诗》，美其存中国也。《春秋》无与辞，何异也？存一国之风，无其人，则卫夷矣。全王道之正，与之霸，是诸侯可专征伐也。夫晋之为霸也，异齐远矣。桓正，文谲。夫桓之为正，抑夷狄，存中国；文之为谲，陵中国，微王室。晋之风也，无美其美，无功其功，外无他焉，虽国人不与也。然而桓之正，非王道之正也，以文谲而桓正也；桓之功，非王道之功也，以攘狄而存周也。无桓，周灭；有周，桓贼。桓卒齐衰，楚人灭周。周之不幸，桓之早死也。故曰：周之存，桓之功也；桓之不幸，管仲之早死也。故曰：桓之功，管仲之力也。自是楚灭诸国而炽矣。今得其著书，然后知攘狄之功皆远略也。儒讥霸信刑赏，岂王者诋民哉？霸严政令，岂王者怠忽哉？霸乡方略，岂王者不先谋哉？霸审劳佚，岂王者暴师哉？霸谨畜积，岂王者使民不足哉？亦时夷狄内聘，大者畏威，小者怀仁，功亦至矣。不幸名之不正，然奈衰世何！孔子曰："微管仲，吾其被发左衽。"此其据也。时大宋甲申秋九月二十三日序。

管子书录

护左都水使者光禄大夫臣向言：所校雠中《管子》书三百八十九篇，太中大夫卜圭书二十七篇，臣富参书四十一篇，射声校尉立书十一篇，太史书九十六篇，凡中外书五百六十四，以校除复重四百八十四篇，定著八十六篇，杀青而书可缮写也。

管子者，颍上人也，名夷吾，号仲父。少时尝与鲍叔牙游，鲍叔知其贤。管子贫困，常欺叔牙，叔牙终善之。鲍叔事齐公子小白，管子事公子纠。及小白立为桓公，子纠死，管仲囚，鲍叔荐管仲。管仲既任政于齐，齐桓公以霸，九合诸侯，一匡天下，管仲之谋也。故管仲曰："吾始困时，与鲍叔分财，多自予，鲍叔不以我为贪，知吾贫也。尝为鲍叔谋事而更穷困，鲍叔不以我为愚，知吾有利有不利也。公子纠败，召忽死之，吾幽囚受辱，鲍叔不以我为无耻，知吾不羞小节，而耻功名不显于天下也。生我者父母，知我者鲍叔。"鲍叔既进管仲，而己下之，子孙世禄于齐，有封邑者十余世，常为名大夫。

管子既相，以区区之齐在海滨，通货积财，富国强兵，与俗同好丑。故其书称曰："仓廪实而知礼节，衣食足而知荣辱，上服度则六亲固。""四维不张，国乃灭亡。"下令犹流水之原，令顺人心，故论卑而易行。俗所欲，因予之；俗所否，因去之。其为政也，善因祸为福，转败为功，贵轻重，慎权衡。桓公怒少姬，南袭蔡，管仲因伐楚，责包茅不入贡于周室。桓公北征山戎，管仲因而令燕修召公之政。柯之会，桓公背曹沫之盟，管仲因而信之，诸侯归之。管仲聘于周，不敢受上卿之命，以让高、国。是时诸侯为管仲城榖，以为之乘邑，《春秋》书之，褒贤也。

管仲富拟公室，有三归、反坫，齐人不以为侈。管子卒，齐国遵其政，常强于诸侯。孔子曰："微管仲，吾其被发左衽矣。"太史公曰："余读管氏《牧民》《山高》《乘马》《轻重》《九府》，详哉言之也。"又曰："'将顺其美，匡救其恶，故上下能相亲爱'，岂管仲之谓乎？"《九府》书民间无有。《山高》一名《形势》。凡《管子》书，务富国安民，道约言要，可以晓合经义。向谨第录上。

卷一

牧民第一 | 经言一

国 颂

颂，容也。谓陈为国之形容。

  凡有地牧民者，务在四时，四时所以生成万物也。守在仓廪。食者，人之天也。国多财则远者来，地辟举则民留处。举，尽也。言地尽辟，则人留而安居处也。仓廪实则知礼节，衣食足则知荣辱。上服度则六亲固，服❶，行也。上行礼度，则六亲各得其所，故能感恩而结固之。四维张则君令行。故省刑之要，在禁文巧；文巧者，刑罚所由生。守国之度，在饰四维；顺民之经，在明鬼神，祗❷山川，鬼神、山川皆有尊卑之序，故敬明之。敬宗庙，恭祖旧。谓恭承先祖之旧法。不务天时则财不生，不务地利则仓廪不盈。野芜旷则民乃菅，菅，当为芜。上无量则民乃妄。文巧不禁则民乃淫，不璋两原则刑乃繁。璋，当为章。章，明也。两原，谓妄之原，上无量也；淫之原，不禁文

---

❶ "服"，原作"留"，墨宝堂本同。此据刘绩本、赵用贤本改，解释正文"上服度"之"服"。

❷ "祗"，通"祗"。

巧也。能明此法者则刑简。**不明鬼神则陋民不悟，**不悟鬼神有尊卑之异也。**不祇山川则威令不闻，**言能登封降禅，祇祀山川，则威令远闻。**不敬宗庙则民乃上校，**校，效也。君无所尊，人亦效之。**不恭祖旧则孝悌不备。四维不张，国乃灭亡。**

四 维

国有四维。一维绝则倾，二维绝则危，三维绝则覆，四维绝则灭。倾可正也，危可安也，覆可起也，灭不可复错也。

何谓四维？一曰礼，二曰义，三曰廉，四曰耻。礼不逾节，义不自进，自进，谓不由荐举也。廉不蔽恶，隐蔽其恶，非贞廉也。耻不从枉。诡随邪枉无羞之人。故不逾节则上位安，不自进则民无巧诈，不蔽恶则行自全，不从枉则邪事不生。

四 顺

政之所兴，在顺民心；政之所废，在逆民心。民恶忧劳，我佚乐之；民恶贫贱，我富贵之；民恶危坠，我存安之；民恶灭绝，我生育之。能佚乐之，则民为之忧劳；君于平康能佚乐人，及其危，人必为之忧劳。下三顺皆然。能富贵之，则民为之贫贱；能存安之，则民为之危坠；能生育之，则民为之灭绝。

故刑罚不足以畏其意，杀戮不足以服其心。畏意、服心，在于顺其所欲，不在刑罚、杀戮。故刑罚繁而意不恐，则令不行矣；杀戮众而心不服，则上位危矣。故从其四欲，则远者自亲；行其四恶，则近者叛之。故知予之为取者，政之宝也。谓与之生全，取其死难也。

士　经

士，事也。经，常也。谓陈事之可以常行者也。

错国于不倾之地，积于不涸之仓，涸，竭也。藏于不竭之府，下令于流水之原，使民于不争之官，明必死之路，开必得之门。不为不可成，不求不可得，不处不可久，不行不可复。

错国于不倾之地者，授有德也。积于不涸之仓者，务五谷也。藏于不竭之府者，养桑麻、育六畜也。下令于流水之原者，令顺民心也。使民于不争之官者，使各为其所长也。各长其所长，则顺而悦，故不争也。明必死之路者，严刑罚也。开必得之门者，信庆赏也。不为不可成者，量民力也。不求不可得者，不强民以其所恶也。不处不可久者，不偷取一世也。谓所处必可使百代常行。不行不可复者，不欺其民也。复，重也。欺民之事，不可重行也。

故授有德则国安，务五谷则食足，养桑麻、育六畜则民富，令顺民心则威令行，使民各为其所长则用备，严刑罚则民远邪，信庆赏则民轻难，量民力则事无不成，不强民以其所恶则诈伪不生，不偷取一世则民无怨心，不欺其民则下亲其上。

六亲五法

以家为乡，乡不可为也；言有家之亲，斥以为乡之疏，必生怨，故不可为也。下三事同此。以乡为国，国不可为也；以国为天下，天下不可为也。以家为家，一亲也。以乡为乡，二亲也。以国为国，三亲也。以天下为天下。四亲也。毋曰不同生，远者不听。谓家也。言有家之亲，而谓之曰不与汝同家而生，用此以相疏远者，必不听。下同。毋曰不同乡，远者不行。毋曰不同国，远者不从。如地如天，何私何亲？五亲也。如月如日，唯君之节。六亲也。天地日月，取其耀临。言人君亲下，当如天地日月之无私也。

御民之辔，在上之所贵。言人从上之所贵，若马之从辔。道民之门，在上之所先。上所先行，人必行、人必从之，若由门矣。召民之路，在上之所好恶。故君求之则臣得之，君将求之，臣已先索得之也。君嗜之则臣食之，君好之则臣服之，君恶之则臣匿之。一法也。毋蔽汝恶，毋异汝度，汝，君也。贤者将不汝助。言室满室，言堂满堂，是谓圣王。二法也。言堂室事而令满，取其露见不隐也。城郭沟渠不足以固守，兵甲强力不足以应敌，博地多财不足以有众。言城郭、兵甲、博地，不足以固守、应敌、有众。其固守、应敌、有众，更在有道者也。**唯有道者能备患于未形也，故祸不萌。**三法也。**天下不患无臣，患无君以使之；天下不患无财，患无人以分之。**可以分与财者，贤人也。**故知时者可立以为长，无私者可置以为政。审于时而察于用而能备官者，可奉以为君也。**四法也。**缓者后于事，吝于财者失所亲，信小人者失士。**五法也。

形势第二 | 经言二

自天地以及万物，关诸人事，莫不有形势焉。夫势，必因形而立，故形端者势必直，状危者势必倾。触类莫不然，可以一隅而反。

山高而不崩，则祈羊至矣。渊深而不涸，则沈玉极矣。极，至也。山不崩，渊不涸，兴雨之祥，故羊、玉而祈祭。耳❶羊以祭，故曰祈羊。**天不变其常，地不易其则，春秋冬夏不更其节，古今一也。**今之天地即古之天地，今之四时即古之四时，故曰古今一也。**蛟龙得水而神可立也，虎豹托幽而威可载也。**至德处盛位，天下可平。载，行也。**风**

---

❶ "耳"，墨宝堂本同。刘绩本、赵用贤本作"烹"，烹羊以祭山。

雨无乡而怨怒不及也。乡，方也。既无方所，故无从而怨怒也。**贵有以行令，贱有以忘卑。**贵而行令，令乃行。贱而忘卑，卑可移。**寿夭贫富，无徒归也。**皆有理在焉。**衔命者，君之尊也；受辞者，名之运也。**言受君之辞以出命，则名必运。运，行也。

　　上无事则民自试，试，用也。**抱蜀不言而庙堂既修。**抱，持也。蜀，祠器也。君人者，但抱祠器，以身率道，虽复静然不言，庙堂之政既以修理矣。**鸿鹄锵锵，唯民歌之。**感德化也。**济济多士，殷民化之，纣之失也。**戒纣之失，故化文王。**飞蓬之间❶，不在所宾。燕雀之集，道行不顾。**蓬飞因风动摇不定，喻二三之声问，明主所不宾敬。燕爵翔集，事之常细也，故行道之人忽而不顾。谓小事非大人所宜知。**牺牷圭璧，不足以享鬼神。**鬼神享德，不在圭璧。**主功有素，宝币奚为？**主能立功，可谓有素。有素则诸侯不敢犯，宝玉币帛何所为乎？**羿之道，非射也；造父之术，非驭也；奚仲之巧，非斫削也。**羿之射，贵其肆武服戎，不在其落乌中鹄。造父之驭，贵其军容致远，不在辙迹遍天下也。奚仲之巧，贵其九车以载，不在斫削成光鉴也。**召远者，使无为焉；亲近者，言无事焉。唯夜行者独有也。**远使无为，所以优远方也。亲于近者，贵于恩厚，不在于夜行❷。谓阴行其德，则人不与之争，故独有之也。

---

❶ "间"，墨宝堂本同。刘绩本、赵用贤本作"问"。《管子·形势解》有"蜚蓬之问，不在所宾"。

❷ 刘绩本、赵用贤本"夜行"上有"虚言"二字。

平原之隰，奚有于高？言平隰之泽，虽有小封，不成于高。喻人有大失，小善不成其美。隰，下泽也。**大山之隈，奚有于深？**隈，山曲也。言山既大矣，虽有小隈，不成为深。喻人有高行，虽有小过，非不肖也。**訾訾之人，勿与任大。**訾，毁贤。訾，誉恶也。如此之人，任之则乱大邦也。**谲臣者，可与远举**；言行莫先，谓之谲臣。有大言行者，可与图国之远也。**顾忧者，可与致道。**顾忧，谓忘事勤臣道。有如此者，可致于道者也。**其计也速，而忧在近者，往而勿召也。**小人之计，得之虽速，祸败寻至，则忧及之。此人亲近，推之令去，不须召也。**举长者，可远见也**；举用长，和众皆见之，故曰远见。**裁大者，众之所比也。**裁，断也。能断大事，众必比之。**美人之怀，定服而勿厌也。**欲令人贵美而怀归者，须安定服行道德，勿有疲厌。**必得之事，不足赖也；必诺之言，不足信也。**言人于事，莫为疑。动言必得、应诺，如此虚诞者耳，不足赖信也。**小谨者不大立，訾食者不肥体。**言人无弘量，但有小谨，不能大立也。訾，恶也。恶食之人，忧嫌致瘠，故不能肥体。**有无弃之言者，必参于天地也。**言无可弃，动为法则，若天地之无不容载，故曰参之天地。

坠岸三仞，人之所大难也，而猿猱饮焉。故曰：伐矜好专，举事之祸也。猿遇坠岸而能饮，喻智者逢祸而能息也。**不行其野，不违其马。**马有识道之性，不违马而自得涂。喻未经其事，问其所经。**能予而无取者，天地之配也。**天地施生，不求所报。与而不取，可以配天地也。**怠倦者不及，**倦怠之人，触涂废滞，故多不及。**无广者疑神。**

神者在内，不及者在门。无得以己不及，疑神不祐❶。虽无形，常在于内，故曰在内也。不及外见，故曰在门也。**在内者将假，在门者将待。**将假，谓神将借己也。待，谓须自厉以待。**曙戒勿怠，后稚逢殃。**每曙而戒，所以戒此日之事。以待曙戒，戒勿为倦怠也。**朝忘其事，夕失其功。邪气袭内，正色乃衰。君不君，则臣不臣。父不父，则子不子。上失其位，则下逾其节。上下不和，令乃不行。衣冠不正，则宾者不肃。进退无仪，则政令不行。且怀且威，则君道备矣。**

莫乐之则莫哀之，常能乐人，及其有难，人必哀之也。**莫生之则莫死之。**常能生人，及其有危，人必死之。**往者不至，来者不极。**此往情不至，则复来意不然也。**道之所言者一也，而用之者异。**道之所言，其理不二，但用之不同，其事遂异也。**有闻道而好为家者，一家之人也。**虽闻道，但好理家，此但一家之人耳。言无广远。**有闻道而好为乡者，一乡之人也。有闻道而好为国者，一国之人也。有闻道而好为天下者，天下之人也。**此亦仁者见之谓之仁，智者见之谓之智也。**有闻道而好定万物者，天下之配也。**此则君子体斯道也。

道往者其人莫往，道来者其人莫来。道之所设，身之化也。道者，均彼我，忘是非，故无来往之体。然道之所设，身必与之化也。**持满者与天，安危者与人。失天之度，虽**

---

❶ "祐"，原作"祜"，据墨宝堂本改。刘绩本、赵用贤本作"神"。

满必涸。上下不和，虽安必危。能持满者，则与天合。能安危者，则与人合。不合于天，虽满必涸。不合于人，虽安必危。欲王天下而失天之道，天下不可得而王也。得天之道，其事若自然；失天之道，虽立不安。其道既得，莫知其为之；其功既成，莫知其泽之。藏之无形，天之道也。

疑今者察之古，不知来者视之往。万事之生也，异趣而同归，古今一也。

生栋覆屋，怨怒不及；弱子下瓦，慈母操棰。言人以生栋造舍，虽至覆屋，但自咎而已，不敢怨及他人。至弱子下瓦，所损不多，慈母便操棰而怒之。喻人主过由己作，虽大而吞声；过发他人，虽小而振怒也。天道之极，远者自亲；天道平分，远近无二，故远者自亲也。人事之起，近亲造怨。人事则爱恶相攻，故有近亲造怨也。万物之于人也，无私近也，无私远也。动物则有识而无知，植物则有生而无识，故于人也，无私远近。巧者有余而拙者不足。万物既无私于人，故巧者用之有余，拙者用之不足。其功顺天者天助之，其功逆天者天围之。天之所助，虽小必大；天之所围，虽成必败。顺天者有其功，逆天者怀其凶，不可复振也。

乌鸟之狡，虽善不亲。狡，谓猜也。言乌鸟之性多猜，初虽相善，后终不亲。不重之结，虽固必解。道之用也，贵其重也。毋与不可，毋强不能，毋告不知。与不可，强不能，告不知，谓之劳而无功。见与之交，几于不亲；见，谓不忘而恃之也。与，亲与也。见哀之役，几于不结；役而哀之，虽有恻然，见而不忘，故彼不结也。见施之德，几于不报。虽有恩施之德，然见而不忘，故彼不报也。四方所归，**心行者也。**心行能不见，则四方归之。**独王之国，劳而多祸。**独王，谓无四邻之援也。**独国之君，卑而不威。自媒之女，丑而不信。未之见而亲焉，可以往矣；**未见而亲，亲必无终，故可往矣。**久而不忘焉，可以来矣。日月不明，天不易也；山高而不见，地不易也。**日月无不明，假令不明，是天有云气而不易也。山高无不见，假令不见，是地多崄阻，不平易也。**言而不可复者，君不言也；行而不可再者，君不行也。**谓臣有忠言，不可复言者，则由君不言故也。臣有善行，不可再行者，则由君不行也。**凡言而不可复，行而不可再者，有国者之大禁也。**

权修第三 ｜ 经言三

权者，所以知轻重也。君人者，必知事之轻重，然后国可为，故须修权。

万乘之国，兵不可以无主；无所主，则无所统一也。**土地博大，野不可以无吏；**无吏，则不厉于垦辟。**百姓殷众，官不可以无长；**无长，则无所禀令也。**操民之命，朝不可以无政。地博而国贫者，野不辟也；民众而兵弱者，民无取也。**兵无主，故无所取则。**故末产不禁则野不辟，赏罚不信则民无取。野不辟，民无取，外不可以应敌，内**

不可以固守。故曰：有万乘之号，而无千乘之用，而求权之无轻，不可得也。国号万乘，及其兵用，不满于千。如此者，权必自轻也。

地辟而国贫者，舟舆饰、台榭广也；赏罚信而兵弱者，轻用众、使民劳也。舟车台榭广，则赋敛厚矣；轻用众、使民劳，则民力竭矣。赋敛厚，则下怨上矣；民力竭，则令不行矣。下怨上，令不行，而求敌之勿谋己，不可得也。

欲为天下者，必重用其国；欲为其国者，必重用其民；欲为其民者，必重尽其民力。重，为矜惜之也。无以畜之，则往而不可止也；往，谓亡去也。无以牧之，则处而不可使也。人虽留处，无畜牧之道，故不可使也。远人至而不去，则有以畜之也；民众而可一，则有以牧之也。见其可也，喜之有征；征，验也。必有恩锡以验，见善无空然矣。见其不可也，恶之有刑。赏罚信于其所见，虽其所不见，其敢为之乎？所见之处，赏罚既信，则所不见，惧而从教，不敢为非。见其可也，喜之无征；见其不可也，恶之无刑。赏罚不信于其所见，而求其所不见之为之化，不可得也。厚爱利足以亲之，明智礼足以教之。上身服以先之，服，行也。凡所欲教人，在上必身自行之，所以率先于下也。审度量以闲之，所以防闲其奸伪也。乡置师以说道之，然后申之以宪令，劝之以庆赏，振之以刑罚。振，整也。故百姓皆说为善，则暴乱之行无由至矣。

地之生财有时，民之用力有倦，而人君之欲无穷。以有时与有倦，养无穷之君，而度量不生于其间，度量不生，则赋役无限也。则上下相疾也。上疾下之不供，下疾上之无穷。是以臣有杀其君，子有杀其父者矣。故取于民有度，用之有止，国虽小必安；取于民无度，用之不止，国虽大必危。

地之不辟者，非吾地也；民之不牧者，非吾民也。凡牧民者，以其所积者食之，不可不审也。其积多者其食多，其积寡者其食寡，无积者不食。或有积而不食者，则民离上；有积多而食寡者，则民不力；有积寡而食多者，则民多诈；有无积而徒食者，则民偷幸。故离上、不力、多诈、偷幸，举事不成，应敌不用。故曰：察能授官，班禄赐予，使民之机也。

野与市争民，民务本业，则野与市争民。家与府争货，下务藏积，则家与府争货。金与粟争贵，所宝惟谷，故金与粟争贵。乡与朝争治。官各务其职，故乡与朝争治。故野不积草，农事先也；府不积货，藏于民也；市不成肆，家用足也；朝不合众，乡分治也。故野不积草，府不积货，市不成肆，朝不合众，治之至也。

人情不二，故民情可得而御也。审其所好恶，则其长短可知也；观其交游，则其贤不肖可察也。二者不失，则民能可得而官也。二者，谓好恶、交游也。

地之守在城，城之守在兵，兵之守在人，人之守在粟。故地不辟则城不固。有身不治，奚待于人？待，谓将治之。言身既不能自治，则无以治人也。有人不治，奚待于家？有家不治，奚待于乡？有乡不治，奚待于国？有国不治，奚待于天下？天下者，国之本也；国者，乡之本也；

乡者，家之本也；家者，人之本也；人者，身之本也；身者，治之本也。故上不好本事，则末产不禁；末产不禁，则民缓于时事而轻地利；轻地利而求田野之辟、仓廪之实，不可得也。

商贾在朝则货财上流，若桓、灵之卖官也。妇言人事则赏罚不信，妇者，所以休其蚕织，此之不为，辄言人事，妇人之性险诐❶，故赏罚不信矣。男女无别则民无廉耻。货财上流，赏罚不信，民无廉耻，而求百姓之安难，兵士之死节，不可得也。朝庭不肃，贵贱不明，长幼不分，度量不审，衣服无等，上下凌节，而求百姓之尊主政令，不可得也。上好诈谋间欺，间，隔也。有所隔碍而欺诳也。臣下赋敛竞得，使民偷壹，偷取一时之快。则百姓疾怨，而求下之亲上，不可得也。有地不务本事，本事，谓农。君国不能壹民，而求宗庙社稷之无危，不可得也。

上恃龟筮，好用巫医，则鬼神骤祟。故功之不立，名之不章，为之患者三：苟功不立、名不章，必为三患，下独王、贫贱、日不足是也。有独王者，谓无党也。有贫贱者，有日不足者。有日不足之费也。一年之计，莫如树谷；十年之计，莫如树木；终身之计，莫如树人。树人，谓济而成立之。一树一获者，谷也；一树十获者，木也；果木过十年渐就枯悴，故曰十获也。一树百获者，人也。人有百年之寿，虽使充❷百年，子孙亦有嗣之而报德者，故曰百获也。

---

❶ "诐"，原作"诀"，墨宝堂本同。据刘绩本、赵用贤本改。
❷ "充"，墨宝堂本同。刘绩本、赵用贤本作"无"（無）。

我苟种之，如神用之。一种百获，近识者莫能测其由，故曰如神用也。**举事如神，唯王之门。**王者贵神道设教也。

凡牧民者，使士无邪行，女无淫事。士无邪行，教也；女无淫事，训也。教训成俗而刑罚省，数也。所角反。凡牧民者，欲民之正也。欲民之正，则微邪不可不禁也。微邪者，大邪之所生也。微邪不禁，而求大邪之无伤国，不可得也。凡牧民者，欲民之有礼也。欲民之有礼，则小礼不可不谨也。小礼不谨于国，而求百姓之行大礼，不可得也。凡牧民者，欲民之有义也。欲民之有义，则小义不可不行。小义不行于国，而求百姓之行大义，不可得也。凡牧民者，欲民之有廉也。欲民之有廉，则小廉不可不修也。小廉不修于国，而求百姓之行大廉，不可得也。凡牧民者，欲民之有耻也。欲民之有耻，则小耻不可不饰也。小耻不饰于国，而求百姓之行大耻，不可得也。凡牧民者，欲民之修小礼、行小义、饰小廉、谨小耻、禁微邪，此厉民之道。民之修小礼、行小义、饰小廉、谨小耻、禁微邪，治之本也。

凡牧民者，欲民之可御也。欲民之可御，则法不可不审。法者，将立朝庭者也。将立朝庭者，则爵服不可不贵也。爵服加于不义，则民贱其爵服；民贱其爵服，则人主不尊；人主不尊，则令不行矣。法者，将用民力者也。将用民力者，则禄赏不可不重也。禄赏加于无功，则民轻其禄赏；民轻其禄赏，则上无以劝民；上无以劝民，则令不行矣。法者，将用民能者也。将用民能者，则授官不可不审也。授官不审，则民间其治；民间其治，则理不上通；

理不上通，则下怨其上；下怨其上，则令不行矣。法者，将用民之死命者也。用民之死命者，则刑罚不可不审。刑罚不审，则有辟就；有辟就，则杀不辜而赦有罪；杀不辜而赦有罪，则国不免于贼臣矣。故夫爵服贱、禄赏轻、民间其治、贼臣首难，此谓败国之教也。

立政第四 ｜ 经言四[1]

国之所以治乱者三，杀戮刑罚不足用也。三，谓三本也。谓治乱法各有三也。国之所以安危者四，城郭险阻不足守也。四，谓四固。国之所以富贫者五，轻税租、薄赋敛不足恃也。五，谓五事。治国有三本，而安国有四固，而富国有五事。五事，五经也。自三本已上，揔其目。

三 本

君之所审者三：一曰德不当其位，二曰功不当其禄，三曰能不当其官。此三本者，治乱之原也。故国有德义未明于朝者，则不可加于尊位；功力未见于国者，则不可授

---

❶ "经言四"，原作"经四言"，据墨宝堂本、刘绩本、赵用贤本改。

与重禄；临事不信于民者，则不可使任大官。故德厚而位卑者谓之过，德薄而位尊者谓之失。宁过于君子而毋失于小人。过于君子，其为怨浅；失于小人，其为祸深。

是故国有德义未明于朝而处尊位者，则良臣不进；有功力未见于国而有重禄者，则劳臣不劝；有临事不信于民而任大官者，则材臣不用。三本者审，则下不敢求。三本者不审，则邪臣上通而便辟制威，如此则明塞于上而治壅于下，正道捐弃而邪事日长。三本者审，则便辟无威于国，道涂无行禽，无禽兽之行。疏远无蔽狱，孤寡无隐治。故曰：刑省治寡，朝不合众。

四　固

君之所慎者四：一曰大德不至仁，不可以授国柄；德虽大而仁不至，或苞藏祸心，故不可授国柄。二曰见贤不能让，不可与尊位；三曰罚避亲贵，不可使主兵；四曰不好本事，不务地利，而轻赋敛，不可与都邑。此四务者，安危之本也。故曰：卿相不得众，国之危也；大臣不和同，国之危也；兵主不足畏，国之危也；民不怀其产，国之危也。故大德至仁，则操国得众；见贤能让，则大臣和同；罚不避亲贵，则威行于邻敌；好本事，务地利，重赋敛，则民怀其产。

五　事

君之所务者五：一曰山泽不救于火，草木不得成，国之贫也；二曰沟渎不遂于隘，鄣❶水不安其藏，国之贫也；三曰桑麻不殖于野，五谷不宜其地，国之贫也；四曰六畜不育于家，瓜瓠荤菜百果不备具，国之贫也；五曰工事竞于刻镂，女事繁于文章，国之贫也。故曰：山泽救于火，草木殖成，国之富也；沟渎遂于隘，障水安其藏，国之富也；桑麻殖于野，五谷宜其地，国之富也；六畜育于家，瓜瓠荤菜百果备具，国之富也；工事无刻镂，女事无文章，国之富也。

首　宪

分国以为五乡，乡为之师；分乡以为五州，州为之长；分州以为十里，里为之尉；分里以为十游，游为之宗。十家为什，五家为伍，什伍皆有长焉。

筑障塞匿，匿，隐。一道路，博出入，审闾闬，慎管键，管藏于里尉，置闾有司，以时开闭。闾有司观出入者，以复于里尉。复，白。凡出入不时，衣服不中，圈属

---

❶ "鄣"，同"障"。

羊豕之类也。**群徒众作役也。**不顺于常者，间有司见之，复无时。若在长家子弟、臣妾、属役、宾客，则里尉以谯于游宗，游宗以谯于什伍，什伍以谯于长家。谯敬而勿复，既谯，能敬而从命，无事可白，则是教令行。一再则宥，三则不赦。凡孝悌、忠信、贤良、俊材，若在长家子弟、臣妾、属役、宾客，则什伍以复于游宗，游宗以复于里尉，里尉以复于州长，州长以计于乡师，乡师以著于士师。凡过党，其在家属，及于长家；其在长家，及于什伍之长；其在什伍之长，及于游宗；其在游宗，及于里尉；其在里尉，及于州长；其在州长，及于乡师；其在乡师，及于士师。三月一复，六月一计，十二月一著。凡上贤不过等，谓上贤虽才用绝伦，无得过其劳级。使能不兼官，罚有罪不独及，罪必有首从及党与也。赏有功不专与。

　　孟春之朝，君自听朝，论爵赏校官，终五日。季冬之夕，君自听朝，论罚罪刑杀，亦终五日。正月之朔，百吏在朝。君乃出令，布宪于国。五乡之师，五属大夫，皆受宪于太史。大朝之日，五乡之师，五属大夫，皆身习宪于君前。太史既布宪，入籍于太府，入籍者，入取籍于太府也。宪籍分于君前。五乡之师出朝，遂于乡官，致于乡属，及于游宗，皆受宪。宪所以察时令，籍所以视功过。宪既布，乃反致令焉，致令于君。然后敢就舍。宪未布，令未致，不敢就舍，就舍谓之留令，死罪不赦。五属大夫皆以行车朝。出朝不敢就舍，遂行。至都之日，五属之都。遂于庙，致属吏，皆受宪。宪既布，乃发使者，致令以布宪之日，蚤晏之时。宪既布，使者以发，然后敢就舍。宪未布，使者未发，不敢就舍，就舍谓之留令，罪死不赦。宪既布，有不行宪者，谓之不从令，罪死不赦。考宪而有不合于太府之籍者，曰侈专制，不足曰亏令，罪死不赦。首宪岁朝之宪。既布，然后可以布宪。宪，谓月朝之宪。

首　事

凡将举事，令必先出。曰事将为，其赏罚之数，必先明之。立事者谨守令，以行赏罚。计事致令，复赏罚之所加。有不合于令之所谓者，虽有功利，则谓之专制，罪死不赦。首事既布，然后可以举事。

省　官

修火宪，敬山泽林薮积草。夫财之所出，以时禁发焉。使民于宫室之用，薪蒸之所积，虞师之事也。决水潦，通沟渎，修障防，安水藏，使时水虽过度，无害于五谷，岁虽凶旱，有所秎扶门反。获，司空之事也。相高下，视肥垎，观地宜，明诏期前后，农夫以时均修焉，使五谷桑麻皆安其处，由田之事也。行乡里，视宫室，观树蓻，简六畜，以时钧修焉，劝勉百姓，使力作毋偷，怀乐家室，重去乡里，乡师之事也。论百工，审时事，辩功苦，上完利，监壹五乡，以时钧修焉，使刻镂文采毋敢造于乡，工师之事也。

服　制

度爵而制服，量禄而用财。饮食有量，衣服有制，宫室有度，六畜人徒有数，舟车陈器有禁。修生则有轩冕、服位、谷禄、田宅之分，死则有棺椁、绞衾、圹垄之度。虽有贤身贵体，毋其爵不敢服其服；虽有富家多资，毋其禄不敢用其财。天子服文有章，而夫人不敢以燕以飨庙。将军大夫以朝，官吏以命，士止于带缘。散民不敢服杂采，百工商贾不得服长鬈求圆反。貂，刑余戮民不敢服絻，一本作"丝"。不敢畜连乘车。

九　败

寝兵之说胜，则险阻不守。言事者竞陈寝兵，其说见用而得胜，则武术必偃，虽有险阻，不能守矣。兼爱之说胜，则士卒不战。兼爱之说胜，则徐偃弱而行仁，宋襄惑而慕古也。全生之说胜，则❶廉耻不立。全生之说胜，则王孙自奉千金，何侯日食一万。私议自贵之说胜，则上令不行。群

---

❶ "则"，原作"则则"，据墨宝堂本、刘绩本、赵用贤本改。

徒比周之说胜，则贤不肖不分。金玉货财之说胜，则爵服下流。观乐玩好之说胜，则奸民在上位。观乐玩好之说胜，则费仲以奉奇异而居显位，董贤以柔曼而处朝谒也。请谒任举之说胜，则绳墨不正。谄谀饰过之说胜，则巧佞者用。

七　观

期而致，使而往，百姓舍己，以上为心者，教之所期也。始于不足见，终于不可及，一人服之，万人从之，训之所期也。谓君将行令，始独发于心，故不足见。终则功成事遂，故不可及也。未之令而为，未之使而往，上不加勉而民自尽竭，俗之所期也。君既尽心于俗，所以能期于此也。好恶形于心，百姓化于下，罚未行而民畏恐，赏未加而民劝勉，诚信之所期也。君之好恶才形于心，百姓已化于天下。为而无害，成而不议，得而莫之能争，天道之所期也。君能奉顺天道，所以能期于此。为之而成，求之而得，上之所欲，小大必举，事之所期也。令则行，禁则止，宪之所及，俗之所被，被，合也。谓俗与宪合。如百体之从心，政之所期也。

乘马第五 | 经言五

立国

凡立国都，非于大山之下，必于广川之上。高毋近旱
而水用足，下毋近水而沟防省。因天材，就地利，故城郭
不必中规矩，道路不必中准绳。

大数

无为者帝，为而无以为者王，为而不贵者霸。不自以
为所贵，则君道也。贵而不过度，则臣道也。

阴阳

地者，政之本也；政从地生。朝者，义之理也；义国❶
朝起。市者，货之准也；市，所以准货之轻重。黄金者，用

---

❶ "国"，墨宝堂本同。刘绩本、赵用贤本作"因"。

之量也；诸侯之地，千乘之国者，器之制也。五者，其理可知也，为之有道。

地者，政之本也，是故地可以正政也。地平可以正政。地不平均和调，则政不可正也。不均平和调，则地利或几于息，故不可不正❶也。政不正，则事不可理也。

春秋冬夏，阴阳之推移也；夏秋推阳以生阴，冬春推阴以生阳。时之短长，阴阳之利用也；必长短相摩，然后成阴阳之用也。日夜之易，阴阳之化也。昼热夜寒，交易其气，此阴阳之化也。然则阴阳正矣，虽不正，有余不可损，不足不可益也。假令时有盈缩不正，则百六之运数当然也。虽有尧、汤之圣，不能免之，故不可损益也。天地莫之能损益也。天地亦准阴阳，不可损益也。然则可以正政者，地也，故不可不正也。正地者，其实必正。长亦正，短亦正，小亦正，大亦正，长短小大尽正。正不正则官不理，谓天地之正不正，官不可得理。官不理则事不治，事不治则货不多。是故何以知货之多也？曰事治。何以知事之治也？曰货多。货多、事治，则所求于天下者寡矣。为之有道。

爵 位

朝者，义之理也。是故爵位正而民不怨，民不怨则不乱，然后义可理。理不正则不可以治，而不可不理也。故

---

❶ "不正"，墨宝堂本、赵用贤本同。刘绩本作"正政"。

一国之人不可以皆贵，皆贵则事不成而国不利也。皆贵则无为事者，故事不成也。为事之不成，国之不利也，使无贵者，则民不能自理也。是故辨于爵列之尊卑，则知先后之序，贵贱之义矣。为之有道。

务市事

市者，货之准也。是故百货贱则百利不得，谓不得过常之利也。百利不得则百事治，百事治则百用节矣。是故事者生于虑，谋虑则事生也。成于务，专务则事成也。失于傲。轻傲则失事也。不虑则不生，不务则不成，不傲则不失。故曰：市者，可以知治乱，可以知多寡，而不能为多寡。为之有道。

士农工商

黄金者，用之量也。辨于黄金之理则知侈俭，知侈俭则百用节矣。故俭则伤事，侈则伤货。俭则金贱，金贱则事不成，故伤事；侈则金贵，金贵则货贱，故伤货。货尽而后知不足，是不知量也；事已而后知货之有余，是不知节也。不知量，不知节，不可谓之有道。

天下乘马服牛，而任之轻重有制。有壹宿之行，一宿有定准，则百宿可知也。道之远近有数矣。是知诸侯之地，千乘之国者，所以知地之小大也，所以知任之轻重也。重而后损之，是不知任也；轻而后益之，是不知器也。不知任，不知器，不可谓之有道。

地之不可食者，山之无木者，百而当一。涸泽，百而当一。地之无草木者，百而当一。樊棘杂处，民不得入焉，百而当一。薮，镰缳得入焉，九而当一。蔓山，其木可以为材，可以为轴，斤斧得入焉，九而当一。泛山，其木可以为棺，可以为车，斤斧得入焉，十而当一。流水，网罟得入焉，五❶当一。林，其木可以为棺，可以为车，斤斧得入焉，五而当一。泽，网罟得入焉，五而当一。命之曰地均，以实数。

方六里命之曰暴，五暴命之曰部，五部命之曰聚。聚者有市，无市则民乏。五聚命之曰某乡，四乡命之曰方，官制也。官成而立邑。五家而伍，十家而连，五连而暴，五暴而长，命之曰某乡，四乡命之曰都，邑制也。邑成而制事。四聚为一离，五离为一制，五制为一田，二田为一夫，三夫为一家，事制也。事成而制器。方六里为一乘之地也。一乘者，四马也。一马，其甲七，其蔽五。蔽，所以捍车马。四乘，其甲二十有八，其蔽二十，白徒三十人奉车两，器制也。

方六里，一乘之地也。方一里，九夫之田也。黄金一镒，百乘一宿之尽也。无金则用其绢，季绢三十三，三

---

❶ "五"下，墨宝堂本、刘绩本、赵用贤本有"而"，作"五而当一"。

等，其下者曰季。制当一镒。无绢则用其布，经暴布百两当一镒。一镒之金，食百乘之一宿，则所市之地六步一跗，一本作"一升"。命之曰中岁。有市、无市则民不乏矣。方六里名之曰社，有邑焉，名之曰央，亦关市之赋。命出关市之赋。黄金百镒为一箧，其❶货一谷笼为十箧。其商苟在市者三十人，其正月、十二月，黄金一镒，命之曰正分。春曰书比，立夏曰月程，秋曰大稽，与民数得亡。三岁修封，五岁修界，十岁更制，经正也。

十仞见水不大潦，大潦，一本作"大续"，继也，预贮水也。五尺见水不大旱。十一仞见水，轻征，征，税也。十分去二三，谓去十仞之二三。二则去三四，谓去十仞之三。四则去四，谓去十仞之四。五则去半，比之于山。五尺见水，言平地五仞见水，同于山五尺见水。十分去一，四则去三，八尺曰仞。分九仞，则屈每分有二仞二尺。去其三，则余有一丈八尺。三则去二，二则去一。三尺而见水，比之于泽。

距国门以外，穷四竟之内，丈夫二犁，童五尺一犁，以为三日之功。正月令农始作，服于公田，农耕。及雪释，耕始焉，芸卒焉。士闻见博学意察，而不为君臣者，与功而不与分焉。此人而以为君之臣也，然以高尚其事而不为。若此者，预食农收之功，而不受力作之分也。贾知贾之贵贱，日至于市，而不为官贾者，与功而不与分焉。工治容貌功能，日至于市，而不为官工者，与功而不与分焉。

---

❶ "其"，原作"其其"，据墨宝堂本、刘绩本、赵用贤本改。

不可使而为工，则视贷离之实而出夫粟。

是故智者知之，愚者不知，不可以教民；教民必以有智者。巧者能之，拙者不能，不可以教民。教人为工，必以巧者，欲令愚智之人尽晓知之，然后可以教人也。非一令而民服之也，不可以为大善；非夫人能之也，不可以为大功。是故非诚贾不得食于贾，非诚工不得食于工，非诚农不得食于农，非信士不得立于朝。是故官虚而其敢为之请，君有珍车珍甲而莫之敢有。君举事，臣不敢诬其所不能。君知臣，臣亦知君知己也，故臣莫敢不竭力，俱操其诚以来。

道曰：均地分力，使民知时也。民乃知时日之蚤晏，日月之不足，饥寒之至于身也。是故夜寝蚤起，父子兄弟不忘其功，为而不倦，民不惮劳苦。故不均之为恶也，地利不可竭，民力不可殚。不告之以时而民不知，不道之以事而民不为。与之分货，则民知得正矣；审其分，则民尽力矣。是故不使而父子兄弟不忘其功。

圣　人

圣人之所以为圣人者，善分民也。善令人知分，故名为圣人。圣人不能分民，则犹百姓也，于己不足，安得名圣？不能令人知分，则己尚不足，何名为圣人？是故有事则用，用谓人也。无事则归之于民。谓令人退归而居也。唯圣人为善托业于民。谓托人以成功业也。民之生也，辟则愚，纵其淫辟则昏愚也。**闭则类，**类，善也。闭其淫辟则自善。**上为一，下为二。**下之效上，必倍之也。

失 时

时之处事精矣，不可藏而舍也。时至则为之，不可藏而舍息也。**故曰：今日不为，明日亡货。**言不为则失时。**昔之日已往而不来矣。**言日既往，不还来也。

地 里

上地方八十里，万室之国一，千室之都四。中地方百里，万室之国一，千室之都四。下地方百二十里，万室之国一，千室之都四。以上地方八十里，与下地方百二十里，通于中地方百里。

管子卷第一
拘九禺切 **蜀**音犹 **絟**七全切 **暴**彼各切 **比**必异切

卷二

七法第六 | 经言六

谓则、象、法、化、决塞、心术、计数。

四 伤

言是而不能立，言非而不能废，谓之是，不能立其人而用之；谓之非，不能废其人而退之。有功而不能赏，有罪而不能诛，若是而能治民者，未之有也。是必立，非必废，有功必赏，有罪必诛，若是安治矣，未也。能此四者，可以安治矣，而犹未者，则以未具下事故。是何也？曰：形势器械未具，犹之不治也。形势器械具，四者备，治矣。四者备，谓立是、废非、赏功、诛罪。

不能治其民，而能强其兵者，未之有也；能治民，然后能强兵。能治其民矣，而不明于为兵之数，犹之不可。虽能治民，而欲强兵，必明于为兵之数，然后可。不能强其兵，而能必胜敌国者，未之有也；能强其兵，而不明于胜敌国之理，犹之不胜也。虽能强兵，其欲胜敌国，必须明审其理。理之不明，犹是不胜也。兵不必胜敌国，而能正天下者，未之有也；兵必胜敌国矣，而不明正天下之分，犹之不可。故曰：治民有器，为兵有数，胜敌国有理，正天下有分。器、数、理、分，即下之七法也。

则、象、法、化、决塞、心术、计数，此七法之目也。根天地之气，寒暑之和，水土之性。人民、鸟兽、草木之生物，虽不甚多，皆均有焉，而未尝变也，谓之则。根，元也。生万物者，天地之元气也。义也，名也，时也，似也，类也，比也，状也，谓之象。义者，所以合宜也。名者，所以命事也。时者，名有所当也。似、类、比、状，谓立法者必有所仿效，不徒❶然也。尺寸也，绳墨也，规矩也，衡石也，斗斛也，角量也，谓之法。角亦器量之名。凡此十二事，皆立政者所以为法也。渐也，顺也，靡也，久也，服也，习也，谓之化。渐，谓革物当以渐也。顺也，靡也，谓物顺教而风靡也。久也，服也，习也，谓人服习教命之久。予夺也，险易也，利害也，难易也，开闭也，杀生也，谓之决塞。凡此十二事，皆为政者所以决断而窒塞也。实也，诚也，厚也，施也，度也，恕也，谓之心术。凡此六者，皆自心术生也。刚柔也，轻重也，大小也，实虚也，远近也，多少也，谓之计数。凡此十二事，必计之以知其数也。

不明于则，而欲出号令，明则然后可以出号令。犹立朝夕于运均之上，檣竿而欲定其末。均，陶者之输也。立朝夕，所以正东西也。今均既运，则东西不可准也。檣，举也。夫欲定末者，必先静其本。今既举竿之本，其末不定也。不明于象，而欲论材审用，犹绝长以为短、续短以为长。

---

❶ "徒"，原作"徙"，墨宝堂本同。据刘绩本、赵用贤本改。

鹤胫非所断，凫胫非所续也。**不明于法，而欲治民一众，犹左书而右息之。**息，止也。左手为书，右手从而止之，则无时成书矣。**不明于化，而欲变俗易教，犹朝揉轮而夕欲乘车。不明于决塞，而欲欧❶众移民，犹使水逆流。不明于心术，而欲行令于人，犹倍招而必拘之。**物有倍叛，而招之者必有以慰悦之，令其感服。令反拘留之，则彼逾叛矣。**不明于计数，而欲举大事，犹无舟楫而欲经于水险也。故曰：错仪画制，不知则不可；论材审用，不知象不可；和民一众，不知法不可；变俗易教，不知化不可；欧众移民，不知决塞不可；布令必行，不知心术不可；举事必成，不知计数不可。**

百 匿

百匿伤上威，百，百官也。言百官皆匿情为私，则上威伤。**奸吏伤官法，奸民伤俗教，贼盗伤国众。**盗贼之人常欲损败于物也。**众伤则重在下，**君威伤则臣及❷得尊重。**法伤则货上流，教伤则从令者不辑，众伤则百姓不安其居。重在下则令不行，货上流则官徒毁，**官者既不以德进，但以货成，故官徒毁。徒，事也。**从令者不辑则百事无功，**百

---

❶ "欧"（歐），通"敺"，"驱"（驅）的古字。下文"欧众移民"同此。

❷ "及"，墨宝堂本同。刘绩本、赵用贤本作"反"。

姓不安其居则轻民处而重民散。轻民，谓为盗者，用盗致富，故处。重民，谓务农者，为盗破产，故散。轻民处、重民散则地不辟，地不辟则六畜不育，六畜不育则国贫而用不足，国贫而用不足则兵弱而士不厉，兵弱而士不厉厉，奋也。则战不胜而守不固，战不胜而守不固则国不安矣。故曰：常令不审则百匿胜，官爵不审则奸吏胜，符籍不审则奸民胜，刑法不审则盗贼胜。国之四经败，人君泄，见危。谓常令、官爵、符籍、刑法四者，为政之经。四者既败，则是君泄其事。君泄其事，则其位危矣。人君泄则言实之士不进，言实之士不进则国之情伪不竭于上。下皆隐实言虚，则是国情不竭于上。

世主所贵者，实也；所亲者，戚也；所爱者，民也；所重者，爵禄也。亡君则不然，致所贵非实也，致所亲非戚也，致所爱非民也，致所重非爵禄也。故不为重宝亏其命，故曰令贵于宝；重宝而全命，则当弃，是令贵于宝。不为爱亲危其社稷，故曰社稷戚于亲；社稷者，身之存亡，故弃亲而存社稷。不为爱人枉其法，故曰法爱于人；法者，崇替所由，故弃所爱而存其法。不为重禄爵分其威，故曰威重于爵禄。威者，人君以服海内，必不得已，宁散爵禄，不可分威也。不通此四者，则反于无有。不达于四者，用非其国，故曰反于无有。故曰：治人如治水潦，治水潦者，必峻其堤防也。养人如养六畜，养六畜者，必致其闲皂，坚其羁绊。用人如用草木。用草木者，时入山林，轮辕不失其宜，樵苏各得其所。

居身论道行理，则群臣服教，百吏严断，莫敢开私焉。君之于民，其犹居身。治之，养之，用之，三者各各得宜，论道而行理，则无私不服也。**论功计劳，未尝失法律也。**便辟、左右、大族、尊贵大臣，不得增其功焉；疏远、卑贱、隐不知之人，不忘其劳。故有罪者不怨上，罪得其人，故不怨。**爱赏者无贪心，**赏不逾等，故息其贪也。**则列陈之士皆轻其死而安难，以要上事，**赏罚不滥，则立功要功之士知其不诬，故竞而为之。**本兵之极也。**为兵之本，其极要者，在于明赏罚也。

为兵之数

　　为兵之数，存乎聚财而财无敌，存，谓专立意存之。君无财，士不来，故存意于聚财，则彼国之财不能敌也。**存乎论工而工无敌，**工者，所以造军之器用者也。**存乎制器而器无敌，**器，谓兵器。**存乎选士而士无敌，存乎政教而政教无敌，**政教，军中号令。**存乎服习而服习无敌，**服，便也，谓便习武艺。**存乎遍知天下而遍知天下无敌，**遍知天下，谓遍知其地形险易、主将工拙、士卒勇怯。**存乎明于机数而明于机数无敌。**机者，发内而动外，为近而成远，不疾而速，不行而至，见其为之，不知其所以为，有数存焉于其间，故曰机数也。**故兵未出境，而无敌者八。**

　　是以欲正天下，财不盖天下，不能正天下；财，谓货财。不能盖天下，则无以正天下也。**财盖天下，而工不盖天下，不能正天下；工盖天下，而器不盖天下，不能正天**

下；财虽盖天下，而工与器不能盖，则无以正天下。余皆放此。**器盖天下，而士不盖天下，不能正天下；士盖天下，而教不盖天下，不能正天下；教盖天下，而习不盖天下，不能正天下；习盖天下，而不遍知天下，不能正天下；遍知天下，而不明于机数，不能正天下。故明于机数者，用兵之势也。**大者，时也；小者，计也。王之征伐，能立大功者，在于合天时也。至小者捷胜，亦在人计谋也。

王道非废也，而天下莫敢窥者，王者之正也。大宝之位，神器也，古今所共传，非有暂废而天下莫敢窥窬者，以王者当乐推之运，应天人之正。**衡库者，天子之礼也。**衡者，所以平轻重。库者，所以藏宝物，不令外知者也。言王者用心，常当准平天下。既知轻重，审用于心，无令长耳目者所得，此则天子之礼然也。

是故器成卒选，则士知胜矣。选，谓简其精练。**遍知天下，审御机数，则独行而无敌矣。所爱之国而独利之，所恶之国而独害之，则令行禁止，是以圣王贵之。**贵，谓贵兵。**胜一而服百，则天下畏之矣；立少而观多，则天下怀之矣；**立少，谓兴亡国虽少，天下共观之，故曰观多。桓公救邢迁卫，用此术也。或曰"观"当为"劝"。**罚有罪，赏有功，则天下从之矣。**

故聚天下之精财，论百工之锐器，春秋角试，以练精锐为右。右，上也。**成器不课不用，不试不臧。**兵器虽成，未经课试，则不用不臧。**收天下之豪杰，有天下之骏雄，故举之如飞鸟，动之如雷电，发之如风雨，莫当其前，莫害其后，独出独入，莫敢禁圉。成功立事，必顺于**

理义，故不理不胜天下，不义不胜人。故贤知之君，必立于胜地，故正天下而莫之敢御也。

选　陈

若夫曲制时举，不失天时，制虽委曲，顺天而举，不失天时也。毋圹地利，其数多少，其要必出于计数。圹，空也，天之所覆空。地，谓山河陂泽，所以营作而兴利者也，必计数其多步❶之要，然后度材而用之。故凡攻伐之为道也，计必先定于内，然后兵出乎境。计未定于内，而兵出乎境，是则战之自胜，攻之自毁也。自胜，谓自胜于己，其败可知也。是故张军而不能战，围邑而不能攻，得地而不能实，三者见一焉，则可破毁也。

故不明于敌人之政，不能加也；不明敌，故❷未可加兵。不明于敌人之情，不可约也；不明敌情，未可约士约誓。不明于敌人之将，不先军也；不明于敌人之士，不先阵也。是故以众击寡，以治击乱，以富击贫，以能击不能，以教卒练士击驱众白徒，白徒，谓不练之卒，无武艺。故十战十胜，百战百胜。

故事无备，兵无主，则不蚤知；既无备无主，故敌来攻不能先知之。野不辟，地无吏，则无蓄积；官无常，下

---

❶ "步"，墨宝堂本同，刘绩本、赵用贤本作"少"。

❷ "故"，墨宝堂本、赵用贤本同。刘绩本作"政"，属上句。

怨上，而器械不功；功，谓坚利。朝无政，则赏罚不明；赏罚不明，则民幸生。侥幸以偷生也。故蚤知敌人如独行，蚤知敌人则有以备之，敌人望风自退，故曰独行也。有蓄积则久而不匮，器械功则伐而不费，赏罚明则人不幸，人不幸则勇士劝之。故兵也者，审于地图，谋十官，地图，谓敌国险易之形，军之部置。十官，必伍什则有长，故曰十官，又须谋得其人也。日量蓄积，齐勇士，遍知天下，审御机数，兵主之事也。

故有风雨之行，故能不远道里矣；行疾如风雨，故不以道里为远。有飞鸟之举，故能不险山河矣；轻捷如飞鸟，故不以山河为险。有雷电之战，故能独行而无敌矣；雷电，天之威怒，故莫敢为敌。有水旱之功，故能攻国救邑；谓其功可以为彼水旱。有金城之守，故能定宗庙、育男女矣；有一体之治，故能出号令、明宪法矣。谓上下同心，其犹一体。风雨之行者，速也；飞鸟之举者，轻也；雷电之战者，士不齐也；惧雷电之威，故彼士不齐。水旱之功者，野不收、耕不获也；能令彼有水旱，故不得使收获也。金城之守者，用货财、设耳目也；货财所以养敢死之士，耳目所以听邻国之动静，令必知之。一体之治者，去奇说、禁雕俗也。奇说，谓谲诳之言。雕俗，谓浮伪之俗。不远道里，故能威绝域之民；不险山河，故能服恃固之国；独行无敌，故令行而禁止。故攻国救邑，不恃权与之国，故所指必听；虽有权与之国，不顾而恃之。权与，谓权为亲与也。定宗庙，育男女，天下莫之能伤，然后可以有国；制仪法，出号令，莫不向应，然后可以治民一众矣。

版法第七 | 经言七

选择政要，载之于版，以为常法。

凡将立事，立经国之事。正彼天植，谓顺天道以种植，必令得其正。风雨无违，君道不亏，则风雨无违也。远近高下各得其嗣，高下，犹多少也。谓君之赋税，因其远近之别，以多少之差，轻重合宜，故可嗣之以常行。嗣，续也。三经既饬，君乃有国。三经，谓上天植、风雨、高下也。是三者既以饰整，故君可以有国也。

喜无以赏，怒无以杀。喜以赏，怒以杀，怨乃起，令乃废。骤令不行，民心乃外。有外叛之心也。外之有徒，祸乃始牙。徒，谓党与也。外叛者有党与，祸由是生，故曰始牙。众之所忿，置不能图。众忿难犯，故必置之，谁能图之？

举所美必观其所终，凡人之情，靡不有初，鲜克有终，故须观之。废所恶必计其所穷。蜂虿有毒，故必计其所穷。知困兽犹斗，其所终将何为也？庆勉敦敬以显之，人有敦敬，则庆勉以显之也。富禄有功以劝之，人之有功，则富贵以劝之。爵贵有名以休之。贤者有名，则爵贵以休之。兼爱无遗，谓君。必先顺教，万民乡风。上之敦敬有功名之士，必爵禄顺而与之，所以教之急也。如此，则民向风而从化。**旦暮利之，众乃胜任。**有功名之士，既旦暮得利，众自厉而胜任。

取人以己，成事以质。将欲取人，必先审己才略能用彼不。质，谓准的。将欲成事，必先立其准的。事不违质，然后为善。**审用财，慎施报，察称量。故用财不可以啬，用力不可以苦。用财啬则费，**啬于用财，不以赏赐，则立功之士懈怠，敌人来侵，其费更多。啬，吝。**用力苦则劳。民不足，令乃辱；**民不足则令不行，故辱也。**民苦殃，令不行。施报不得，祸乃始昌；祸昌不寤，民乃自嚣。**谋为叛己。

正法直度，罪杀不赦。夫正直之法度，罪杀有过，终不免赦。**杀僇❶必信，民畏而惧。武威既明，令不再行。顿卒怠倦以辱之，**顿卒，犹困苦。其有怠倦不勤，则困苦以辱。**罚罪宥过以惩之，杀僇犯禁以振之。植固不动，倚邪乃恐。**言执法者必当深植而固守，则不可动移。若乃顿倚而邪，则法乱而身危，故可恐也。**倚革邪化，令往民移。**既能正倚化邪，归于正直。如此化出，令才往则民移。**法天合德，**天之资始，无有私德。**象地无亲，**地之资生，无所私亲。**参于日月，**日月无私耀也。**佐于四时。**赏以春夏，刑以秋冬。**悦在施有，**将悦于下，在于施无令有。**众在废私，**将欲齐众，在于废私。**召远在修近，**修近则远者至。**闭祸在除**

---

❶ "僇"，通"戮"，杀戮。《墨子·明鬼下》："是以赏于祖而僇于社。"孙诒让《墨子间诂》："僇、戮字通。"下"僇"同。

怨，**除怨则祸端塞。修长在乎任贤，**任贤则国祚长。**安高在乎同利。**与下同利则高位安。

管子卷第二

卷三

幼官第八 | 经言八

幼，始也。陈从始辅官齐政之法。

若因夜虚守静，人物人物则皇。言欲候气听声，以知凶吉，必因夜虚之时，守其安静，以听候人物。此时人物则皇暇，故吉凶之验不妄。**五和时节，**土生数五。土气和，则君顺时节而布政。**君服黄色，味甘味，听宫声，**此土王之时，故服黄、味甘、听宫也。然土虽均王四季，而正位在六月也。**治和气，**土主和，故治和气。**饮于黄后之井❶，**中央井也。**以偊兽之火爨。**偊兽，谓浅毛之兽，虎豹之属。**藏温儒，**藏，谓苞之在心。君之所藏者，温和儒缓，所以助土气。**行欧❷养，**谓禽兽之属能为苗害者，时欧逐之，所以养嘉谷也。**坦气修通。**坦，平也。平土政则其气修通。

凡物开静，形生理，常至命。凡土正之时所生之物，但开通安静，则其形自生。既循理之常，则无残尽于所赋之命也。**尊贤授德则帝，**帝者之臣，其实师也，故尊贤授德，

---

❶ 刘绩本、赵用贤本"饮于黄后之井"前有"用五数"三字。《幼官图》篇"中方本图"亦有"用五数"三字。

❷ "欧"（歐），通"毆"，"驱"（驅）的古字。注中"欧"字同。

则可为帝也。**身仁行义、服忠用信则王，**服，行。**审谋章礼、选士利械则霸，**章，明。**定生处死、谨贤修伍则众，**生者安定之。死者处置之，敛葬其柩。**信赏审罚、爵材禄能则强，**有材者爵之，有能者禄之。**计凡付终、务本饬末则富，**凡，谓都数也。付终，谓财。日月既终，付之后人。**明法审数、立常备能则治，**常，谓五常也。备能，谓才能之士备有之。**同异分官则安。**同异之职，分官而治。**通之以道，畜之以惠，亲之以仁，养之以义，报之以德，结之以信，接之以礼，和之以乐，期之以事，攻之以官，**攻，治。**发之以力，威之以诚。**

　　一举而上下得终，谓初会诸侯，上下得终其礼。自此至九举，说九合诸侯之所致。**再举而民无不从，三举而地辟散成，**成，谓诸侯自盟要，不事于齐。至三会，则诸侯散其成而朝齐。**四举而农佚粟十，**四会之后，徭役减省，故农人佚乐，而粟得十全。**五举而务轻金九，**五会之后，兵战既息，事务转轻，而金得九全❶，一以供官也。**六举而絜知事变，**絜，围度也，胡结反。**七举而外内为用，**外，谓诸侯。**八举而胜行威立，九举而帝事成形。**九会之后，威行海内，虽居侯伯，帝王之事既以成形。**九本搏大，人主之守也；**自九本已下，管氏但举其目。或有数在于他篇，但此书多从散逸，无得而知。然九本所以搏击强大，故人主守之。**八分有职，卿相之守也；十官饰胜备威，将军之守也；六纪审密，贤人之守也；五纪不解，庶人之守也。动而无不从，静而无不**

---

❶　"全"，墨宝堂本同。刘绩本、赵用贤本作"分"。

同。强动，弱必从；强静，弱必同。

治乱之本三，**卑尊之交四，富贫之终五，盛衰之纪六，安危之机七，强弱之应八，存亡之数九。练之以散群偹署，**偹，犹曹也。凡上之诸数，既已精练，然后散之于众，使偹曹署著其名以司之。**凡数财署，**数，谓国用之数，使财者署。**杀僇以聚财，**或因亡国，或因灭家，莫不籍没其财，故曰杀戮以聚财也。**劝勉以迁众，使二分具本。**使上之偹署、财署分知其事，各具其名籍之本，则财署知聚财，偹署知迁众。**发善必审于密，执威必明于中。**发善，谓行赏。执威，谓行刑。**此居嵒方中。**此立时之政，管氏别五其嵒，谓之方嵒，而土位居中。

春行冬政肃，肃，寒也。冬气乘之故也。**行秋政雷，**春阳秋阴，阴乘阳，故雷。**行夏政阉。**春既阳，夏又阳，阳气猥并，故掩闭也。**十二地气发，戒春事。**自此已下，阴阳之数，日辰之名，于时国异政，家殊俗，此但齐独行，不及天下。且经秦焚书，或为煨烬，无得而详焉，阙之以待能者。**十二小卯，出耕。十二天气下，赐与。十二义气至，修门间。十二清明，发禁。十二始卯**❶**，合男女。十二中卯，十二下卯，三卯同事。**谓三卯所用事同。他皆仿此。

八举时节，木成数八。木气举，君则顺时节布政。**君服青色，味酸味，听角声，**此木王之时，故服青、味酸、听

---

❶ "卯"，原作"丣"，墨宝堂本同。据刘绩本、赵用贤本改。

角**❶**。**治燥气，**春多风而旱，故治燥气。**用八数，**八亦木成数也。**饮于青后之井，**东方井。**以羽兽之火爨。**羽**❷**，南方朱鸟。用南方之火，故曰羽兽之火。**藏不忍，行欧养，坦气修通。**

凡物开静，形生理，合内空周外，春主仁，故所藏者不忍之，理合聚于内，出空于外。**强国为圈，弱国为属。**强国所以禁御弱国，弱国圈然也。**动而无不从，静而无不同。**强动，弱必从；强静，弱必同。**举发以礼，时礼必得。**强国举发，必当以礼。时也礼也，必得其宜。**和好不基，贵贱无司，事变日至。**邻国和好不基，贵贱之位无司存。如此则事变日至，无宁居。基，渐。**此居于图东方方外。**

夏行春政风，春箕宿，多风也。**行冬政落，**寒气肃杀，故凋落也。**重则雨雹，**其灾重则雨雹，水寒所致。**行秋政水。**秋毕宿，多霖雨。**十二小郢，至德。十二绝气下，下爵赏。十二中郢，赐与。十二中绝，收聚。十二大暑至，尽善。十二中暑，十二大暑终，三暑同事。**

七举时节，火成数七。火气举，君则顺时节而布政。**君服赤色，味苦味，**此火王之时，故服赤、味苦也。**听羽声，**羽，北方声也。火王之时，不听徵而听羽者，所以抑盛阳。**用七数❸，**七亦火之成数。**饮于赤后之井，**南方井也。**以毛**

---

❶ "角"，原作"自"，墨宝堂本同。此据刘绩本、赵用贤本改，正文有"听角声"。

❷ 赵用贤本"羽"下有"兽"字。

❸ 刘绩本、赵用贤本"用七数"前有"治阳气"三字。《幼官图》篇"南方本图"亦有"治阳气"三字。

兽之火爨。毛兽，西方白虎。用西方之火，故曰毛兽之火。藏薄纯，盛阳之性，失在奢纵，故所藏者省薄纯素也。行笃厚，阳性宽和，故行笃厚。坦气修通。

凡物开静，形生理，物形既生，自然修理而长育也。定府官，明名分，而审责于群臣有司，则下不乘上，贱不乘贵。法立数得，而无比周之民，则上尊而下卑，远近不乖。此居于图南方方外。

秋行夏政叶，盛阳气乘之，故卉木生叶。行春政华，少阳气乘之，故卉木更生华。行冬政耗。盛阴肃杀，故虚耗也。十二期风至，戒秋事。十二小卯，薄百爵。十二白露下，收聚。十二复理，赐与。十二始节，赋事。十二始卯，合男女。十二中卯，十二下卯，三卯同事。

九和时节，金成数九。金气和，君则顺时节而布政。君服白色，味辛味，听商声，此金王之时，故服白、味辛、听商。治湿气，秋多霖雨水，故治湿。用九数，九亦金之成数。饮于白后之井，西方井。以介虫之火爨。介虫，北方玄武也。用北方之火，故曰介虫之火。藏恭敬，金性廉洁，故所藏者恭敬也。行搏锐，兑金性劲锐，时方肃杀，故曰以劲锐搏击，所以顺杀气也。坦气修通。

凡物开静，形生理，间男女之畜，男女之畜，有内外之异，故须间之也。修乡间之什伍，杀气方至，可以出师征伐，故修什伍。量委积之多寡，定府官之计数，养老弱而勿通，老少异粮，故其养勿通。信利周而无私。申布秋利，既令周遍，无得有私。此居于图西方方外。

冬行秋政雾，秋多阴雾。行夏政雷，盛阳乘盛阴，故雷也。**行春政炀泄**。少阳乘阴，故炀泄也。**十二始寒，尽刑**。
十二小榆，赐予。**十二中寒，收聚**。**十二中榆，大收**。
十二寒至，静。**十二大寒之阴，十二大寒终，三寒同事**。

六行时节，水成数六。水气行，君则顺时节而布政也。
君服黑色，味咸味，此水王之时，故服黑、味咸。**听徵声**，
不听羽而听徵者，亦所以抑盛阴也。**治阴气**，不治则盛阴太
过，太过则治阴气也。**用六数**，六亦水之成数。**饮于黑后之
井**，北方井也。**以鳞兽之火爨**。鳞兽，东方青龙也。用东方
之火，故曰鳞兽之火。**藏慈厚**，若❶人者，好生恶杀。故于刑
杀之时，藏于慈厚，所以示其不忍也。**行薄纯**，冬物朴素，
故行省薄纯俭。**坦气修通**。

凡物开静，形生理，器成于僇，冬行刑之时，故成僇
器也。**教行于钞**，钞，末也。冬为四时之末，岁之将终也。
动静不记，行止无量。记动静则行止可量。**戒审四时以别
息**，息，生也。四时生物各有不同，故须别之。**异出入以两
易**，出入既异，又并令无差，故曰两易也。**明养生以解固**，
固，谓护吝也。生既须养，则物不可吝，故曰解固。**审取予
以总之**。又恐所养过时，故审取与之多少，以揔统之。

**一会诸侯，令曰："非玄帝之命，毋有一日之师
役。"**玄帝，北帝❷之帝。齐桓初会，命诸侯不使非时出师，
故令曰："若非玄帝有命之时，毋得有一日之师役。"一日尚
不可，况多乎？**再会诸侯，令曰："养孤老，食常疾，收**

---

❶ "若"，墨宝堂本同。刘绩本、赵用贤本作"君"。
❷ "北帝"，墨宝堂本同。刘绩本、赵用贤本作"北方"。

孤寡。"三会诸侯，令曰："田租百取五，<small>百分取五分。</small>市赋百取二，关赋百取一，毋乏耕织之器。"四会诸侯，令曰："修道路，偕度量，一称数，<small>偕，同也。称，斤两也。数，多少也。</small>薮泽以时禁发之。"<small>草木零落，然后入山林；獭祭鱼，然后修泽梁也。</small>五会诸侯，令曰："修春秋冬夏之常祭食，<small>常所祭，常所食，各有时物也。</small>天壤山川之故祀必以时。"六会诸侯，令曰："以尔壤生物共玄官，<small>玄官，主礼天之官也。</small>请四辅，<small>四辅，即三公四辅也，所以助祭行礼。</small>将以礼上帝。"七会诸侯，令曰："官处四体而无礼者，流之焉莠命。"<small>官处，谓处官也。处官位而四体无礼者，谓之莠命而流放焉。莠命者，谓莠乱教命，若莠之秽苗也。</small>八会诸侯，令曰："立四义而毋议者，尚之于玄官，听于三公。"<small>四义者，谓无障谷、无贮粟、无易树子、无以妾为妻。诸侯能顺命而无异议者，则尚之于天子玄官，听三公之锡命。尚，上也。</small>九会诸侯，令曰："以尔封内之财物、国之所有为币。"<small>为币礼。</small>

　　九会，大命焉出，常至。<small>谓上九会既出大令，故天下诸侯常至。非此之外，则朝聘之数远近各有差也。</small>千里之外，二千里之内，诸侯三年而朝，习命；<small>因朝而习教命。</small>二年，三卿使四辅；<small>诸侯三卿使天子四辅，以受节制也。</small>一年，正月朔日，令大夫来修，受命三公。<small>习所受命于三公。</small>二千里之外，三千里之内，诸侯五年而会，至，习命；<small>因会而至，以习命也。</small>三年，名卿请事；二年，大夫通吉凶；十年，重適❶入正礼义；重適，谓承重也。適，诸侯之世子也。五年，大夫请受变。请所变更之教令也。三千里之外，诸侯世一至，道路既远，故世一至。置大夫以为廷安，其远国大夫，则为置廷馆。每来，于此以安之也。入共受命焉。入共国所有，因以受命。此居于图北方方外。

必得文威武，官习胜善胜敌者，必得文德之威，武艺之官，与之练习士卒，则可以胜之。务。时因胜之时，是也。务是因修，不逆于理，可以得胜也。终，无方胜之从始至终，计出无方者胜。幾，行义胜之庶几行义者可以胜。理，名实胜之整理名实不谬妄，可以得胜。急，时分胜之败敌所得之物，应受分者，急分与之，可以得胜。事，察伐胜之伐功行赏之事，必察有功，不令无功者妄受，可❷以得胜。行，备具胜之行师用兵，必备其攻战之具，可以得胜。原，无象胜之奇计若神，无象可原者胜。本。

定独威胜，用师之本定，能独威者胜。定计财胜，计谋财用，先审定者胜。定闻知胜，闻知敌谋，能审定者胜。定选士胜，精选士卒，能审定者胜。定制禄胜，制禄亦与有功，能审定者胜也。定方用胜，异方所用，各有不同，能审定者胜也。定纶理胜，经纶之理，能审定者胜也。定死生胜，定成败胜，定依奇胜，所依奇策，能审定者胜。定实虚胜，定盛衰胜。

举机诚要则敌不量，发举兵机，诚得其要，则敌不能

❶ "適"，通"嫡"。注中"適"字同。
❷ "可"字原为墨丁，据墨宝堂本、刘绩本、赵用贤本补。

量也。**用利至诚则敌不校，**用兵便利，又能至诚，则敌不敢校也。**明名章实则士死节，**明忠义之名，章功劳之实，士则死节，不求苟生。**奇举发不意则士欢用，**奇谋之举，发彼不意，则士乐为用。**交物因方则械器备，**交质之物，因方之有，则器械备具也。**因能利备则求必得，**因彼所能所利而以备之，则所求必得。**执务明本则士不偷。**执所营之务，明所为之本，则士不苟且。**备具无常，无方应也。**其所备具无有常者，所以应敌无方。

听于钞，故能闻未极。钞，深远也。所听在于深远，故能闻于极理。**视于新，故能见未形。**未形者，新事将起，所视者在新，故见未形也。**思于浚，故能知未始。**未始者，事之深浚者，所思在深，故知未始。**发于惊，故能至无量。**发举可惊，故敌不能量。**动于昌，故能得其宝。**举动昌盛，故敌惧而输宝也。**立于谋，故能实不可故也。**其所建立，皆用深谋，故常坚实，不复衰故。

器成教守则不远道里，器用完成，教令坚守，故欲往则至，不惮道里之远也。**号审教施则不险山河，**号令审悉，教命施行，则赴汤火而不顾，岂险难于山河也？**博一纯固则独行而无敌，**德博而一，行纯而固，则仰我如时雨，欢我如椒兰，谁能敌之？**慎号审章则其攻不待**慎号令，审旗章，则攻者争先登，岂顾后而相待乎？**权与，明必胜则慈者勇，**权谋明略，必能胜敌，则慈仁者犹致勇奋，况恶少哉？**器无方则愚者智，**器用无方，应卒必备，则愚者习而成智，况不愚乎？**攻不守则拙者巧，**我攻既妙，彼不能守，则拙者习而成巧，况不拙乎？**数也。动慎十号，**兵既数动，必慎十❶号九章等。此有因，其数在他篇。**明审九章，饰习十器，善习五官，谨修三官，必设常主，计必先定。**军之主将，既必有常，军之计谋，亦须先定。

求天下之精材，精材，可以为军之器用者。**论百工之锐器，**器成角试否臧。**收天下之豪杰，**有天下之称材。称材，谓材称其所用也。**说行若风雨，发如雷电。**此居于图方中。此中图之副也。

旗物尚青，木用事，故尚青。**兵尚矛，**象春物之芒锐。**刑则交寒害钦。**其行刑戮，则于初旦夜尽之交。其时尚寒主春，人不得已而行刑，故难言而钦敬❷。钦，或为"铍"。**器成不守，**器用既成，则敌不能围守也。**经不知；**经，法也。用兵之法，敌不能知也。**教习不著，**我之教习，敌不能著。著，犹明著。**发不意。**其所举发，出敌不意。**经不知，故莫之能围；发不意，故莫之能应。莫之能应，故全胜而无害；莫之能害，故必胜而无敌。四机不明，不过九日而游兵惊军；**四机，即上不守、不知、不著、不意也。**障塞不审，不过八日而外贼得间；**障塞者，所以防守要路也。**由守不慎，不过七日而内有谗谋；**由守，所由而防守者。**诡禁不修，不过六日而窃盗者起；**诡禁，所以禁诡常也。**死亡不食，不过四日而军财在敌。**死亡者不享食，鬼神必怨怒，

---

❶ "十"，原作"一"，墨宝堂本同，据刘绩本、赵用贤本改。
❷ "难言而钦敬"，墨宝堂本同。刘绩本、赵用贤本作"离害而钦禁"。

故军财在敌。**此居于图东方方外。**此东图之副也。

　　旗物尚赤，火用事，故尚赤。**兵尚戟，**象夏物之森耸。**刑则烧交疆郊。**其用刑，则于疆郊焚烧而交也。**必明其一，**一，谓号令不二。**必明其将，必明其政，必明其士。四者备，则以治击乱，以成击败。数战则士疲，数胜则君骄。骄君使疲民，则国危。至善不战，**用兵之善者，其唯不战乎！**其次一之。**其次善者，虽战而号令一。**大胜者，积众**积众，然后可以大胜。**胜，无非义者焉，**可以为大胜。所以胜皆大义，故成大胜也。**大胜，无不胜也。此居于图南方方外。**此南图之副也。

　　旗物尚白，金用事，故尚白。**兵尚剑，**象金性之利也。**刑则诏昧断绝。**其用刑，则继昼之昧，断绝而戮之也。**始乎无端，卒乎无穷。**始乎无端，道也；卒乎无穷，德也。**道不可量，德不可数。**不可量则众强不能图，不可数则为诈不敢乡。**两者备施，**两者，谓道、德也。**动静有功。畜之以道，养之以德。**畜之以道则民和，养之以德则民合，故**能习，习故能偕，**偕，谓同为其事。**偕习以悉，**悉，尽也。**莫能伤也。此居于图西方方外。**此西图之副也。

　　旗物尚黑，水用事，故尚黑。**兵尚胁盾，**象时物之闭。盾或署之于胁，故曰胁盾。**刑则游仰灌流。**其用刑，则游纵之所使仰药死，而既乃投之于灌流。**察数而知治，审器而识胜，明谋而适胜，通德而天下定。定宗庙，育男女，**宗庙存则男女育也。**官四分，则可以立威行德，制法仪，出号令。**择才授官，四面分设。**至善之为兵也，非地是求也，罚人是君。**至善之兵，不求其地，所以君可罚人。若纣、桀之人，比屋可诛也。**立义而加之以胜，至威而实之以德，守之而后修，胜心焚海内。**既获敌人之国，顺而守之，然后修其法制。如此，则强胜之心可以焚灼于海内。

民之所利立之，所害除之，则民人从；立利除害，则人从也。**立为六千里之侯，则大人从；**既九会之后，天子加命，立为侯伯，面各三千里，四方相距六千里。大人，谓天子三公四辅也。**使国君得其治，则人君从；**会国君，谓天下同盟诸侯矣❶。**请命于天地，知气和，则生物从。**谓郊祀天地神祇，使之合德，则四气和可知，故生物从之。**计缓急之事，则危危而无难；**缓急之事，皆已计定，则二者之危无所难。缓急之事，皆有可危之理，故曰危危。**明于器械之利，则涉难而不变；察于先后之理，则兵出而不困；通于出入之度，则深入而不危；审于动静之务，则功得而无害也；著于取与之分，则得地而不执；**谓不吝执。**慎于号令之官，则举事而有功。此居于图北方方外。**此北图之副也。

---

❶ "矣"，墨宝堂本、刘绩本同。赵用贤本无此字。

幼官图第九 | 经言九

西方本图

秋行夏政叶，行春政华，行冬政耗。十二期风至，戒秋事。十二小卯，薄百爵。十二白露下，收聚。十二复理，赐予。十二始前节，弟赋事。十二始卯，合男女。十二中卯，十二下卯，三卯同事。

九和时节，君服白色，味辛味，听商声，治湿气，用九数，饮于白后之井，以介虫之火爨。藏恭敬，行搏锐，坦气修通。

凡物开静，形生理，间男女之畜，修乡里之什伍，量委积之多寡，定府官之计数，养老弱而勿通，信利害而无私。此居于图西方方外。

西方副图

旗物尚白，兵尚剑，刑则绍昧断绝。始乎无端，卒乎无穷。始乎无端，道也；卒乎无穷，德也。道不可量，德不可数。不可量则众强不能图，不可数则为诈不敢乡。

两者备施，动静有功。畜之以道，养之以德。畜之以道则民和，养之以德则民合，和合故能习，习故能偕，偕习以悉，莫之能伤也。此居于图西方方外。

南方本图

夏行春政风，行冬政落，重则雨雹，行秋政水。十二小郢，至德。十二绝气下，下爵赏。十二中郢，赐与。十二中绝，收聚。十二大暑至，尽善。十二中暑，十二小暑终，三暑同事。

十❶举时节，君服赤色，味苦味，听羽声，治阳气，用七数，饮于赤后之井，以毛兽之火爨。藏薄纯，行笃厚，坦气修通。

凡物开静，形生理，定府官，明名分，而审责于群臣有司，则下不乘上，贱不乘贵。法立数得，而无比周之民，则上尊而下卑，远近不乖。此居于图南方方外。

中方本图

若因处虚守静，人物则皇。五和时节，君服黄色，味

---

❶ "十"，墨宝堂本同。刘绩本、赵用贤本作"七"。《幼官》篇亦作"七"。

甘味，听宫声，治和气，用五数，饮于黄后之井，以倮兽之火爨。藏温儒，行欧养，坦气修通。

凡物开静，形生理，常至命。尊贤授德则帝，身仁行义、服忠用信则王，审谋章礼、选士利械则霸，定生处死、谨贤修伍则众，信赏审罚、爵材禄能则强，计凡付终、务本饰末则富，明法审数、立常备能则治，同异分官则安。通之以道，畜之以惠，亲之以仁，养之以义，报之以德，结之以信，接之以礼，和之以乐，期之以事，攻之以言，发之以力，威之以诚。

一举而上下得终，再举而民无不从，三举而地辟散成，四举而农佚粟十，五举而务轻金九，六举而絜知事变，七举而内外为用，八举而胜行威立，九举而帝事成形。九本搏大，人主之守也；八分有职，卿相之守也；十官饰胜备威，将军之守也；六纪审密，贤人之守也；五纪不解，庶人之守也。

治乱之本三，卑尊之交四，富贫之终五，盛衰之纪六，安危之机七，强弱之应八，存亡之数九。练之以散群偁署，凡数财署，杀僇以聚财，劝勉以迁众，使二分具本。发善必审于密，执威必明于中。此居图方中。

北方本图

冬行秋政雾，行夏政雷，行春政烝泄。十二始寒，尽刑。十二小榆，赐予。十二中寒，收聚。十二中榆，大收。十二寒至，静。十二大寒之阴，十二大寒终，三寒同事。

六行时节，君服黑色，味咸味，听徵声，治阴气，用六数，饮于黑后之井，以鳞兽之火爨。藏慈厚，行薄纯，坦气修通。

凡物开静，形生理，器成于僇，教行于钞，动静不记，行止无量。戒审四时以别息，异出入以两易，明养生以解固，审取与以总之。

一会诸侯，令曰："非玄帝之命，毋有一日之师役。"再会诸侯，令曰："养孤老，食常疾，收孤寡。"三会诸侯，令曰："田租百取五，市赋百取二，关赋百取一，毋乏耕织之器。"四会诸侯，令曰："修道路，偕度量，一称数，毋征薮泽，以时禁发之。"五会诸侯，令曰："修春秋冬夏之常祭食，天壤山川之故祀必以时。"六会诸侯，令曰："以尔壤生物共玄官，请四辅，将以祀上帝。"七会诸侯，令曰："官处四体而无礼者，流之焉莽命。"八会诸侯，令曰："立四义而无议者，尚之于玄官，听于三公。"九会诸侯，令曰："以尔封内之财物、国之所有为币。"

九会，大令焉出，常至。千里之外，二千里之内，诸侯三年而朝，习命；三❶年，三卿使四辅；一年，正月朔日，令大夫来修，受命三公。二千里之外，三千里之内，

---

❶ "三"，墨宝堂本同。刘绩本、赵用贤本作"二"。《幼官》篇亦作"二"。

诸侯五年而会，至，习命；三年，名卿请事；二年，大夫通吉凶；七年，重適入正礼义；五年，大夫请变。三千里之外，诸侯世一至，置大夫以为廷安，入共受命焉。此居于图北方方外。

南方副图

旗物尚赤，兵尚戟，刑则烧交疆郊。必明其一，必明其将，必明其政，必明其士。四者备，则以治击乱，以成击败。数战则士疲，数胜则君骄。骄君使疲民，则危国。至善不战，其次一之。大胜者，积众胜而无非义者焉，可以为大胜。大胜，无不胜也。此居于图南方方外。

中方副图

必得文威武，官习胜之务。时因胜之终，无方胜之幾，行义胜之理，名实胜之急，时分胜之事，察伐胜之行，备具胜之原，无象胜之本。

定独威胜，定计财胜，定知闻胜，定选士胜，定制禄胜，定方用胜，定纪理胜，定死生胜，定成败胜，定依奇胜，定实虚胜，定盛衰胜。

举机诚要则敌不量，用利至诚则敌不校，明名章实则士死节，奇举发不意则士欢用，交物因方则械器备，因能利备则求必得，执务明本则士不偷。备具无常，无方应也。

听于钞，故能闻无极。视于新，故能见未形。思于浚，故能知未始。发于惊，故能至无量。动于昌，故能得其宝。立于谋，故能实不可故也。

器成教守则不远道里，号审教施则不险山河，博一纯固则独行而无敌，慎号审章则其攻不待权与，明必胜则慈者勇，器无方则愚者智，攻不守则拙者巧，数也。动慎十号，明审九章，饰习十器，善习五官，谨修三官，必设常主，计必先定。

求天下之精材，论百工之锐器，器成角试否藏。收天下之豪杰，有天下之称材。说行若风雨，发如雷电。此居于图方中。

北方副图

旗物尚黑，兵尚胁盾，刑则游仰灌流。察数而知治，审器而识胜，明谋而适胜，通德而天下定。定宗庙，育男女，官四分，则可以立威行德，制法仪，出号令。至善之为兵也，非地是求也，罚人是君也。立义而加之以胜，至威而实之以德，守之而后修，胜心焚海内。

民之所利立之，所害除之，则民人从；立为六千里之侯，则大人从；使国君得其治，则人君从；会请命于天地，知气和，则生物从。计缓急之事，则危危而无难；明于器械之利，则涉难而不变；察于先后之理，则兵出而不困；通于出入之度，则深入而不危；审于动静之务，则功得而无害也；著于取与之分，则得地而不执；慎于号令之官，则举事而有功。此居于图北方方外。

东方本图

春行冬政肃，行秋政雷，行夏政则阉。十二地气发，戒春事。十二小卯，出耕。十二天气下，赐与。十二义气至，修门闾。十二清明，发禁。十二始卯，合男女。十二中卯，十二下卯，三卯同事。

八举时节，君服青色，味酸味，听角声，治燥气，用八数，饮于青后之井，以羽兽之火爨。藏不忍，行欧养，坦气修通。

凡物开静，形生理，合内空周外，强国为圈，弱国为属。动而无不从，静而无不同。举发以礼，时礼必得。和好不基，贵贱无司，事变日至。此居于图东方方外。

东方副图

旗物尚青，兵尚矛，刑则交寒害钦。器成不守，经不知；教习不著，发不意。经不知，故莫之能围；发不意，故莫之能应。莫之能应，故全胜而无害；莫之能围，故必胜而无敌。四机不明，不过九日而游兵惊军；障塞不审，不过八日而外贼得闻；由守不慎，不过七日而内有谗谋；诡禁不修，不过六日而窃盗者起；死亡不食，不过四日而军财在敌。此居于图东方方外。

五辅第十 | 外言一

谓六兴、七体、八经、五务、三度。此五者，可以辅弼国政也。

古之圣王，所以取明名广誉，厚功大业，显于天下，不忘于后世，非得人者，未之尝闻；不得于人，而能使名誉显当时、功业流后世者，则未尝闻。暴王之所以失国家，危社稷，覆宗庙，灭于天下，非失人者，未之尝闻。不失于人，而能使失国覆宗者，亦未尝闻。今有土之君，皆处欲安，动欲威，战欲胜，守欲固。大者欲王天下，小者欲霸诸侯，言诸侯欲大利则王天下，欲小利则霸诸侯也。而不务得人。是以小者兵挫而地削，大者身死而国亡。既不务得人，故必致祸，小则地削，大则国亡。故曰：人不可不务也，当务得之于人。此天下之极也。

曰：然则得人之道，莫如利之；利之之道，莫如教之以政。故善为政者，田畴垦而国邑实，朝廷闲而官府治，公法行而私曲止，仓廪实而囹圄空，贤人进而奸民退。其君子上中正而下谄谀，其士民贵武勇而贱得利，贱苟得之利也。其庶人好耕农而恶饮食，恶费用之饮食。于是财用足好耕农，故财用足。而饮食薪菜饶。省费用，则薪菜饶。是故上必宽裕而有解舍，解，放也。舍，免也。下必听从而不疾怨，上下和同而有礼义。故处安而动威，战胜而守固，是以一战而正诸侯。

不能为政者，田畴荒而国邑虚，朝廷凶小人竞邋[1]，故凶。而官府乱，小人用法，故乱。公法废而私曲行，仓廪虚而囹圄实，贤人退而奸民进。其君子上谄谀而下中正，其士民贵得利而贱武勇，其庶人好饮食而恶耕农，于是财用匮而食饮薪菜乏。上弥残苟居上位者小人，故残贼苟且也。而无解舍，下愈覆鸷而不听从，覆，察也。鸷，疑也。上既贼苟而不舍，故下伺察而怀疑。鸷，敕吏反。上下交引而不和同。上引下以供御，下引上以恩覆，二俱不得，故不和同也。故处不安而动不威，战不胜而守不固。是以小者兵挫而地削，大者身死而国亡。故以此观之，则政不可不慎也。

德有六兴，义有七体，礼有八经，法有五务，权有三度。所谓六兴者何？曰：辟田畴，利坛宅，坛，堂基。修树蓺，劝士民，勉稼穑，修墙屋，此谓厚其生；上六者，可以厚养其生也。发伏利，利人之事，积久隐伏者，发而用之。输墆积，墆，贮积也。修道途，便关市，谓所置关市，

---

❶ "邋"，墨宝堂本同。刘绩本、赵用贤本作"进"。

皆令要便也。**慎将宿，**将送货财，则必慎止宿。**此谓输之以财；**上五者，皆生财之术，故曰输财，所以纳财于民。**导水潦，利陂沟，决潘渚，**潘，溢也。决潘溢者，疏决之，令通。潘，音翻。**溃泥滞，**泥涂为滞者，亦溃决之，令通也。**通郁闭，**郁闭，亦谓川渎有遏塞者。**慎津梁，此谓遗之以利；**上之六者，所以遗利于民。**薄征敛，轻征赋，弛刑罚，赦罪戾，宥小过，此谓宽其政；**上之五者，所以宽裕其政。**养长老，慈幼孤，恤鳏寡，问疾病，吊祸丧，此谓匡其急；**上之五者，所以救民之急。**衣冻寒，食饥渴，匡贫窭，赈罢露，**疾惫、裸露者，有以振救之。**资乏绝，此谓赈其穷。**上之五者，所以振民之穷乏。**凡此六者，德之兴也。**六者既布，则民之所欲无不得矣。夫民必得其所欲，然后听上，听上然后政可善为也。故曰：德不可不兴也。

曰：民知德矣，而未知义，然后明行以导之义。行即七义。义有七体。七体者何？曰：孝悌慈惠以养亲戚，恭敬忠信以事君上，中正比宜以行礼节，比，合也。行既中正，而又合宜也。**整齐撙诎以辟刑僇，**撙，节也。言自节而卑屈也。**纤啬省用以备饥馑，**纤，细也。啬，吝也。既细又吝，故财用省也。**敦蒙纯固以备祸乱，**蒙，厚也，音莫江反。**和协辑睦以备寇戎。**凡此七者，义之体也。夫民必知义然后中正，中正然后和调，和调乃能处安，处安然后动威，动威乃可以战胜而守固。故曰：义不可不行也。

曰：民知义矣，而未知礼，然后饰八经以导之礼。所谓八经者何？曰：上下有义，贵贱有分，长幼有等，贫富有度。凡此八者，礼之经也。故上下无义则乱，贵贱无分则争，长幼无等则倍，<small>倍，乖戾也。</small>贫富无度则失。<small>失其节制。</small>上下乱，贵贱争，长幼倍，贫富失，而国不乱者，未之尝闻也。是故圣王饬此八礼以导其民。八者各得其义，则为人君者中正而无私，为人臣者忠信而不党，为人父者慈惠以教，为人子者孝悌以肃，为人兄者宽裕以诲，为人弟者比顺以敬，<small>比，和。</small>为人夫者敦蒙以固，为人妻者劝勉以贞。夫然，则下不倍上，臣不杀君，贱不逾贵，少不陵长，远不间亲，新不间旧，小不加大，淫不破义。凡此八者，礼之经也。夫人必知礼然后恭敬，恭敬然后尊让，尊让然后少长贵贱不相逾越，少长贵贱不相逾越，故乱不生而患不作。故曰：礼不可不谨也。

曰：民知礼矣，而未知务，然后布法以任力。任力有五务。五务者何？曰：君择臣而任官，大夫任官辩事，<small>辩，明也。能明所任之事也。</small>官长任事守职，士修身功材，<small>材，谓艺能。士既修身，必于艺能有功也。</small>庶人耕农树蓺。君择臣而任官，则事不烦乱；大夫任官辩事，则举措时；官长任事守职，则动作和；士修身功材，则贤良发；庶人耕农树蓺，则财用足。故曰：凡此五者，力之务也。夫民必知务然后心一，心一然后意专，心一而意专，然后功足观也。故曰：力不可不务也。

曰：民知务矣，而未知权，然后考三度以动之。所谓三度者何？曰：上度之天祥，下度之地宜，中度之人顺，此所谓三度。故曰：天时不祥，则有水旱；地道不宜，则有饥馑；人道不顺，则有祸乱。此三者之来也，政召之。曰：审时以举事，<small>时，则天祥、地宜、人顺之时也。得其时</small>

则事可成。**以事动民，**事成则民可动。**以民动国，**民昌则国可动。**以国动天下，**国强则天下可动也。**天下动然后功名可成也。故民必知权然后举错得，**权，谓能知三度。**举错得则民和辑，民和辑则功名立矣。故曰：权不可不度也。**

故曰：五经既布，然后逐奸民，诘诈伪，屏谗慝，而毋听淫辞，毋作淫巧。若民有淫行邪性，树为淫辞，作为淫巧，以上謟君上而下惑百姓，移国动众，以害民务者，其刑死流。大罪死，小罪流。故曰：凡人君之所以内失百姓，外失诸侯，兵挫而地削，名卑而国亏，社稷灭覆，身体危殆，非生于謟淫者，未之尝闻也。何以知其然也？曰：淫声謟耳，淫观謟目，耳目之所好謟心，心之所好伤民。民伤而身不危者，未之尝闻也。

曰：实圹虚，垦田畴，修墙屋，则国家富；节饮食，撙衣服，则财用足；举贤良，务功劳，布德惠，则贤人进；逐奸人，诘诈伪，去谗慝，则奸人止；修饥馑，救灾害，赈罢露，则国家定。

明王之务，在于强本事，去无用，然后民可使富；本事，谓农桑也。无用，谓末作也。论贤人，用有能，而民可使治；薄税敛，毋苟于民，谓无苟取于民。待以忠爱，而民可使亲。三者，霸王之事也。事有本，而仁义其要也。今工以巧矣，而民不足于备用者，其悦在玩好；君悦玩好则民务末作，故备用不足。农以劳矣，而天下饥者，其悦在珍怪，方丈陈于前；方丈陈前则役用广，故农劳而不免于饥。女以巧矣，而天下寒者，其悦在文绣。君悦文绣则女工伤，成❶天下寒。**是故博带梨，**梨博带以就狭也。梨，割也。**大袂列，**列大袂以从小。**文绣染，**染文绣为纯色。**刻镂削，**削刻镂为纯素。**雕琢采，**采雕琢为纯慢。**关幾而不征，**幾，察也。但使察非常而不征赋也。**市廛而不税。**廛，市中置物处。但籍知其数，不税敛。**古之良工，不劳其知巧以为玩好。是故无用之物，守法者不失。**或为无用物，守法者必得而诛之，无所漏失也。

管子卷第三

俓音朋

---

❶ "成"，赵用贤本同，墨宝堂本、刘绩本作"于"（於）。

卷四

宙合第十一 ｜ 外言二

古往今来曰宙也。所陈之道既通往古，又合来今，无不苞罗也。

左操五音，右执五味。第一举目。怀绳与准钩，多备规轴，减溜大成，是唯时德之节。第二举目。春采生，秋采蓏，夏处阴，冬处阳，第三举目。大贤之德长。明乃哲，哲乃明，奋乃苓，明哲乃大行。第四举目。毒而无怒，怨而无言，欲而无谋。第五举目。大揆度仪，若觉卧，若晦明，若敖之在尧也。第六举目。毋访于佞，毋蓄于谄，毋育于凶，毋监于谗，不正广其荒。第七举目。不用其区区，鸟飞准绳。第八举目。謑火县反。充末衡，易政利民。第九举目。毋犯其凶，毋迩其求，而远其忧。高为其居，危颠莫之救。第十举目。可浅可深，可浮可沈，可曲可直，可言可默。第十一举目。天不一时，地不一利，人不一事，可正而视，定而履，深而迹。第十二举目。夫天地一险一易，若鼓之有桴，宅耕反。摘丁历反。挡丁用反。则击。天地万物之橐，宙合有橐天地。第十三举目。

左操五音，右执五味，此言君臣之分也。左阳，君道；右阴，臣道。故曰君臣之分也。**君出令佚，故立于左；**君但出令，故曰佚。凡右为用事，故左佚而右劳。**臣任力劳，故立于右。**臣则任力，故曰劳。**夫五音不同声而能调，此言君之所出令无妄也，**五音虽有不同，乐师尽能调之。喻百度虽各有别，君则尽能裁之，故所出无妄。**而无所不顺，顺而令行政成；**君出令，皆顺奉之，则政成。**五味不同物而能和，此言臣之所任力无妄也，**五味，宰夫能和之。百职，臣守任之而无妄也。**而无所不得，得而力务财多。**臣能任职，得宜务而财必多也。**故君出令，正其国而无齐其欲，**民欲既异，常随其欲而教之也。**一其爱而无独与是，**正臣其爱，宜一率土周之，无所独与，则是爱不一，毋独与是也。**王施而无私，则海内来宾矣；**臣任力，同其忠而无争其利，不失其事而无有其名，分敬而无妒，则夫妇和勉矣。**君失音则风律必流，**流，谓荡散。**流则乱败；臣离味则百姓不养，**臣离味，百职旷，故百姓不养也。**百姓不养则众散亡。君臣各能其分，则国宁矣。故名之曰不德。**

    怀绳与准钩，多备规轴，减溜大成，是唯时德之节。夫绳扶拨以为正，准坏险以为平，准必坏旧高峻，而后以为平也。**钩入枉而出直。**工人用钩，则就枉取直也。**此言圣君贤佐之制举也，**言制以举贤之法用钩也。**博而不失，因以备能而无遗。**所举既博，则枉直咸尽，故无所失。虽鸡鸣狗盗，无所不取，皆有所长，故能备之。**国犹是国也，民犹是民也，桀纣以乱亡，汤武以治昌。**汤之国人，亦桀之国人；武之国人，亦纣之国人。桀纣以之亡，乱之故也；汤武以之昌，治之故也。**章道以教，明法以期，民之兴善也**

如化，**汤武之功是也**。汤武之昌，教化明也。人之兴善，亦章明也。**多备规轴者，成轴也**。规者，正圆器。轴者，转规。大小悉须备，故多备。方主严刚，圆主柔和。今用规者，欲施恩引物也。**夫成轴之多也，其处大也不究，其入小也不塞**，究，穷也。大轴用大处，小用小故❶，因物施宜，故有大小也。**犹迹求履之宪也**，迹者，履之所出。善者，恩之所生。宪，法也。拟迹而求履法，履法可得；施恩而求善心，善心可生也。**夫焉有不适善**？以恩驱善，故无不适也。**适善，备也，仙也，是以无乏**，仙，轻顺貌。既皆适善能备，以恩为善者轻顺，人君善既备顺，何所乏哉？则求者无不善也。**故谕教者取辟焉**。辟，法也。取为规矩❷也。**天淯阳，无计量；地化生，无法崖**。淯，古"育"字。天以阳气育生万物，物生不可计量。地以阴化，无物不化，故乃法以制崖畔。❸君之恩，法天地之厚广也。**所谓是而无非，非而无是**，亦既行恩，又须顺物。当顺而是之，不得有非；当顺而非之，不得有是也。**是非有，必交来。苟信是，以有不可先规之**，是非既有，必使二者俱来，得以验之。是既信之有矣，非则不可掩，故先以恩意令息改也。**必有不可识虑之。然将卒而不戒**，不可识，谓其非谋隐伏，意在不测，或苞藏祸心，故必有以防虑之。如其事将终，即必当阴备待之，不可戒告于彼也。**故圣人博闻多见，畜道以待物**，以道待物，物

---

❶ "故"，墨宝堂本、刘绩本同。赵用贤本作"处"。

❷ "矩"，原作"拒"，据墨宝堂本、刘绩本、赵用贤本改。

❸ "地以阴化，无物不化，故乃法以制崖畔"，墨宝堂本同。刘绩本、赵用贤本作"地以阴气化万物，物之生化无有崖畔"。

无不容也。**物至而对，形曲均存矣**。对，配也。物至矣，以多少之恩，配大小之形，如此则均平皆在于恩，而无遗失也。减，尽也。溜，发也。言偏环毕，莫不备得。故曰：**减溜大成**。减溜，尽发。君既均施以恩，故物尽发于善，亦既尽善。君教不偏减，顺圜圆之周，无不备得也。**成功之术，必有巨获**，巨，大也。功，大成大获。**必周于德，审于时**。时德之遇，事之会也，若合符然。故曰：**是唯时德之节**。德既周，时又审，二者遇会，若合符契，则何功而不成也？

春采生，秋采蓏，夏处阴，冬处阳，此言圣人之动静、开阖、诎信、涅弋逯反。儒、**取与之必因于时也**。时则动，不时则静，是以古之士有意而未可阳也，故愁其治，言含愁而藏之也。有意济世，时乱方殷，未可明论，故曰：理代之言，阴愁而藏之。**贤人之处乱世也，知道之不可行，则沈抑以辟罚，静默以俇免**。俇，取也。辟之也，犹夏之就清，七性反。**冬之就温焉，可以无反于寒暑之灾矣**，夏不就清，冬不就温，更以寒暑致灾，终无益也。喻贤者不避乱世，更怊❶刑谴，何荣之可得哉？**非为畏死而不忠也**。贤人之避乱世，岂畏死而不忠哉？但以无益而徒死也。**夫强言以为僇❷，而功泽不加**，时非所言，必致刑僇。既刑僇矣，何功泽之加哉？**进伤为人君严之义**，臣进而遇伤，人君因此益加其严酷也。**退害为人臣者之生**，退而不遇害，而人臣因此转更偷生也。**其为不利弥甚**。不避乱世而遇害，则

❶ "怊"，墨宝堂本同。刘绩本、赵用贤本作"招"。
❷ "僇"，通"戮"。注中两"僇"同。

君益其严酷，臣益偷生，不利弥甚也。**故退身不舍端，修业不息版，**版，牍也。**以待清明。**贤者虽复退身，终不舍其端操。不息修业，亦不息其版籍，所以俟乱世清明，候风云以举翼也。**故微子不与于纣之难，而封于宋，以为殷主，先祖不灭，后世不绝。故曰：大贤之德长。**可久可大，则贤人之德业。

明乃哲，哲乃明，奋乃苓，明哲乃大行，**此言擅美主盛自奋也。**以琅汤**琅，音浪。汤，音场。**凌轹人，人之败也常自此。**是故圣人著之简策，传以告后进曰：奋盛苓落也。盛而不落者，未之有也。故有道者不平其称，不满其量，不依其乐，不致其度。**有道者，则汤武也。所以不平称、满量、依乐、致度者，所以晦其明。**爵尊即肃士，禄丰则务施，功大而不伐，业明而不矜。夫名实之相怨久矣，是故绝而无交。**有名有实，必为人怨，其来久。所以绝四邻之好，杜宾客之交，恶其名实之闻也。**惠者知其不可两守，乃取一焉。故安而无忧。**名实不可两守，故但存其一。怨从此而息，所以安安❶而无忧也。

毒而无怒，**此言止忿速、济没法也。**毒者阴为贼害，从而怒之。彼知其所以行毒，怨恨续赴，其行毒之法没而不用。今不为怒者，所以止此忿速济断没法也。**怨而无言，**言不可不慎也。**言不周密，反伤其身。**言怨怒但可藏之在心，不言之口以泄其恨。阴怀他计，反被伤身也。**故曰：欲而无谋。**言谋不可以泄，谋泄灾极。既欲其事，方始图

---

❶ "安"，墨宝堂本、刘绩本同。赵用贤本作"然"。

之，无使谋泄。泄谋，灾必至，故曰灾极至。**夫行忿速遂，没法贼发，言轻谋泄，灾必及于身。故曰：毒而无怒，怨而无言，欲而无谋。**

大揆度仪，若觉卧，若晦明，言人君材质虽不慧，但大揆度仪法，有疑则问之贤者❶。觉而卧听❷，若从晦而视明，可以成大也。**言渊色以自诘也。静默以审虑，依贤可用也。**君有所未晤，当渊寂其色，以自穷诘。静默其神，以审思虑。有所不晤，依贤以问之，故其为可用也。**仁良既明，通于可不利害之理，循发蒙也。**问于仁良，其事既明，见利害之理则通晤，循而用之，其蒙自发明也。**故曰：若觉卧，若晦明，若敖之在尧也。**敖，尧子丹朱，慢而不恭，故曰敖。敖在尧时，虽凡下材，但以圣人在上，贤人在下位，动而履规矩，常自礼法，竟以改邪为明，故宾虞朝，让德群后。《书》曰："无若丹朱敖。"

毋访于佞，言毋用佞人也，用佞人则私多行。**毋蓄于谄，**言毋听谄，听谄则欺上。**毋育于凶，**言毋使暴，使暴则伤民。**毋监于谗，**言毋听谗，听谗则失士。夫行私、欺上❸、伤民、失士，此四者用，所以害君义失正也。夫为君上者既失其义正，而倚以为名誉，为臣者不忠而邪，以趋爵禄，乱俗数世，以偷安怀乐，虽广其威可须也。**故曰：不正广其荒。是以古之人阻其路，塞其遂，守而物**

---

❶ "者"，墨宝堂本同。刘绩本、赵用贤本作"若"，属下句。

❷ "听"，墨宝堂本同。刘绩本作"悟"，赵用贤本无此字。

❸ "上"，原作"土"，据墨宝堂本、刘绩本、赵用贤本改。前文有"听谄则欺上"。

修。故著之简策，传以告后世人曰：其为怨也深，是以威尽焉。

不用其区区者，虚也。人而无良焉，故曰虚也。凡坚解而不动，陼堤而不行，其于时必失，失则废而不济。失植之正而不谬，不可贤也。植而无能，不可善也。所贤美于圣人者，以其与变随化也。渊泉而不尽，微约而流施，是以德之流，润泽均加于万物。故曰：圣人参于天地。鸟飞准绳，此言大人之义也。鸟飞准绳，曲以为直。大人之义，权而合道。夫鸟之飞也，必还山集谷，不还山则困，不集谷则死。山与谷之处也，不必正直，而还山集谷，曲则曲矣，而名绳焉。以为鸟起于北，意南而至于南；起于南，意北而至于北。苟大意得，不以小缺为伤。鸟意将集南北，亦随山谷而曲飞，苟遂南北之大意，不以曲飞小缺为伤。圣人行权，亦犹是也。苟得合义之大致，不以反经小过而为伤也。故圣人美而著之，美鸟飞之事，著之简策也。曰：千里之路，不可扶以绳；绳直千里，路必穷也。万家之都，不可平以准。平准万家，居必塞也。言大人之行，不必以先，帝常义立之谓贤。守常违变，道必蹶也。故为上者之论其下也，议欲理也。不可以失此术也。此术，权道。

謋火县反，远也。充，言心也，心欲忠。末衡，言耳目也，耳目欲端。中正者，治之本也。耳司听，听必顺闻，闻审谓之聪；耳之所闻，既顺且审，故谓之聪。目司视，视必顺见，见察谓之明；目之顺视曰明。心司虑，虑必顺言，言得谓之知。心之所虑，既顺且得，故谓之智。

聪明以知则博，博而不惛，所以易政也。聪也，明也，智也，三者既博，故事无过，举乃得中。可制礼作乐，易先古政。**政易民利，利乃劝，劝则告。**民既劝勉，故可以礼乐告之。**听不慎不审不聪，不审不聪则缪；视不察不明，不察不明则过；虑不得不知，不得不知则昏。缪过以惛则忧，忧则所以伎苟，伎苟所以险政，政险民害，害乃怨，怨则凶。故曰：謑充末衡，言易政利民也。**

毋犯其凶，言中正以蓄慎也。**毋迣其求，**言上之败，常贪于金玉马女，而吝爱于粟米货财也。厚藉敛于百姓，则万民怼怨。**远其忧，**言上之亡其国也，常迣其乐立优美，而外淫于驰骋田猎，内纵于美色淫声，下乃解怠惰失，百吏皆失其端，则烦乱以亡其国家矣。**高为其居，危颠莫之救，**此言尊高满大而好矜人以丽，主盛处贤而自予雄也。言君王豪盛，处己以贤，自许以为英雄。予，许[1]也。故盛必失而雄必败。夫上既主盛处贤以操士民，国家烦乱，万民心怨，此其必亡也。犹自万仞之山，播而入深渊，其死而不振也必。故曰：毋迣其求，而远其忧，高为其居，危颠莫之救也。

可浅可深，可沈可浮，可曲可直，可言可默，此言指意要功之谓也。凡此浅深曲直诸事，皆可详之。言之指意，要必得此，然可以成功。

天不一时，春夏秋冬，各有其时。**地不一利，**五土十

---

❶ "许"，原作"计"。此据刘绩本、赵用贤本改。墨宝堂本此字漫漶不清。

地，各有其利。**人不一事，**士农工商，各有其事。**是以著业不得不多，人之名位不得不殊。**天时地利，犹有不一，况于人之所著事业及其名位，岂得不多而殊乎？**方明者察于事，故不官官，**主也。**于物而旁通于道。**方，谓法术。言法术通明之士，察于天地，知不可专一，故云不主一物，功用无方，旁通于道也。**道也者，通乎无上，详乎无穷，运乎诸生。**诸物由道而生。**是故辩于一言，察于一治，攻于一事者，可以曲说，而不可以广举。**言寡能之人，但辩一言，察一理，攻一事。如此者，唯可以示一曲之说，未足以广苞也。**圣人由此知言之不可兼也，故博为之治而计其意；**知一言不可兼群言，故博为理众言，而复计度所言之意，以告喻之也。**知事之不可兼也，故名为之说而况其功。**又知一事不足以兼众事，故每事皆立名而为此说。又恐未明其功，故比况而晓告之。**岁有春秋冬夏，月有上下中旬，日有朝暮，夜有昏晨，**半星星半隐半见也。**辰序各有其司。故曰：天不一时。**此以上各举天时不一。半星辰序，言其星辰昼隐夜出，常见半，至于次序，有司以为法也。**山陵岑岩，渊泉闳流，泉逾瀷瀷，**奏漏之流也。**而不尽，薄承瀷而不满，**泉逾而前，瀷随而后，欲其流不尽。至溪谷小既停，薄随至而泄，虽承瀷而常不满之流也。**高下肥垧，物有所宜。故曰：地不一利。**此以上略言地利不一也。**乡有俗，国有法，食饮不同味，衣服异采，世用器械，规矩绳准，称量数度，品有所成。故曰：人不一事。**此以上举人之事不一也。**此各事之仪，其详不可尽也。**此天地人三者之仪，但略举之，故其详不尽也。**可正而视，**言察美恶，审别良苦，不可以不审。

操分不杂，故政治不悔。定而履，言处其位，行其路，为其事，则民守其职而不乱，故葆统而好终。深而迹，言明墨章书，道德有常，则后世人人修理而不迷，故名声不息。

夫天地一险一易，若鼓之有桴，桴，当为"响"。摛挡则击，险易，犹否泰。夫天地否泰，应德而至，犹鼓之含响，应击而鸣者也。言苟有唱之，必有和之。和之不差，因以尽天地之道。唱则击也。小则小和，大则大和，故曰和象❶而不差。应击为响，象天地应德为否泰也。景不为曲物直，响不为恶声美。物曲则影曲，声恶则响恶，亦况天道，福善祸淫随事而至也。是以圣人明乎物之性者，必以其类来也。恶声往则恶响来，犹积善余庆，积恶余殃。故君子绳绳乎慎其所先。

天地，万物之橐也，君子知善恶必报，绳绳戒慎，先天地以类善，天地万物从而应之。则善在先，应在后，如橐之成物也，故曰天地万物之橐。宙合有橐天地。宙合之道，教以先天地行善，故橐天地也。天地苴子余反。万物，故曰万物之橐。苴裹万物，在天地之中，故为橐也。宙合之意，上通于天之上，下泉于地之下，外出于四海之外，合络天地以为一裹，宙合，广积善以通天上、入地下，包络天地为一裹也。散之至于无间，不可名而山，宙合之裹故散，其终上能无偷观，犹不可得其名，若山然也。是大之无外，小之无内，故曰有橐天地。其义不传，苟非其人，道不虚行，故其

---

❶ "象"，墨宝堂本同。刘绩本、赵用贤本作"击"。

义不可妄传也。**一典品之，不极一薄，然而典品无治也。**典，常也。宙合之道，专一而能常行，则不有穷。若乃轻薄不能崇重，则此道或几乎息矣。常品之人，不能重理也。**多内则富，时出则当，而圣人之道，贵富以当。奚谓当？本乎无妄之治，运乎无方之事，应变不失之谓当。变无不至无有应，当本错不敢忿，**当，谓行赏以当功。当功所以错而不用者，则以变不至也。故虽不用物，不敢忿怒也。**故言而名之曰宙合。**寻古遗言之立名，名曰宙合也。

枢言第十二 | 外言三

枢者，居中以运外，动而不穷者也。言则虑心而发口，变而无主者也。其用若枢，故曰枢言。

管子曰：**道之在天者，日也；**日者，万物由之以煦，万象由之以显，功莫大焉，故谓之道也。**其在人者，心也。**心者，万物由之以虑，万理由之以断，云为莫大焉，故谓之道。**故曰：有气则生，无气则死❶；**日与心以生成为功，而生成以气为言❷。此言气者，道之用也，尤宜重也。**有名则**

---

❶ 刘绩本、赵用贤本此句下有"生者以其气"五字。
❷ "言"，墨宝堂本同。刘绩本、赵用贤本作"主"。

治，无名则乱。治者以其名。物既生成，须立法以治之，在于名实相副，故实称其名则治，名重其实则乱。枢言曰：爱之，利之，益之，安之。四者，道之出，四者，从道而生，故曰道之出也。帝王者用之而天下治矣。帝王者审所先所后，先民与地则得矣，民者君之地，君者民之天。先此二者，则无所不得也。先贵与骄则失矣。贵而不已则骄，骄而不已则亡。先此二者，则无所不失矣。是故先王慎贵在所先所后。人主不可以不慎贵，不可以不慎民，不可以不慎富。慎贵在举贤，慎民在置官，慎富在务地。故人主之卑尊轻重，在此三者，不可不慎。慎三则尊以重，忽三则卑以轻。

国有宝，有器，有用。城郭、险阻、蓄藏，宝也；城郭完，险阻修，则寇盗息。蓄藏积，民无饥。故为宝也。圣智，器也；圣无不通，智无遗策，二者可操以成事，故曰器。珠玉，末用也。珠玉者，饥不可食，寒不可衣，费多而益少，故为末用也。先王重其宝器而轻其用，故能为天下。

生而不死者二，谓宝与器。立而不立者四。人君虽欲自立而重珠玉，则不令得立者四，谓喜、怒、恶、欲。喜也者，怒也者，恶也者，欲也者，天下之败也，而贤者宝之。为善者，非善也，非善此珠玉也。故善无以为也，故先王贵善。贵善蓄藏。王主积于民，无不足。霸主积于将战士，卒勇奋。衰主积于贵人，益其骄。亡主积于妇女、珠玉。速其亡也。故先王慎其所积。

疾之疾之，万物之师也；为之为之，万物之时也；强之强之，万物之脂也。

凡国有三制：有制人者，有为人之所制者，有不能制人、人亦不能制者。何以知其然？德盛义尊而不好加名于人，加名于人者，人亦加之也。人众兵强而不以其国造难生患，患难于人者，人亦患难之。天下有大事而好以其国后，谦受益也。如此者，制人者也。下人者在人上。德不盛、义不尊而好加名于人，人不众、兵不强而好以其国造难生患，恃与国，幸名利，言恃党与之国，又不为推让，每辄幸其名利也。如此者，人之所制也。陵人者，人反陵之。息侯伐郑之比。人进亦进，人退亦退，人劳亦劳，人佚亦佚，进退劳佚，与人相胥，胥，视也。常视人，与之俱进退劳佚也。如此者，不能制人，人亦不能制也。

爱人甚而不能利也，爱甚不利，生其怨心。憎人甚而不能害也，憎甚不害，生其贼心。故先王贵当爱必利，憎必害。贵周。深密不测则周也。周者，不出于口，不见于色。一龙一蛇，一则为龙，一则为蛇，喻人行藏。一日五化之谓周。行藏五变，故曰五化。故先王不以一过二。以少逾多，众所惊也。先王不独举，不擅功。独举擅功，人之所疾。先王不约束，不结纽。约束则解，有束，故可得而解。结纽则绝，有纽，故可得而绝。故亲不在约束结纽。相亲，从心生也。先王不货交，货交，则人心有亲疏。不列地，列地，则人心有向背。以为天下。天下不可改也，亲疏向背，是其改也。改，谓分别。而可以鞭棰使也。若乃不改，而以鞭棰威之，则无思不服。时也，利也，出为之也。先王有所出为，必上得天时，下尽地利。余目不明，余耳不聪，苟非时利，虽目视有余，不用其明；耳听有余，不用其聪也。是以能继天子之容。天子之容，时利而已。官职亦然。亦时利也。时者得天，义者得人。义即利也。既时且义，故能得天与人。

先王不以勇猛为边竟则边竟安，边竟安则邻国亲，邻国亲则举当矣。人故相憎也。人之心悍，故为之法。法出于礼，礼出于治。治、礼，道也。万物待治、礼而后定。

凡万物阴阳两生而参视，先王因其参而慎所入所出。以卑为卑，卑不可得；以尊为尊，尊不可得。桀、舜是也，先王之所以最重也。得之必生，失之必死者，何也？唯无得之。尧、舜、禹、汤、文、武、孝己，斯待以成，天下必待以生，故先王重之。一日不食比岁歉，三日不食比岁饥，五日不食比岁荒，七日不食无国土，十日不食无畴类，尽死矣。

先王贵诚信。诚信者，天下之结也。信诚者，所以结固天下之心也。贤大夫不恃宗室，士不恃外权。坦坦之利不以功，坦坦之备不为用。坦坦，谓平平。非有超而异者，故不能立功而成用也。故存国家，定社稷，在卒谋之间耳。

圣人用其心，沌沌乎博而圜，豚豚乎莫得其门，一本作"沌乎博而圜，豚豚乎莫得而闻也"。纷纷乎若乱丝，遗遗乎若有从治。故曰：欲知者知之，欲利者利之，欲勇者勇之，欲贵者贵之。彼欲贵，我贵之，人谓我有礼；彼欲勇，我勇之，人谓我恭；彼欲利，我利❶之，人谓我仁；彼欲知，我知之，人谓我憋。戒之，戒之，微而异之。人心不同，其犹面焉。令既顺欲获，失时无所收。动作必思之，无令人识之，卒来者必备之。信之者仁也，不可欺者智也。既智且仁，是谓成人。

贱固事贵，不肖固事贤。贵之所以能成其贵者，以其贵而事贱也；贤之所以能成其贤者，以其贤而事不肖也。恶者，美之充也；卑者，尊之充也；贱者，贵之充也。故先王贵之。

天以时使，地以材使，人以德使，鬼神以祥使，禽兽以力使。所谓德者，先之之谓也。故德莫如先，应適❷莫如后。先王用一阴二阳者霸，尽以阳者王；以一阳二阴者削，尽以阴者亡。量之不以少多，称之不以轻重，度之不以短长。不审此三者，不可举大事。能戒乎？能敕乎？能隐而伏乎？能而稷乎？能而麦乎？春不生而夏无得乎？

众人之用其心也，爱者憎之始也，德者怨之本也。唯贤者不然。先王事以合交，德以合人。二者不合，则无成矣，无亲矣。

凡国之亡也，以其长者也；人之自失也，以其所长者也。故善游者死于梁也，善射者死于中野。命属于食，治属于事。无善事而有善治者，自古及今，未尝之有。众胜

---

❶ "利"，原作"和"，据墨宝堂本、刘绩本、赵用贤本改。前文有"欲利者利之"。

❷ "適"，通"敌"（敵）。

寡，疾胜徐，勇胜怯，智胜愚，善胜恶，有义胜无义，有天道胜无天道。凡此七胜者贵众，用之终身者众矣。

人主好佚欲，亡其身，失其国者，殆。其德不足以怀其民者，殆。明其刑而贱其士者，殆。诸侯假之威，久而不知极已者，殆。身弥老，不知敬其適❶子者，殆。蓄藏积，陈朽腐，不以与人者，殆。

凡人之名三：有治也者，有耻也者，有事也者。事之名二：正之，察之。五者而天下治矣。名正则治，名倚则乱，无名则死，故先王贵名。

先王取天下，远者以礼，近者以体。体、礼者，所以取天下；远、近者，所以殊天下之际。

日益之而患少者，惟忠；日损之而患多者，惟欲。多忠少欲，智也，为人臣者之广道也。为人臣者，非有功劳于国也，家富而国贫，为人臣者之大罪也；为人臣者，非有功劳于国也，爵尊而主卑，为人臣者之大罪也。无功劳于国而贵富者，其唯尚贤乎！

众人之用其心也，爱者憎之始也，爱尽而憎。德者怨之本也。德竭而怨生。其事亲也，妻子具则孝衰矣；其事君也，有好业、家室富足则行衰矣，爵禄满则忠衰矣。唯贤者不然，贤者有始有卒。故先王不满也。

人主操逆，人臣操顺。先王重荣辱，荣辱在为。天下无私爱也，无私憎也，为善者有福，为不善者有祸。祸福在为，故先王重为。

---

❶ "適"，通"嫡"。

明赏不费，明刑不暴。赏罚明则德之至者也，故先王贵明。

天道大而帝王者用爱恶。爱恶天下可秘，爱恶重闭必固。釜鼓满则人概之，人满则天概之，故先王不满也。

先王之书，心之敬执也，而众人不知也。故有事，事也；毋事，亦事也。吾畏事，不欲为事；吾畏言，不欲为言。故行年六十而老吃也。

管子卷第四

卷五

八观第十三 | 外言四

大城不可以不完，郭周不可以外通，里域不可以横通，横通，谓从旁而通也。间闬不可以毋阖，阖扉也。宫垣关闭不可以不修。故大城不完，则乱贼之人谋；郭周外通，则奸遁逾越者作；里域横通，则攘夺窃盗者不止。间闬无阖，外内交通，则男女无别。宫垣不备，关闭不固，虽有良货，不能守也。故形势不得为非，则奸邪之人悫愿；禁御周固，形势不得为非，则奸邪之人无从生心，而变为悫愿。禁罚威严，则简慢之人整齐；宪令著明，则蛮夷之人不敢犯；赏庆信必，则有功者劝；教训习俗者众，则君民化变而不自知也。习俗而善，不知善之为善，犹入芝兰之室，不知芳之为芳也。是故明君在上位，刑省罚寡，非可刑而不刑，非可罪而不罪也。明君者，闭其门，塞其涂，弇其迹，使民毋由接于淫非之地。既闭出非之门，又塞生过之涂，成罪之迹，莫不掩匿。如此，则自然端直，欲接淫非之地，其路无由也。是以民之道正行善也若性然，故罪罚寡而民以治矣。

行其田野，视其耕芸，计其农事，而饥饱之国可以知也。其耕之不深，芸之不谨，地宜不任，草田多秽，耕者不必肥，荒者不必硗，以人猥计其野。猥，众也。以人众之多少计其野之广狭也。草田多而辟田少者，虽不水旱，饥国之野也。若是而民寡，则不足以守其地；若是而民众，则国贫民饥；以此遇水旱，则众散而不收。彼民不足以守者，其城不固；民饥者，不可以使战；众散而不收，则国为丘墟。故曰：有地君国，而不务耕芸，寄生之君也。故曰：行其田野，视其耕芸，计其农事，而饥饱之国可知也。

行其山泽，观其桑麻，计其六畜之产，而贫富之国可知也。夫山泽广大，则草木易多也；壤地肥饶，则桑麻易殖也；荐子见反。草多衍，则六畜易繁也。荐，茂草也。庄周曰："麋鹿食荐。"山泽虽广，草木毋禁；壤地虽肥，桑麻毋数；荐草虽多，六畜有征：征，赋。闭货之门也。无货可出，若闭门然。故曰：时货不遂，金玉虽多，时货，谓谷帛畜产也。谓之贫国也。故曰：行其山泽，观其桑麻，计其六畜之产，而贫富之国可知也。

入国邑，视宫室，观车马衣服，而侈俭之国可知也。夫国城大而田野浅狭者，其野不足以养其民；城域大而人民寡者，其民不足以守其城；宫营大而室屋寡者，其室不足以实其宫；室屋众而人徒寡者，其人不足以处其室；囷仓寡而台榭繁者，其藏不足以共其费。囷仓所藏，不足以供台榭之费。故曰：主上无积而宫室美，氓家无积而衣服修，氓家，谓民家也。乘车者饰观望，步行者杂文采，本资少而末用多者，本资，谓谷帛。侈国之俗也。国侈则用费，用费则民贫，民贫则奸智生，奸智生则邪巧作。故奸邪之所生，生于匮不足；匮不足之所生，生于侈；侈之所生，生于毋度。故曰：审度量，节衣服，俭财用，禁侈泰，为国之急也。不通于若计者，若计，谓"审度量"以下。不可使用国。故曰：入国邑，视宫室，观车马衣服，而侈俭之国可知也。

课凶饥，计师役，观台榭，量国费，而实虚之国可知也。凡田野万家之众，可食之地方五十里，可以为足矣。万家以下，则就山泽可矣；万家以下，其人少，可以就山泽逐便利。万家以上，则去山泽可矣。万家以上，其人多，则去山泽，就原陆，而山泽有禁也。彼野悉辟而民无积者，国地小而食地浅也；田半垦而民有余食，而粟米多者，国地大而食地博也。国地大而野不辟者，君好货而臣好利者也；君臣好货利，则妨农功，故其野不辟。辟地广而民不足者，上赋重，流其藏者也。上赋重，则人藏流散也。故曰：粟行于三百里，赋重则粟贱，故人远行而籴之，或远人来籴也。则国毋一年之积；粟行于四百里，则国毋二年之积；粟行于五百里，则众有饥色。其稼亡三之一者，命曰小凶。三分常稼而亡其一，时有凶灾故也，故谓小凶也。小凶三年而大凶，比三年不熟，故曰大凶也。大凶则众有大遗苞矣。时既大凶，无复畜积，虽相振济，但苞裹升斗以相遗也。什一之师，什三毋事，则稼亡三之一。师，法也。十一而税，《周礼》之通法。今乃十三而税，无事于旧稼亡三之一也。稼亡三之一而非有故盖积也，则道有损瘠矣。既已亡三之一，又无故积，则道行之人有毁损羸瘠者也。

什一之师，三年不解❶，非有余食也，则民有鬻子矣。既师十一，三年而不解，此当有余食而不余，则以遇岁凶故也，所以人有鬻子者。故曰：山林虽近，草木虽美，宫室必有度，禁发必有时。是何也？曰：大木不可独伐也，大木不可独举也，大木不可独运也，大木不可加之薄墙之上。凡此必资众力，则妨农事，故宫室须有度，禁发须有时也；故曰：山林虽广，草木虽美，禁发必有时；国虽充盈，金玉虽多，宫室必有度；江海虽广，池泽虽博，鱼鳖虽多，罔罟必有正。多少小大之正。船网不可一财而成也，必多财然后成。非私草木、爱鱼鳖也，恶废民于生谷也。故曰：先王之禁山泽之作者，博民于生谷也。彼民非谷不食，谷非地不生，地非民不动，动，谓发生谷物。民非作力毋以致财。天下之所生，生于用力；天下所以存其生，各由用力也。用力之所生，生于劳身。是故主上用财毋已，是民用力毋休也。财从力生，故用财不已则用力不休也。故曰：台榭相望者，其上下相怨也；上怨下不供，下怨上多税。民毋余积者，其禁不必止；民饥贫则为盗贼，故禁不止也。众有遗苞者，其战不必胜；战士饥则力屈，故战不胜。道有损瘠者，其守不必固。损瘠则死期将至，故守不固也。故令不必行，禁不必止，战不必胜，守不必固，则危亡随其后矣。故曰：课凶饥，计师役，观台榭，量国费，实虚之国可知也。

---

❶ "解"，通"懈"，懈怠，松懈。《管子·弟子职》："一此不解，是谓学则。"

入州里，观习俗，听民之所以化其上，君斯作矣，人胥效矣，故人莫不化上。而治乱之国可知也。州里不鬲，无限鬲也。闾闬不设，出入毋时，早晏不禁，则攘夺、窃盗、攻击、残贼之民毋自胜矣；自，从也。既不设备，则盗贼无从而胜。食谷水，巷凿井，谷水巷井，则出汲者生其淫放。场圃接，邻家子女易得交通。树木茂，淫非者易为。宫墙毁坏，门户不闭，外内交通，则男女之别毋自正矣；乡毋长游，什长游宗也。里毋士舍，士，谓里尉。每里当置舍，使尉居焉。时无会同，乡里每时当有会同，所以结恩好也。丧烝不聚，烝，冬祭名。禁罚不严，则齿长辑睦毋自生矣。乡里长弟当以齿也。故昏礼不谨则民不修廉，论贤不乡举则士不及行，货财行于国则法令毁于官，请谒得于上则党与成于下。乡官毋法制，百姓群徒不从，此亡国弑君之所自生也。故曰：入州里，观习俗，听民之所以化其上者，而治乱之国可知也。

入朝廷，观左右，本求朝之臣，谓原本寻求朝之得失。论上下之所贵贱者，而强弱之国可知也。功多为上，禄赏为下，则积劳之臣不务尽力；战功曰多。谓积劳之臣，论其功多则居于众上❶，及行禄赏翻在众下，故不务尽力也。治行为上，爵列为下，则豪桀材臣不务竭能；便辟左右，不论功能而有爵禄，则百姓疾怨非上，贱爵轻禄；左右不论能而有爵禄，则百姓非但疾怨，又非上，轻贱爵禄也。金玉货财，商贾之人不论而在爵禄，不论志行，使之在爵

---

❶ "上"，原作"二"，据墨宝堂本、刘绩本、赵用贤本改。

禄之位也。则上令轻，法制毁；权重之人，不论才能而得尊位，则民倍本行而求外势。彼积劳之人不务尽力，则兵士不战矣；豪桀材人不务竭能，则内治不别矣；百姓疾怨非上，贱爵轻禄，则上毋以劝众矣；上令轻，法制毁，则君毋以使臣，臣毋以事君矣；民倍本行而求外势，则国之情伪竭在敌国矣。人既倍本求外，则国之情伪尽在于敌矣。竭，尽也。故曰：入朝廷，观左右，本朝之臣，论上下之所贵贱者，而强弱之国可知也。

置法出令，临众用民，计其威严宽惠，行于其民与不行于其民可知也。法虚立而害疏远，谓其立法，但能害疏远，而不行亲近，故曰虚立也。令一布而不听者存，不听者存，是令不行。贱爵禄而毋功者富，无功者富，则有功者贫也。然则众必轻令而上位危。轻令则有无君之心，故上位危。故曰：良田不在战士，三年而兵弱；良田所以赏战士，不赏则士无战志，故兵弱也。赏罚不信，五年而破；上卖官爵，十年而亡；倍人伦而禽兽行，十年而灭。战不胜，弱也；地四削，入诸侯，被也；离本国，徙都邑，亡也；有者异姓，灭也。有其国者异姓之人，则宗庙灭也。故曰：置法出令，临众用民，计威严宽惠，而行于其民不行于其民可知也。

计敌与，量上意，察国本，观民产之所有余不足，而存亡之国可知也。敌国强而与国弱，谏臣死而谀臣尊，私情行而公法毁，然则与国不恃其亲，谓党与之国不恃己以为亲也。而敌国不畏其强，寇敌之国不畏己以为强也。豪杰不安其位，而积劳之人不怀其禄，悦商贩而不务本货，则民偷处而不事积聚。豪杰不安其位，则良臣出；积劳之人不怀其禄，则兵士不用；民偷处而不事积聚，则困仓空虚。如是而君不为变，不改常而更化。然则攘夺、窃盗、残贼、进取之人起矣。内者廷无良臣，豪杰不安其位。兵士不用，积劳之人不怀其禄故也。困仓空虚，民偷处而不事积聚故也。而外有强敌之忧，则国居而自毁矣。居然自致灭毁。故曰：计敌与，量上意，察国本，观民产之所有余不足，而存亡之国可知也。

故以此八者观人主之国，而人主毋所匿其情矣。

法禁第十四 ┃ 外言五

法制不议，则民不相私；君出法制，下不敢议，则人奉公，不相与为私。刑杀毋赦，则民不偷于为善；有过必诛则善恶明，故不为苟且❶之善。爵禄毋假，则下不乱其上。爵必有德，禄必有功，不妄假人，则人知君我者必贤德，故不乱于上。三者，藏于官则为法，施于国则成俗，其余不强而治矣。三者，谓法、刑、爵也。藏于官，谓下不得擅其用，如

---

❶ "且"，原作"见"（見），墨宝堂本同。此据刘绩本、赵用贤本改。

此则法施俗成。自期❶之外，虽不勉强，莫不从理矣。

君壹置其仪，则百官守其法；上明陈其制，则下皆会其度矣。君之置其仪也不一，则下之倍法而立私理者必多矣。是以人用其私，废上之制，而道其所闻，既废上之制，故竟道其所闻，冀遂其私欲。故下与官列法，而上与君分威，国家之危必自此始矣。下，谓庶人。上，谓权臣。列，亦分也。

昔者圣王之治其民也不然。废上之法制者，必负以耻。负，犹被也。废法制者，必被之以耻辱也。财厚博惠，以私亲于民者，正经而自正矣。臣厚财而作福，则正礼经以示之，其人自正矣。乱国之道，易国之常，赐赏恣于己者，圣王之禁也。赐赏者，人君所独用也。臣为君事，故须禁之也。圣王既殁，受之者衰。嗣君不德。君人而不能知立君之道以为国本，则大臣之赘下而射人心者必多矣；越职行恩曰赘。福下者，君之事也，今臣为之，故曰赘。臣之作福，所邀射人心，必使归己也。君不能审立其法以为下制，则百姓之立私理而径于利者必众矣。径，谓邪行以趣疾也。

昔者圣王之治人也，不贵其人博学也，欲其人之和同以听令也。博学而不听令，奸人之雄也。《泰誓》曰："纣有臣亿万人，亦有亿万之心。武王有臣三千而一心。"故纣以亿万之心亡，武王以一心存。故有国之君，苟不能同人心，一国威，齐士义，通上之治以为下法，则虽有广地

---

❶ "期"，墨宝堂本同。刘绩本、赵用贤本作"斯"。

众民，犹不能以为安也。

君失其道，则大臣比权重与权重者相比。以相举于国，小臣必循利以相就也。故举国之士以为亡党，为叛亡之党也。行公道以为私惠。费公以树私也。进则相推于君，退则相誉于民，各便其身，而忘社稷，以广其居，容受博也。聚徒威群，蓄党以威众。上以蔽君，下以索民，求人附己。此皆弱君乱国之道也，故国之危也。

擅国权以深索于民者，圣王之禁也。

其身毋任于上者，圣王之禁也。

进则受禄于君，退则藏禄于室，毋事治职，但力事属，私其所勉力事务者，但属意于私。王官，私君事，去王之官，私事则营之，君事则去之也。非其人而人私行者，圣王之禁也。臣既非其人，故其人但为私行，所以禁之也。

修行则不以亲为本，简孝敬也。治事则不以官为主，邀虚誉也。举毋能，进毋功者，圣王之禁也。

交人则以为己赐，臣或下交于人，恃之以为己之恩赐。举人则以为己劳，为国举贤，恃之以为己之功劳。仕人则与分其禄者，荐人令仕，得禄与共分也。圣王之禁也。

交于利通而获于贫穷，臣所与交通者，皆货利末业，则农桑废，故获于贫穷。轻取于其民而重致于其君，下取于人，轻然不难。上致于君，伪饰成重。削上以附下，枉法以求于民者，削上威用，附下成恩，枉君公法，求人私悦也。圣王之禁也。

用不称其人，家富于其列，其禄甚寡而资财甚多者，列，业也。臣有用少而家业富，禄寡而资财多，则以枉法取于人故也。圣王之禁也。

拂世以为行，非上以为名，常反上之法制，以成群于国者，拂世非上，反违法制，以结连朋党，亦所谓奸人之雄也。圣王之禁也。

饰于贫穷而发于勤劳，权于贫贱，内富而外饰于贫穷，内逸而外发于勤劳，可以致势而权于贫穷也。身无职事，家无常姓，列上下之间，议言为民者，圣王之禁也。姓，生也。身既无职事，家又无常生，自列于上下之间，其有言议，每辄为人以求名誉，非纯粹之道，故圣王禁之也。

壹❶士以为亡资，修田以为亡本，每以壶飧济士，以为亡去之资，若赵孟之为。又修营田业，以为亡去之本也。则生之养私不死，既有所备预，则私养其生，虽亡而不死也。然后失矫以深，与上为市者，自恃其备，然后君失必矫。其有不从，则示以去就之形而要之，故曰与上为市。圣王之禁也。

审饰小节以示民，钓虚誉也。时言大事以动上，示君以不测也。远交以逾群，假爵以临朝者，远交四邻以越群党，虚假高爵，威临本朝也。圣王之禁也。

卑身杂处，不简侪类。隐行辟倚，倚，依也。自隐其行以避所依也。侧入迎远，侧身而入国，挺出而迎远。遁上而遁民者，卑身杂处，所以遁上；隐行避倚，所以遁民。圣王之禁也。

诡俗异礼，大言法行，大为言誉以为法，使人遵行也。

---

❶ "壹"，墨宝堂本同。刘绩本、赵用贤本作"壶"。

难其所为而高自错者，错，置也。圣王之禁也。

守委闲居，博分以致众，守其委积以闲居，博分其财以致众。勤身遂行，说人以货财，勤劳其身以遂其行，施其货财以悦于人。济人以买誉，济施人货财，所以买其声誉。其身甚静而使人求者，静而多财，故人求之。圣王之禁也。

行僻而坚，言诡而辩，术非而博，顺恶而泽者，所顺习者恶事，善润饰之，令有光泽。圣王之禁也。

以朋党为友，以蔽恶为仁，朋党有恶，相为隐蔽，用此为仁。以数变为智，以重敛为忠，以遂忿为勇者，圣王之禁也。

固国之本，其身务往于上，深附于诸侯者，每国自有其本，臣无境外之交。今虽身务归于上而心有异，托外深附于诸侯。圣王之禁也。

圣王之身，治世之时，德行必有所是，道义必有所明。故士莫敢诡俗异礼以自见于国，莫敢布惠缓行，修上下之交以和亲于民，从容养民，谓之缓行。故莫敢超等逾官，渔利苏功，以取顺其君。饰诈以钓君利，谓之渔利。因少构多，谓之苏功。苏，生息也。

圣王之治民也，进则使无由得其所利，退则使无由避其所害，必使反乎安其位，乐其群，务其职，荣其名，而后止矣。能如上事，则止而循常也。故逾其官而离其群者，必使有害；不能其事而失其职者，必使有耻。是故圣王之教民也，以仁错之，以耻使之，修其能，致其所成而止。故曰：绝而定，绝邪僻。静而治，安而尊，举错而不变者，圣王之道也。

重令第十五 | 外言六

凡君国之重器，莫重于令。令重则君尊，君尊则国安；令轻则君卑，君卑则国危。故安国在乎尊君，尊君在乎行令，行令在乎严罚。罚严令行，则百吏皆恐；罚不严，令不行，则百吏皆喜。故明君察于治民之本，本莫要于令。故曰：亏令者死，益令者死，增益令者，杀无赦。不行令者死，留令者死，令当行而故留之。不从令者死。五者死而无赦，惟令是视。设令者必不赦此五死也。故曰：令重而下恐。

为上者不明，令出虽自上，而论可与不可者在下。不明之君，虽日出令，至于可否，必与下论而后定。如此者，臣反制君，何令之为？夫倍上令以为威，则行恣于己以为私，百吏奚不喜之有？倍公则得成私，亏令而喜，不亦宜乎？且夫令出虽自上，而论可与不可者在下，是威下系于民也。可否定于下，则是威下系也。威下系于民而求上之毋危，不可得也。下强则上危也。

令出而留者无罪，则是教民不敬也。王言如丝，其出如纶，所谓敬也。留者不诛，是教不敬。令出而不行者毋罪，行之者有罪，是皆教民不听也。不行无罪，行之反诛，人之不听上教之然也。令出而论可与不可者在官，是威下分也。官，谓百官。可否定于百官，则是威下分也。益损者毋罪，则是教民邪途也。❶益，谓增令者；损，谓亏令者。二者不罪，人为邪途，上教之然也。如此，则巧佞之人将以此成私为交，比周之人将以此阿党取与，贪利之人将以此收货聚财，懦弱之人将以此阿贵事富，便辟伐矜之人将以此买誉成名。凡此皆上开其隙，则下得缘隙而成奸也。故令一出，示民邪途五衢，五衢，谓上之五死也。死之则五衢塞，生之则五衢开。而求上之毋危，下之毋乱，不可得也。五衢开故也。

菽粟不足，末生不禁，民必有饥饿之色，末生，谓以末业为生者也。而工以雕文刻镂相稚也，谓之逆；稚，骄也。人有饥色，不息末以杀之，反以雕文相骄，故谓之逆。布帛不足，衣服毋度，民必有冻寒之伤，而女以美衣锦绣綦组相稚也，谓之逆；万乘藏兵之国，卒不能野战应敌，社稷必有危亡之患，而士以毋分役相稚也，谓之逆；社稷有危，人人皆当效死，今反以无分役相骄，故谓之逆。爵人不论能，禄人不论功，则士无为行制死节，爵不论能，故不为行制；禄不论功，故不为死节也。而群臣必通外请谒，取权道行，事便辟，以贵富謟事便辟，以得贵富。为荣华以相稚也，谓之逆。不义富贵，志士所以耻，反以为荣华而相骄，故以为逆。

---

❶ "则是教民邪途也"下，至下文"虚取，奸邪得行，毋能上通，则大臣不和"上，底本原阙页，刘绩本、赵用贤本有。此据刘绩本补正文445字、注文263字。

朝有经臣，国有经俗，民有经产。经，常也。何谓
朝之经臣？察身能而受官，不诬于上。无能受官，谓之诬
上。谨于法令以治，不阿党。挠法从私，谓之阿党。竭能尽
力而不尚得，不贵苟得。犯难离患而不辞死，致身受命。
受禄不过其功，不以少求多也。服位不侈其能，不以小居大
也。不以毋实虚受者，有功劳而后受禄。朝之经臣也。

何谓国之经俗？所好恶不违于上，从君欲也。所贵
贱不逆于令，遵法制也。毋上拂之事，拂，违也。毋下比
之说，毋侈泰之养，节而适也。毋逾等之服，礼而度也。
谨于乡里之行，信而悌也。而不逆于本朝之事者，行君令
也。国之经俗也。

何谓民之经产？畜长树蓺，畜长，谓畜产也。务时殖
谷，力农垦草，禁止末事者，民之经产也。故曰：朝不贵
经臣，则便辟得进，毋功虚取，奸邪得行，毋能上通；贱
经臣则邪臣进。国不服经俗，则臣下不顺，而上令难行；
俗无常故也。民不务经产，则仓廪空虚，财用不足。轻本
务故也。便辟得进，毋功虚取，奸邪得行，毋能上通，
则大臣不和；小人好事。臣下不顺，上令难行，则应难不
捷；人心不一。仓廪空虚，财用不足，则国毋以固守。人
饥则逃散也。三者见一焉，则敌国制之矣。见一尚制，况兼
有乎？

故国不虚重，兵不虚胜，民不虚用，令不虚行。凡国
之重也，必待兵之胜也，而国乃重；凡兵之胜也，必待民
之用也，而兵乃胜；凡民之用也，必待令之行也，而民乃
用；凡令之行也，必待近者之胜也，而令乃行。先胜服近

习，令乃得行。故禁不胜于亲贵，罚不行于便辟，法禁不诛于严重而害于疏远，庆赏不施于卑贱，而求令之必行，不可得也；能不通于官，受禄赏不当于功，号令逆于民心，动静诡于时变，有功不必赏，有罪不必诛，令焉不必行，禁焉不必止，在上位无以使下，而求民之必用，不可得也；将帅不严威，民心不专一，陈士不死制，卒士不轻敌，而求兵之必胜，不可得也；内守不能完，外攻不能服，野战不能制敌，侵伐不能威四邻，而求国之重，不可得也；德不加于弱小，威不信于强大，征伐不能服天下，而求霸诸侯，不可得也；威有与两立，下亦有立威者。兵有与分争，征伐有自诸侯出。德不能怀远国，令不能一诸侯，而求王天下，不可得也。

地大国富，人众兵强，此霸王之本也，然而与危亡为邻矣。天道之数，人心之变。所以与危亡为邻，则以天道数终，人心变易故也。天道之数，至则反，终于下者则反于上。盛则衰；日中则昃，月盈则蚀。人心之变，有余则骄，不足者必谦。骄则缓怠。夫骄者，骄诸侯；骄诸侯者，诸侯失于外。天子骄则诸侯叛。缓怠者，民乱于内。缓怠必轻于始，故民乱。诸侯失于外，民乱于内，天道也，骄怠者必失外乱内，此天之道。此危亡之时也。若夫地虽大而不并兼，不攘夺；人虽众，不缓怠，不傲下；国虽富，不侈泰，不纵欲；兵虽强，不轻侮诸侯，动众用兵，必为天下政理。此正天下之本，而霸王之主也。

凡先王治国之器三，攻而毁之者六。明王能胜其攻，故不益于三者而自有国正天下；明王虽胜攻，于三器亦不加益。即胜能自有其国，兼正天下。**乱王不能胜其攻，故亦不损于三者而自有天下而亡。**乱王既不能胜攻，三器自毁，更不减此三者，纵有天下之大，而遂灭亡也。**三器者何也？曰：号令也，斧钺也，禄赏也。六攻者何也？曰：亲也，贵也，货也，色也，巧佞也，玩好也。三器之用何也？曰：非号令毋以使下，非斧钺毋以威众，非禄赏毋以劝民。六攻之败何也？**言六攻能败三器者，谓何也？**曰：虽不听而可以得存者，**谓亲贵也。**虽犯禁而可以得免者，**谓货色也。**虽毋功而可以得富者。**谓巧佞玩好也。

凡国有不听而可以得存者，则号令不足以使下；有犯禁而可以得免者，则斧钺不足以威众；有毋功而可以得富者，则禄赏不足以劝民。号令不足以使下，斧钺不足以威众，禄赏不足以劝民，若此则民毋为自用。既有罪不诛，有功不赏，故人不自用其力也。民毋为自用则战不胜，战不胜而守不固，守不固则敌国制之矣。

然则先王将若之何？曰：不为六者变更于号令，不为六者疑错于斧钺，不为六者益损于禄赏。若此则远近一心，远近一心则众寡同力，众寡同力则战可以必胜而守可以必固。非以并兼攘夺也，以为天下政治也。此正天下之道也。

管子卷第五

卷六

法法第十六 | 外言七

不法法则事毋常，不设法以法下，故事无常。**法不法则令不行，**虽复设法，不得法之宜，故令不行。**令而不行则令不法也，法而不行则修令者不审也，**法既得宜而犹不行，则以修令者未审之故也。**审而不行则赏罚轻也，**修令者既审而犹不行，则以上轻于赏罚也。**重而不行则赏罚不信也，**赏罚既重而犹不行，则以虽赏罚而不信也。**信而不行则不以身先之也。**赏罚既信而犹不行，则以身不先自行其法也。**故曰：禁胜于身**身从禁也。**则令行于民矣。**

闻贤而不举，殆；闻贤不举，不若不闻，所以有殆。**闻善而不索，殆；见能而不使，殆；亲人而不固，殆；同谋而离，殆；危人而不能，殆；**危人不能，不若不危。**废人而复起，殆；**既废更起，或发其宿嫌。**可而不为，殆；**可为而不为，多生后悔。**足而不施，殆；**足而不施，怨疾必生。**幾而不密，殆。**幾事不密则害成。**人主不周密，则正言直行之士危；**所谓君不密则失臣。**正言直行之士危，则人主孤而毋内；**策谋毋自入也。**人主孤而毋内，则人臣党而成群。**君子道消则小人道长也。**使人主孤而毋内，人臣党而成群者，此非人臣之罪也，人主之过也。**君不密之过。

民毋重罪，过不大也。有大过，然后有重罪。**民毋大**

过，上毋赦也。不赦则惧而修德。上赦小过则民多重罪，积之所生也。所谓积小以成高大。故曰：赦出则民不敬，有罪不诛则安用敬？惠行则过日益。特恩不恭，非过而何？惠赦加于民，而囹圄虽实，杀戮虽繁，奸不胜矣。造奸以待赦也。故曰：邪莫如蚤禁之。无使滋蔓，蔓难图也。赦过遗善则民不励。善，即惠也。有过不赦，有善不积，励民之道，于此乎用之矣。故曰：明君者，事断者也。

君有三欲于民，三欲不节则上位危。三欲者何也？一曰求，二曰禁，三曰令。求必欲得，禁必欲止，令必欲行。求多者其得寡，无厌则难供，故其得寡。禁多者其止寡，法令滋章，盗贼多有。令多者其行寡。再三则渎，故其行寡。求而不得则威日损，独唱莫和，非损而何？禁而不止则刑罚侮，愈禁愈犯，非侮而何？令而不行则下凌上。不禀其命，非凌而何？故未有能多求而多得者也，未有能多禁而多止者也，未有能多令而多行者也。故曰：上苛则下不听，下不听而强以刑罚，则为人上者众谋矣。为人上而众谋之，虽欲毋危，不可得也。

号令已出又易之，礼义已行又止之，度量已制又迁之，刑法已错又移之。如是则庆赏虽重，民不劝也；杀戮虽繁，民不畏也。故曰：上无固植，植，志。下有疑心，国无常经，民力必竭，数也。数，理也。国无常经，人力必竭。而曰不竭者，此非理之言也。

明君在上位，民毋敢立私议自贵者。立私议者，必自恃为贵也。国毋怪严，毋杂俗，毋异礼，士毋私议。国不作奇怪，则严肃而无杂，俗有常礼，士皆公议。倨傲易令，错仪画制，作议者尽诛。易令，谓变令。错仪，谓别置仪。画制，谓更画制。凡此尽以法诛之。故强者折，锐者挫，坚者破。引之以绳墨，绳之以诛僇，故万民之心皆服而从上，推之而往，引之而来。彼下有立其私议自贵，分争而退者，则令自此不行矣。立议分争，退而不诛，从此之后，令不复行。故曰：私议立则主道卑矣。况主倨傲易令，错仪画制，变易风俗，诡服殊说犹立。立私说尚能卑主，况其倨傲易风俗而犹有立者乎？

上不行君令，下不合于乡里，变更自为，易国之成俗者，命之曰不牧之民。于上不行君令，于下不合乡里，但率意自为，易国之成俗，故曰不牧之民，言其不可养也。不牧之民，绳之外也，绳之外诛。使贤者食于能，斗士食于功。贤者食于能，则上尊而民从；斗士食于功，则卒轻患而傲敌。上尊而民从，卒轻患而傲敌，二者设于国，则天下治而主安矣。

凡赦者，小利而大害者也，苟悦众心，故曰小利。人则习而易犯法，故曰大害也。故久而不胜其祸；犯法渐广，转欲危君，故曰不胜其祸。毋赦者，小害而大利者也，人初不悦，故曰小害。创而修德，故曰大利也。故久而不胜其福。家正而天下定，则太平可致，故曰不胜其福也。故赦者，奔马之委辔；必也覆佚也。毋赦者，痤徂禾切，疖❶也。睢之矿石也。疾可瘳也。

---

❶ "疖"（瘤），原作"廊"。据刘绩本、赵用贤本改。墨宝堂本作"廊"。

爵不尊，禄不重者，不与图难犯危，以其道为未可以求之也。以其道未可求，故不与尊爵重禄。既与之尊爵重禄，其可与之图难犯危也。是故先王制轩冕，足以著贵贱，不求其美；设爵禄，所以守其服，不求其观也。使君子食于道，小人食于力。君子食于道，则上尊而民顺；小人食于力，则财厚而养足。上尊而民顺，财厚而养足，四者备体则胥足，上尊时而王不难矣。胥，相也。

文有三侑，侑，宽也。武毋一赦。惠者，多赦者也，先易而后难，久而不胜其祸；法者，先难而后易，久而不胜其福。故惠者，民之仇雠也；惠者生其祸，故为仇雠也。法者，民之父母也。法者生其福，故为父母也。太上以制制度，其次失而能追之，能追诲❶也。虽有过亦不甚矣。

明君制宗庙，足以设宾祀，不求其美；为宫室台榭，足以避燥湿寒暑，不求其大；为雕文刻镂，足以辩贵贱，不求其观。故农夫不失其时，百工不失其功，商无废利，民无游日，无关闭❷之日。财无砥墆。带❸，久积也。故曰：俭其道乎！

令未布而民或为之，而赏从之，则是上妄予也；未布而为，所谓先时者也。当刑而赏，故曰妄与也。上妄予则功臣怨；功臣怨而愚民操事于妄作；愚民操事于妄作，则大乱之本也。令未布而罚及之，所谓不令而罚。则是上妄诛

---

❶ "诲"，通"悔"。《管子·大匡》："管仲曰：'吾君惕，其智多诲。'"王引之曰："诲与悔同。"（见《读书杂志》）

❷ "关闭"，墨宝堂本、赵用贤本同。刘绩本作"游闲"。

❸ "带"，墨宝堂本同。刘绩本、赵用贤本作"墆"。

也；上妄诛则民轻生；民轻生则暴人兴、轻生故为暴乱。曹党起而乱贼作矣。令已布而赏不从，则是使民不劝勉、不行制、不死节；民不劝勉、不行制、不死节，则战不胜而守不固；战不胜而守不固，则国不安矣。令已布而罚不及，则是教民不听；民不听则强者立；强者立则主位危矣。故曰：宪律制度必法道，号令必著明，赏罚必信密，此正民之经也。

凡大国之君尊，小国之君卑。大国之君所以尊者，何也？曰：为之用者众也。小国之君所以卑者，何也？曰：为之用者寡也。然则为之用者众则尊，为之用者寡则卑，则人主安能不欲民之众为己用也？使民众为己用奈何？曰：法立令行，则民之用者众矣；法不立、令不行，则民之用者寡矣。故法之所立、令之所行者多，而所废者寡，则民不诽议；民不诽议则听从矣。法之所立、令之所行，与其所废者钧，则国毋常经；国毋常经则民妄行矣。法之所立、令之所行者寡，而所废者多，则民不听；民不听则暴人起而奸邪作矣。

计上之所以爱民者，为用之爱之也。为爱民之故，不难毁法亏令，则是失所谓爱民矣。夫以爱民用民，则民之不用明矣。夫用人者，当以法令以爱人。废法而用之，则人不可用也。夫至用民者，杀之，危之，劳之，饥之，渴之。用民者将致之此极也，而民毋可与虑害己者。至，善也。夫善用人者必以法。其不从法，甚者危杀之，其次劳苦饥渴之。将欲用之，必致此极，则奸者不敢为非，善者悦而从命，欲求可与谋害己者，其可得哉？明王在上，道法行于国，民皆舍所好而行所恶。所好者，私欲也；所恶者，公义也。

故善用民者，轩冕不下拟，而斧钺不上因。不以私宠下，妄以轩冕有所许拟；不因上有私憾，妄以斧钺有所诛戮也。如是则贤者劝而暴人止。贤者劝而暴人止，则功名立其后矣。蹈白刃，受矢石❶，入水火，以听上令。上令尽行，禁尽止。引而使之，民不敢转其力；转，犹避也。推而战之，民不敢爱其死。不敢转其力，然后有功；不敢爱其死，然后无敌。进无敌，退有功，是以三军之众皆得保其首领，父母妻子完安于内。故民未尝可与虑始，而可与乐成功。是故仁者、知者、有道者，不与大虑始。大，犹众也。

国无以小与不幸而削亡者，必主与大臣之德行失于身也，官职、法制、政教失于国也，诸侯之谋虑失于外也，故地削而国危矣。言国无以小与不幸而削亡者，其削亡也，则以臣主有失故也。国无以大与幸而有功名者，必主与大臣之德行得于身也，官职、法制、政教得于国也，诸侯之谋虑得于外也，然后功立而名成。言国无以大与幸而有功名者，其有功名也，则以臣主有得名故也。然则国何可无道？人何可无求？得道而导之，得贤而使之，将有所大期于兴利除害。期于兴利除害，莫急于身，而君独甚伤也，必先令之失。先身无害而有利，然后可以及物。今君

---

❶ "石"，原作"后"，墨宝堂本同。此据刘绩本、赵用贤本改。"矢石"，箭和垒石。

独立无与，则是有害，故甚可伤。所以然者，则由先令之失也。**人主失令而蔽，**失令则为下所蔽塞也。**已蔽而劫，已劫而弑。**

凡人君之所以为君者，势也。故人君失势，则臣制之矣。势在下，则君制于臣矣；势在上，则臣制于君矣。故君臣之易位，势在下也。在臣期年，臣虽不忠，君不能夺也；臣得势期年，君虽知其不忠而不能夺，无如之何也。在子期年，子虽不孝，父不能服也。亦无如之何。故《春秋》之记，《春秋》即周公之凡例，而诸侯之国史也。臣有弑其君、子有弑其父者矣。故曰：堂上远于百里，堂下远于千里，门廷远于万里。今步者一日，百里之情通矣。堂上有事，十日而君不闻，其事适在堂上耳，而君遂十日不闻。此所谓远于百里也。步者十日，千里之情通矣。堂下有事，一月而君不闻，此所谓远于千里也。步者百日，万里之情通矣。门廷有事，期年而君不闻，此所谓远于万里也。故请入而不出谓之灭，臣有情告，既入而不出，此则左右不为通于下，其事遂消灭也。出而不入谓之绝，其事既出而不入，此则左右不为通于上，其事遂断绝也。入而不至谓之侵，其事既入，不得至于君，此则左右侵君事故也。出而道止谓之壅。其事既出，中道而止，此则左右壅君事故也。灭绝侵拥❶之君者，非杜其门而守其户也，为政之有所不行也。政之不行，自致侵拥，非由杜门守户也。故曰：令重于宝，社稷先于亲戚，法重于民，威权贵于爵禄。故不为

---

❶ "拥"（擁），壅塞，阻塞。注中"拥"字同。

重宝轻号令，不为亲戚后社稷，不为爱民枉法律，不为爵禄分威权。故曰：势非所以予人也。凡此上事，其势不当与人，故君专之。

政者，正也。正也者，所以正定万物之命也。万物之命，由正而定。是故圣人精德立中以生正，德精而不过，其正自生也。明正以治国，故正者所以止过而逮不及也。正者中立，故过者令止之，不及者令逮之。过与不及也，皆非正也，正在于中立。非正则伤国一也。过犹不及，故伤国一也。勇而不义伤兵，不及于勇，故伤兵也。仁而不法伤正。不及于仁，故伤正。故军之败也，生于不义；不义则失宜，故军败。法之侵也，生于不正。不正则入邪，故法侵也。故言有辩而非务者，言辩而浮诞，则非要务也。行有难而非善者。行难而诡怪，故非正善也。故言必中务，不苟为辩；行必思善，不苟为难。

规矩者，方圆之正也。虽有巧目利手，不如拙规矩之正方圆也。故巧者能生规矩，不能废规矩而正方圆。虽圣人能生法，不能废法而治国。故虽有明智高行，倍法而治，是废规矩而正方圆也。

一曰：管氏称古言，故曰"一曰"。凡人君之德行威严，非独能尽贤于人也。人君之德行虽当威严，既不能事事尽贤，亦须纳贤而自辅，故曰：能自得师者王。曰人君也，故从而贵之，不敢论其德行之高卑。人曰：此人君也。谓其道备德成，不察其是非，即从而贵之，岂敢更论其高卑乎？有故为其杀生，急于司命也；乘人君之势，怒则伏尸流血，喜则轩冕塞路，故急于司命也。富人贫人，使人相畜也；人君富人亦可，贫人亦可，使以富畜贫亦可。**贵人贱人，使人相臣也。**贵人亦可，贱人亦可，使人以贵臣贱亦可。**人主操此六者以畜其臣，**六者，谓生、杀、富、贵、贫、贱。**人臣亦望此六者以事其君，**人臣事君，亦望操此六者以临下。**君臣之会，六者谓之谋。**君臣所以相合，皆欲谋操六者。**六者在臣期年，臣不忠，君不能夺；在子期年，子不孝，父不能夺。故《春秋》之记，臣有弑其君、子有弑其父者。得此六者，而君父不智也。**令臣子得此六者，是君父之不智也。**六者在臣则主蔽矣。主蔽者，失其令也。故曰：令入而不出谓之蔽，令出而不入谓之壅，令出而不行谓之牵，**牵于左右。**令入而不至谓之瑕。**君臣相间，故曰瑕。牵瑕蔽壅之事君者，非敢杜其门而守其户也，为令之有所不行也。此其所以然者，由贤人不至而忠臣不用也。故人主不可以不慎其令。令者，人主之大宝也。**

一曰：贤人不至谓之蔽，忠臣不用谓之塞，令而不行谓之障，禁而不止谓之逆。蔽塞障逆之君者，不敢杜其门而守其户也，为贤者之不至，令之不行也。

凡民从上也，不从口之所言，从情之所好者也。上好勇则民轻死，上好仁则民轻财。故上之所好，民必甚焉。是故明君知民之必以上为心也，故置法以自治，立仪以自正也。故上不行则民不从，彼民不服法死制，则国必乱矣。是以有道之君，行法修制，先民服也。**服，行也。先自行法以率人。**

凡论人有要。**论人才行，各有纲要。矜物之人，无大士焉。**大士不矜，谦以接物。**彼矜者，满也；满者，虚也。所谓满招损者也。**满虚在物，在物为制也。**既满而虚，则制之在物。**矜者，细之属也。**自矜者，小人之类。

凡论人而远古者，无高士焉。高士必顺考古道也。**既不知古而易其功者，无智士焉。**智士必知古而谨功也。**德行成于身而远古卑人也，事无资遇时而简其业者，愚士也。**德行虽曰成，而乃远古卑人，则是事无资禀。若遇有道之时，其业必见简弃。如此者，可谓愚士。**钓名之人，无贤士焉；**贤士必修实而成名。**钓利之君，无王主焉。**王主必度义而取利。**贤人之行其身也，忘其有名也；王主之行其道也，忘其成功也。贤人之行，王主之道，其所不能已也。**不能已而后动。

明君公国一民以听于世，贤明之君，必公诚于国，以一其民人之心。**忠臣直进以论其能。**忠臣必直道而求进。**明君不以禄爵私所爱，**唯贤是与。**忠臣不诬能以干爵禄。**量能而必禄也。**君不私国，臣不诬能，行此道者，虽未大治，正民之经也。**治虽未大，足成正民之经。**今以诬能之臣，事私国之君，而能济功名者，古今无之。**

诬能之人易知也。诬能之人，功名所以不济，易可知。起下文也。**臣度之先王者，**臣，管氏自称也。**舜之有天下也，禹为司空，契为司徒，皋陶为李，**古治狱之官，作此李官。**后稷为田。此四士者，天下之贤人也，犹尚精一德，**谓各精一事也。**以事其君。今诬能之人，服事任官，皆兼四贤之能，自此观之，功名之不立，亦易知也。**结上文也。

故列尊禄重，无以不受也；德不足以与其位也。**势利**

官大，无以不从也。直以势利官大，故每举必从之。**以此事
君，此所谓诬能篡利之臣者也。世无公国之君，则无直进
之士；无论能之主，则无成功之臣。**

昔者三代之相授也，安得二天下而杀之？三代无能授
于有能，桀、纣失之，汤、武得之。今之天下即古之天下，岂
有二天下而行其刑杀哉？**贫民、伤财，莫大于兵；危国、
忧主，莫速于兵。此四患者明矣，古今莫之能废也。兵当
废而不废，则古今惑也。**兵有四患，则当废也。五材并用，
则不当废。废兴之理难明，故惑也。**此二者不废而欲废之，
则亦惑也。**二者，谓废与❶不废。既不废矣，久❷欲废之，则
亦惑也。**此二者伤国一也。**废之则寇来无以御，则伤国也；
不废则费财忧主，亦伤国也。故曰一也。

黄帝、唐、虞，帝之隆也，资有天下，制在一人。
资，用也。率土之宾，莫非王臣，故曰制在一人。**当此之时
也，兵不废。今德不及三帝，天下不顺，**三帝之时，天下
皆服，不须用兵。**而求废兵，不亦难乎？故明君知所擅，
知所患。国治而民务积，此所谓擅也；**擅，专也。君之所
专为，在于国而治民务积聚也。**动与静，此所患也。**动静失
宜，则患生也。**是故明君审其所擅以备其所患也。**

**猛毅之君不免于外难，懦弱之君不免于内乱。猛毅之
君者轻诛。轻诛之流，道正者不安。**轻诛则乖正，故道正

---

❶ "与"（與），原作"兴"（興）。此据墨宝堂本、刘绩本、赵用
贤本改。

❷ "久"，墨宝堂本同。刘绩本、赵用贤本作"又"。

之士不安。**道正者不安，则材能之臣去亡矣。彼智者知吾情伪，为敌谋我，则外难自是至矣。**智者则❶道正之士，从此亡之敌国。既知我情，必为敌谋我，所以外难至也。**故曰：猛毅之君不免于外难。懦弱之君者重诛。**难为诛罚。重诛之过，行邪者不革。行邪者久而不革，则群臣比周。群臣比周，则蔽美扬恶。蔽君美，扬君恶。**蔽美扬恶，则内乱自是起矣。故曰：懦弱之君不免于内乱。**

明君不为亲戚危其社稷，社稷戚于亲；不为君欲变其令，令尊于君；不为重宝分其威，威贵于宝；不为爱民亏其法，法爱于民。

兵法第十七 | 外言八

明一者皇，察道者帝，通德者王，一者，气质未分，至一者也。道者，物由以生者也。德者，物由以成者也。夫皇帝王道，随世立名者也，其实则一也。**谋得兵胜者霸。**所谋必得，用兵必胜，故霸。**故夫兵虽非备道至德也，然而所以辅王成霸。**兵者，不祥之器，不得已而用之，故于道则未备，于德则未至。然用之，上可以辅王，下可以成霸。**今代之用兵者不然，不知兵权者也。**权者，所以知轻重。既不知兵

---

❶ "则"，墨宝堂本同。刘绩本、赵用贤本作"即"。

权，则失轻重之节。**故举兵之日而境内贫，**行师十万，日费千金。**战不必胜，胜则多死，**虽今得胜，死者已多。**得地而国败。**虽复得地，既贫且死，所以国败。**此四者，用兵之祸者也。**四者，谓内贫、不胜、多死、国败也。**四祸其国，而无不危矣。**一举兵而国四祸，则何为而不危哉？

《大度》之书曰：谓大陈法度之书。**"举兵之日而境内不贫，战而必胜，胜而不死，得地而国不败。"为此四者若何？**四者，谓不贫、得胜、不死、不败也。**举兵之日而境内不贫者，计数得也；战而必胜者，法度审也；胜而不死者，教器备利而敌不敢校也；得地而国不败者，因其民。因其民则号制有发也，**号令制度，因彼而发。**教器备利则有制也，**有制则能备利。**法度审则有守也，**有所守则法度审。**计数得则有明也。**有明则计数得。**治众有数，**自治其军，有数存焉。**胜敌有理。**胜于敌国，有理存焉。**察数而知理，审器而识胜，**器备利则敌可胜也。**明理而胜敌。**胜敌者，在于明理也。**定宗庙，**寇宁则宗庙定。**遂男女，**人安则男女遂。**官四分，**既定且宁，则四分官以守之。**则可以定威德；制法仪，出号令，然后可以一众治民。**

兵无主则不蚤知敌，兵无主则人怀苟且，故不能知敌。**野无吏则无蓄积，**野无田吏则人惰本业，故无蓄积。**官无常则下怨上，**官无常则征赋不节，故下怨上。**器械不巧则朝无定，**器械不巧则寇敌见凌，故朝无定。**赏罚不明则民轻其产。**赏罚不明则人无聊生，故轻其产。**故曰：早知敌而独行，有蓄积则久而不匮，器械巧则伐而不费，赏罚明则勇士劝也。**

三官不缪，五教不乱，九章著明，则危危而无害，穷穷而无难。危危、穷穷，皆重有其事。故能致远以数，纵强以制。有数则远可致，有制则强可纵。

三官：一曰鼓，鼓所以任也，任，犹载也，谓令之俶装也。所以起也，所以进也；二曰金，金所以坐也，所以退也，所以免也；三曰旗，旗所以立兵也，所以利兵也，所以偃兵也。此之谓三官。有三令而兵法治也。

五教：一曰教其目以形色之旗，五色之旗，各有所当，若春尚青、夏尚赤之类。二曰教其身以号令之数，谓坐起之数。三曰教其足以进退之度，四曰教其手以长短之利，长兵短兵，各有所利，远用长，近用短也。五曰教其心以赏罚之诚。贪赏畏罚，士乃自厉。五教各习，而士负以勇矣。负，恃也。恃其便习而勇也。

九章：一曰举日章则昼❶行，二曰举月章则夜行，三曰举龙章则行水，四曰举虎章则行林，五曰举鸟章则行陂，六曰举蛇章则行泽，七曰举鹊章则行陆，八曰举狼章则行山，九曰举韠章则载食而驾。韠，韬也。谓韬其章而举之，则载其所食而驾行矣。九章既定，而动静不过。

三官、五教、九章，始乎无端，卒乎无穷。无端、无穷者，出敌不意，彼不能测知也。始乎无端者，道也；卒乎无穷者，德也。道不可量，德不可数也。故不可量则众强不能图，不可数则伪诈不敢向。两者备施，则动静有功。

---

❶ "昼"（晝），原作"画"（畫），据墨宝堂本、刘绩本、赵用贤本改。"昼行"与下文"夜行"相对。

径乎不知，径，谓卒然直指，故敌不知。发乎不意。径乎不知，故莫之能御也；发乎不意，故莫之能应也。故全胜而无害。

因便而教，准利而行。教无常，教既因便，故无常也。行无常，行既准利，故亦无常也。两乃备施，动乃有功。两者，谓教与行。器成教施，追亡逐遁若飘风，击刺若雷电，绝地不守，谓孤绝之地，无险固可恃，故不守。恃固不拔，拔恃固之守，必多费而无功也。中处而无敌，令行而不留。用兵之道，常能处可否之中，则彼远避而不能敌，有令必行而不留也。器成教施，散之无方，聚之不可计。教器备利，进退若雷电，而无所疑匮。匮，竭也。一气专定，则傍通而不疑；精一其气，专而且定，故不疑。厉士利械，则涉难而不匮。士既厉，械又利，故不匮。进无所疑，退无所匮，敌乃为用。既无疑匮，敌乃服从而为己用。凌山阬❶不待钩梯，习山故也。历水谷不须舟楫，习水故也。历，谓凌历而度。径于绝地，攻于恃固，独出独入，而莫之能止。见其隙故。宝不独入，而莫之能止；浮厥宝玉，必选精勇与俱，故曰不独入也。宝不独见，与精勇俱见之。故莫之能敛。宝玉所以礼神，使无水旱之灾，故取之不嫌也。无名之至尽，其取宝玉也，潜伏不名，至能尽获而不匮也。尽而不意，故不能疑神。既尽宝玉，皆非彼所意，故不能疑度，谓之为神。畜之以道则民和，养之以德则民合。

---

❶ "阬"，原作"阮"，墨宝堂本同。据刘绩本、赵用贤本改。"阬"，大山坡，土冈。

和合故能谐，谐故能辑。谐辑以悉，莫之能伤。我之军士，悉以谐辑，故敌不能伤也。

定一至，行二要，纵三权，施四教，发五机，设六行，论七数，守八应，审九器，章十号，自"一至"已下，管氏不言其数，无得而知也。故能全胜大胜。全胜，谓全我而胜彼；大胜，谓遍服诸国。无守也，故能守胜。无守，谓不守一数，故能常守其胜也。数战则士罢，数胜则君骄。夫以骄君使罢民，则国安得无危？故至善不战，服之以德。其次一之。虽胜不骄。破大胜强，一之至也；不以胜为胜，故能破大胜强也。乱之不以变，乱敌不设变计也。乘之不以诡，乘敌不以诡故。胜之不以诈，胜敌不以诈谋。一之实也；凡此皆至一之实也。近则用实，远则施号，谓十号。力不可量，强不可度，气不可极，德不可测，一之原也；原，本也。凡此皆我守其一，彼不能知。众若时雨，寡若飘风，一之终也。用众贵详审，故若时雨之渐；用寡贵机速，故若飘风之卒至。此亦以一为本，故能终致此道。

利适，器之至也；兵刃利而适者，其器得宜之至。用适，教之尽也。士卒用命而适者，则教练之尽。不能致器者不能利适，不能尽教者不能用敌。器既不利，教又不尽，敌则不服，岂能用之哉？不能用敌者穷，既不能用敌，敌则反侵，故穷也。不能致器者困。既不能致器，则无以应敌，故困也。远用兵而可以必胜，兵远用，所以绝❶其反顾之心，故必胜。出入异涂则伤其敌。出入异涂，或有所伤也。

---

❶ "绝"，原作"纪"，据墨宝堂本、刘绩本、赵用贤本改。

有迷而失道，故为敌所伤也。**深入危之则士自修，**深入敌国，其处又危，所谓置之死地，故士自修以求生也。**士自修则同心同力。**

善者之为兵也，使敌若据虚，居常畏惧。**若搏景。**击❶无所获。**无设无形焉，无不可以成也；**无策可以设，无形可以寻，所向皆无，故不可以成功也。**无形无为焉，无不可以化也。**无形可以睹，无计可以为，所在皆无，故不可以变化也。**此之谓道矣。**无形迹可寻诘者，道之谓。**若亡而存，若后而先，威不足以命之。**善❷用兵者，体道以为变化者也，故若亡者而乃存，若后者而乃先。今以威武命之，去之远矣。

管子卷第六

---

❶ "击"（擊），原作"系"（繫），据墨宝堂本、刘绩本、赵用贤本改。

❷ "善"，原作"鲁"（魯），墨宝堂本同。据刘绩本、赵用贤本改。

卷七

大匡第十八 | 内言一

谓以大事匡君。

　　齐僖公生公子诸儿、公子纠、公子小白。使鲍叔傅小白，鲍叔辞，称疾不出。管仲与召忽往见之，曰："何故不出？"鲍叔曰："先人有言曰：'知子莫若父，知臣莫若君。'今君知臣之不肖也，是以使贱臣傅小白也，鲍叔以小白年幼，又不肖而贱，故难为之傅也。贱臣知弃矣。"召忽曰："子固辞无出，吾权任子以死亡，必免子。"任，保也。君若有疑，我当保子以疾困，至于死亡，此可以免子之身。鲍叔曰："子如是，何不免之有乎？"言必免也。管仲曰："不可。以召忽言非。持社稷宗庙者，不让事，不广闲。社稷宗庙至重，故不可让难事而广求闲安。将有国者，未可知也。于三公子未可的知其人。子其出乎！"召忽曰："不❶可。吾三人者之于齐国也，譬之犹鼎之有足也，去一焉，则必不立矣。言三人不可异其出处。吾观小白必不为后矣。"管仲曰："不然也。夫国人憎恶纠之母，以及纠之身，而怜小白之无母也。诸儿长而

---

❶ "不"字原无，墨宝堂本同。据刘绩本、赵用贤本补。

贱，事未可知也。夫所以定齐国者，非此二公子者，将无已也。二公子，谓诸儿、子纠。言二子既不能定齐国，而又不立小白，即是将更无所用。谓小白必得立矣。**小白之为人，无小智，惕而有大虑。**言虽无小智，能惕惧而有大虑。**非夷吾莫容小白。**小白既无小智，必乖迕于俗人，故非夷吾莫能容。**天不幸降祸加殃于齐，纠虽得立，事将不济。非子定社稷，其将谁也？**纠既不济，次在小白。辅小白而定社稷者，非子而谁？子，谓召忽。**召忽曰："百岁之后，吾君卜世，犯吾君命而废吾所立，夺吾纠也，虽得天下，吾不生也，**吾君卜世，谓僖公之子小白等也。君命，谓僖公之命，使立子纠。今而夺焉，我当致死。**兄与我齐国之政也？受君令而不改，奉所立而不济，是吾义也。"**召忽称管仲为兄。与我齐国之政，谓使知政也。今受君令而立子纠，不改其所奉，更有所立，不济而死，是为臣之义也。**管仲曰："夷吾之为君臣也，**言己立君臣之义，与召忽异。**将承君命，奉社稷以持宗庙，岂死一纠哉？**言当为宗庙社稷致死，不死于一纠。**夷吾之所死者，社稷破，宗庙灭，祭祀绝，则夷吾死之。非此三者，则夷吾生。夷吾生则齐国利，夷吾死则齐国不利。"鲍叔曰："然则奈何？"管子曰："子出奉令则可。"**子出奉令，则小白有所依，故曰可。**鲍叔许诺，乃出奉令，遂傅小白。**

　　鲍叔谓管仲曰："何行？"问其事君当何所行。**管仲曰："为人臣者，不尽力于君则不亲信，**不为君亲信。**不亲信则言不听，言不听则社稷不定。夫事君者无二心。"**此事君之所行。**鲍叔许诺。**

僖公之母弟夷仲年生公孙无知，有宠于僖公，衣服礼秩如適❶。言无知之宠与適子同。僖公卒，以诸儿长，得为君，是为襄公。襄公立后，绌无知。无知怒。公令连称、管至父成葵丘，曰："瓜时而往，及瓜时而来。"期戍，公问不至，请代不许。故二人因公孙无知以作乱。

鲁桓公夫人文姜，齐女也。公将如齐，与夫人皆行。公，谓桓公。申俞谏曰："不可。申俞，鲁大夫也。女有家，男有室，女有夫之家，男有妻之室。无相渎也，谓之有礼。"公不听，遂以文姜会齐侯于泺。文姜通于齐侯，桓公闻，责文姜。文姜告齐侯，齐侯怒，飨公，使公子彭生乘鲁侯，胁之。乘，谓扶公❷升车。拉其胁而杀之。公薨于车。

竖曼曰：竖曼，齐大夫也。"贤者死忠以振疑，百姓寓焉；振，救也。贤者死于忠义，以救当时之疑，故百姓有所托焉。寓，寄托也。智者究理而长虑，身得免焉。智者既尽理，而谋虑又长，故免于危亡。今彭生二于君，不以正道辅君，而从之于昏，故曰二。无尽言而谀行，以戏我君，使我君失亲戚之礼命，无尽言，谓不忠谏。襄公通其妹，故曰失亲戚之礼命。又力成吾君之祸，以构二国之怨，恃其多力，拉杀鲁君，故曰力成吾君之祸。彭生其得免乎？祸理属焉。祸败之理，属于彭生。夫君以怒遂祸，君怒鲁桓，彭生则遂成其祸。不畏恶亲，闻容昏生，无丑也，君而通妹，

---

❶ "適"，通"嫡"。下注文同。
❷ "公"，原作"力"，墨宝堂本同。据刘绩本、赵用贤本改。

是谓恶亲。不畏此事远闻，而容忍之，然此昏愚之生于不识其类，故曰昏生无丑。丑，类也。**岂及彭生而能止之哉！** 及，如也。祸由彭生，则彭生力能之。今而成祸，故当诛之。**鲁若有诛，必以彭生为说。"**

二月，鲁人告齐曰："寡君畏君之威，不敢宁居，来修旧好，礼成而不反，无所归死，请以彭生除之。"齐人为杀彭生，以谢于鲁。

五月，襄公田于贝丘，见豕彘。从者曰："公子彭生也！"公怒曰："公子彭生安敢见！"射之。豕人立而啼。公惧，坠于车下，伤足亡屦。反，诛屦于徒人费，不得也，诛，责。鞭之见血。费走而出，遇贼于门，胁而束之。费袒而示之背，贼信之，使费先入，伏公而出，斗死于门中。石之纷如死于阶下。孟阳代君寝于床，贼杀之，曰："非君也，不类。"见公之足于户下，遂杀公，而立公孙无知也。

鲍叔牙奉公子小白奔莒，管夷吾、召忽奉公子纠奔鲁。九年，公孙无知虐于雍廪，雍廪杀无知也。桓公自莒先入，鲁人伐齐，纳公子纠。战于乾时，管仲射桓公，中钩。鲁师败绩，桓公践位。于是劫鲁，使鲁杀公子纠。劫，谓兴兵胁之。

桓公问于鲍叔曰："将何以定社稷？"鲍叔曰："得管仲与召忽，则社稷定矣。"公曰："夷吾与召忽，吾贼也。"鲍叔乃告公其故图。故图，谓管仲本使鲍叔傅小白，将立之。公曰："然则可得乎？"鲍叔曰："若亟召则可得也，不亟，不可得也。夫鲁施伯知夷吾为人之有慧也，其谋必将令鲁致政于夷吾。夷吾受之，则彼知能弱齐矣。夷吾不受，彼知其将反于齐也，必将杀之。"既不受鲁政而反于齐，恐其将为鲁害，故杀之。公曰："然则夷吾将受鲁之政乎？其否也？"鲍叔对曰："不受。夫夷吾之不死纠也，为欲定齐国之社稷也。今受鲁之政，是弱齐也。夷吾之事君无二心，虽知死，必不受也。"君，谓桓公。公曰："其于我也曾若是乎？"曾，则也。则能无二心如是乎？鲍叔对曰："非为君也，为先君也。其于君不如亲纠也，言管仲亲纠多于小白也。纠之不死，而况君乎！亲尚不死，疏则可知。君若欲定齐之社稷，则亟迎之。"管仲既志在定齐社稷，故须急迎之。公曰："恐不及，奈何？"鲍叔曰："夫施伯之为人也，敏而多畏。多畏则念虑深。公若先反，恐注怨焉，必不杀也。"若先反管仲，而施伯杀之，齐必注怨，故不敢。公曰："诺。"从鲍叔之言也。

施伯进对鲁君曰："管仲有急，其事不济。今在鲁，君其致鲁之政焉。有急难之事，与小白争国，其事既不济，故来在鲁，可因此事而致政。若受之，则齐可弱也。若不受，则杀之。杀之以说于齐也。与同怒，尚贤于已。"施伯恐管仲反齐为害，欲杀之。有若与齐同怒，如此犹贤于不杀也。君曰："诺。"

鲁未及致政，而齐之使至，曰："夷吾与召忽也，寡人之贼也。今在鲁，寡人愿生得之。若不得也，是君与寡人贼比也。"鲁君问施伯，施伯曰："君与之。臣闻齐君惕而亟骄，虽得贤，庸必能用之乎？庸，犹何也。及齐君之能用之也，管子之事济也。及，犹就也。就令能用之，管子之事必济也。夫管仲，天下之大圣也。今彼反齐，天下皆乡之，岂独鲁乎？今若杀之，此鲍叔之友也，鲍叔因此以作难，君必不能待也，齐国强，鲍叔贤，故不能待。待，犹拟。不如与之。"鲁君乃遂束缚管仲与召忽。管仲谓召忽曰："子惧乎？"召忽曰："何惧乎！吾不蚤死，将胥❶有所定也。胥，待。令❷既定矣，谓小白已定齐。令子相齐之左，必令忽相齐之右。虽然，杀君而用吾身，是再辱我也。君，谓子纠❸。子为生臣，忽为死臣。生则定社稷，死则显忠义。忽也知得万乘之政而死，公子纠可谓有死臣矣。子生而霸诸侯，公子纠可谓有生臣矣。死者成行，死成忠义之行。生者成名。生定社稷之名。名不两立，既成生名，不可又成死名。行不虚至。必致身受命，乃谓之行也。子其勉之！死生有分矣。"乃行，入齐境，自刎而死。管仲遂入。君子闻之曰："召忽之死也，贤其生也。召忽之生，不能霸诸侯。管仲之生也，贤其死也。"管仲之死，不成九合之功。

或曰：明年，集书者更闻异说，故言"或曰"。明年，襄公立之明年也。襄公逐小白，小白走莒。三年，襄公薨，公子纠践位，国人召小白。鲍叔曰："胡不行矣？"小白曰："不可。夫管仲知，召忽强武，虽国人召我，我犹不得入也。"鲍叔曰："管仲得行其知于国，国可

---

❶ "胥"，原作"昼"，墨宝堂本同。刘绩本、赵用贤本均作"胥"。"昼"同"胃"，"胥"的异体字。下注文同。

❷ "令"，墨宝堂本、刘绩本、赵用贤本作"今"。

❸ "纠"，原作"也"，墨宝堂本同。据刘绩本、赵用贤本改。

谓乱乎？管仲得行其智于国，国则不乱。今乱，是不得行其智。召忽强武，岂能独图我哉？”国人既召小白，则不与召忽图我。小白曰：“夫虽不得行其知，岂且不有焉乎？直是智不行，不得言无智。召忽虽不得众，其反岂不足以图我哉？”召忽虽不得众，若反独能图我。鲍叔对曰：“夫国之乱也，智人不得作内事，智人作内事，则其国理。朋友不能相合缪，而国乃可图也。”缪，交入也。朋友不能相交合，则党与弱，故乃可图。乃命车驾，鲍叔御，小白乘而出于莒。小白曰：“夫二人者奉君令，吾不可以试也。”二人，谓管仲、召忽。奉君令，则致死拒我，故不可试也。乃将下。鲍叔履其足曰：“事之济也在此时，事若不济，老臣死之，公子犹之免也。”鲍叔言事若不济，则己致死，公子犹可得免脱。乃行，至于邑郊。鲍叔令车二十乘先，十乘后。二十乘先，鲍叔欲与之入国。十乘后，令卫公子。鲍叔乃告小白曰：“夫国之疑二三子，莫忍老臣。二三子，谓从小白者。不忍违老臣，故相从，中心实疑。事之未济也，老臣是以塞道。”以事未济，故以二十乘先行塞道。鲍叔乃誓曰：“事之济也，听我令。事之不济也，免公子者为上，死者为下。吾以五乘之实距路。”鲍叔于前二十乘，更将五乘先行距路，不令子纠之党得及小白。鲍叔乃为前驱，遂入国，逐公子纠。管仲射小白，中钩。管仲与公子纠、召忽遂走鲁。桓公践位，鲁伐齐，纳公子纠而不能。

桓公二年践位，入国二年，方得践位。召管仲。管仲至，公问曰：“社稷可定乎？”管仲对曰：“君霸王，社稷定；君不霸王，社稷不定。”公曰：“吾不敢至于此其

大也，定社稷而已。"管仲又请，君曰："不能。"管
仲辞于君曰："君免臣于死，臣之幸也。然臣之不死纠
也，为欲定社稷也。社稷不定，臣禄齐国之政而不死纠
也，臣不敢。"既不死纠，空❶食齐政之禄而不定社稷，臣则
不敢。言将致死。乃走出。至门，公召管仲。管仲反，公
汗出❷："勿已，其勉霸乎！"必欲令霸王而不已，我将勉
力而求霸也。管仲再拜稽首而起，曰："今日君成霸，臣
贪承命。"趋立于相位，君既许霸，臣贪于承命，故趋立相
位。乃令五官行事。

异日，公告管仲曰："欲以诸侯之间无事也，小修兵
革。"管仲曰："不可。百姓病，公先与百姓而藏其兵。
百姓困病，当先赋与之，而兵事且可藏。与其厚于兵，不如
厚于人。人厚兵自强。齐国之社稷未定，公未始于人而始
于兵，外不亲于诸侯，内不亲于民。"公曰："诺。"政
未能有行也。

二年，桓公弥乱，不尽行夷吾之言，故弥乱。又告管
仲曰："欲缮兵。"管仲又曰："不可。"公不听，果
为兵。桓公与宋夫人饮舡中，夫人荡舡而惧公。公怒，
出之。宋受而嫁之蔡侯。明年，公怒告管仲曰："欲伐
宋。"管仲曰："不可。臣闻内政不修，外举事不济。"
公不听，果伐宋。诸侯兴兵而救宋，大败齐师。公怒，

---

❶ "空"，原作"室"，据墨宝堂本、刘绩本、赵用贤本改。"空
食"，犹素餐。

❷ "出"下，墨宝堂本、刘绩本、赵用贤本有"曰"字，作"公汗出
曰"。

归告管仲曰："请修革。吾士不练，吾兵不实，诸侯故敢救吾仇。内修兵。"管仲曰："不可。齐国危矣。内夺民用，士劝于勇外，乱之本也。修兵则用废，故曰夺人用。士所劝者唯勇，则轻敌，故为外乱之本也。外犯诸侯，民多怨也。外犯必多残害，故为人所怨。为义之士，不入齐国，君为不义，故义士不归也。安得无危？"鲍叔曰："公必用夷吾之言。"公不听，乃令四封之内修兵，关市之征侈之。侈，谓过常也。谓重其税赋。公乃遂用以勇授禄。士勇则与之禄。鲍叔谓管仲曰："异日者，公许子霸，今国弥乱，子将何如？"管仲曰："吾君惕，其智多诲。智多则可试诲之也。姑少胥，其自及也。"胥，待也。待其自能及道。鲍叔曰："比其自及也，国无阙亡乎？"管仲曰："未也。国中之政，夷吾尚微为，焉乱乎？尚可以待。国政微为，则未至乱，可待君自及。外诸侯之佐，既无有吾二人者，未有敢犯我者。"诸侯之佐，既无有如我二人，故不敢犯我。

明年，朝之争禄相刺，裂子计[1]。而刎颈者不绝。裂，谓掣断之也。鲍叔谓管仲曰："国死者众矣，毋乃害乎？"管仲曰："安得已然！此皆其贪民也。贪人争禄自残，亦未能自为害也。夷吾之所患者，诸侯之为义者莫肯入齐，齐之为义者莫肯仕，此夷吾之所患也。有义之士，内外不归，乱亡立至，故可患也。若夫死者，吾安用而爱之？"贪人自相杀伤，吾何能惜之？公又内修兵。

---

[1] "子计"，墨宝堂本同。刘绩本、赵用贤本作大字正文"领"字。

三年，桓公将伐鲁，曰："鲁与寡人近，谓国相邻。于是其救宋也疾，疾，谓先诸侯至。寡人且诛焉。"管仲曰："不可。臣闻有土之君，不勤于兵，不忌于辱，不辅其过，则社稷安。勤于兵，忌于辱，辅其过，则社稷危。"公不听，兴师伐鲁，造于长勺。鲁庄公兴师逆之，大败之。桓公曰："吾兵犹尚少，吾参围之，安能围我！"吾以三倍之兵围之，则何能围我！

四年，修兵，同甲十万，同甲，谓完坚齐等。车五千乘。谓管仲曰："吾士既练，吾兵既多，寡人欲服鲁。"管仲喟然叹曰："齐国危矣！君不竞于德而竞于兵。人君当以德义服远，不当竞于兵也。天下之国，带甲十万者不鲜矣。吾欲发小兵以服大兵，欲以齐国服诸侯而致霸王，故曰以小兵而服大兵也。内失吾众，谓数摇动之，则众疲而散。诸侯设备，数见侵伐，故设备。吾人设诈，力不足，则诈以继之。国欲无危，得已乎？"公不听，果伐鲁。鲁不敢战，去国五十里而为之关。更立国界而为之关。鲁请比于关内，以从于齐，齐亦毋复侵鲁。鲁请从服于齐，供其征求，比于齐之关内。桓公许诺。

鲁人请盟，曰："鲁，小国也，固不带剑。今而带剑，是交兵闻于诸侯。君不如已，若以交兵闻于诸侯，不如止而不盟也。请去兵。"桓公曰："诺。"乃令从者毋以兵。管仲曰："不可。诸侯加忌于君，君如是以退，可。忌，怨也。诸侯欲以结盟致怨于君，今请不盟，从此即退可也。君果弱鲁君，诸侯又加贪于君，若果弱鲁，诸侯又以贪名加君。后有事，小国弥坚，大国设备，既有贪忌之名，故皆设备。非齐国之利也。"桓公不听。

管仲又谏曰："君必不去鲁，胡不用兵？曹刿之为人也，坚强以忌，不可以约取也。"不可以盟取信也。桓公不听，果与之遇。庄公自怀剑，曹刿亦怀剑。践坛，庄公抽剑其怀，曰："鲁之境，去国五十里，亦无不死而已。"左椹桓公，右自承，曰："均之死也，戮死于君前。"左手举剑，将椹桓公，且以右手自承，而言曰："齐迫鲁境亦死，今杀君亦死，同是死也，将杀君，次自杀。"故曰："均之死也，戮死于君前。"管仲走君，曹刿抽剑当两阶之间，曰："二君将改图，无有进者。"拔剑当阶，所以拒管仲。言鲁、齐二君将欲改先者之所图，今不当有进者也。管仲曰："君与地，以汶为竟。"桓公许诺，以汶为竟而归。桓公归而修于政，不修于兵革。自圉辟人，以过弭师。既不修其兵革，故出入自圉辟其人。以先者之过，故弭息其师。

五年，宋伐杞。桓公谓管仲与鲍叔曰："夫宋，寡人固欲伐之，无若诸侯何。无若诸侯救宋何。夫杞，明王之后也。杞，夏之后。今宋伐之，予欲救之，其可乎？"管仲对曰："不可。臣闻内政之不修，外举义不信。君将外举义，以行先之，以内行先之。则诸侯可令附。"桓公曰："于此不救，后无以伐宋。"今不救杞，后无辞以伐宋。管仲曰："诸侯之君不贪于土，贪于土必勤于兵，勤于兵必病于民，民病则多诈。夫诈，密而后动者胜，密，静。诈则不信于民。夫不信于民则乱内动，则危于身。是以古之人闻先王之道者，不竞于兵。"兵者凶器，竞之则

管
子

危。桓公曰："然则奚若？"管仲对曰："以臣则不，以臣之意，则不与君同。而令人以重币使之。以重币使宋，令罢杞兵。使之而不可，谓宋不从令。君受而封之。"受杞告命而建封之。桓公问鲍叔曰："奚若？"鲍叔曰："公行夷吾之言。"公乃命曹孙宿使于宋，宋不听，果伐杞。宋果伐杞。桓公筑缘陵以封之，缘陵，杞城。予车百乘，甲一千。谓与杞也。

明年，狄人伐邢，邢君出致于齐。致命于齐，以告急。桓公筑夷仪以封之，夷仪，邢城。予车百乘，卒千人。

明年，狄人伐卫，卫君出致于虚。虚，地名。《诗》所谓"升彼虚矣，以望楚矣"。桓公且封之，隰朋、宾胥无谏曰："不可。三国所以亡者，绝以小。小国之亡，理则然矣，不当封也。今君籍封亡国，国尽若何？"国之车尽于封亡国，其若之何？桓公问管仲曰："奚若？"管仲曰："君有行之名，安得有其实。既有行封之名，则当虚国而为之，安得有其富实乎？君其行也。"公又问鲍叔，鲍叔曰："君行夷吾之言。"桓公筑楚丘以封之，与车三百乘，甲五千。

既以封卫，明年，桓公问管仲："将何行？"更问以所行之政也。管仲对曰："公内修政而劝民，可以信于诸侯矣。"君许诺。乃轻税，弛关市之征，为赋禄之制。既已，谓已行上事。管仲又请曰："问病臣，臣有病者，君当慰问之。愿赏而无罚，五年诸侯可令傅。"行此五年，可令诸侯亲附。公曰："诺。"既行之，管仲又请曰："诸侯之礼，请诸侯交聘之礼。令齐以豹皮往，小侯以鹿皮报。齐以马往，小侯以犬报。"往重报轻，所谓大国善下小国，则取小国。桓公许诺，行之。管仲又请赏于国，以及诸侯。君曰："诺。"行之。管仲赏于国中，君赏于诸侯。诸侯之君，有行事善者，以重币贺。从列士以下有善者，衣裳贺之。列士，谓齐之列士。管仲自以衣裳贺之。凡诸侯之臣，有谏其君而善者，以玺问之，以信其言。谓桓公以玺问之，以信验其所谏之言为善。

公既行之，又问管仲曰："何行？"管仲曰："隰朋聪明捷给，可令为东国。东国，谓自齐东之国。令隰朋理之。宾胥无坚强以良，可以为西土。西土，齐西之土。令胥无之国与士交兵。卫国之教，危傅以利。谓其教既高危，且相傅以利，谓以利成俗。公子开方之为人也，慧以给，不能久而乐始，可游于卫。其人性轻率，不能持久，所谓"靡不有初，鲜克有终"，故曰乐始。使此人游于卫，诱动之，令归于齐也。鲁邑之教，好迩而训于礼。既训学于礼，礼者所以饰兒，故曰好迩。迩，近也。季友之为人也，恭以精，博于粮，多小信，可游于鲁。博于粮，谓多委积。楚国之教，巧文以利，不好立大义，而好立小信。蒙孙博于教，而文巧于辞，不好立大义，而好结小信，可游于楚。小侯既服，大侯既附，厚往轻报，所以服小侯。游三人于三国，所以附大侯。夫如是，则始可以施政矣。"君曰："诺。"乃游公子开方于卫，游季友于鲁，游蒙孙于楚。

五年，诸侯附。狄人伐，谓入伐齐。桓公告诸侯曰："请救伐。"诸侯许诺。大侯车二百乘，卒二千人；小侯车百乘，卒千人。诸侯皆许诺。齐车千乘，卒可致缘陵。先者使卒戍缘陵，今有狄难，故致之。战于后故，败狄。后故，地名。其车甲与货，小侯受之。谓败狄所得车甲及货，尽与小侯。大侯近者，以其县分之，不践其国。近齐之大侯，则以齐县分之，终不践其国以侵之。北州侯莫来，谓不来救齐。北州，谓北之州，即幽州、营州等。桓公遇南州侯于召陵，谓伐楚，盟于召陵也。曰："狄为无道，犯天子令，以伐小国。小国，齐自谓。以天子之故，敬天之命，令以救伐。言诸侯以敬顺天命，救齐伐狄。北州侯莫至，上不听天子令，下无礼诸侯，寡人请诛于北州之侯。"诸侯许诺。桓公乃北伐令支，令支，国名。下凫之山，斩孤竹，孤竹，国名。斩其君。遇山戎。顾问管仲曰："将何行？"管仲对曰："君教诸侯为民聚食，诸侯之兵不足者，君助之发，如此则始可以加政矣。"既使诸侯足食、足兵，然后可以加之政也。桓公乃告诸侯，必足三年之食安，有三年食，然后可安。以其余修兵革。兵革不足以引其事，告齐，齐助之发。诸侯兵之不足，当引其事之阙者以告齐，齐当发卒以助之也。既行之，公又问管仲曰："何行？"管仲对曰："君会其君臣父子，会，谓考合其君臣父子之宜。则可以加政矣。"公曰："会之道奈何？"曰："诸侯无专立妾以为妻，毋专杀大臣，无国劳，毋专予禄。于国无劳者，不得专予禄。士庶人毋专弃妻，毋曲堤，所谓无障谷也。毋贮粟，毋禁材。山泽之材，当与人共之也。行此卒岁，则始可以罚矣。"行之终岁，而有不从者，可以加刑罚。君乃布之于诸侯，诸侯许诺，受而行之。

卒岁，吴人伐榖。榖，齐之下都，后以封管仲。桓公告诸侯未遍，诸侯之师竭至，以待桓公。竭至，言其尽来。桓公以车千乘会诸侯于竟，都师未至，吴人逃，齐都之师尚未至，而吴人逃也。诸侯皆罢。桓公归，问管仲曰："将何行？"管仲曰："可以加政矣。"诸侯服从如此，故可以加之政。曰："从今以往二年，适[1]子不闻孝，不闻爱其弟，不闻敬老国良，其老者，国之贤良也。三者无一焉，可诛也。无一尚可诛，况无三乎？诸侯之臣及国事，三年不闻善，可罚也。及国事，预知国政。三年不闻善，则不贤也，故可罚。君有过，大夫不谏，士庶人有善，而大夫不进，可罚也。士庶人闻之吏，贤孝悌可赏也。"士庶人有贤孝悌闻之于吏，则可赏也。桓公受而行之，近侯莫不请事。近齐之诸侯，皆请齐征赋之事。兵车之会六，兵车之会，谓兴兵有所伐。乘车之会三，乘车之会，谓结好息人之会也。飧国四十有二年。

桓公践位十九年，弛关市之征，征，赋也。五十而取一，取其货贿五十之一。赋禄以粟，案田而税，案知其壤堵而税之。二岁而税一。率二岁而一税之。上年什取三，中年什取二，下年什取一，岁饥不税。岁饥，谓时岁揔饥，故不税。岁饥弛而税。此岁饥，谓有饥者，有不饥者，故弛饥而税不饥。

桓公使鲍叔识音志。君臣之有善者，晏子识不仕与

---

❶ "适"，通"嫡"。

耕者之有善者，不仕，谓余子未仕者。高子识工贾之有善者。国子为李，李，狱官也。隰朋为东国，宾胥无为西土，弗郑为宅。为宅，掌修除宫室。凡仕者近公，仕者有公事职务，故近公。不仕与耕者近门，不仕与耕者，当出入田野，故近于外门。工贾近市。三十里置遽委焉，有司职之。遽，今之邮驿也。委，谓当有储拟以供过者，立官以主之。从诸侯欲通，谓从诸侯欲通于齐。吏从行者，令一人为负以车；其吏从行而来者，遽之有司，当令一人以车为负载其行装。若宿者，令人养其马，食其委。其客若宿，即以所委食之。客与有司别契，别契，谓分别其契，以知真伪也。至国八契。自郊至国八契，则二百五十里之郊地，相距为五百里，此周之大国也。费义数而不当，有罪。义，谓供客之礼。徒费义数，而于事不当者，罪之。凡庶人欲通，乡吏不通，七日囚；庶人有所陈诉通于君，乡吏抑而不通，事经七日者，则囚其吏，鞠劾其所以也。出欲通，吏不通，五日囚；出，谓欲适他国。贵人子欲通，吏不通，三日囚。凡县吏进诸侯士而有善，观其能之大小，以为之赏，有过无罪。赏虽过能，亦不罪也。

令鲍叔进大夫，劝国家。升进大夫，令之勉营国家之事。得之成而不悔，为上举；得此大夫，故有成功。终然允当，无有可悔。如此者举，善之上。从政治为次；所进大夫，从政而能理者，次上成功也。野为原，又多不发，起讼不骄，次之。所进大夫，有能劝勉农人，开辟荒野，皆为原田。又教之和通，不相告发。虽有起而讼者，莫不恭恪，不为骄傲。此又其次也。劝国家，得之成而悔，从政虽治，而不能野原，又多发，起讼骄，行此三者为下。

令晏子进贵人之子，晏子，平仲之先。出不仕，不仕则乐道深。处不华，不华则无过失。而友有少长，友有少长则遵礼经。为上举，全此三者，故为上。得二为次，得二，三之二也。得一为下。士处靖，靖，卑敬皃。敬老与贵，敬老近于亲，敬贵近于君。交不失礼，行此三者为上举，得二为次，得一为下。耕者农农用力，勤而不惰。应于父兄，孝且义。事贤多，择善而从，故能多。行此三者为上举，得二为次，得一为下。

令高子进工贾，应于父兄，事长养老，承事敬，承奉君敬而从之也。行此三者为上举，得二者为次，得一者为下。令国子以情断狱。定罪罚者，贵得其情。

三大夫既已选举，使县行之。三大夫，谓鲍叔、晏子、高子。管仲进而举言，上而见之于君，见三大夫所选举者。此言选举者，国子主断狱，故不在三大夫之数。以卒年君举。卒年，谓终年如此。管仲所进者，君举用之也。

管仲告鲍叔曰："劝国家不得成而悔，从政不治，不能野原，又多而发，言相告发。讼骄，既讼而骄。凡三者，有罪无赦。"告晏子曰："贵人子处华，下处华屋之下，则淫泆。交，好饮食，重交好则挟朋党，嗜饮食则道情薄。行此三者，有罪无赦。士出入无常，不敬老而营富，行此三者，有罪无赦。耕者出入不应于父兄，用力不农，不事贤，行此三者，有罪无赦。"告国子❶曰："工贾出

---

❶ "国子"，当作"高子"，上文云"令高子进工贾"。

入不应父兄，承事不敬，而违老治危，危，倾险也。行此三者，有罪无赦。凡于父兄无过，州里称之，吏进之，君用之。无过于父兄，见称于州里，吏进此人，君必用之。有善无赏，有过无罚，吏不进，廉意。有善不能赏，有过不能罚，吏则苟免而已，故不进，廉意也。于父兄无过，于州里莫称，吏进之，君用之。善，为上赏；不善，吏有罚。"虽无过于父兄，而州里不称，吏进此人，君承用之，其人善则吏受上赏，不善则吏当罚。

君谓国子："凡贵贱之义，入与父俱，父贵而子贱也。出与师俱，师贵而资贱也。上与君俱，君贵而臣贱。凡三者，遇贼不死，不知贼，则无赦。言人于此三者所在当致死，所谓在三如一。今贼将害此三者，遇之而不能死，有贼而又不知，则不臣不子也，故无赦也。断狱情与义易，义与禄易，凡断狱者，所以止罪邪；止罪邪，所以兴礼义。今犯罪者，非以乖僻易义，则以奸伪易禄也。易禄可无敛，有可无赦。"奸伪易禄者，既当罚其罪，可无敛其禄。然今所有罪必无赦之也。

管子卷第七

卷八

中匡第十九 | 内言二

管仲会国用，三分二在宾客，二以供宾客。其一在国，管仲惧而复之。复，白也。以宾客之费太半，故白之。公曰："吾子犹如是乎？以吾子为贤，当以供宾之义为急务，尚惧而白之乎？四邻宾客，入者说，出者誉，入见礼而悦者，出必为延誉也。光名满天下；入者不说，出者不誉，污名满天下。壤可以为粟，播壤则生粟。木可以为货。破木成器则货。粟尽则有生，货散则有聚。君人者，名之为贵，财安可有？"有财则失名，故不可有。管仲曰："此君之明也。"

公曰："民办军事矣，则可乎？"对曰："不可。甲兵未足也，请薄刑罚以厚甲兵。"于是死罪不杀，刑罪不罚，使以甲兵赎。有罪，使出甲兵以赎之也。死罪以犀甲一戟，刑罚以胁盾一戟，胁盾也，既出盾，又令出一戟也。过罚以金，过误致罚，出金以赎之。军无所计而讼者，成以束矢。不计于军事，而以私讼者，令出束矢，以平其罪。成，平也。

公曰："甲兵既足矣，吾欲诛大国之不道者，可乎？"对曰："爱四封之内，而后可以恶竟外之不善者；先施爱于四封之内，则士致死，故可以恶竟外之不善。安卿大夫之家，而后可以危救敌之国；卿大夫家安，则大臣尽力，故以危救敌之国。赐小国地，而后可以诛大国之不道者；举贤良，而后可以废慢法鄙贱之民。是故先王必有置也，而后必有废也；必有利也，而后必有害也。"

桓公曰："昔三王者既弑其君，今言仁义，则必以三王为法度，不识其故何也？"对曰："昔者，禹平治天下，及桀而乱之，汤放桀以定禹功也。汤平治天下，及纣而乱之，武王伐纣以定汤功也。且善之伐不善也，自古至今，未有改之，君何疑焉？"

公又问曰："古之亡国其何失？"对曰："计得地与宝而不计失诸侯，计得财委而不计失百姓，计见亲而不计见弃。三者之属，一足以削，遍而有者亡矣。古之隳国家、陨社稷者，非故且为之也，必少有乐焉，不知其陷于恶也。"

桓公谓管仲曰："请致仲父。"仲父者，尊老有德之称。桓公欲尊事管仲，故以仲父之号致之。公与管仲父而将饮之，行饮酒礼以尊显之。掘新井而柴焉。新井而又柴盖之，欲以洁清示敬之。十日斋戒，召管仲。管仲至，公执爵，夫人执尊。觞三行，管仲趋出。公怒曰："寡人斋戒十日而饮仲父，寡人自以为修矣。仲父不告寡人而出，其故何也？"谓不辞而出，所以怒。鲍叔、隰朋趋而出，及管仲于途，曰："公怒。"管仲反，入，倍屏而立，公不与言。少进中庭，公不与言。少进傅堂，公曰："寡人斋戒十日而饮仲父，自以为脱于罪矣。仲父不告寡人而出，未知其故也。"对曰："臣闻之，沉于乐者洽于忧，乐过则忧博。厚于味者薄于行，慢于朝者缓于政，害于国家者危于社稷。臣是以敢出也。"公遽下堂曰："寡人非敢自为修也，仲父年长，虽寡人亦衰矣，吾愿一朝安仲父也。"言俱至于衰老，故欲一朝乐饮而为安。对曰："臣闻壮者无怠，老者无偷，顺天之道，必以善终者也。三王失之也，非一朝之萃，其所由来者渐矣，非一朝萃集也。君奈何其偷乎？"管仲走出，君以宾客之礼再拜送之。

明日，管仲朝，公曰："寡人愿闻国君之信。"对曰："民爱之，邻国亲之，天下信之，此国君之信。"公曰："善。请问信安始而可？"对曰："始于为身，中于为国，成于为天下。"公曰："请问为身。"对曰："道血气以求长年、长心、长德，长心，谓谋虑远也。长德，谓恩施广也。此为身也。"公曰："请问为国。"对曰："远举贤人，慈爱百姓，外存亡国，继绝世，起诸孤，孤，谓死王事者子孙。薄税敛，轻刑罚，此为国之大礼也。法行而不苛，刑廉而不赦，有司宽而不凌，不虐茕独。菀浊困滞，皆法度不亡。郁浊，谓秽塞不洁清者也。困滞，谓疲赢❶微隐者也。有如此者，皆以法度加之，不令有所失亡也。往行不来，而民游世矣，其行法度者，但往行而进，不却来而退，而人以此自得行于世也。此为天下也。"

---

❶ "赢"原作"赢"，据墨宝堂本、刘绩本、赵用贤本改。

小匡第二十 | 内言三

桓公自莒反于齐，使鲍叔牙为宰。鲍叔辞曰："臣，君之庸臣也。君有加惠于其臣，使臣不冻饥，则是君之赐也。若必治国家，则非臣之所能也，其唯管夷吾乎！臣之所不如管夷吾者五：宽惠爱民，臣不如也；治国不失秉，臣不如也；秉，柄也。柄所操以作事。国柄者，赏罚之纪要也。忠信可结于诸侯，臣不如也；制礼义可法于四方，臣不如也；介胄执枹，立于军门，使百姓皆加勇，臣不如也。枹，击鼓槌。夫管仲，民之父母也。将欲治其子，不可弃其父母。"公曰："管夷吾亲射寡人，中钩，殆于死。今乃用之，可乎？"鲍叔曰："彼为其君动也。君若宥而反之，其为君亦犹是也。"公曰："然则为之奈何？"鲍叔曰："君使人请之鲁。"公曰："施伯，鲁之谋臣也。彼知吾将用之，必不吾予也。"鲍叔曰："君诏使者曰：'寡君有不令之臣在君之国，愿请之以戮群臣。'戮以徇群臣。鲁君必诺。且施伯之知夷吾之才，必将致鲁之政。既知其材，故授以国政。夷吾受之，则鲁能弱齐矣。夷吾不受，彼知其将反于齐，必杀之。"公曰："然则夷吾受乎？"鲍叔曰："不受也。夷吾事君无二心。"公曰："其于寡人犹如是乎？"对曰："非为君也，为先君与社稷之故。君若欲定宗庙，则亟请之。不然，无及也。”

公乃使鲍叔行成。成，平也。与鲁平。曰：“公子纠，亲也，请君讨之。”鲁人为杀公子纠。又曰：“管仲，仇也，请受而甘心焉。”鲁君许诺。施伯谓鲁侯曰：“勿予。非戮之也，将用其政也。用之，使知政。管仲者，天下之贤人也，大器也。在楚则楚得意于天下，在晋则晋得意于天下，在狄则狄得意于天下。今齐求而得之，则必长为鲁国忧。君何不杀而受之其尸？”鲁君曰：“诺。”将杀管仲。鲍叔进曰：“杀之齐，是戮齐也。言戮以徇齐也。杀之鲁，是戮鲁也。以诚群臣。弊邑寡君愿生得之，以徇于国，为群臣僇。戮之以诚群臣。若不生得，是君与寡君贼比也，言亲吾贼。非弊邑之君所谓也，使臣不能受命。”于是鲁君乃不杀，遂生束缚而桚以予齐。桚，槛。鲍叔受而哭之，三举。三举其声，伪哀其将死也。施伯从而笑之，笑其伪也。谓大夫曰：“管仲必不死。夫鲍叔之忍，不僇贤人，言多所容忍，必不僇贤人。其智称贤以自成也。称，举也。鲍叔相公子小白，先入得国。得国人心。管仲、召忽奉公子纠后入，与鲁以战，能使鲁败。与鲁师与齐战，能使鲁败而齐克也。功足以得天与失天，其人事一也。管仲本图将立小白，今能败鲁而胜齐，是其功也。故于齐为得天，于鲁为失天，至于能成人事则一。今鲁惧，杀公子纠、召忽，囚管仲以予齐，鲍叔知无后事，既得管仲，则知后无祸难之事也。必将勤管仲以劳其君，必探管仲本败鲁胜齐之意，以成其功，勤而慰劳其君也。

愿以显其功。众必予之愿君试用管仲，以显其定齐之功。如此，众必与之。与，许也。有得。力死之功，犹尚可加也。显生之功，将何如？是假令管仲力死成功，但一时之事耳，犹尚可加，况不耻垢辱，忍而生全。齐将得之而霸，以显其本谋之功，何善如之乎？言不可加也。昭德以贰君也。言昭管仲之德，以为君之副贰。鲍叔之知不是失也。"以鲍叔之智，能及此图，必不失也。

至于堂阜之上，堂阜，地名。鲍叔祓而浴之三，祓，谓除其凶邪之气。桓公亲迎之郊。管仲诎缨捷衽，示将就戮。使人操斧而立其后，操斧者，将受斧钺之诛也。公辞斧三，然后退之。退操斧者。公曰："垂缨下衽，寡人将见。"管仲再拜稽首，曰："应公之赐，杀之黄泉，死且不朽。"言君赐之死，尚感恩不朽，况生之乎？

公遂与归，礼之于庙，三酳而问为政焉，曰："昔先君襄公，高台广池，湛乐饮酒，田猎罼弋，不听国政。卑圣侮士，唯女是崇。九妃六嫔，九妃，谓诸侯所娶九女。天子九嫔，诸侯六也。陈妾数千，食必粱肉，衣必文绣，而戎士冻饥。戎马待游车之弊，游车弊，然后以为戎车。戎士待陈妾之余。陈妾食余，然后以食戎士。倡优侏儒在前，而贤大夫在后。是以国家不日益，不月长。吾恐宗庙之不扫除，社稷之不血食。敢问为之奈何？"管子对曰："昔吾先王周昭王、穆王，世法文、武之远迹，以成其名。合群国，比校民之有道者，设象以为民纪。校试其人有道者，与之设法象而为人纪。式美以相应，比缀以书，原本穷末。其所用美事，必令始终相应，然后次比缉缀，书之简策，故能原其本、穷其末，无不错综也。**劝之以庆赏，纠之以刑罚，粪除其颠旄，**颠，谓高之顶，人或不垦辟。旄者，所以誓勒兵士。言能务农息兵，故粪其颠而除其旄。**赐予以镇抚之，以为民终始。"**

公曰："为之奈何？"管子对曰："昔者圣王之治其民也，参其国而伍其鄙，定民之居，成民之事，以为民纪。谨用其六秉，如是而民情可得，而百姓可御。"桓公曰："六秉者何也？"管子曰："杀、生，贵、贱，贫、富，此六秉也。"

桓公曰："参国奈何？"管子对曰："制国以为二十一乡，商工之乡六，士农之乡十五。公帅十一乡，高子帅五乡，国子帅五乡，参国故为三军。公立三官之臣，谓三军之官也。市立三乡，工立三族，泽立三虞，山立三衡。自三乡已下，每皆置其官。制五家为轨，轨有长；十轨为里，里有司；四里为连，连有长；十连为乡，乡有良人；三乡一帅。"

桓公曰："五鄙奈何？"管子对曰："制五家为轨，轨有长；六轨为邑，邑有司；十邑为率，率有长；十率为乡，乡有良人；三乡为属，属有帅；五属一大夫。武政听属，以武为政者听于属。文政听乡，各保而听，乡属之听，各自保之。毋有淫泆者。"

桓公曰："定民之居，成民之事，奈何？"管子对曰："士农工商四民者，国之石民也，四者，国之本，犹柱之石也，故曰石也。不可使杂处，杂处则其言哤、其事乱。哤，乱也。是故圣王之处士必于闲燕，处士闲燕则谋议审。处农必就田野，处工必就官府，处商必就市井。立市必四方，若造井之制，故曰市井。

"今夫士，群萃而州处，闲燕，每州之士，群萃共处。闲燕，谓学校之处。则父与父言义，子与子言孝，其事君者言敬，长者言爱，幼者言弟。且昔从事于此，旦昔，犹朝夕也。以教其子弟。少而习焉，其心安焉，不见异物而迁焉。异物，谓异事，非其所当习者。是故其父兄之教，不肃而成；其子弟之学，不劳而能。夫是，故士之子常为士。

"今夫农，群萃而州处，审其四时权节，于四时中，又权量其节之早晚。具备其械器，用械器皆谓田器。比耒耜殺芟。比偶其耒耜及殺芟。殺芟小于耒耜，一人执之，以随耒耜之后，重治其阙遗。芟，音挿。及寒，击槁除田，以待时乃耕。冬寒之月，即击去其草之槁者，修除其田，以待春之耕也。深耕、均种、疾耰，耰，谓复种。既已均种，当疾耰之。先雨芸耨，以待时雨。时雨既至，挟其枪刈耨镈，在掖曰挟。枪，椿也。刈，镰也。耨，镃錤也。镈，锄也。以旦暮从事于田野，税衣就功，脱其常服，以就功役，便事而省费。别苗莠，列疏遫。遫，密也。谓苗之疏密[1]当均列之。首戴茅蒲，茅，蒋也。编茅与蒲以为笠。身服袯襫，袯襫，谓粗坚之衣，可以任苦著者也。沾体涂足，暴其发肤，尽其四支之力，以疾从事于田野。少而习焉，其心安焉，不见异物而迁焉。是故其父兄之教，不肃而成；其子弟之学，

---

[1] "密"，原作"者"，墨宝堂本同。据刘绩本、赵用贤本改。

不劳而能。是故农之子常为农。朴野而不慝，农人之子，朴质而野，不为奸慝。其秀才之能为士者，则足赖也。农人之子，有秀异之材可为士者，即所谓生而知之、不习而成者也，故其贤足可赖也。故以耕则多粟，以仕则多贤，是以圣王敬畏戚农。有司见之而不以告，其罪五。有司已于事而竣。以农民能致粟，又秀材生焉，故圣王敬畏农而戚近之。

"今夫工，群萃而州处，相良材，审其四时，辨其功苦，功，谓坚美；苦，谓滥恶。权节其用，论比计制，断器尚完利。裁断为器，贵于完利。相语以事，相示以功，相陈以巧，相高以知事。以其能知器用之事相高。且昔从事于此，以教其子弟。少而习焉，其心安焉，不见异物而迁焉。是故其父兄之教，不肃而成；其子弟之学，不劳而能。夫是，故工之子常为工。

"今夫商，群萃而州处，观凶饥，审国变，察其四时，而监其乡之货，监，视也。以知其市之贾。负任担荷，服牛辂马，以周四方。料多少，计贵贱，以其所有，易其所无，买贱鬻贵。是以羽旄不求而至，竹箭有余于国，奇怪时来，珍异物聚。且昔从事于此，以教其子弟。相语以利，相示以时，相陈以知贾。贾知物价，相与陈说。少而习焉，其心安焉，不见异物而迁焉。是故其父兄之教，不肃而成；其子弟之学，不劳而能。夫是，故商之子常为商。

"相地而衰其政，则民不移矣；相地沃塉，以差其政，则人安其沃塉而不移。衰，差也，音楚危反。正旅旧，则民不惰；国之军旅，正之以从旧贯，则禀令而不惰。山泽各以其时至，则民不苟；苟，谓非时入山泽也。陵陆、丘井、田畴均，则民不惑；无夺民时，则百姓富；牺牲不劳，则牛马育。"注：过用谓之劳。

桓公又问曰："寡人欲修政以干时于天下，其可乎？"干，求也。时，时见曰会。欲求天下诸侯，修时见之会。管子对曰："可。"公曰："安始而可？"管子对曰："始于爱民。"公曰："爱民之道奈何？"管子对曰："公修公族，家修家族，使相连以事，相及以禄，则民相亲矣；相连以事则人惯狎，相及以禄则恩情生，故有亲也。放旧罪，修旧宗，立无后，则民殖矣；放旧罪则全人命，修旧宗则收散亲，立无后则继绝世，故人殖。殖，生也。省刑罚，薄赋敛，则民富矣；乡建贤士，使教于国，则民有礼矣；出令不改，则民正矣。此爱民之道也。"公曰："民富而以亲，则可以使之乎？"管子对曰："举财长工以止民用，工能积财，举而长之，民则慕而不费用矣。陈力尚贤以劝民知，贤能陈力而崇上之，民则劝而学智矣。加刑无苟以济百姓。行之无私，则足以容众矣；出言必信，则令不穷矣。此使民之道也。"

桓公曰："民居定矣，事已成矣，吾欲从事于天下诸侯，其可乎？"欲从会事。管子对曰："未可。民心未吾安。"公曰："安之奈何？"管子对曰："修旧法，择其善者，举而严用之。慈于民，予无财，贫无财者，当施与之。宽政役，敬百姓，则国富而民安矣。"公曰："民安矣，其可乎？"管仲对曰："未可。君若欲正卒伍、修甲兵，则大国亦将正卒伍、修甲兵。君有征战之事，则小国诸侯之臣有守围之备矣。然则难以速得意于天下。公欲速得意于天下诸侯，则事有所隐，而政有所寓。"不显习其兵事，故曰事有所隐；军政寓之田猎，故曰政有所寓。公曰："为之奈何？"管子对曰："作内政而寓军令焉。为高子之里，为国子之里，为公里。三分齐国，以为三军。择其贤民，使为里君。每里皆使贤者为君。乡有行伍卒长，则其制令，且以田猎，因以赏罚，因田猎之功过行赏罚。则百姓通于军事矣。"桓公曰："善。"

于是乎管子乃制五家以为轨，轨为之长；十轨为里，里有司；四里为连，连为之长；十连为乡，乡有良人，以为军令。是故五家为轨，五人为伍，轨长率之；十轨为里，故五十人为小戎，里有司率之；四里为连，故二百人为卒，连长率之；十连为乡，故二千人为旅，乡良人率之；五乡一师，故万人一军，五乡之师率之。

三军，故有中军之鼓，中军则公之里卒也。有高子之鼓，有国子之鼓。春以田曰蒐，振旅；因寓军政，而且整旅。秋以田曰狝，治兵。顺杀气，因治兵。是故卒伍政定于里，军旅政定于郊。内教既成，令不得迁徙。故卒伍之人，人与人相保，家与家相爱，少相居，长相游，祭祀相福，死丧相恤，祸福相忧，居处相乐，行作相和，哭泣相哀。是故夜战其声相闻，足以无乱；昼战其目相见，足以相识；欢欣足以相死。是故以守则固，以战则胜。君有此教士三万人，以横行于天下。教士，谓先教习之士。诛无道，以定周室。天下大国之君，莫之能围也。

正月之朝，乡长复事。复，白也。公亲问焉，曰：

"于子之乡，有居处为义好学，聪明质仁，慈孝于父母，长弟闻于乡里者，有则以告。有而不以告，谓之蔽贤，其罪五。"谓其罪当入于五刑而定其罚。有司已于事而竣。既毕于上事而竣退。公又问焉，曰："于子之乡，有拳勇股肱之力，筋骨秀出于众者，有则以告。有而不以告，谓之蔽才，其罪五。"有司已于事而竣。公又问焉，曰："于子之乡，有不慈孝于父母，不长弟于乡里，骄躁淫暴，不用上令者，有则以告。有而不以告，谓之下比，下与有罪者比而掩盖之。其罪五。"有司已于事而竣。

于是乎乡长退而修德进贤明。公亲见之，遂使役之官。谓授之官而役之，所以历试其材能。公令官长期而书伐以告，伐，功也。且令选官之贤者而复之。曰："有人居我官，有功，休德维顺，端悫以待时使，以悫善待时，待可用之时也。使民恭敬以劝。其称秉言，则足以补官之不善政。"谓此人所称柄之言，可以补不善之政。公宣问其乡里，而有考验，宣，遍也。遍问其乡里之人，以考其所行，皆有事验。乃召而与之坐，省相其质，以参其成功成事。既有考验，召而与坐，更省视其质体，以参验其所成功之事也。可立而时，设问国家之患而不肉，其人既可，将立之，又时设问国家之患，以知智谋之深浅，不直相其骨肉而已。肉者，所谓皮相也。退而察问其乡里，以观其所能，而无大过，登以为上卿之佐。为卿大夫之佐。名之曰三选。名此人曰三大夫所选。高子、国子退而修乡，朝事既毕，二大夫又如前退修于乡。鲍叔在朝，故不言。乡退而修连，连退而修里，里退而修轨，轨退而修家。是故匹夫有善，故可得而举也；匹夫有不善，可得而诛也。政既成，乡不越长，朝不越爵。罢士无伍，罢，谓乏于德义者。《周礼》所谓罢人不义之众，耻以为伍也。罢女无家。罢女，犹罢士。众耻娶之，故无家。士三出妻，逐于境外；三出妻，所谓"士也罔极，二三其德"。为政者之所忌，故逐于境外也。女三嫁，入于春谷。三见出而嫁，是不贞顺者也，故入于春谷。是故民皆勉为善。士与其为善于乡，不如为善于里；与其为善于里，不如为善于家。家善则乡善矣，所谓居家治理，可移于官。是故士莫敢言一朝之便，皆有终岁之计；莫敢以终岁为议，皆有终身之功。修政则人无苟且。

正月之朝，五属大夫复事于公，择其寡功者而谯之，曰："列地分民者若一，何故独寡功？何以不及人？教训不善，政事其不治。一再则宥，三则不赦。"公又问焉，曰："于子之属，有居处为义好学，聪明贤仁，慈孝于父母，长弟闻于乡里者，有则以告。有而不以告，谓之蔽贤，其罪五。"有司已事而竣。公又问焉，曰："于子之属，有拳勇股肱之力，秀出于众者，有则以告。有而不以告，谓之蔽才，其罪五。"有司已事而竣。公又问焉，曰："于子之属，有不慈孝于父母，不长弟于乡里，骄躁淫暴，不用上令者，有则以告。有而不以告者，谓之下比，其罪五。"有司已事而竣。于是乎五属大夫退而修属，属退而修连，连退而修乡，乡退而修卒，卒退而修邑，邑退而修家。是故匹夫有善，可得而举；匹夫有不善，可得而诛。政成国安，以守则固，以战则强。封内治，百姓亲，可以出征四方，立一霸王矣。可谓一霸王之功也。

桓公曰："卒伍定矣，事已成矣，吾欲从事于诸侯，其可乎？"管子对曰："未可。若军令则吾既寄诸内政矣。夫齐国寡甲兵，吾欲轻重罪而移之于甲兵。"公曰："为之奈何？"管子对曰："制重罪入以兵甲犀胁二戟，轻罪入兰盾鞈革二戟，兰，即所谓兰锜，兵架也。鞈革，重革，当心著之，所以御矢。小罪入以金钧，三十斤曰钧。分宥薄罪入以半钧。分宥，谓从坐者分其首犯而宽宥之。无坐抑而讼狱者，正三禁之而不直，则入一束矢以罚之。谓其人自无所坐，而被抑屈为讼者，正当禁之三日，得其不直者，则令入束矢也。美金以铸戈剑矛戟，试诸狗马；恶金以铸斤斧锄夷锯攠，试诸木土。"夷，锄类也。锯攠，镤类也。

桓公曰："甲兵大足矣，吾欲从事于诸侯，可乎？"管仲对曰："未可。治内者未具也，为外者未备也。"故使鲍叔牙为大谏，所以谏正君。王子城父为将，弦子旗为理，理，狱官。甯戚为田，教以农事。自此已上理内，已下理外。隰朋为行，行，谓行人也，所以通使诸侯。曹宿孙❶处楚，商容处宋，季劳处鲁，徐闲❷封处卫，匽尚处燕，审友处晋。令此诸贤各处诸侯之国者，所以讽动之，令归齐也。又游士八千人，奉之以车马衣裘，多其资粮，财币足

---

❶ "宿孙"，墨宝堂本、赵用贤本同，刘绩本作"孙宿"。篇内后文作"孙宿"，《管子·大匡》亦作"孙宿"。

❷ "闲"（閑），墨宝堂本同。刘绩本、赵用贤本作"开"（開）。

之，使出周游于四方，以号召收求天下之贤士。饰玩好，使出周游于四方，鬻之诸侯，以观其上下之所贵好。择其沈乱者而先政之。以政正也。

公曰："外内定矣，可乎？"管子对曰："未可。邻国未吾亲也。"公曰："亲之奈何？"管子对曰："审吾疆场，反其侵地，正其封界，毋受其货财，而美为皮币，以极聘觊于诸侯。觊，见也。以安四邻，则邻国亲我矣。"桓公曰："甲兵大足矣，吾欲南伐，何主？"谓以何国为征伐之主也。管子对曰："以鲁为主。反其侵地常、潜，常、潜，地名。使海于有弊，或遇水灾，教令泄于海，使有弊尽也。渠弥于有渚，复教之穿渠，弥亘于河渚。纲山于有牢。"教之立国，城必依山以为纲纪，而有牢固。桓公曰："吾欲西伐，何主？"管子对曰："以卫为主。反其侵地吉台、原姑与柒里，皆地名。使海于有弊，渠弥于有渚，纲山于有牢。"桓公曰："吾欲北伐，何主？"管子对曰："以燕为主。反其侵地柴夫、吠狗，亦地名也。使海于有弊，渠弥于有渚，纲山于有牢。"四邻大亲。既反其侵地，正其封疆，地南至于岱阴，谓岱山之北。西至于济，北至于海，东至于纪随，纪随，地名。地方三百六十里。

三岁治定，四岁教成，五岁兵出。有教士三万人，革车八百乘。诸侯多沈乱，不服于天子。于是乎桓公东救徐州，分吴半，分吴地之半。存鲁蔡陵，蔡陵，地名。割越地。南据宋、郑，既割越地，又据宋、郑之国，以为亲援也。征伐楚，济汝水，伐楚时渡汝水。逾方地，谓方城

之地。望文山，楚山也。使贡丝于周室。使贡楚丝，即所谓
麋丝者也，堪为琴瑟弦。成周反胙于隆岳，周室有事，归胙
于齐。齐，太岳之后，故言隆岳。荆州诸侯莫不来服。中救
晋公，禽狄王，败胡貉，破屠何，屠何，东胡之先也。而
骑寇始服。北狄以骑为寇。北伐山戎，制泠支，斩孤竹，
而九夷始听。海滨诸侯莫不来服。西征，攘白狄之地，
遂至于西河。谓龙门之西河。方舟投柎，乘浮济河，至于
石沈。石沈，地名。县车束马，逾大行。与卑耳之貉拘秦
夏。与卑耳之貉共拘秦夏之不服者。西服流沙西虞，西虞，
国名。而秦戎始从。故兵一出而大功十二。自救徐州已
下，有十二也。故东夷、西戎、南蛮、北狄、中国诸侯，
莫不宾服。与诸侯饰牲为载书，书，谓要盟之辞，载之于
策。以誓要于上下，荐神，谓以上下之神祇为盟誓，又以其
牲荐之于神。然后率天下定周室，大朝诸侯于阳谷。故兵
车之会六，乘车之会三，九合诸侯，一匡天下。甲不解
垒，兵不解翳，翳所以蔽兵，谓胁盾之属。不解甲于垒，不
解兵于翳，言不用也。弢无弓，服无矢，弢，弓衣也。无弓
无矢，亦言不用也。寝武事，行文道，以朝天子。

　　葵丘之会，天子使大夫宰孔致胙于桓公，曰："余
一人之命，有事于文、武，有祭事于文王、武王之庙也。
使宰孔致胙。"且有后命，曰："以尔自卑劳，以尔自
卑而劳弊。实谓尔伯舅，毋下拜。"桓公召管仲而谋，
管仲对曰："为君不君，君命臣无下拜，是不君也。为臣
不臣，臣承命而不让，是不臣也。乱之本也。"桓公曰：
"余乘车之会三，兵车之会六，九合诸侯，一匡天下。

北至于孤竹、山戎、秽貉，拘秦夏，西至流沙、西虞，南至吴、越、巴、牂柯、𢏺、不庾、雕题、黑齿，皆南夷之国号也。荆夷之国，莫违寡人之命，而中国卑我。中国之人，不尊崇乐推，使居臣位，是卑我也。昔三代之受命者，其异于此乎？”管子对曰：“夫凤皇鸾鸟不降，而鹰隼鸱枭丰。庶神不格，庶神不至，则未歆其祭享。守龟不兆，守龟，国之守龟。不兆，谓不以信诚告之。握粟而筮者屡中。长者不告而短者告，是德之不至。《传》曰：“龟长筮短。”《诗》曰：“握粟出卜。”时雨甘露不降，飘风暴雨数臻。五谷不蕃，六畜不育，而蓬蒿藜藿徒吊反。并兴。夫凤皇之文，前德义，后日昌。前包德义，后有日昌，明先德义，乃可以日昌也。昔人之受命者，龙龟假，假，至也。河出图，雒出书，地出乘黄。乘黄，神马也。坤“利牝马之贞”，故从地出，若汉之渥洼神马之比。今三祥未见有者，三祥，谓龟龙、图书、乘黄也。虽曰受命，无乃失诸乎？”桓公惧，出见客曰：“天威不违颜咫尺，小白承天子之命，而毋不❶拜，恐颠蹶于下，以为天子羞。”遂下拜，登，受赏服、大路、龙旗九游，渠门赤旗。渠门，旗名。天子致胙于桓公而不受，天下诸侯称顺焉。

桓公忧天下诸侯。鲁有夫人庆父之乱，而二君弑死，庆父通庄公夫人姜氏，弑子般，又弑闵公。国绝无后。桓公闻之，使高子存之。男女不淫，淫，乱杂也。马牛选具，选择其善者以成具，凡欲以贡齐也。执玉以见，请为关内之

---

❶ “不”，墨宝堂本同。刘绩本、赵用贤本作“下”。

侯，请为齐关内之侯。而桓公不使也。狄人攻邢，桓公筑夷仪以封之。男女不淫，马牛选具，执玉以见，请为关内之侯，而桓公不使也。狄人攻卫，卫人出旅于曹，旅，客也。客居曹也。桓公城楚丘封之，其畜以散亡，故桓公予之系马三百匹，谓马在闲厩系养之，言其良也。天下诸侯称仁焉。于是天下之诸侯知桓公之为己勤也，是以诸侯之归之也譬若市人。

桓公知诸侯之归己也，故使轻其币而重其礼，故使天下诸侯以疲马犬羊为币，疲，谓瘦也。齐以良马报。诸侯以缕帛布鹿皮四分以为币，谓四分其鹿皮。齐以文锦虎豹皮报。诸侯之使，垂囊而入，櫃丘粉反。载而归。垂囊，言其空也。櫃，收拾也。故钧之以爱，致之以利，结之以信，示之以武。是故天下小国诸侯既服桓公，莫敢之倍而归之，喜其爱而贪其利，信其仁而畏其武。桓公知天下小国诸侯之多与己也，于是又大施忠焉。可为忧者为之忧，可为谋者为之谋，可为动者为之动。伐谭、莱而不有也，诸侯称仁焉。通齐国之鱼盐东莱，自东莱通鱼盐于诸侯。使关市幾而不正，廛而不税，幾，察也。察其奸非而不王❶税。以为诸侯之利，诸侯称宽焉。筑蔡、鄢陵、培夏、灵父丘，皆邑名。以卫戎狄之地，所以禁暴于诸侯也。筑五鹿、中牟、邺盖与社丘，以卫诸夏之地，所以示劝于中国也。教大成。是故天下之于桓公，远国之民望如父母，近国之民从如流水。故行地兹远，得人弥众，是何也？怀其

---

❶ "王"，墨宝堂本同。刘绩本、赵用贤本作"征"。

文而畏其武。故杀无道，定周室，天下莫之能圉，武事立也。定三革，车、马、人皆有革甲，曰三革。偃五兵，朝服以济河，而无怵惕焉，谓乘车之会，朝服济河，以与西诸侯盟也。文事胜也。是故大国之君惭愧，小国诸侯附比。是故大国之君事如臣仆，小国诸侯欢如父母。夫然，故大国之君不尊，不以国大加其尊礼。小国诸侯不卑。不以国小而卑其敬。是故大国之君不骄，小国诸侯不慑。于是列广地以益狭地，损有财以与无财。周其君子，不失成功。周给君子，得其力用，故不失成功也。周其小人，不失成命。周给小人，怀德而归，故不失成命也。夫如是，居处则顺，出则有成功。不称动甲兵之事，以遂文、武之近于天下。既以朝服济河，故不称甲兵，文德成也。大国畏威，事如臣仆，武功立也。桓公能假其群臣之谋，以益其智也。其相曰夷吾，大夫曰甯戚、隰朋、宾胥无、鲍叔牙，用此五子者何功言何功而不成。度义，光德继法，绍终以遗后嗣。贻孝昭穆，大霸天下，名声广裕，不可掩也。则唯有明君在上，察相在下也。

初，桓公郊迎管子而问焉。管仲辞让，然后对以参国伍鄙，立五乡以崇化，建五属以厉武，寄兵于政，因罚备器械，加兵无道诸侯，以事周室。桓公大说，于是斋戒十日，将相管仲。管仲曰："斧钺之人也，幸以获生，以属其腰领，属，缀连也。臣之禄也。若知国政，非臣之任也。"公曰："子大夫受政，寡人胜任。言子受政而辅我，我则胜君之任也。子大夫不受政，寡人恐崩。"管仲许诺，再拜而受相。三日，公曰："寡人有大邪三，其犹尚可以为国乎？"对曰："臣未得闻。"公曰："寡人不幸而好田，晦夜而至禽侧，言夙兴晦夜之时，已至禽之侧畔也。田莫不见禽而后反。其田必见禽，多获而后反。诸侯使者无致，百官有司无所复。"既专于田，故使者不得致命，有司不得白事。对曰："恶则恶矣，然非其急者也。"公曰："寡人不幸而好酒，日夜相继。诸侯使者无所致，百官有司无所复。"对曰："恶则恶矣，然非其急者也。"公曰："寡人有污行，不幸而好色，而姑姊有不嫁者。"对曰："恶则恶矣，然非其急者也。"公作色曰："此三者且可，则恶有不可者矣！"此三者尚以为可，岂更有不可于此者？对曰："人君唯优与不敏为不可。优，谓倭随不断。优则亡众，不敏不及事。"公曰："善。吾子就舍，异日请与吾子图之。"对曰："时可将与夷吾，何待异日乎？"可言之时，正与夷吾，不可待他日。公曰："奈何？"对曰："公子举，为人博闻而知礼，好学而辞逊，请使游于鲁，以结交焉。公子开方，为人巧转而兑利，请使游于卫，以结交焉。曹孙宿，其为人也，小廉而苟忕，音逝。苟，密。忕，习也。言多所惯习也。足恭而辞结，其辞能与人定交结。正荆之则也，言此人立行正与荆俗同，使之游荆，必得其欢心。上二人亦然。请使往游，以结交焉。"遂立行三使者而后退。使三使行出然后退。

相三月，请论百官。公曰："诺。"管仲曰："升降揖让，进退闲习，辨辞之刚柔，臣不如隰朋，请立为大行。大行，大使之官。垦草入邑，辟土聚粟，多众，尽地之利，臣不如甯戚，请立为大司田。平原广牧，广远可牧之地。车不结辙，士不旋踵，鼓之而三军之士视死如归，臣不如王子城父，请立为大司马。决狱折中，不杀不辜，不诬无罪，臣不如宾胥无，请立为大司理。犯君颜色，进谏必忠，不辟死亡，不挠富贵，臣不如东郭牙，请立以为大谏之官。此五子者，夷吾一不如。于五子各不如其一。然而以易夷吾，夷吾不为也。以五子之能，易夷吾之德，则夷吾所不能。君若欲治国强兵，则五子者存矣。若欲霸王，夷吾在此。"桓公曰："善。"

王言第二十一 　内言四

亡佚

管子卷第八

鞈革甲反　攞陟六反

卷九

霸形第二十二 | 内言五

陈霸言之形容。

桓公在位，管仲、隰朋见。立有间，有贰鸿飞而过之。桓公叹曰："仲父，今彼鸿鹄，有时而南，有时而北，有时而往，有时而来，四方无远，所欲至而至焉。非唯有羽翼之故，是以能通其意于天下乎？"管仲、隰朋不对。桓公曰："二子何故不对？"管子对曰："君有霸王之心，而夷吾非霸王之臣也，是以不敢对。"桓公曰："仲父胡为然？盍不当言，寡人其有乡乎？何不陈当言，令寡人有所归向。寡人之有仲父也，犹飞鸿之有羽翼也，若济大水有舟楫也。仲父不一言教寡人，寡人之有耳，将安闻道而得度哉？"言何以自度，得至于霸王哉？

管子对曰："君若将欲霸王，举大事乎？则必从其本事矣。"桓公变躬迁席，拱手而问曰："敢问何谓其本？"管子对曰："齐国百姓，公之本也。人甚忧饥而税敛重，人甚惧死而刑政险，人甚伤劳而上举事不时。公轻其税敛，则人不忧饥；缓其刑政，则人不惧死；举事以时，则人不伤劳。"桓公曰："寡人闻仲父之言，此三者闻命矣。不敢擅也，将荐之先君。"不敢专擅，自发此命，将进之宗庙，告先君而后行。所谓以神道设教者也。于是令百官有司，削方墨笔，方，谓版牍也。凡此欲书其所定令也。明日皆朝于太庙之门。朝定，令于百吏。因朝庙而定百吏之令也。使税者百一钟，假令百石而取一钟。孤幼不刑，泽梁时纵，放人入，不设禁。关讥而不征，市书而不赋。书，谓录其名籍。近者示之以忠信，远者示之以礼义。行此数年，而民归之如流水。

此其后，宋伐杞，狄伐邢、卫。桓公不救，裸体纫胸称疾。纫，犹摩也。自摩其胸，若有所痛患也。召管仲曰："寡人有千岁之食，而无百岁之寿。今有疾病，姑乐乎！"管子曰："诺。"于是令之县钟磬之榬，于元反。榬所以严饰之。陈歌舞竽瑟之乐，日杀数十牛者数旬。群臣进谏曰："宋伐杞，狄伐邢、卫，君不可不救。"桓公曰："寡人有千岁之食，而无百岁之寿，今又疾病，姑乐乎！且彼非伐寡人之国也，伐邻国也，子无事焉。"

宋已取杞，狄已拔邢、卫矣。桓公起，行筍虡之间，管子从，至大钟之西。桓公南面而立，管仲北乡对之。大钟鸣，桓公亲管子曰："乐夫，仲父？"管子对曰："此臣之所谓哀，非乐也。臣闻之，古者之言乐于钟磬之间者，不如此。言脱于口，而令行乎天下；脱，出也。游钟磬之间，而无四面兵革之忧。今君之事，言脱于口，令不得行于天下；在钟磬之间，而有四面兵革之忧。此臣之所谓哀，非乐也。"桓公曰："善。"于是伐钟磬之县，伐，谓斫断也。并歌舞之乐，并，除也。宫中虚无人。不令人掌守之。

桓公曰："寡人以伐钟磬之县，并歌舞之乐矣。请问所始于国，将为何行？"管子对曰："宋伐杞，狄伐邢、卫，而君之不救也，臣请以庆。以不救为是，故庆之。臣闻之，诸侯争于强者，勿与分于强。若救三国，是分于强。今君何不定三君之处哉？"三君既失国，当定其居处也。于是桓公曰："诺。"因命以车百乘，卒千人，以缘陵封杞；车百乘，卒千人，以夷仪封邢；车五百乘，卒五千人，以楚丘封卫。桓公曰："寡人以定三君之居处矣，今又将何行？"管子对曰："臣闻诸侯贪于利，勿与分于利。君何不发虎豹之皮、文锦以使诸侯，令诸侯以缦帛、鹿皮报。"桓公曰："诺。"于是以虎豹皮、文锦使诸侯，诸侯以缦帛、鹿皮报，则令固始行于天下矣。

此其后，楚人攻宋、郑。烧炝熯焚郑地，使城坏者不得复筑也，屋之烧者不得复葺也，令其人有丧雌雄，失男女之偶。居室如乌❶鼠处穴。要宋田，夹塞两川，使水不得东流，楚人又遮取宋田，夹两川筑堤而壅塞之，故水不得东流。两川，盖睢、汴也。东山之西，水深灭垝，垝，败啬也。四百里而后可田也。楚欲吞宋、郑而畏齐，日思人众兵强能害己者，必齐也。于是乎楚王号令于国中曰："寡人之所明于人君者，莫如桓公；所贤于人臣者，莫如管仲。明其君而贤其臣，寡人愿事之。既以其君臣为明贤，故愿事之。谁能为我交齐者，寡人不爱封侯之君焉。"于

---

❶　"乌"（烏），墨宝堂本、刘绩本、赵用贤本作"鸟"（鳥），篇内下文亦作"鸟"。

是楚国之贤士，皆抱其重宝币帛以事齐。桓公之左右，无不受重宝币帛者。

于是桓公召管仲曰："寡人闻之，善人者，人亦善之。今楚王之善寡人一甚矣，寡人不善，将拂于道。拂，违也。若不报善之，是违于道也。仲父何不遂交楚哉？"管子对曰："不可。楚人攻宋、郑，烧焫熯焚郑地，使城坏者不得复筑也，屋之烧者不得复葺也，令人有丧雌雄，居室如鸟鼠处穴。要宋田，夹塞两川，使水不得东流，东山之西，水深灭垝，四百里而后可田也。楚欲吞宋、郑，思人众兵强而能害己者，必齐也。是欲以文克齐，以宝币赂齐，而齐自服，故曰以文克齐。而以武取宋、郑也。楚取宋、郑而不止禁，是失宋、郑也。禁之，则是又不信于楚也。知失于内，兵困于外，非善举也。"桓公曰："善。然则若何？"管子对曰："请兴兵而南存宋、郑。而令曰：无攻楚。言与楚王遇，冬会曰遇。至于遇上，而以郑城与宋水为请。楚若许，则是我以文令也；楚若不许，则遂以武令焉。"桓公曰："善。"于是遂兴兵而南存宋、郑，与楚王遇于召陵之上，而令于遇上曰："毋贮粟，毋曲堤，无擅废適子，无置妾以为妻。"因以郑城与宋水为请于楚。楚人不许，遂退七十里而舍。使军人城郑南之地，立百代城焉。取其虽百代而无敢毁者也。曰："自此而北，至于河者，郑自城之。"而楚不敢隳也。东发宋田，夹两川，使水复东流，而楚不敢塞也。

遂南伐，及逾方城，济于汝水，望汶山，汶，音岷。岷山，江水所从出。南致楚、越之君，而西伐秦，北伐狄，东存晋公于南。自伐秦而遂存晋。于晋之南，故曰东存。北伐孤竹，还，存燕公。兵车之会六，乘车之会三，九合诸侯，反位已霸，修钟磬而复乐。管子曰："此臣之所谓乐也。"

霸言第二十三 ｜ 内言六

谓此言足以成霸道。

霸王之形，象天则地，谓象天明，则地义。化人易代，谓美教化，移风俗。创制天下，与之更始。等列诸侯，列爵惟五，各得其宜。宾属四海，宾礼四夷，以恩属之。时匡天下。时一会而正之。大国小之，曲国正之，强国弱之，重国轻之，乱国并之，并乱所以揔其威权。暴王残之。僇其罪，卑其列，维其民，然后王之。其王之匈暴者，则残灭之。于国则戮其首罪，卑其爵列，维持其人众。

夫丰国之谓霸，但自丰其国者，霸也。兼正之国之谓王，兼能正他国者王。夫王者，有所独明。德共者不取也，道同者不王也。夫❶能王天下者，必有独见之明。群物之所不违，若彼德与我共。彼道与我同，则不取而且不王。

---

❶ "夫"，原作"大"，墨宝堂本同。据刘绩本、赵用贤本改。

夫争天下者，以威易危，暴王之常也。若以兵威易彼危乱，此固暴王之常也，非霸王之道也。君人者有道，有常道也。霸王者有时。必遇其时，然后霸王。国修而邻国无道，霸王之资也。我修而彼暴，可以取乱侮亡，故曰资也。

夫国之存也，邻国有焉。虽存而国小弱，必事邻国以为安，故曰邻国有焉。国之亡也，邻国有焉。因其亡而取之。邻国有事，邻国得焉。邻国有征伐之事，因而败绩，故邻国得焉。邻国有事，邻国亡焉。或有征伐之事，大胜而多获，遂亡邻国。天下有事，则圣王利也。必有非常之事，然后有非常之人。国危，则圣人知矣。怀独见之明，故先知。夫先王所以王者，资邻国之举不当也。举事皆当，则我无因为功。举而不当，此邻敌之所以得意也。不当所以资我，故得意也。

夫欲用天下之权者，必先布德诸侯。诸侯怀德而归，欲求无权，其可得乎？是故先王有所取，有所与，所谓将欲取之，必姑与之。有所诎，有所信，所谓尺蠖之屈，以求伸也。然后能用天下之权。妙于前四事，故能用天下之权。夫兵幸于权，权幸于地。兵幸在于有权，权从在于得地。幸，犹胜也。故诸侯之得地利者，权从之；失地利者，权去之。

夫争天下者，必先争人。人惟邦本。明大数者得人，审小计者失人。得天下之众者王，得其半者霸。是故圣王卑礼以下天下之贤而王之，均分以钓天下之众而臣之。既王有地，均分其禄，用此以引天下之众，故可得而臣之也。故贵为天子，富有天下，而伐不谓贪者，其大计存也。得地均分，可以臣彼。地自利彼，于我何贪？此其大计也。

以天下之财，利天下之人。以明威之振，利天下之人，还用天下之财，于我无所减削，更可以明威权之振，所谓惠而不费者也。合天下之权。以遂德之行，结诸侯之亲。合天下之权，皆令在己。权揔则德遂，德遂则亲成也。以奸佞之罪，刑天下之心。所谓惩一而劝百。因天下之威，以广明王之伐。因天下所欲亡而亡之，则明王之伐自广。攻逆乱之国，赏有功之劳，封贤圣之德，明一人之行，而百姓定矣。赏加一人而天下劝，罚加一人而天下畏。故曰：明一人之行，而百姓定矣。

夫先王取天下也术。非术则无以取天下也。术乎，大德哉！物利之谓也。术可以取天下，故曰大德。然术之所归，在于令物得利也。夫使国常无患，而名利并至者，神圣也；神圣则多所感致。国在危亡，而能寿者，明圣也。明圣则不失事机。是故先王之所师者，神圣也；其所赏者，明圣也。赏，谓乐玩也。夫一言而寿用其言，故寿也。国，不听而国亡。若此者，大圣之言也。

夫明王之所轻者，马与玉；其所重者，政与军。若失主不然，轻与人政而重予人马，轻予人军而重予人玉，重宫门之营而轻四竟之守，所以削也。夫权者，神圣之所资也；独明者，天下之利器也；独断者，微密之营垒也。谓独断可以自营而即定，故曰营垒。此三者，圣人之所则也。

圣人畏微而愚人畏明。圣人能知吉凶之先见，故曰畏微。愚人近火方知热，履冰乃知寒，故曰畏明也。圣人之憎恶也内，愚人之憎恶也外。圣人知心胸之奸谋，故憎恶内。

愚人兵在颈方惧，故憎恶外也。**圣人将动必知，愚人至危易辞。**圣人之动必暗知；愚者至危不知祸之将至，尚有慢易之辞，然后汤、武之师起也。**圣人能辅时，不能违时。**圣人能因时来辅成其事，不能违时而立功。不有桀、纣之暴，则无汤、武之功。**知者善谋，不如当时。**精时者，日少而功多。**夫谋无主则困，事无备则废。是以圣王务具其备，而慎守其时。以备待时，以时兴事。时至而举兵，绝坚而攻国。**其兵超绝而又坚利，故能攻国。**破大而制地，大本而小摽，**摽，末也。本大而末小，则难崩。**垒近而攻远。**所全之地近，故能攻远而有归。若高光之有关中、河内也。**以大牵小，以强使弱，以众致寡。德利百姓，威振天下，令行诸侯而不拂。近无不服，远无不听。**

夫明王为天下正理也，修正理而动，故能成天下之功也。**案强助弱，**按，抑也。**圉暴止贪，存亡定危，继绝世。此天下之所载也，**德义如此，故为天下所载。**诸侯之所与也，**与，亲也。**百姓之所利也，是故天下王之。**天下乐推以为王。**知盖天下，继最一世，**其继败续亡，能成天下之功也。**材振四海，王之佐也。千乘之国可得其守，诸侯可得而臣，天下可得而有也。万乘之国失其守，国非其国也。天下皆理，己独乱，国非其国也；诸侯皆令，**皆从霸者之令。**己独孤，国非其国也；邻国皆险，己独易，**易，平易，不牢固，谓无守御之备也。**国非其国也。此三者，亡国之征也。**

夫国大而政小者，国从其政。**小政蹙国，故国从其政。**国小而政大者，国益大。**大政开国，故国益大。**大而不**

为者，复小。大而不为则日损，故复小。**强而不理者，复弱。**强而不理则纲纪乱，故复弱也。**众而不理者，复寡。**众而不理则人散，故复寡。**贵而无礼者，复贱。**贵而无礼则位夺，故复贱也。**重而凌节者，复轻。**重而凌节则威丧，故复轻。**富而骄肆者，复贫。**富而骄肆则财竭，故复贫也。

故观国者观君，君为化主。**观军者观将，**将为兵本。**观备者观野。**野有障塞则国不侵。**其君如明而非明也，**外明而内暗。**其将如贤而非贤也，**外贤而内愚。**其人如耕者而非耕也，**虽耕而卤莽。**三守既失，国非其国也。**三守，谓明、贤、耕。既失，谓是而非。**地大而不为，命曰土满；**谓土广而功狭也。**人众而不理，命曰人满；**谓人多而政少。**兵威而不止，命曰武满。**所谓亢之为言也，知进而不知退也。**三满而不止，国非其国也。**三满不止，败亡立至。**地大而不耕，非其地也；**地大不耕则无所获。**卿贵而不臣，非其卿也；**卿贵不臣，化为敌也。谓卿大夫。**人众而不亲，非其人也。**人众不亲，欲亡者也。

夫无土而欲富者忧，无土欲富，犹缘木而求鱼，故忧。**无德而欲王者危，**无德而王，犹欲进而却行，故危。**施薄而求厚者孤。**施薄求厚，人必不应，故孤。夫上夹而下苴、苴，苞裹也。上既狭，故为下所苞。**国小而都大者弑。**此二者常有篡弑之祸。**主尊臣卑，上威下敬，令行人服，理之至也。使天下两天子，天下不可理也；一国而两君，一国不可理也；一家而两父，一家不可理也。凡此所谓两推❶**必

---

❶ "推"，墨宝堂本同。刘绩本作"雄"，赵用贤本作"权"（權）。

争，乱之本也。

夫令，不高不行，不搏不听。搏，聚也。君命不高不聚而听之。尧、舜之人，非生而理也；化之而理。桀、纣之人，非生而乱也。效之而乱。故理乱在上也。

夫霸王之所始也，以人为本。本理则国固，本乱则国危。故上明则下敬，政平则人安，士教和则兵胜敌，使能则百事理，亲仁则上不危，任贤则诸侯服。

霸王之形，说霸王之形容。德义胜之，智谋胜之，兵战胜之，地形胜之，动作胜之，故王之。有此五胜，故可以王。

夫善用国者，因其大国之重，以其势小之；因强国之权，以其势弱之；因重国之形，以其势轻之。凡大、强、重，皆国之盈盛者也。然盛者有时而衰，盈者有时而息，故因其衰息之势，大者小之，强者弱之，重者轻之。弱国众，合强以攻弱，以图霸；谓时强国众多，吾国虽强，适可图霸。强国少，合小以攻大，以图王。谓时强国既少，我则合众聚小，以攻强大之国，如此者，可以图王。强国众而言王势者，愚人之智也；非言王之时。强国少而施霸道者，败事之谋也。非施霸之时。

夫神圣视天下之形，知动静之时，视先后之称，知祸福之门。强国众，先举者危，后举者利；强国众，先举必为强者所图，故危。强国少，先举者王，后举者亡。战国众，后举可以霸；战国少，先举可以王。

夫王者之心，方而不最，心虽方直，未为其最。列不让贤，虽列爵位，不让贤俊。贤不齿弟择众，虽称为贤，无优劣齿弟，又非选众而举也。**是贪大物也。**大物，谓大宝之位。有此数者，是定贪大位之利，而无得位之实也。**是以王之形大也。**不可以小数得。

夫先王之争天下也以方心，心方而最，故可以争天下也。**其立之也以整齐，**整齐而❶之，故可立也。**其理之也以平易。**平而易之，故可理。**立政出令用人道，**政令须合人心。**施爵禄用地道，**地道平而无私。**举大事用天道。**心应天时，然后可以举大事。**是故先王之伐也，伐逆不伐顺，伐险不伐易，伐过不伐及。**伐其太过者。**四封之内，以正使之；**以正使之则人无怨。**诸侯之会，以权致之。**以权致之则不敢不来。**近而不服者，以地患之；**侵削其地则自服。**远而不听者，以刑危之。**兴师以征之。**一而伐之，武也；**守一不移，兴师伐之，此其武也。**服而舍之，文也；**既服舍之，绥之以德，此其文也。**文武具满，德也。**唯文德诸功❷可以满其德。

夫轻重强弱之形，诸侯合则强，孤则弱。骥之材而百马伐之，骥必罢矣；强最一伐而天下共之，国必弱矣。强国得之也以收小，其失之也以恃强；小国得之也以制节，制度合节，故得。**其失之也以离强。**离强则乖节者也，故失。夫国，小大有谋，强弱有形。服近而强远，谓用强兵，威远国，故曰强远。**王国之形也；合小以攻大，敌国**

---

❶ "齐而"，墨宝堂本同。刘绩本、赵用贤本作"而齐"。

❷ "文德诸功"，墨宝堂本同。刘绩本作"文教武功"，赵用贤本作"文武诸功"。

之形也；**以负海攻负海，**谓以蛮夷攻蛮夷。蛮夷负海以为固，故曰"负海"。**中国之形也。折节事强以避罪，小国之形也。**

自古以至今，未尝有能先作难，违时易形，以立功名者，无有。言无有此事。**常先作难，违时易形，无不败也。夫欲臣伐君、**以臣伐君，若汤、武之于桀、纣也。**正四海者，不可以兵独攻而取也，**谓当兼下事。**必先定谋虑，便地形，利权称，亲与国。视时而动，王者之术也。**

夫先王之伐也，**举之必义，用之必暴，**其用师必加于暴乱。**相形而知可，**谓相其乱亡之形。**量力而知攻，攻得而知时。是故先王之伐也，必先战而后攻，先攻而后取地。故善攻者，料众以攻众，**量吾众寡，可敌彼众，然后攻。余仿此。**料食以攻食，料备以攻备。以众攻众，众存不攻；**彼众存，则我不能亡之，故不攻。**以食攻食，食存不攻；以备攻备，备存不攻。释实而攻虚，**知其实而避之。**释坚而攻膬，释难而攻易。**

夫搏国不在敦古，**在于合今时之宜。搏，聚也。**理世不在善攻，**在于权宜。**霸王不在成曲。**在于全大体。**夫举失而国危，刑过而权倒，**刑罚过理则权柄倒错。**谋易而祸反，**谋事数易，祸必反来。**计得而强信，**音申。**功得而名从，权重而令行，固其数也。**数，犹理也。

夫争强之国，**必先争谋，争刑，争权。**先此三争，然后争强。**令人主一喜一怒者，谋也；**谋得则喜，谋失则怒。**令国一轻一重者，刑也；**怒，刑则重。喜，刑则轻。**令兵一进一退者，权也。**权重则进，权轻则退。**故精于谋，则人

主之愿可得，而令可行也；精于刑，则大国之地可夺，强
国之兵可围也；精于权，则天下之兵可齐，诸侯之君可朝
也。夫神圣视天下之刑，知世之所谋，知兵之所攻，知地
之所归，知令之所加矣。夫兵攻所憎而利之，此邻国之
所不亲也。兵攻所憎之国，而以攻得为利。德义不施，邻国
必怨而不亲。**权动所恶，而实寡归者，强；**其威权能动移所
恶，而德义之实少为人所归，如此但强而已，不能至霸王也。
擅破一国，强在后世者，王；今能专破一国，常守其强，传
之后世，如此者王也。**擅破一国，强在邻国者，亡。**既破一
国，不能守强，令邻国得之，如此者亡也。

问第二十四 ︱ 内言七

谓为国所当察问者。

凡立朝廷，问有本纪。所问之事，必有根本纲纪。**爵
授有德，则大臣兴义；禄予有功，则士轻死节；上帅士以
人之所戴，则上下和；**上帅其士所为者，皆人之所戴仰，故
上下和。**授事以能，则人上功；**有能然后得事，故人上功。
审刑当罪，则人不易讼；易，犹交也。所刑皆当其罪，故人
不交相讼。**无乱社稷宗庙，则人有所宗；**社稷宗庙，各得其
正，则人知所宗。**毋遗老忘亲，则大臣不怨；**大臣非国老，

则君亲令不遗忘，故不怨。**举知人急，则众不乱。行此道也，**急，谓困艰也。举困难之事以示人，则人不复行此道。**国有常经，人知终始，此霸王之术也。**国有常经，则人知终始之所归。如此者，霸王之术也。**然后问事。事先大功，**先问大功，则劳臣悦。**政自小始。**为政先小，从微而至著。

问死事之孤，其未有田宅者有乎？未有则给与之。死事孤，谓死王事之子孙。**问少仕而未胜甲兵者，几何人？**知其数则预有所准。**问死事之寡，其饩廪何如？**寡，谓其妻。饩廪，言给其饩廪❶。饩，生食。廪，米粟之属。

问国之有功大者，何官之吏也？问何官之吏，欲知其材之所当。**问州之大夫也，何里之士也？**问何州里，欲知其风俗所好尚。**今吏亦何以明之矣？**问吏所明，欲知其优赏厚薄。

问刑论有常，以行不可改也，今其事之久留也，何若？罪既论决，国有常科，当奉而行之，此不可改易者也。今乃久留其事，将如之何？**问五官有度制，官都其有常断，今事之稽也，何待？**官都，谓揔摄诸司者也。五官既各有制度，官都复自有常断，今乃稽其事而不行，将何待乎？**问独夫、寡妇、孤寡、疾病者，几何人也？**知其人数，当有所廪饩。**问国之弃人，何族之子弟也？**弃人，谓有过不齿，投之四裔者也。问知其族，欲有所收也。**问乡之良家，其所牧养者，几何人矣？**良家，谓善营生以致富者。牧养，谓其人不能自存，良家全活之。知其所养之数，欲有所复除也。**问**

---

❶ "廪"字原无，墨宝堂本同。此据刘绩本、赵用贤本补。

邑之贫人债而食者，几何家？债而食，谓从富者出息以供食。知其家数，欲有所矜免也。**问理园圃而食者，几何家？人之开田而耕者，几何家？士之身耕者，几何家？问乡之贫人，何族之别也？**知从何族而别，或从公族，当有所收恤也。**问宗子之牧昆弟者，以贫从昆弟者，几何家？**以贫故从昆弟以求养者，与之从者，各有几家也？**余子仕而有田邑，今入者，几何人？**谓收入其税者。**子弟以孝闻于乡里者，几何人？余子父母存，不养而出离者，几何人？**出离，谓父母在分居者。

士之有田而不使者，几何人？吏恶何事？不使，谓不用。其吏不恶此等，当恶何事？**士之有田而不耕者，几何人？身何事？**既不耕，此人身为何事？

君臣有位而未有田者，几何人？外人之来从而未有田宅者，几何家？国子弟之游于外者，几何人？贫士之受责于大夫者，几何人？贫士无资而被大夫责者，有几人？**官贱行书身士，以家臣自代者，几何人？**其人居官，乃贱自行文书。身任士职，辄以家臣自代，亦须知其数也。**官承吏之无田饩而徒理事者，几何人？**承吏，谓摄官无饩而空理事。**群臣有位事官大夫者，几何人？**群臣自有位事，乃左官于大夫。**外人来游，在大夫之家者，几何人？**外人，谓外国人。

乡子弟力田为人率者，几何人？既自力田，又能率人。**国子弟之无上事，衣食不节，率子弟不田弋猎者，几何人？**既无上事，乃率子弟不田农，但弋猎。**男女不整齐，乱乡子弟者，有乎？**谓不以礼交者。**问人之贷粟米有别券**

者，几何家？别券，谓分契也。问国之伏利，其可应人之急者，几何所也？伏利，谓贷利隐蔽不见，若铜银山及沟渎可决而溉灌者。

人之所害于乡里者，何物也？人之为害者，害何物？问士之有田宅，身在陈列者，几何人？余子之胜甲兵，有行伍者，几何人？问男女有巧伎，能利备用者，几何人？能利备器之用。处女操工事者，几何人？能操女工之事，谓绮绣之属也。

冗国所开口而食者，几何人？言其不农作，直开口仰食。问一民有几年之食也？

问兵车之计，几何乘也？牵家马，轭家车者，几何乘？牵家马，言直有马。轭家车，言直有车。相配以成乘。

处士修行，足以教人，可使帅众莅百姓者，几何人？士之急难可使者，几何人？谓士之可以急难使者。工之巧，出足以利军伍，处可以修城郭、补守备者，几何人？其人既有技巧，出用则能利军，居处则可以修城补备也。城粟军粮，其可以行几何年也？行，由经也。城粟，谓守城之粟。军粮，谓出军之粮。二者可经几年？吏之急难可使者，几何人？

大夫疏器，疏，谓饰画也。甲兵、兵车、旌旗、鼓铙、帷幕、帅车之载，几何乘？载，谓其车盖。疏藏器，疏画而可以藏者。弓弩之张，弓弩之可以张者。衣夹铗，铗，两刃铍也。衣夹，谓其衣也。钩弦之造，钩弦，所以挽弦。戈戟之紧，紧，谓其坚强者。其厉何若？其淬厉可用何如？其宜修而不修者，故何视？视，比也。其器物宜修者，于故物何比？**而造修之官，出器、处器之具，宜起而未起者，何待？** 出器，谓可出用之器。处器，谓贮库而为备者。起，谓其材所经日月可起用者也。

乡师车輪造修之具，其缮何若？ 輪，谓车之有防蔽，可以重载者。**工尹伐材用，毋于三时，群材乃植，而造器定。冬，兒良备用必足。** 工尹，工官之长。三时，谓春、夏、秋。此时木方生植，不坚，故不可伐材。其伐材，必以冬也。**人有余兵诡陈之行，以慎国常。** 方战，有余兵不用，且诡而陈之，以为行伍。当慎而听命，遵国之常令也。

时简稽帅马牛之肥腯，其老而死者皆举之。 军之统帅，当时简选稽考之，以知其能不，而有黜陟。至于马牛肥腯，及老而死者，皆举之，以知其数也。**其就山薮林泽食荐者几何？** 荐，草之美者。**出入死生之会几何？** 会，谓合其数。

若夫城郭之厚薄，沟壑之浅深，门闾之尊卑，宜修而不修者，上必幾之。 幾，察也。君必察知之。**守备之伍，器物不失其具，淫雨而各有处藏。** 器物遇雨不藏，必致腐败，故当有藏处。

问兵官之吏，国之豪士，其急难足以先后者，几何人？ 官吏国豪，有急难可令之先后者，当知其数。相导前后曰先后。《诗》曰："予曰有先后。"**夫兵事者，危物也。不时而胜，不义而得，未为福也。** 必合于时义，然后为福。**失谋而败，国之危也，慎谋乃保国。**

问所以教选人者，何事？ 其教人及选人者，问以何事，欲知其勤，且观其材用也。**问执官都者，其位事几何年矣？**

执官都之职者，问其官位及执事，并建立之年数。**所辟草莱有益于家邑者，几何矣？所封表以益人之生利者，何物也？**谓其事业最可以益人者，遂封表以示之，问知是何物也。**所筑城郭，修墙闭，绝通道阨阙，深防沟，以益人之地守者，何所也？**墙闭，谓筑墙有所遮闭。虽通路而为妨碍者，绝塞之。阨阙，空之处亦当绝之。凡此，守地者所以省其功费，故曰益地守。**所捕盗贼，除人害者，几何矣？**

制地。君曰：**理国之道，地德为首。**当制地之时，君为此言，故言曰法地以为政，故曰地德为首。**君臣之礼，**地有高下，君臣之礼也。**父子之亲，**高地下覆，下地上承，父子之亲也。**覆育万人。**百货出于地，人得以生焉，故曰覆育万人。**官府之藏，强兵保国，城郭之险，外应四极，**四极，谓国之四鄙也。自官府已下，非地则无所容居。**具取之地**。凡此皆因地而成，故曰具取之地。

而市者，天地之财具也，求天地之财，不登山，不入海，于市求而得之，故曰天地之财具。**而万人之所和而利也，**和，谓交易也。万人因市交易而得利。**正是道也。**言市正合道之理。**民荒无苛，人尽地之职，一保其国。**欲理荒人，无得苛虐，但使尽地之职，自然齐一而保国也。**各主异位，毋使谗人乱普而德，营九军之亲。**自君以下，其位既异，当各主之，无使谗人交乱，普废其德。如此，则九军之亲自营也。

关者，诸侯之陬隧也，谓陬隅之道也。**而外财之门户也，**他国之财，因之而入。**万人之道行也。**谓因此出入。**明道以重告之，**当明道路之令，再重而告之。**征于关者勿征**

于市，征于关，谓行商。**征于市者勿征于关，**征于市，谓坐贾。**虚车勿索，**索虚车，益其烦扰。**徒负勿入，**徒负货既寡，故勿令入其征。**以来远人，**关政如此，可以来远人。**十六道同。**齐国凡有十六道，皆置关，并同此令。**身外事谨，则听其名，**谓出入于关者，身之外事既谨，而从令则当听其名之真伪也。**视其名，视其色，**既知其名，又须视其色之是非。**是其事，稽其德，**既知其色，又须是正其事，以考合其德也。**以观其外，**既知其德，又观其外，以校量之。**则无敦于权人，以困貌德。**敦，犹厚也。校察如此，则权诈之人无以成其厚。校察行，则困厚奸非因而不生，故曰以困貌德。**国则不惑，行之职也。**国无奸人，所以不惑。凡此掌行者之职。

　　问于边吏曰，**小利害信，小怒伤义，边信伤德，**边人失信，故伤德也。**厚和构四国，以顺貌德，**敦厚而和，可以构结四国。四国之来，皆以诚信，故曰以顺貌德。**后乡四极。**既结四国，然后向四极而抚安之。**令守法之官曰，**行又令守法之官，日行边鄙与关塞。**度必明，失经常。**其巡行之时，必明其制度，无得失于经常。

谋失第二十五 | 内言八 [1]

亡佚

管子卷第九

炳而悦反

卷十

戒第二十六 | 内言九

所以陈戒桓公。

　　桓公将东游，问于管仲曰："我游犹轴转斛，言我之游必有所济，犹轴之转载斛石。南至琅邪。司马曰：'亦先王之游已。'何谓也？"春游而南行，故司马正令之为先王之游。公未达其意，故问管仲。管仲对曰："先王之游也，春出，原农事之不本者，谓之游；原，察也。农事不依本务，当原察之。秋出，补人之不足者，谓之夕。秋为西成，尚有不足者，当补之。夫师行而粮食其民者，谓之亡；师行无成功，空费粮食，如此者必亡。从乐而不反者，谓之荒。先王有游夕之业于人，无荒亡之行于身。"桓公退，再拜，命曰宝法也。谓其法可宝也。

　　管仲复于桓公曰："无翼而飞者，声也；出言门庭，千里必应，故曰无翼而飞。无根而固者，情也；同舟而济，胡、越不患异心，知其情也，故曰无根而固。无方而富者，生也。生全则万方辐凑，生尽则鸿毛不振，故曰无方而富也。莫知生所在，故曰无方也。公亦固情谨声，以严尊生。言当固物情，谨声教，严为防禁，以尊其生。此谓道之荣。"谓此三者顺道而光荣。桓公退，再拜，请若此言。若，顺也。

管仲复于桓公曰："任之重者莫如身，万事万行，非身不举，故曰重任。涂之畏者莫如口，枢机之发，荣辱之主，故可畏也。期而远者莫如年。殇子日闻，期颐实寡，故曰远期也。以重任行畏涂，至远期，唯君子乃能矣。"桓公退，再拜之曰："夫子数以此言者教寡人。"管仲对曰："滋味动静，生之养也；好、恶、喜、怒、哀、乐，生之变也；聪明当物，生之德也。非礼勿视听，故曰当物。是故圣人齐滋味而时动静，所以养其生。御正六气之变，所以循其变也。六气，即好、恶、喜、怒、哀、乐。禁止声色之淫。所以成其德。邪行亡乎体，违言不存口，体无邪行，口言必顺。静然定生，圣也。欲静则生定，如此者圣也。仁从中出，义从外作。仁自心生，故曰中出。义因事断，故曰外作。仁，故不以天下为利；义，故不以天下为名。若以天下为名利，则非仁义也。仁，故不代王；不以道辅君，而代之王者，非仁也。义，故七十而致政。老而不致政，贪冒者耳，非义也。是故圣人上德而下功，尊道而贱物。物，谓名利之事。道德当身，故不以物惑。身苟有道德，岂名利之物能惑哉？是故身在草茅之中而无慑意，道德为量，何惧之有？南面听天下而无骄色，神器傥来，何骄之有？如此而后可以为天下王。所以谓德者，不动而疾，德必冥通，故不动而疾。不相告而知，不出户牖，以知天下。不为而成，无为而无不为。不召而至，是德也。同声相应，同气相求，如此者，可谓至德也。故天不动，四时云下而万物化；天常无为，故曰不动。然四时云下，故万物化。云，运动皃也。君不动，政令陈下而万功成；君亦常无为，故曰不动。然政令陈列而下，故万物成也。**心不动，使四枝耳目而万物情。**心亦当无为，故曰不动。然四枝耳目自心使，万物莫不得其情也。**寡交多亲，谓之知人；**以其知人，故能交寡而亲多。**寡事成功，谓之知用；**以其知用，故能事寡而功成。**闻一言以贯万物，谓之知道。**以其知道，故能闻一言而得物贯也。**多言而不当，不如其寡也。**故曰狗不以善吠为良，人不以多言为贤。**博学而不自反，必有邪。**博学而不反修于其身，心曼衍者，故必有邪行。**孝弟者，仁之祖也；**仁从孝弟生，故为仁祖。**忠信者，交之庆也。**有忠信之心，故能庆交友之善。**内不考孝弟，言不仁。外不正忠信，言不友。泽其四经而诵学者，是亡其身者也。**”四经，谓《诗》《书》《礼》《乐》。既无孝弟忠信，空使四经流泽，徒为诵学者，即四经可以亡身也。

　　桓公明日弋在廪，廪所以盛米粟，禽鸟或多集焉，故于此弋也。**管仲、隰朋朝。公望二子，弛弓脱釬，**釬，所以扞弦。**而迎之，曰：“今夫鸿鹄，春北而秋南，而不失其时，夫唯有羽翼以通其意于天下乎？今孤之不得意于天下，非皆二子之忧也。”**二子不能为羽翼，所以当忧。**桓公再言，二子不对。桓公曰：“孤既言矣，二子何不对乎？”管仲对曰：“今夫人患劳，而上使不时；人患饥，而上重敛焉；人患死，而上急刑焉。如此而又近有色**亲冶容。**而远有德，**疏贤俊。**虽鸿鹄之有翼，济大水之有舟楫也，其将若君何？”**不飞，虽羽翼无益。不济，虽舟楫徒施。不听，虽谠言空设。故曰其将若君何。**桓公蹴然逡遁。管仲曰：“昔先王之理人也，盖人有患劳，而上使之以**

时，则人不患劳也；人患饥，而上薄敛焉，则人不患饥矣；人患死，而上宽刑焉，则人不患死矣。如此而近有德而远有色，则四封之内视君其犹父母邪！四方之外归君其犹流水乎！"公辍射，援绥而乘，自御。管仲为左，隰朋参乘。

朔月三日，进二子于里官，里官，谓里尉也。齐国之法，举贤必自里尉始，故令里官进二子，将旌别而用之。再拜顿首，曰："孤之闻二子之言也，耳加聪而视加明，于孤不敢独听之，荐之先祖。"谓陈其所言，以荐祖庙。管仲、隰朋再拜顿首，曰："如君之王也，君能如此，可以王也。此非臣之言也，君之教也。"此虽臣言，必君用之，然后成教，故曰君之教。于是管仲与桓公盟誓为令曰："老弱勿刑，参宥而后弊。老弱犯罪者，无即刑之，必三宽宥而后断罪。三宥，即《周礼》三宥，一曰不识，二曰过误，三曰悼耄也。关幾而不正，市正而不布。布，谓钱也。即其物而❶正之，不必分钱。山林梁泽以时禁发，而不正也。"獭祭鱼，然后入泽梁。豺祭兽，然后入山林。草封泽盐者之归之也，譬若市人。草封泽，谓泽多草。刈积成封，可用煮盐者也。其处既多盐，故归者譬若市人，言不设禁也。三年教人，四年选贤以为长，五年始兴车践乘。遂南伐楚，门傅施城。施城，楚城名。谓附至其下。北伐山戎，出冬葱与戎叔，布之天下。山戎有冬葱、戎叔。今伐之，故其物布天下。戎叔，胡豆。果三匡天子而九合诸侯。

---

❶ "而"，原作"而而"，墨宝堂本同。据刘绩本、赵用贤本删。

桓公外舍而不鼎馈。外舍，谓出宿于外。不以鼎馈食，言其馈不盛也。中妇诸子谓宫人："盍不出从乎？君将有行。"中妇诸子，内官之号。君将有行，何不出乎？盍，何不也。宫人皆出从。公怒曰："孰谓我有行者？"宫人曰："贱妾闻之中妇诸子。"公召中妇诸子曰："女焉闻吾有行也？"对曰："妾人闻之，君外舍而不鼎馈，非有内忧，必有外患。今君外舍而不鼎馈，君非有内忧也，妾是以知君之将有行也。"公曰："善。此非吾所与女及也，而言乃至焉，言我本不与汝及此谋，今汝言乃能至于此，谓能知我谋也。吾是以语女。吾欲致诸侯而不至，为之奈何？"我欲诸侯之至，而乃不至。今欲令其至，如何乎？中妇诸子曰："自妾之身之不为人持接也，为，犹与也。言妾身在深宫之中，未尝得出与人相持而接对。未尝得人之布织也，意者更容不审邪？"宫中既少织纴之事，又不得外人之布织。言此者既昧于人事，不当访以军谋。盖托不知以止君之行也，故言更当容我思其不审之事。明日，管仲朝，公告之。管仲曰："此圣人之言也，君必行也。"谓中妇诸子止君不行，此合圣人之言也，故令君行之。

管仲寝疾，桓公往问之，曰："仲父之疾甚矣，若不可讳也，不幸而不起此疾，彼政我将安移之？"管仲未对。桓公曰："鲍叔之为人何如？"管仲对曰："鲍叔，君子也。千乘之国，不以其道予之，不受也。虽与千乘之国，不以其道，彼必不受。虽然，不可以为政。其为人也，好善而恶恶已甚。已，犹太也。言憎恶恶人太甚。见一恶，终身不忘。"桓公曰："然则孰可？"管仲对曰："隰朋可。朋之为人，好上识而下问。好上识，谓好知远大之事。臣闻之，以德予人者谓之仁，以财予人者谓之良。以善胜人者，未有能服人者也；以善胜人，人亦生胜己之心，故不服。以善养人者，未有不服人者也。于国有所不知政，于家有所不知事，必则朋❶乎！若皆知之，则事钟于己，将不胜任而败。朋能有所不知，故可以移政。且朋之为人也，居其家不忘公门，居公门不忘其家。事君不二其心，亦不忘其身。举齐国之币，握路家五十室，其人不知也。大仁也哉，其朋乎！"握，持也。或有举齐国之币，持与路旁之家五十室，言其事大而且易显，此皆自有主司。朋能不干预，而强知此，所谓于国有所不知政，合于天地之无不容载，故曰"大仁哉，其朋乎"也。

公又问曰："不幸而失仲父也，二三大夫者，其犹能以国宁乎？"管仲对曰："君请矍已乎。矍已，谓有所惊惧而问未止也。鲍叔牙之为人也，好直；宾胥无之为人也，好善；甯戚之为人也，能事；孙在之为人也，善言。"公曰："此四子者，其孰能一人之上也？寡人并而臣之，则其不以国宁，何也？"言四子皆有超绝之材，无人能过其上。今吾并得臣之，国尚不宁，何也？对曰："鲍叔之为人好直，而不能以国诎；不能为国以屈其直也。宾胥无之为人也好善，而不能以国诎；甯戚之为人能事，而不能以足息；甯戚善于农植，贪于积聚，不能知足而息也。孙

---

❶ "朋"，原作"明"。据墨宝堂本、刘绩本、赵用贤本改。下注文同。

在之为人善言，而不能以信默。其所陈言，既见信用，尚不能默。凡此四子，皆矜能太过，不能与时屈申，故国不宁也。臣闻之，消息盈虚，与百姓诎信，然后能以国宁。勿已者，朋其可乎！朋之为人也，动必量力，举必量技。"言终，喟然而叹曰："天之生朋，以为夷吾舌也。其身死，舌焉得生哉！"言朋亦将随己早亡，不得久理齐政，故哀叹也。以先知未然，夷吾所以称圣也。

管仲曰："夫江、黄之国近于楚，为臣死乎，二国既近于楚，必臣于楚，岂为齐臣而死乎也？君必归之楚而寄之。以二国归楚，若寄托然，则楚不得为私，而齐犹有望。君不归楚，必私之。私之而不救也，则不可。救之，则乱自此始矣。"楚既私二国，二国有难，齐必不救。一为不救，则不可救。此救彼不臣，则构怨矣。故曰乱自此始。桓公曰："诺。"

管仲又言曰："东郭有狗喔喔，旦暮欲啮，我柳而不使也。今夫易牙，子之不能爱，将安能爱君？君必去之。"公曰："诺。"东郭之狗，喻易牙。言其人残忍同于狗矣。柳，谓以木连狗，取声为义，即国家也。言易牙终能亡国灭家，此不当使，必须去之也。

管子又言曰："北郭有狗喔喔，旦暮欲啮，我柳而不使也。今夫竖刁，其身之不爱，焉能爱君？君必去之。"公曰："诺。"

管子又言曰："西郭有狗喔喔，旦暮欲啮，我柳而不使也。今夫卫公子开方，去其千乘之太子而臣事君，是所愿也得于君者，是将欲过其千乘也。"开方在卫，当嗣君之位，今弃而事齐，则所望不只千乘也。其意必得齐国，然后称所望也。君必去之。"桓公曰："诺。"管子遂卒。卒十月，隰朋亦卒。

桓公去易牙、竖刁、卫公子开方。五味不至，于是乎复反易牙。官中乱，复反竖刁。利言卑辞不在侧，复反卫公子开方。

桓公内不量力，外不量交，而力伐四邻。公薨，六子皆求立。易牙与卫公子内与竖刁，因共杀群吏，而立公子无亏。故公死七日不敛，九月不葬。孝公奔宋。宋襄公率诸侯以伐齐，战于甗，大败齐师，杀公子无亏，立孝公而还。襄公立十三年，桓公立四十二年。

地图第二十七 | 短语一

凡兵主者，必先审知地图。**辕辕之险，**谓路形若辕，而又辕曲。缑氏东南有辕辕道，是也。**滥车之水，**其水深渺，能泛车。**名山、通谷、经川、**谓常川也。**陵陆、丘阜之所在，苴草、林木、蒲苇之所茂，**苴草，谓其草深茂，能有所覆藏。**道里之远近，城郭之大小，名邑、废邑、困殖之地，**困，谓其地垲埆不可种艺。殖，谓壤田可播殖者也。**必尽知之。**凡此皆兵主所当知。**地形之出入相错者，尽藏之。**藏，谓苞蕴在心。**然后可以行军袭邑，举错知先**

后，不失地利，此地图之常也。

人之众寡，士之精粗，器之功苦，尽知之，此乃知形者也。形，谓兵之形。知形不如知能，知能不如知意，故主兵必参具者也。主明、相知、将能之谓参具。明、智、能三者合，故谓之参具。故将出令发士，期有日数矣。宿定所征伐之国，宿，犹先也。使群臣、大吏、父兄、便辟、左右不能议成败，人主之任也。事之成败，明王独断于心，故其臣不能议。论功劳，行赏罚，不敢蔽贤不敢蔽隐贤能。有私。行用货财，供给军之求索，言相室或用私财供军所求，若窦婴、李牧之为也。使百吏肃敬，不敢解怠行邪，以待君之令，相室之任也。缮器械，选练士，为教服，设教令，使士服习。连什伍，使其什伍各相钩连，有所统属。遍知天下，审御机数，此兵主之事也。

参患第二十八 短语二

太强亦有患，太弱亦有患，必参详强弱之中，自致于无患也。

凡人主者，猛毅则伐，懦弱则杀❶。猛毅者何也？轻

---

❶ "杀"字原有残损，据墨宝堂本、刘绩本、赵用贤本补。

诛杀人之谓猛毅。懦弱者何也？重诛杀人之谓懦弱。此皆有失彼此。凡轻诛者杀不辜，而重诛者失有罪。故上杀不辜，则道正者不安；上失有罪，则行邪者不变。道正者不安，则才能之人去亡；行邪者不变，则群臣朋党。才能之人去亡，则宜有外难；能士去亡，必构邻来伐，故有外难也。群臣朋党，则宜有内乱。群臣朋党，则狗变为虎，篡杀常因是生，故有内乱也。故曰猛毅者伐、懦弱者杀也。

君之所以卑尊，国之所以安危者，莫要于兵。故诛暴国必以兵，禁辟民必以刑。然则兵者，外以诛暴，内以禁邪。故兵者，尊主安国之经也，不可废也。若夫世主则不然。外不以兵而欲诛暴，则地必亏矣；无兵诛暴，暴必内侵，故地亏。内不以刑而欲禁邪，则国必乱矣。无刑禁邪，邪必上侵，故国乱。

故凡用兵之计，三惊当一至，惊，谓耀威示武，能惊敌使惧。如此者三，可当师之一至敌国。三至当一军，师之三至，可当一军之用。三军当一战。军之三用，可成一战之功。故一期之师，十年之蓄积殚；师行一期，能尽十年之蓄积。一战之费，累代之功尽。倾国一战，能尽累代之功。今交刃接兵而后利之，则战之自胜者也。交刃接兵，必卒丧刃折，货财空耗，虽未被敌胜，先已自胜。攻城围邑，主人易子而食之，析骸而爨之，则攻之自拔者也。主人食子爨骸，攻者必智穷力竭，财殚士丧。城虽未攻，先已自拔。凡此皆庸主之师，非善计者。是以圣人小征而大匡，不失天时，不空地利，用日维梦，其数不出于计。小征，谓诛暴国。大匡，谓正天下。既合天时，又得地利，用吉日，袭吉梦，其数从何而生？皆出于计谋也。**故计必先定，而兵出于竟。计未定而兵出于竟，则战之自败，攻之自毁者也。**

得众而不得其心，则与独行者同实；不得其心，则叛亡至，故与独行同实也。**兵不完利，与无操者同实；甲不坚密，与偛者同实；**偛，谓无甲单衣者。**弩不可以及远，与短兵同实；射而不能中，与无矢者同实；中而不能入，与无镞者同实；将徒人，与偛者同实；**徒人，谓无兵甲者。偛，单也。人虽众，无兵甲，则与单人同也。**短兵待远矢，与坐而待死者同实。**远矢至，短兵不能应，则坐而受死也。

故凡兵有大论，必先论其器，论其士，论其将，论其主。故曰：器滥恶不利者，以其士予人也；士不可用者，以其将予人也；将不知兵者，以其主予人也；主不积务于兵者，以其国予人也。故一器成，往夫具，而天下无战心；一器，谓师之器。其器既成，敢往之夫又具，则天下不敢生心与战也。**二器成，惊夫具，而天下无守城；**二器，谓军之器。其器既成，惊敌之夫又具，则天下不敢守城而御也。**三器成，游夫具，而天下无聚众。**三器，谓一国之器。其器既成，游务之夫又具，则天下之众惧而自散也。**所谓无战心者，知战必不胜，故曰无战心；所谓无守城者，知城必拔，故曰无守城；所谓无聚众者，知众必散，故曰无聚众。**

制分第二十九 短语三

凡兵之所以先争，谓欲用兵，所当先而争为者，谓下事。圣人贤士不为爱尊爵，有圣人贤士，则以尊爵加之，而不爱惜也。道术知能不为爱官职，有道术智能，则以官职加之。巧伎勇力不为爱重禄，聪耳明目不为爱金财。故伯夷、叔齐非于死之日而后有名也，其前行多修矣；由前行多修，故死后有名。武王非于甲子之朝而后胜也，其前政多善矣。由前政多善，故甲子之朝一战大胜。

故小征千里遍知之，小征，谓以诸侯之众有所征。古者，诸侯大国有五百里者，今既与众而征，己国与敌国皆当知之，故遍知千里。筑堵之墙，十人之聚，日五间之。间，谓私候之。假令筑一堵之墙，或十人聚作，主者犹日五候之，况戎事之大，可以不遍知哉？大征遍知天下，大征，谓以天下之众有所征伐。天子以天下为家，故遍知天下也。日一间之，散金财，用聪明也。夫动众，当令主者日一间候之。其间候之也，或散金财，有所慕赏；或用聪明，度其不虞也。故善用兵者，无沟垒而有耳目。沟垒，防御小。耳目，视听远。兵不呼徼，不苟聚，不妄行，不强进。呼徼则敌人戒，苟聚则众不用，无事徒聚，众必不用，若周幽之伪烽也。妄行则群卒困，强进则锐士挫。故凡用兵者，攻坚则

韧，韧，牢固之名也。所攻既坚，则韧而难入。**乘瑕则神。**瑕，谓虚脆也。所乘既脆，繣然瓦解，故若神。**攻坚则瑕者坚，**所攻虽坚，能令脆者，则以士卒坚强故也。**乘瑕则坚者瑕。**所乘虽脆，却为坚者，则以士卒脆弱故。**故坚其坚者，瑕其瑕者。**谓强卒攻坚，弱卒攻脆。**屠牛坦朝解九牛，而刀可以莫铁，**莫，犹削也。**则刃游间也。**刃游理间，故刀不亏。

　　故天道不行，屈不足用兵者必顺天道。若及天道之不行，必屈竭而不足。**从。人事荒乱，以十破百。**敌国人事既荒且乱，故十可破百。**器备不行，以半击倍。**敌国器备不可施行，故此虽半，可以击彼之倍。**故军争者不行于完城池，**行，谓先觇之也。欲以军争而行其城池，彼则知而备之也。**有道者不行于无君。**觇彼无君，亦恐知而有备。**故莫知其将至也，**既不先觇以潜袭，所以不知其将至。**至而不可围；莫知其将去也，**不可围者，必潜而遁，故不知其将去，楚幕有乌之比。**去而不可止。敌人虽众，不能止**去既不可止，虽众何能止。**待。**

　　治者所道富也，治而未必富也，有所待而治，其道当然，未必能富。**必知富之事，然后能富；富者所道强也，而富未必强也，**富者，其道当强，而未必能强也。**必知强之数，然后能强；强者所道胜也，而强未必胜也，必知胜之理，然后能胜；胜者所道制也，而胜未必制也，必知制之分，然后能制。是故治国有器，富国有事，强国有数，胜国有理，制天下有分。**

君臣上第三十 | 短语四

为人君者，修官上之道，而不言其中；君在众官之上，但修此官上之道而已。至于官中之事，则有司存，非所言也。为人臣者，比官中之事，而不言其外。比，谓校次之也。若言官外，则为越职。君道不明，则受令者疑；权度不一，则修义者惑。民有疑惑贰豫之心，而上不能匡，则百姓之与间，间，谓隔碍不通也。人心有疑，君不能正，故其所与为多碍而不通也。犹揭表而令之止也。揭，举也。表，谓以木为标，有所告示也。既使举于表，又令止之，是亦不一也，故以况人心之疑也。是故能象其道于国家，加之于百姓，而足以饰官化下者，明君也；象，法也。谓能本道而立法。能上尽言于主，下致力于民，而足以修义从令者，忠臣也。上惠其道，下敦其业，上下相希，言相希准以为法也。若望参表，则邪者可知也。参表，谓立表所以参验曲直。

吏啬夫任事，吏啬夫，谓检束群吏之官也，若督邮之比也。人啬夫任教。人啬夫，亦谓检束百姓之官。教在百姓，论在不挠，谓百姓有不从教，论其罪罚，不挠法以行私。赏在信诚。体之以君臣，其诚也以守战，既赏信罚，必君臣合体，莫不至诚。故入可以守城，出可以野战也。如此则人啬夫之事究矣。吏啬夫尽有訾程事律，訾，限也。程，准也。事律，谓每事据律而行也。论法辟衡权斗斛，文劾不以私论，而以事为正，辟，刑也。文劾，言据文而举劾。谓论法刑已下，皆据事以为正，不曲从其私也。如此则吏啬夫之事究矣。人啬夫成教，吏啬夫成律，之后，则虽有敦悫忠信者不得善也，人啬夫之教既成，则人皆忠信，故无有独得善者也。而戏豫怠傲者不得败也，吏啬夫之律既成，人皆惧法，不敢为非，虽有豫怠，不得为败也。如此则人君之事究矣。

是故为人君者，因其业，谓因人啬夫之业也。乘其事，谓乘吏啬夫之事。而稽之以度。又以国之法度考此二者。有善者，赏之以列爵之尊、田地之厚，而民不慕也；善自应赏，故不善者不敢横慕。有过者，罚之以废亡之辱、僇死之刑，而民不疾也。过自应罚，故人不敢疾怒。杀生不违，而民莫遗其亲者，或罚而杀之，或赏而生之，皆不违其理，则人知主德之有常，不轻为去就，故人不遗其亲也。此唯上有明法，而下有常事也。

天有常象，悬象著明，不改其贞。地有常刑，山泽通气，不改其静。人有常礼。尊君父，卑臣子，其仪不易。一设而不更，此谓三常。兼而一之，人君之道也；人君无官，兼统众官，故曰兼而一之。分而职之，各有司存。人臣之事也。君失其道，无以有其国；臣失其事，无以有其位。然则上之畜下不妄，而下之事上不虚矣。上之畜下不妄，所出法则制度者明也；下之事上不虚，则循义从令者审也。上明下审，上下同德，代相序也。代，更也。谓上明下审，更相序。君不失其威，下不旷其产，而莫相德也。君以威覆下，下以产供上，各有所恃，故不相德。**是以上之人务德，而下之人守节。义礼成形于上，而善下通于民，则百姓上归亲于主，而下尽力于农矣。故曰：君明，相信，五官肃，士廉，农愚，商工愿，则上下体**上下各得其体也。**而外内别也，民性因而三族制也。**三族，谓农、商、工也。言因士，上下有体，内外有别，故此三族各得其制也。

夫为人君者，荫德于人者也；君者，以德荫人。**为人臣者，仰生于上者也。**臣者，仰君而生。**为人上者，量功而食之以足；**量其功之多少，制禄以食之，各得足也。**为人臣者，受任而处之以教。**受任者必设教。**布政有均，民足于产，则国家丰矣。以劳授禄，则民不幸生。**有劳者必得禄，人则致死以立功，不侥幸而偷生也。**刑罚不颇，则下无怨心。名正分明，则民不惑于道。**刑名职分明，则人于道不惑也。**道也者，上之所以导民也。是故道德出于君，**德从君出。**制令傅于相，**令因相傅。**事业程于官。**官各以其事业程于君也。**百姓之力也，胥令而动者也。**胥，视也。视令而动，则所举不妄。

是故君人也者，无贵如其言；君以言制下，无言则下无所禀令，故言最贵也。**人臣也者，无爱如其力。**臣则宣力事君，故其力最可爱也。**言下力上，**君言下于臣，臣力上于君也。**而臣主之道毕矣。是故主画之，相守之；**画，谓分别其所授事。君既画❶其事，相则守而行之也。**相画之，官守**

---

❶ "画"（畫），原作"尽"（盡），墨宝堂本、刘绩本同。据赵用贤本改。

之；官画之，民役之。官既画之，人则役力以行其事。则又有符节、印玺、典法、策籍以相揆也。符节、印玺，所以示其信也。典法、策籍，所以示之制也。凡此可以考其真伪，定其是非，故曰以相揆也。此明公道而灭奸伪之术也。

论材量能，谋德而举之，谋知其德，然后举用之。上之道也；专意一心，守职而不劳，不以职事为劳苦。下之事也。为人君者，下及官中之事，则有司不任；下及官中之事，则君夺臣职，故有司不任也。为人臣者，上共专于上，则人主失威。臣当上供，从君之命，今乃专上之权，故主失威。是故有道之君，正其德以莅民，而不言智能聪明。智能聪明者，下之职也；所以用智能聪明者，上之道也。谓用下之智能聪明。上之人明其道，下之人守其职，上下之分不同任，而复合为一体。君为元首，臣为股肱，故曰一体。

是故知善，人君也；知善则谋虑深远，故可以为人君也。身善，人役也。身善则材能可任，故为人役也。君身善则不公矣。君身善则智浅，故不公人也。人君不公，常惠于赏而不忍于刑，不公则不识理之正，故惠赏而不忍刑也。是国无法也。治国无法，则民朋党而下比，饰巧以成其私；法制有常，则民不散而上合，竭情以纳其忠。是以不言智能，而顺事治，国患解，大臣之任也；不言于聪明，而善人举，奸伪诛，视听者众也。是以为人君者，坐万物之原，而官诸生之职者也。谓授诸生之官而任之以职也。生，谓知学之士也。

选贤论材而待之以法，举而得其人，坐而收其福，不可胜收也。得人则福多，故不可胜收。官不胜任，奔走而奉，其败事不可胜救也。不胜任则败广，故不可胜救。而国未尝乏于胜任之士，上之明适不足以知之。是以明君审知胜任之臣者也。故曰：主道得，贤材遂，百姓治，治乱在主而已矣。

故曰：主身者，正德之本也；官治者，耳目之制也。官禀君命而后行，若耳目待上制而后用，故曰官者耳目之制。身立而民化，德正而官治。治官化民，其要在上，是故君子不求于民。立身正德而已。是以上及下之事谓之矫，及，犹预也。矫，伪也。上预下事，则伪有余而实不足也。下及上之事谓之胜。下预上事，则威权胜君故也。为上而矫，悖也；为下而胜，逆也。国家有悖逆反迕之行，迕，背。有土主民者失其纪也。

是故别交正分之谓理，别上下之交，正君臣之分。顺理而不失之谓道，道德定而民有轨矣。有道之君者，善明设法而不以私防者也；而无道之君，既已设法，则舍法而行私者也。为人上者释法而行私，则为人臣者援私以为公。公道不违，则是私道不违者也。臣之所以为公者，乃是私也。名曰不违公道，更是不违私道也。

行公道而托其私焉，浸久而不知，奸心得无积乎？既久行私而不知，则是奸心之积也，故言奸心岂复无积乎。奸心之积也，其大者有侵逼杀上之祸，其小者有比周内争之乱。此其所以然者，由主德不立而国无常法也。主德不立，则妇人能食其意；君意委曲，随于女谒，若食之充口，故曰妇人能食其意。国无常法，则大臣敢侵其势。大臣假于女之能，**以规主情**；假，因也。因女之能食主意，以规度主之情也。**妇人孽宠假于男之知，以援外权。**妇人既得君之孽宠，又因大臣之智以引其外权，则何为而不成也？**于是乎外夫人而危太子，**女宠既隆，又挟太臣之助，故夫人被外，太子见危。**兵乱内作，以召外寇，此危君之征也。**

是故有道之君，**上有五官以牧其民**，则众不敢逾轨而行矣；**下有五横以揆其官**，则有司不敢离法而使矣。横，谓纠察之官，得入人罪者也。五官各有其横，曰五横。**朝有定度衡仪以尊主位**，衡，正。**衣服缣绕尽有法度**，缣绕，古"衮冕"字。**则君体法而立矣。**体，犹依也。**君据法而出令，有司奉命而行事，百姓顺上而成俗，著久而为常**，著明而且久，积习而为常也。**犯俗离教者，众共奸之**，众以离教为奸而罪之也。**则为上者佚矣。**

天子出令于天下，**诸侯受令于天子，大夫受令于君，子受令于父母，下听其上，弟听其兄，此至顺矣。衡石一称，斗斛一量，丈尺一绰制**，所谓同律度量衡也。绰，古"准"字。准，节律度量也，谓丈尺各有准限也。**戈兵一度，书同名，车同轨，此至正也。从顺独逆，从正独辟，此犹夜有求而得火也**，众皆从顺而有独逆者，众皆从正而有独僻者，必为顺正者所伏也。**奸伪之人无所伏矣。此先王之所以一民心也。**

是故天子有善，**让德于天；诸侯有善，庆之于天子**；诸侯有善，让于天子而庆也。**大夫有善，纳之于君；民有善，本于父，庆之于长老。此道法之所从来，是治本也。**道法以让为主。

是故岁一言者，君也；谓正岁之朝，布政县象。时省者，相也；月稽者，官也；务四支之力，修耕农之业，以待令者，庶人也。是故百姓量其力于父兄之间，听其言于君臣之义，而官论其德能而待之。谓百吏之官，各论其德能，以待君命。大夫比官中之事，不言其外，而相为常具以给之。具论众官之法制也。相总要者，相无常官，所以总统百吏之要。官谋士，量实义美，匡请所疑。士，事也。官各谋其职事也。又当量实宜其有美善者，用匡于所疑，必陈而请之也。而君发其明府之法瑞以稽之，府，谓百吏所居之官曹也。立府必有明法，故曰明府之法。瑞，君所与臣为信者，珪璧之属也。又必合其瑞以考之也。立三阶之上，南面而受要。君之路寝前有三阶。要，谓百吏之目也。是以上有余日，上唯受要，故有余日。而官胜其任；各理其职，故能胜任。时令不淫，而百姓肃给。言其敬而供上。唯此上有法制，下有分职也。

道者，诚人之姓也，非在人也。姓，生也。言道立人之生，人之所从出，故非在人。而圣王明君善知而道之者也。道，犹言也。圣王善知道理，故言而相告也。是故治民有常道，而生财有常法。道也者，万物之要也。为人君者，执要而待之，则下虽有奸伪之心，不敢杀也。不敢杀君。夫道者虚设，道无形而善应，故曰虚设。其人在则通，其人亡则塞者也。非兹是无以理人，非兹是无以生财。前"兹是"，谓是道。民治财育，其福归于上。是以知明君之重道法而轻其国也。得道之真以理身，绪余以理国家，故重道而轻国。故君一国者，其道君之也；道可为君，故君一国。王天下者，其道王之也。道可王，故王天下。大王天下，小君一国，其道临之也。其道足以临国与天下也。是以其所欲者能得诸民，君之所欲，人则顺之令得。其所恶者能除诸民。君之所恶，亦顺之而除。所欲者能得诸民，故贤材遂；所恶者能除诸民，故奸伪省。如冶之于金，陶之于埴，制在工也。废置之由君，若金埴之由工也。

是故将与之，惠厚不能供；谓欲与人，虽有惠厚之意，财不能供。将杀之，严威不能振。谓欲杀人以致其理，然而严威销缩，不能振起也。严威不能振，惠厚不能供，声实有间也。或有声无实，或有实无声。声实间碍，故不供不振也。有善者不留其赏，故民不私其利；善必得赏，私利何为？有过者不宿其罚，故民不疾其威。宿，犹停也。罚得其过，则人不疾其威。疾，怨也。威罚之制，无逾于民，因人所欲罚而罚之，故不逾于人也。则人归亲于上矣。如天雨然，泽下尺，生上尺。泽从上降，润有一尺，则苗从下生，上引一尺。泽下降，苗上引，犹君恩下流，人心上就也。是以官人不官，事人不事，独立而无稽者，人主之位也。君者与人之官而不自官，授人之事而不自事，独立于无过之地，臣下莫得而稽之。如此者，人主之位也。

先王之在天下也，民比之神明之德，先王善牧之于民者也。夫民别而听之则愚，别而听之，则各信其一方，暗莫之发，故愚。合而听之则圣，合而听之，则得失相辅，可不相齐❶。刍荛之言，贤圣不能易，故圣也。虽有汤、武之

---

❶ "齐"，墨宝堂本同。刘绩本、赵用贤本作"济"。

德，复合于市人之言。是以明君顺人心，安情性，而发于众心之所聚。聚，谓同所归凑。是以令出而不稽，稽，留也。刑设而不用。人不犯法，故无所用刑。先王善与民为一体。以百姓心为心，故言一体。与民为一体，则是以国守国，以民守民也。一国同一意，万人同一心。然则民不便为非矣。为非则失利，故不便。虽有明君，百步之外，听而不闻；耳听有所极。间之堵墙，窥而不见也。目视有所穷。而名为明君者，君善用其臣，臣善纳其忠也。君能善用，臣能善纳，则何听而不闻，何视而不见？耳目不拥，非明而何也？信以继信，善以传善，君信而臣继之，君善而臣传之。是以四海之内可得而治。是以明君之举其下也，尽知其短长，知其所不能益，若任之以事。夫任人以事者，必择其可不。君之举臣，亦犹是也。贤人之臣其主也，尽知短长与身力之所不至，谓知君之短长及其身力所不至也。若量能而授官。天授人官者，亦择其可不。臣之择事，亦犹是也。上以此畜下，择其可畜而畜之。下以此事上，择其可事而事之。上下交期于正，君有贤臣，臣有令主，欲求不正，其可得乎？则百姓男女皆与治焉。君臣正，则百姓无自为淫僻也。

管子卷第十

佖音践。《诗》云："佖驰孔甚。"

卷十一

君臣下第三十一 | 短语五

　　古者未有君臣上下之别，未有夫妇妃匹之合，兽处群居，以力相征。若野兽之处，以群而居，力强者征于弱也。于是智者诈愚，强者凌弱，老幼孤独不得其所。故智者假众力以禁强虐，而暴人止；智者，即圣王也。为民兴利除害，正民之德，正人之邪德。而民师之。师智者也。是故道术德行出于贤人，贤人，知道术德行者也。其从义理兆形于民心，则民反道矣。道术既出，故莫不从义而顺理。理之极，则无奸僻之事，始见于人心，则人无不道矣。名物处违是非之分，则赏罚行矣。人既反道，故以正其善恶之物，处其背理之违，则为是非者自分矣。是非既分，故行赏罚以当其功过也。上下设，民生体，而国都立矣。上下既设，人则生其贵贱之礼，故国都立也。是故国之所以为国者，民体以为国；贵贱成礼，方乃为国。君之所以为君者，赏罚以为君。无赏罚，则君不足贵。

　　致赏则匮，赏而不已则匮。致罚则虐。罚而无节则虐。财匮而令虐，所以失其民也。是故明君审居处之教，而民可使，人从教，故可使。居治、战胜、守固者也。居处既治，战则胜，守则固。夫赏重则上不给也，赏重则费用多，故不给也。罚虐则下不信也。令虐，则人无所措手足，故不信也。**是故明君饰食饮吊伤之礼，**饮食，谓享燕。伤，谓丧祭也。**而物厉之者也。**礼行则物亲也。**是故厉之以八政，**八政，谓《洪范》之八政。**旌之以衣服，**衣服，所以表贵贱也。**富之以国裹，**裹，谓财货所苞裹而藏也。**贵之以王禁，**禁令行，然后知常者之可贵也。**则民亲君，可用也。**民用，则天下可致也。

天下道其道则至，君得君道，则天下至。**不道其道则不至也。夫水，波而上，尽其摇而复下，其势固然者也。**言水波涌而上，既尽其势，还复摇动归下而止，此自然之势。喻人怀德而来，畏威不去者也。**故德之以怀也，威之以畏也，则天下归之矣。有道之国，发号出令，而夫妇尽归亲于上矣；布法出宪，而贤人列士尽功能于上矣。千里之内，束布之罚，**束，谓帛也。布，谓钱也。古者罚刑或令出钱帛也。**一亩之赋，尽可知也。**贤人为之视听，故无不知。**治斧钺者不敢让刑，**让，犹拒也。当其罪，敢不❶让刑也。**治轩冕者不敢让赏。**赏当其功，故不让也。**坎然若一父之子，若一家之实，义礼明也。**坎，顺貌。或刑赏之，莫敢违逆。若子之从父，家之从长。如此者，礼义明故也。

夫下不戴其上，臣不戴其君，则贤人不来。上下不交，则贤人隐。**贤人不来，则百姓不用。**百姓无贤人，则不知所归，故百姓不用也。**百姓不用，则天下不至。**百姓不用，则天下无邦，将何至哉？**故曰：德侵则君危，**君德见侵，不危何待？**论侵则有功者危，**论义侵理则功过不明，故

---

❶ "敢不"，墨宝堂本同。刘绩本作"故不"，赵用贤本作"不敢"。

有功者危。令侵则官危，令侵则法不行，故官危也。刑侵则百姓危。刑侵则无辜受戮，故百姓危也。而明君者，审禁淫侵者也。上无淫侵之论，则下无冀幸之心矣。

为人君者，倍道弃法而好行私，谓之乱；为人臣者，变故易常而巧官以谄上，谓之腾。乱至则虐，腾，谓凌驾于君。腾至则北。腾至则摧，故败降❶北。四者有一至，败，敌人谋之。四者，则上之四危也。则故施舍优犹以济乱，则百姓悦；言施恩厚，舍罪罚，二者优厚，虽非用法，犹能济乱，故百姓悦之也。选贤遂材而礼孝弟，则奸伪止；遂，达。要淫佚，别男女，则通乱隔；要，谓遮止之也。言能止淫佚，别男女，则先虽通乱，今能隔陀也。贵贱有义，伦等不逾，则有功者劝；国有常式，故法不隐，则下无怨心。隐，谓伏而不行。此五者，兴德匡过，存国定民之道也。

夫君人者有大过，臣人者有大罪。国所有也，国之所有也。民所君也，民者，己之所君。有国君民，而使民所恶制之，此一过也。言民恶君之制己，此亦君之过。民有三务，不布，其民非其民也。三务，谓春夏秋务农。人不务三，则馁饿成变，故民非其民也。民非其民，则不可以守战，此君人者二过也。夫臣人者，受君高爵重禄，治大官。倍其官，遗其事，穆君之色，穆，犹悦也。从其欲，阿而胜之，阿，曲也。巧言令色，委曲从君，至于动也。刚渐以胜之，其终或至于篡杀，故曰阿而胜之也。此臣人之大

---

❶ "故败降"，墨宝堂本同。刘绩本、赵用贤本作"降故败"。

238

罪也。君有过而不改，谓之倒；臣当罪而不诛，谓之乱。君为倒君，臣为乱臣，国家之衰也，可坐而待之。是故有道之君者执本，相执要，大夫执法，以牧其群臣。群臣尽智竭力，以役其上。谓给上之役也。四守者，得则治，易则乱，故不可不明设而守固。明设上四法，固而守之。

昔者，圣王本厚民生，审知祸福之所生，是故慎小事微，违非索辩以根之。谓有违非，必寻索分辩，得其根而止之也。然则躁作奸邪伪诈之人，不敢试也。不敢为非以尝君。此礼正民之道也。制礼者，用此道以正人也。

古者有二言：墙有耳，伏寇在侧。墙有耳者，微谋外泄之谓也；伏寇在侧者，沈疑得民之道也。微谋之泄也，狡妇袭主之请而资游厬也。袭，入也。谓狡人❶妖蛊，人主遂行。请，谒。谓所请既从，外资游说为奸厬者也。沈疑者，得民者也。前贵而后贱者，为之驱也。所驱役之人，前得贵宠，今忽沦贱。然贱者必思贵，常伺君以兴祸，故谓之伏寇也。明君在上，便僻不能食其意，便僻者不能谄君以得意，故曰不能食其意也。刑罚呕近也。既不能得君意，故刑罚数也。大臣不能侵其势，不能侵君之势。比党者诛，明也。君明，故比党者诛之。为人君者，能远谗谄，废比党，淫悖行食之徒，行食，游食。无爵列于朝者，此止诈拘奸，厚国存身之道也。

为人上者，制群臣百姓，通中央之人和，中央之人，谓君之左右也。左右与君和之也。是以中央之人，臣主之

---

❶ "人"，墨宝堂本同。刘绩本、赵用贤本作"妇"。

参。左右之人，在臣主之间，参会其事者也。**制令之布于民也，必由中央之人。中央之人，以缓为急，急可以取威；**君虽曰缓，左右行之乃为急，故能取威也。**以急为缓，缓可以惠民。**君虽曰急，左右行之为缓，故能惠人。**威惠迁于下，则为人上者危矣。贤不肖之知于上，必由中央之人。财力之贡于上，必由中央之人。能易贤不肖而可威**实贤谓之不肖，实不肖谓之贤，故曰易贤不肖也。**党于下，有能以民之财力，上陷其主，而可以为劳于下。**用人财力，上以陷主，即于下以为劳。**兼上下以环其私，**上则擅君之柄，下则用人材力。上下之利皆用绕身，故曰环其私也。**爵制而不可加，则为人上者危矣。**势既凌君，故爵制不能加也。

先其君以善者，侵其赏而夺之实者也；先君行善，则是侵君之赏，夺君之富实也。**先其君以恶者，侵其刑而夺之威者也。讹言于外者，胁其君者也；**假说妖妄之言，外以惑众，如此者，欲胁君也。**郁令而不出者，幽其君者也。**郁，塞也。君之令而不出行者，将欲幽君也。**四者一作，而上下不知也，则国之危可坐而待也。**

神圣者王，仁智者君，武勇者长，此天之道，人之情也。天道人情，通者质，宠者从，此数之因也。质，主也。能通于天道人情者，可以为主。其不能通，但宠贵之者，可以为从，谓臣也。言臣主数，因此通而立也。**是故始于患者不与其事，亲其事者不规其道。**言初始谋虑而忧患者，乃行其事，令人为之而不自预，此谓君也。**是以为人上者患而不劳也，百姓劳而不患也。**君臣上下之分素，有谋虑之患无别，谓上患而不劳也。**则礼制立矣。是故以人役上，**

人，谓百姓。百姓劳其身，供上之役也。**以力役明，**谓臣勤力役，用其明而理职位。**以刑役心，**刑，法也。君则役心，以出法制也。**此物之理也。**

心道进退，心则度量可不，故进退也。**而刑道滔赶。**滔，谓充也。赶，谓迪❶，巡曲也。设法有当不，故有合或❷也。**进退者主制，**君心进退，所以主为制令。**滔赶者主劳。主劳者方，主制者圆。**君臣之道，主得制者，其事必有方有圆也。**圆者运，运者通，通则和；**圆，谓君道也。圆而不滞，必运而无碍；通者必畅，故和之也。**方者执，执者固，固则信。**方，谓臣道也。方而有常，故执而不舍则固，固而不妄则信也。**君以利和，**君道和则利也。**臣以节信，**臣则守节。**则上下无邪矣。故曰：君人者制仁，臣人者守信。此言上下之礼也。**

君之在国都也，若心之在身体也。道德定于上，则百姓化于下矣。戒心形于内，戒慎之心成形于内。**则容貌动于外矣。正也者，所以明其德。**必正，然后德明。**知得诸己，知得诸民，从其理也；**于己既不失，于人必不妄，如此者，从理故也。**知失诸民，退而修诸己，反其本也。**有失于人，必修己自责，如此者，反其本也。**所求于己者多，故德行立；**求己多者，必进德修业，故德行立也。**所求于人者少，故民轻给之。**求人少者，必薄赋敛，故人轻于给也。**故君人者上注，臣人者下注。上注者，纪天时，务民力；**上

---

❶ "迪"，墨宝堂本同。刘绩本、赵用贤本作"逡"。
❷ "或"，墨宝堂本、刘绩本同。赵用贤本作"成"。

注，谓注意于上天，故纪要天时，务全人力也。下注者，发
地利，足财用也。下注，谓注意于下地，故发兴地利，足于
财用也。故能饰大义，审时节，上以礼神明，下以义辅佐
者，所用辅佐，皆得其宜。明君之道。能据法而不阿，上
以匡主之过，下以振民之病者，忠臣之所行也。明君在
上，忠臣佐之，则齐民以政刑，牵于衣食之利，君明臣忠
则国理，国理则人重生，故人皆以养其形，而牵系于衣食之利
也。故愿而易使，愚而易塞。塞，止也。易用法止也。

　　君子食于道，小人食于力，分民。食道、力不同，故
曰分民也。威无势也无所立，必有势，然后有所立。事无为
也无所生，必有为，然后有所生。若此则国平而奸省矣。
君子、小人既食于道、力，邪恶之人复无所立生，故国平而奸
省。君子食于道，则义审而礼明。义不审则无所食也。义
审而礼明，则伦等不逾，虽有偏卒之大夫，不敢有幸心，
则上无危矣。国既明礼义，伦等不逾，虽有大夫偏独出，伏
罪而怨，不敢有幸乱心。齐民食于力，作本。作本者众，
农以听命。是以明君立世，民之制于上，犹草木之制于时
也。草木必得时然后生❶。故民赶则流之，人太迂曲不行，
则流通之。民流通则迁之。人太流荡，则迁屈之。决之则
行，塞之则止。虽有明君能决之，又能塞之。决之则君子
行于礼，塞之则小人笃于农。君子行于礼，则上尊而民
顺；小民笃于农，则财厚而备足。上尊而民顺；财厚而备
足，四者备体，谓备具而成体。顷时而王，不难矣。

---

❶ "生"，原作"也"，墨宝堂本同。据刘绩本、赵用贤本改。

四肢六道，身之体也；四肢，谓手足也。六道，谓上有四窍，下有二窍也。四正五官，国之体也。四正，谓君臣父子。五官，谓五行之官也。四肢不通，六道不达，曰失；四正不正，五官不官，曰乱。是故国君聘妻于异姓，设为侄娣命妇宫女，尽有法制，所以治其内也。明男女之别，昭嫌疑之节，所以防其奸也。是以中外不通，谗慝不生，妇言不及官中之事，而诸臣子弟无宫中之交，此先王所以明德围奸，昭公威私也。

明妾宠设，不以逐子伤义。明立正嫡，设其贵宠子，不令逐而废之，故不伤义也。礼私爱欢，势不并伦。嫡子者，所以传重也，故礼许私爱，虽欢之超异，可也。余子之势，终不得与之并伦也。爵位虽尊，礼无不行。言嫡子爵位虽复尊异，必须行之以礼也。选为都佼，冒之以衣服，旌之以章旗，所以重其威也。所立之嫡，必选其都雅佼好者，又以美衣丽服覆习❶之，章表旗帜旌异之。凡此，皆所以重嫡子之威也。然则兄弟无间郤，谗人不敢作矣。嫡威重则兄弟和，故谗人无所作其故❷矣。

故其立相也，陈功而加之以德，论劳而昭之以法，参伍相德而周举之，尊势而明信之。其谓国相，则功德两兼，劳法获美。于此四者，参验伍偶，相与俱得。其事既周，然后举用之。既用之，尊势而明信之也。是以下之人无谏死之悲，君明相贤，必从说如流，故无谏死之忌也。而聚立

---

❶ "习"（習），墨宝堂本、赵用贤本同。刘绩本作"冒"。
❷ "故"，墨宝堂本、刘绩本同。赵用贤本作"谗"。

者无郁怨之心。聚立，谓天下会同也。若得其所，故无怨望也。**如此，则国平而民无慝矣。**慝，奸恶者也。**其选贤遂材也，举德以就列，不类无德；**举有德者以就列位，不以无德之人为类。**举能以就官，不类无能；以德弇劳，不以伤年。**有德者超于上列，使在有功劳者之前，故曰有德掩劳。苟其❶德，虽年未至，而亦将用之，不以年少为之伤也。**如此，则上无困而民不幸生矣。**有功能必赏用之，故人不以苟生为幸也。

国之所以乱者四，其所以亡者二。内有疑妻之妾，此宫乱也；庶有疑適之子，此家乱也；朝有疑相之臣，此国乱也；任官无能，此众乱也。四者无别，无别，谓妻妾嫡庶等不分别也。**主失其体，群官朋党以怀其私，则失族矣；**国亡则宗族随之，故曰失族也。**国之幾臣阴约闭谋以相待也，则失援矣。**为国之机臣下阴为要结，其所谋者，闭而不泄。以此相待，人必怀疑而不相亲矣，故失其援也。**失族于内，失援于外，此二亡也。故妻必定，子必正，相必直立以听，官必中信以敬。故曰：有宫中之乱，有兄弟之乱，有大臣之乱，有中民之乱，**中人，谓百吏之属也。**有小人之乱。五者一作，则为人上者危矣。**

宫中乱曰妒纷，言积妒纷然，所以乱。**兄弟乱曰党偏，**党偏则强弱相凌，故乱也。**大臣乱曰称述，**各称述其德己❷之长而不相让，则乱也。**中民乱曰訾谆，**谓以智诈訾恐谆

---

❶ "其"，墨宝堂本同。刘绩本、赵用贤本作"有"。
❷ "德己"，墨宝堂本同。刘绩本、赵用贤本作"己德"。

质则乱。**小民乱曰财匮。**赋税重则财匮，故乱。**财匮生薄，**财不供则礼义息，故薄也。**眘谆生慢，**不重淳质而眘称述恐❶之，此其慢也。**称述、党偏、妒纷生变。**此二❷者或王❸篡君杀❹主，能为大变也。**故正名稽疑，刑杀呕近，则内定矣。**正嫡庶之名，稽妻妾之疑。不正者之党数，取其逼近者而刑杀之。如此，则党偏、妒芬之变息，故内定。**顺大臣以功，顺中民以行，顺小民以务，**顺用其务农也。**则国丰矣。**三者各称其所顺，故国丰也。**审天时，**天时各有宜也。**物地生，以辑民力，禁淫务，**绣文刻镂，淫务。**劝农功，以职其无事，**无事者皆令得职也。**则小民治矣。上稽之以数，**谓上欲有所征发，必考其定数以命之也。**下十伍以征，**既得其定数，下其什伍名以征之也。**近其罪伏，以固其意。**日期既近，尚有不供者，则加之罪，以权伏之，所以固供者之意。**乡树之师，以遂其学，**每乡必立之师，以遂之也。**官之以其能，及年而举，则士反行矣。**举而有材能者，则授之以官。既有年矣，则举其功过而考察之。如此，则皆反其行矣。**称德度功，劝其所能，若稽之以众风，若任以社稷之任。**既称其德，又度其功，则其材能不可不知矣。既知其能，顺而考之，或使之莅众以立风化。其材能尤高者，或授之以社稷之任者也。**若此，则士反于情矣。**有能必任之以职，故士反于情也。

---

❶ "眘称述恐"，墨宝堂本、刘绩本同。赵用贤本作"智诈眘恐"。

❷ "二"，墨宝堂本同。刘绩本、赵用贤本作"三"。

❸ "王"，墨宝堂本同。刘绩本、赵用贤本作"生"。

❹ "杀"（殺），墨宝堂本、刘绩本同。赵用贤本作"弑"。

小称第三十二 | 短语六

称，举也。小举其过，则当权而改之。

　　管子曰："身不善之患，毋患人莫己知。*言但患身之不善耳，无患人不知己也。*丹青在山，民知而取之；美珠在渊，民知而取之。*丹青与珠，各有可用之性，故虽在山泉而藏，人犹知而取之，况在于人怀善而不知乎？* 是以我有过为，而民毋过命。*我身有过为，人必知而名之，无有过而妄命者也。*民之观也察矣，不可遁逃，*有过必知，故不可以遁逃。*以为不善。故我有善则立誉我，我有过则立毁我。当民之毁誉也，则莫归问于家矣。*人既毁誉，则己之善恶审矣，故不复问家。问家，则左右佞媚者，善掩其过而饰其非也。*故先王畏民。*民之毁誉，必当其过善，故畏之。*操名从人，无不强也；*谓君自行善，持名使之延誉，故强也。*操名去人，无不弱也。*君既行恶，即是持名去人善可称，故弱也。*虽有天子诸侯，民皆操名而去之，则捐其地而走矣，*皆持其名而去于人，则过恶日闻，人共畏之，故弃其地而走也。*故先王畏民。*无善名，则弃之走，故畏人。*在于身者孰为利？气与目为利。*气也者，所以生全其形。目也者，所以独见其运为。功用莫大焉，故最为利也。*圣人得利而托焉，**故民重而名遂，**圣人之圣，精而又神，托而行善，则誉满天下，故人重而名遂也。**我亦托焉。**圣人托可好，我托可恶。**我托可恶以来美名，又可得乎？**我虽托气，浊而不神，所行皆可恶。用此招来美名，其可得乎？**爱且不能为我能也。**托气既浊，虽令人爱，犹不得美名，况于恶之乎？**毛嫱、西施，天下之美人也，盛怨气于面，不能以为可好。**嫱、施虽美，而面有怨气，亦不能为可好。喻圣人外见其恶，亦不得美名。**我且恶面而盛怨气焉。**怨气见于面，恶言出于口，**去恶充**所往去于人者，皆以恶事充。**以求美名，又可得乎？**喻人君既内无圣德，外皆行恶，必无美之名也。**甚矣，百姓之恶人之有余忌也！**恶人不善，更有余忌。**是以长者断之，短者续之，满者洫之，虚者实之。"**洫，虚也。长满者，人所忌，故或断之、或虚之。短虚者，人之所好，故或续之、或实之也。

管子曰："**善罪身者，民不得罪也；**成汤罪己，故人不罪之也。**不能罪身者，民罪之。**桀、纣罪人，故人罪之。**故称身之过者，强也；**称身之过，即是谦受益也。**治身之节者，惠也；**怀智之人，然后理身节，故曰惠。**不以不善归人者，仁也。**不以不善之事归之于人，如此者，仁也。**故明王有过则反之于身，有善则归之于民。有过而反之身，则身惧；**过反于身，则惧而修德也。**有善而归之民，则民喜。**民得善，故喜也。**往喜民，**善往则人喜也。**来惧身，**过来则惧身也。**此明王之所以治民也。今夫桀、纣不然，有善则反之于身，有过则归之于民。归之于民则民怒，反之于身则身骄。往怒民，来骄身，此其所以失身也。故明王惧声以感耳，人以恶声惧己耳闻而感，则心不敢念非。惧气以感目，人以恶气惧己目见而感，则身不敢造恶。以此二者有天下矣，可毋慎乎？匠人有以感斤欘，故绳可得料也；羿有以感弓矢，故彀可得中也；造父有以感辔策，故遬兽可及，远道可致。彀，谓射质栖皮者也。感，谓深得其妙，有应于心者也。天下者，无常乱，无常治。不善人在则乱，善人在则治。在于既善，所以感之也。"既，尽也。天下所以理，在于君人者内外尽善之于人也。

管子曰："修恭逊敬爱辞让，除怨无争，以相逆也，逆，迎也。谓用此恭逊等以相迎接也。则不失于人矣。逊以接人，有何失乎？尝试多怨争利，相为不逊，则不得其身。苟为不逊，身尚不得，况于人乎？大哉，恭逊敬爱之道！吉事可以入察，凶事可以居丧，大以理天下而不益也，直用恭逊敬爱，足以理天下，更不须益。小以治一人而不损也。虽复一身，用恭逊敬爱理之，才可足耳，亦不须损也。尝试往之中国、诸夏、蛮夷之国，以及禽兽昆虫，皆待此而为治乱。有恭逊敬爱则理，无之则乱也。泽之身则荣，去之身则辱。恭逊敬爱，身之粉泽也。故在身则荣，去身则辱也。审行之身毋怠，虽夷貉之民，可化而使之爱。夷貉之人，残戾凶暴，苟以恭逊敬爱化之，可使生爱。审去之身，虽兄弟父母，可化而使之恶。父母兄弟，恩情结固，苟无恭逊敬爱化之，可令生恶。故之身者，使之爱恶；之，是也。同是此身，有恭逊敬爱则爱，无之则恶。名者，使之荣辱。同是此身之名，有恭逊敬爱则荣，无之则辱也。此其变名物也，如天如地，言恭逊敬爱可以变化爱恶荣辱。名物之善恶，如天地之生杀也。**故先王曰道。**"道者，贵作变化也。

管仲有病，桓公往问之，曰："仲父之病病矣。若不可讳而不起此病也，仲父亦将何以诏寡人？"管仲对曰："微君之命臣也，故臣且谒之。谒，谓有所告之也。虽然，君犹不能行也。"恐其不从，故以此言抑之。公曰："仲父命寡人东，寡人东；令寡人西，寡人西。仲父之命于寡人，寡人敢不从乎？"管仲摄衣冠起，对曰："臣愿君之远易牙、竖刁、堂巫、公子开方。夫易牙以调和事公，公曰：'惟烝婴儿之未尝。'于是烝其首子而献之公。人情非不爱其子也，于子之不爱，将何有于公？公喜宫而妒，竖刁自刑，而为公治内。人情非不爱其身也，于身之不爱，将何有于公？公子开方事公，十五年不归视其亲。齐、卫之间，不容数日之行。臣闻之，**务为不久，**务时为事久，必发扬之也。**盖虚不长。**覆盖虚妄，不得长掩。谓上三士皆务为盖虚者，其奸情终当彰露也。**其生不长者，其死必不终。**"其所行之行，所长之性，其至于死，必将改复本情，未有能终为意也。言三士之忠，皆为忠耳，必将复其不忠。桓公曰："善。"

管仲死，已葬。公憎四子者，废之官。逐堂巫而苛病起兵，苛，烦躁也。巫善，今既逐之，而公有烦苛之病，起兵妄征伐，无使疗之也。**逐易牙而味不至，逐竖刁而宫中乱，逐公子开方而朝不治。桓公曰："嗟！圣人固有悖乎！"**四子既逐，而有四阙，故以管仲为悖。**乃复四子者。处期年，四子作难，围公一室，不得出。**置公一室之中而围之，故不得出也。有一妇人，遂从窦入，得至公所。公曰："吾饥而欲食，渴而欲饮，不可得，其故何也？"妇人对曰："易牙、竖刁、堂巫、公子开方四人分齐国，涂十日不通矣。既有兵难，固❶国之道涂行伐❷十日不得通也。公子开方以书社七百下卫矣，古者群居，二十五家则共置社，谓以社数书于策。谓用此七百之书社降下于卫者也。食将不得矣。"作乱，欲公之死，故不给之食。公曰："嗟兹乎！圣人之言长乎哉！言其所见长远。死者无知则已，若有知，吾何面目以见仲父于地下！"乃援素帻以裹首而绝。帻，所以覆輲也。死十一日，虫出于户，乃知桓公之死也，葬以杨门之扇。谓用门扇以掩尸也。桓公之所以身死十一日，虫出户而不收者，以不终用贤也。

桓公、管仲、鲍叔牙、甯戚四人饮。饮酣，桓公谓鲍叔牙曰："阖不起为寡人寿乎？"奉尊者酒，祝令增寿。鲍叔牙奉杯而起，曰："使公毋忘出如莒时也，使管子毋忘束缚在鲁也，使甯戚毋忘饭牛车下也。"桓公辟席再拜，曰："寡人与二大夫能无忘夫子之言，则国之社稷必不危矣。"

---

❶ "固"，墨宝堂本同。刘绩本、赵用贤本作"故"。
❷ "伐"，墨宝堂本同。刘绩本、赵用贤本作"旅"。

四称第三十三 | 短语七

谓称有道之君、无道之君、有道之臣、无道之臣，以戒桓公。

桓公问于管子曰："寡人幼弱惛愚，不通诸侯四邻之义。仲父不当尽语我昔者有道之君乎？吾亦鉴焉。"管子对曰："夷吾之所能与所不能，尽在君所矣。君胡有辱令？"言己能不尽皆之于君，无所隐藏。今何劳辱君令，而令危[1]使己言之乎？桓公又问曰："仲父，寡人幼弱惛愚，不通四邻诸侯之义，仲父不当尽告我昔者有道之君乎？吾亦鉴焉。"管子对曰："夷吾闻之于徐伯曰：昔者有道之君，敬其山川、宗庙、社稷，及至先故之大臣，收聚以忠，而大富之。先故之臣，谓祖考时旧臣也。今以忠诚收聚而赒恤之，令其大富也。固其武臣，宜用其力。圣人在前，贞廉在侧，竞称于义，上下皆饰。形正明察，四时不贷，民亦不忧，五谷蕃殖。外内均和，诸侯臣伏，国家安宁，不用兵革。受其币帛，以怀其德。昭受其令，以为法式。邻国以币帛来聘，当取之，以怀来有德。其或以制令来告

---

[1] "令危"，墨宝堂本同。刘绩本、赵用贤本无此二字。

者，则君受之，以为法式乎。**此亦可谓昔者有道之君也。**"

桓公曰："善哉！"

桓公曰："**仲父既已语我昔者有道之君矣，不当尽语我昔者无道之君乎？吾亦鉴焉。**"管子对曰："**今若君之美好而宣通也，既官职美道，又何以闻恶为？**"言君既美好宣通，官又合于美道，修而行之，自可为理，何须闻于恶事乎？以此抑桓公，欲观其意也。**桓公曰："是何言邪？以繢缘繢，吾何以知其美也？以素缘素，吾何以知其善也？仲父已语我其善，而不语我其恶，吾岂知善之为善也？**"

管子对曰："**夷吾闻之于徐伯曰：昔者无道之君，大其宫室，高其台榭。良臣不使，谗贼是舍。**舍，止也。谓止谗贼于其旁，与之近也。**有家不治，借人为图。**言自不能理其家，借他人图也。**政令不善，墨墨若夜。**其言昏暗之甚也。**辟若野兽，无所朝处。**野兽各恣意为生，不相统属，故无朝处也。**不修天道，不鉴四方。**有家不治，辟若生狂。狂惑者失其性，不分善恶也。**众所怨诅，**诅，祝之也。**希不灭亡。进其谀优，繁其钟鼓。流于博塞，戏其工瞽。诛其良臣，敖其妇女。**唯与妇女为敖从也。**獠猎毕弋，暴遇诸父。**其所接遇诸父，惟以凶暴。**驰骋无度，戏乐笑语。式政既辏，刑罚则烈。**言其法式之政，既已辏曲，至于刑罚，惟益酷烈。**内削其民，以为攻伐。**反以削生为伐功也。**辟犹漏釜，岂能无竭？**漏釜则江海不能满，故必有竭也。**此亦可谓昔者无道之君矣。**"桓公曰："善哉！"

桓公曰："**仲父既已语我昔者有道之君与昔者无道之君矣，仲父不当尽语我昔者有道之臣乎？吾以鉴焉。**"管子对曰："夷吾闻之徐伯曰：昔者有道之臣，委质为臣，不宾事左右。宾，敬也。君知则仕，不知则已。若有事，必图国家，遍其发挥。良臣皆私其所有，必能于国家，及其发，又普遍之也。循其祖德，辩其顺逆。推育贤人，谗慝不作。事君有义，使下有礼。贵贱相亲，若兄若弟。忠于国家，上下得体。居处则思义，语言则谋谟，动作则事。居国则富，处军则克。临难据事，虽死不悔。近君为拂，远君为辅。义以与交，廉以与处。临官则治，酒食则慈。不谤其君，不讳其辞。君若有过，进谏不疑。君若有忧，则臣服之。服，行也。此亦可谓昔者有道之臣矣。"桓公曰："善哉！"

桓公曰："仲父既以语我昔者有道之臣矣，不当尽语我昔者无道之臣乎？吾亦鉴焉。"管子对曰："夷吾闻之于徐伯曰：昔者无道之臣，委质为臣，宾事左右。执说以进，不蕲亡已。执事佞说以进于君，直拟全生，无求于去也。遂进不退，所谓知进而不知退。假宠鬻贵。假，因也。因君之宠，必能鬻其贵。尊其货贿，卑其爵位。不令人未必能贵其爵位，但尊其货贿而已。进曰辅之，退曰不可，进于君，则言己能为辅弼。退而私议，则曰君不可辅。以败其君，皆曰非我。由斯之人不肖，故君有败，乃更推过于君，云此非我。不仁群处，以攻贤者。小人所慢者君子，故其群处，常有陷贤之见。见贤若货，其见贤人，无敬恭之心，反于❶规利，若求货然。见贱若过。其见贱人，无矜恤之心，萧

---

❶ "于"（於），墨宝堂本同。刘绩本、赵用贤本作"欲"。

然不顾，若行者之过。**贪于货贿，竞于酒食。不与善人，唯其所事。**人有曲而事己，与之交也。**倨敖不恭，不友善士。谗贼与斗，不弥人争，**其人见争，则恣令斗，无弥缝之心。**唯趣人诏。**人有制命，不问可不，则向而顺之，言其佞设。**湛湎于酒，行义不从。**从，顺也。**不修先故，变易国常。擅创为令，迷或其君。生夺之政，**生犹夺政，况于死后乎？**保贵宠矜。**惧宠而矜夸者，则保依而贵重。**迁损善士，**善士则迁改而损弃之。**捕援货人。**其所捕追而援引者，唯财货之人。**入则乘等，出则党骈。**其货贿之人与之同国，则同乘而等。至其出也，又朋党而骈并。**货贿相入，酒食相亲，俱乱其君。君若有过，各奉其身。**奉身自洁，推过于君也。**此亦谓昔者无道之臣。"**桓公曰："善哉！"

正言第三十四 | 短语八

亡佚

管子卷第十一

卷十二

侈靡第三十五 | 短语九

问曰："古之时与今之时同乎？"曰："同。"天地四时，既无所易，故曰同。"其人同乎？不同乎？"曰："不同。古淳而今浇，古质而今浮，故不同也。可与政其诛。言今虽不同古，可为政诛其不法以复古。倍、尧之时，混吾之美在下，其道非独出人也，倍，帝倍也。言二帝之时，比屋可封，美俱在下。其能若此，亦言非有出人之道，修古而已。混，同也。山不同而用揽，泽不弊而养足。山无草木曰童。弊，竭也。耕以自养，以其余应良天子，故平。以其自养之余应天子之食，须❶天下半❷。有时而赋曰良。牛马之牧不相及，各自足则不相及也。人民之俗不相知，人至老死不相往来，故不相知。不出百里而来足。行者不出百里而来者，所求足故也。故卿而不理，静也。虽立公卿，不理其事，以人静故。其狱一踦腓、一踦屦而当死。诸侯犯罪者，令著一只屦以耻之，可以当死刑。今周公断满稽，断首满稽，断足满稽，而死民不服，非人性也，敝也。今周公，谓时所用法也。稽，考也。罪满而断，则从而考之。首

---

❶ "须"，墨宝堂本、刘绩本同。赵用贤本作"故"。

❷ "半"，墨宝堂本同。刘绩本、赵用贤本作"平"。

满其罪者，亦从而考之。应断足所罪满者，又亦从而考之。凡此欲以为慎审也。罪定者死之，然人尚不服其罪，岂人性之然乎？时爽故也。**地重人载，毁敝而养不足，事末作而民兴之，**载，生也。今地利既重，人之生植谷物，君则从而毁夺弊尽之，所以养有不足。人既惰于本业，故竞起而事末作。**是以下名而上实也。**谓下但有农作之名，不得自用，而实皆归于上也。**圣人者，省诸本而游诸乐。**圣人察人之本，游之于富寿之域，则倍、尧以前为然也。**大昏也，博夜也。"**夜，谓暗昧之行也。令人主至于大昏者，则以博为夜事故也。

问曰："**兴时化若何？**"谓度时兴化，其理若何也。"**莫善于侈靡。**侈靡，谓珠玉之用也。管氏以为，珠玉者，饥不可食，寒不可衣，然时共贵之。君若不重，不重则强者守之以招人。故度时兴化，莫若重珠玉以为侈靡。**贱有实，敬无用，则人可刑也。**有实，谓谷帛可贵而贱之。无用，谓珠玉可贱而敬之。若此，则人之贤不肖可刑也。**故贱粟米而如敬珠玉，好礼乐而如贱事业，本之始也。**言粟，常人贱之，贤者贵之，如常人之敬珠玉。末业，常人贵之，贤人贱之。今则贤者之好礼乐，如常人贵末业。若此者，可谓务本之始。**珠者，阴之阳也，故胜火；**珠生于水而有光鉴，故为阴之阳。以向日则火烽，故胜火。**玉者，阴之阴也，故胜水。**玉之生于山而藏于山，故为阴之阴。以向月则水流，故为[1]水。**其化如神。**言珠玉能致水火，故曰如神也。**故天子臧珠玉，诸侯臧金石，大夫畜狗马，百姓臧布帛。不然，则强**

---

[1] "为"，墨宝堂本同。刘绩本、赵用贤本作"胜"。

者能守之，智者能牧之，贱所贵而贵所贱。粟米可贵而贱之，珠玉可贱而贵之。**不然，鳏寡独老不与得焉，均之始也。**"君不贵而藏之，则利积于强智。虽务鳏寡独❶，无所与之。今藏之者，所以赈贫乏，故为均之始。

　　"政与教孰急？"政者，立法以齐物。教者，训诱以感心。用一者，何先也？管子曰："**夫政教相似而殊方。若夫教者，摽然若秋云之远，动人心之悲；**摽，高举皃。秋云凄惨，有愁悴之容，高置且远，能生人之悲心。喻教者忧人之不令见其戚容，人亦为之伤悼之。**蔼然若夏之静云，乃及人之体；脑然若蔼之静，**蔼，油润皃。脑然，和顺皃。夏云之起，油然含润，将降其泽，及人之体，去除热气而和顺，虽有蔼躁之人❷，恬静。喻教者洒之温辞，而强梁者感服之。**动人意以怨；荡荡若流水，**教者若秋云之动人意。人意既动，则自怨而荡摇。自怨而荡摇，则从教若流水也。**使人思之。人所生往，教之始也，身必备之。**教者若夏云之顺适，故其人使人思之。人既可思之，则生其善心。教人之始，必备此二者，然后可也。**辟之若秋云之始见，贤者、不肖者化焉。**教者既若秋云始见而哀怜之，又若夏云之起而润悦之，则天下之贤与不肖无不化焉。**敬而待之，爱而使之，若樊神山祭之。**既后❸圣化，人则敬而来待，爱之而后使，尊卫其君，若樊落神山，设祭而祈福者也。**贤者少，不肖者多，使其**

----

❶ 刘绩本、赵用贤本"独"下有"老"字。

❷ "之人"，墨宝堂本同。刘绩本作"亦皆"，赵用贤本作"之人亦皆"。

❸ "后"（後），墨宝堂本同。刘绩本、赵用贤本作"从"（從）。

贤，不肖恶得不化？贤与不肖皆教而使之，则不得不化也。今夫政则少则，即皆从教，则人无所犯，故于为政少用为则也。若夫成形之征者也。去则少，可使人乎？"欲成太平之形，以知其征验者，全能去则而使人，斯太平之先兆也。

"用贫与富，何如而可？"问贫富之中适。曰："甚富不可使，甚富则骄，故不可使。甚贫不知耻。甚贫则滥窃，故不知耻也。水平而不流，无源则遬竭；平而不流，谓水也。停水无源，必速竭。云平而雨不甚，无委云，云则遬已。平云少雨，又无委云以助之，其雨必遬已。上二事为下有比例。政平而无威则不行，此则为政者威以为本也。爱而无亲则流。但行泛爱，无所偏亲，则其爱流漫，贤智不尽力。亲左有用，无用则辟之。若相为，有兆怨。虽曰当有所亲，而用亲之理僻左，则有为用者、不为用者。不为用者❶，譬犹亦有中不❷。凡此，但为怨兆而以，亲之无益也。上短下长，无度而用，则危本。不称或复上得短而下持长，其役用之不以度。如此者，或能怀怨以败国，故曰危本不称也。而祀谭次祖，犯诅渝盟伤言。谭，近❸也。国败绝祀之事，延及次祖，更有犯诅渝盟伤言之罪。敬祖祢，尊始也；祖祢，人之始也。齐约之信，论行也；诅盟欲为整齐要束之信，所以论行也。尊天地之理，所以论威也。天地以秋冬肃杀、雷震电耀为威，为政者所取则，故威不可弛之也。薄德之君之

---

❶ "不为用者"，墨宝堂本同。刘绩本、赵用贤本无此四字。

❷ "譬犹亦有中不"，墨宝堂本、刘绩本同。赵用贤本作"譬犹言有中不中"。

❸ "近"，墨宝堂本、刘绩本同。赵用贤本作"延"。

府囊也，凡尊始、论行、论威，为政者所当行。德薄之君，皆囊而藏之，故有败亡之祸。**必因成刑而论于人，此政衍❶也。可以王乎？**"必因王事之成刑，论考于人事，此为政所行也。遵而勿失，故可以王也。

"**请问用之若何？**"问用政何如也。"**必辨于天地之道，然后功名可以殖。**天地有尊卑恩威之序，故明之，然后可以立功名也。**辩于地利，而民可富。通于侈靡，而士可戚。**戚，亲也。贵珠玉以赏士，故士可亲也。**君亲自好事，**谓好为政之事。**强以立断，**强立其志，以断是非。**仁以好任人。**所谓悦以使人。**君寿以政年，**君以所❷寿考，由为政以顺年之四时令也。**百姓不夭厉，**厉，发疾也。**六畜遮育，五谷遮熟，**遮，犹兼也。**然后民力可得用。**人俱富，而力全可用也。**邻国之君俱不贤，然后得王。**"若俱贤则不可得而制，难以王矣。

"**俱贤若何？**"问之。曰："**忽然易卿而移，**黜不肖，立仁贤。**忽然易事而化，**去故而取新。**变而足以成名。**革当而故成名。**承弊而名劝之，**承先代之弊，而成能名，故劝勉者❸也。**慈种而民富，**流慈以勉种，故人富。**应言待感，与物俱长。**应物而后言，待感而后动，所谓应天顺人者也，故与物俱长之也。**故日月之明，**所谓与日月齐其明。**应风雨而种。**风时雨若，则以君礼不失故也。**天之所覆，地之**

---

❶ "衍"，墨宝堂本同。刘绩本作"者"，赵用贤本作"行"。

❷ "以所"，墨宝堂本、刘绩本同。赵用贤本作"所以"。

❸ "者"，墨宝堂本同。刘绩本、赵用贤本作"之"。

所载，斯民之良也。君人者，德苞天地，首出庶物，有生莫能逾，故曰人之良。**不有而丑天地，非天子之事也。**不有上事，而又丑恶天地之化，此非天子之事。**民变而不能变，是梲**之税反。**之傅革。**梲，柱也。革，皮也。梲之附革，则外革而内不革也。今人变而君不能变，亦外革而内不革之类，故取喻焉。**有革而不能革，不可服。**可革而不革，则人有轻君之心，故不服也。**民死信，**人无信不立，故❶在信也。**诸侯死化。**"变通之，以尽利不化，则利竭故死。

"请问诸侯之化弊也。"弊，谓久行而无益者。**"弊也者，家也。**言国之弊，则以家习不革。**家也者，以因人之所重而行之。**非人所重，则当革也。**吾君长来猎，君长虎豹之皮**君好虎豹皮，故来猎。**用。功力之君，上金玉币。**君上用金玉为币，故用功力。**好战之君，上甲兵。**甲兵之本，必先于田宅。有田宅然，可以充甲兵之赋。今吾君战，则请行民之所重。**饮食者也，侈乐者也，民之所愿也。足其所欲，赡其所愿，则能用之耳。**君之于人，必足欲赡愿，然后可用也。**今使衣皮而冠角，食野草，饮野水，孰能用之？**言士既乏于衣食，则君之不能用也。**伤心者不可以致功，**谓富者奢靡而有余，贫者窘悴而不足，则伤心矣。伤心则无聊而苟且，故不能致功。**故尝至味而罢至乐，**谓富者先奏至乐，及食味而罢之。**而雕卵然后瀹**以灼反。**之，雕**橑**力道反。**然后爨之。**皆富为也。橑，薪也。**丹沙之穴不塞，则商贾不处。**趋丹穴而求利，故不处也。**富者靡之，贫**

---

❶ 刘绩本、赵用贤本"故"下有"死"字。

者为之。富者所以得成此侈靡，则重并贫者而为之也。**此百姓之怠生，百振而食，非独自为也，**百姓既为富者所兼，则怠于作业，故能生此富者之靡。富成此至味❶，亦以百姓振起之故也，岂富者能自为乎？**为之畜化用。**今欲为此畜贫富之法，当变化富者之用也。**其臣者，予而夺之，**谓臣富者，今欲化之使贫，或先少与而后多夺之也。**使而辍之，**既使之多所费用，然后成其功。**徒以而富之，**或空言与利，而令得富，且取其物终之也。**父击而伏之，**或加父罪而击之，子必伏而破产以赎父也。**予虚爵而骄之，**或空与爵名而无其位，以骄此人，令有所贵用也。**收其春秋之时而消之，**富者先贮物以射春秋之利，今则官自收而消也。**有杂礼我而居之，**或有费用财物杂礼于我，若此者，顺其意而居之。**时举其强者以誉之。**富而又强，则为之作声誉，或令有所统率。**强而可使服事，**服，行也。强者服事，事必成。**辩以辨辞，**其有辩明者，则令辩繁辞。**智以招请，**富而多智，则使招来而请谒也。**廉以摽人。**富而清廉，则使为人摽式。**坚强以乘六，广其德以轻上位，**君能坚意强力，以乘上之六者，可以广其德，又可以分其上之任，故位轻者也。**不能使之而流徙，此谓国亡之郊。**若不能使任上之六者，乃流移而徙之，斯亡国之郊也。

"**故法而守常，**谓古法。得其法者，则守常故而不革也。**尊礼而变俗，**流遁之俗，则当变之。**上信而贱文，**文虚而寡用，故贱之。**好缘而好驵，**子朗反。缘，即捐也。驵，

---

❶ "至味"，墨宝堂本同。刘绩本、赵用贤本作"侈靡"。

马之壮健者。怯恶者必乱，故弃之。喻奸人之雄亦乱国，当绝。**此谓成国之法也。为国者，反民性然后可以与民戚。**戚，亲也。反者，冥也。顺其性欲必败亡，若能反之，然后有成，可与之亲也。**民欲佚而教以劳，**劳致于寇难❶，则有功。**民欲生而教以死。**死致于寇难，则有功也。**劳教定而国富，**积财故也。**死教定而威行。**致死则莫敢当其锋，故威行也。**圣人者，阴阳理，**言法阴阳之理。**故平外而险中。**此则含阴于内，发阳于外。**故信其情者伤其神，美其质者伤其文，**精盛则神灭也。**化之美者应其名，**实应其名，故化美也。**变其美者应其时，**事应其时，故变美也。**不能兆其端者灾及之。**来事之端，不知其兆者，常失于幾，故灾及之也。**故缘地之利，**缘，顺也。**承从天之指，**指，意也。当承顺天之意也。**辱举其死，**辱，犹逆也。逆地天以举事则死也。**开国闭辱。**若能开国以纳善言，则辱可闭也。**知其缘地之利者，所以参天地之吉纲也。**知能顺地之利，则能参天地之吉纲。**承从天之指者，动必明。辱举其死者，与其失人同；**逆天举事，故与失人同也。**公事则，道必行。**公事则无拥，故其道必行也。**开其国门者，玩之以善言。**有善言可玩，故开国以纳之也。**奈其辱，**辱亦既有辱，当奈之何？唯有报曎爵祭神，以谢过耳。**知神次者，操牺牲与其珪璧，以执其曎。**常令巫祝知神之次秩者，操牲及珪璧，执曎爵以祷神，而谢逆举之罪也。**家小害，以小胜大。**祭祀之费，家虽有小损，因此小损以胜大灾。**员其中，辰其外，**既以谢过，又当

---

❶ "寇难"，墨宝堂本、刘绩本同。赵用贤本作"耕凿"。

员中，心无所专，固有善则从，无失外事之时也。辰，时也。
而复畏强，长其虚，其有强大于己者，则当长其谦虚之心而
敬畏之也。**而物正，以视其中情。"**其于物也，虽见外正，
犹未可信，又当视其中情以验之。

公曰："**国门则塞，百姓谁衍敖，胡以备之？"**谓寇
有至，国门以塞，百姓警卫，而谁可放敖者？事至于此，如何
救而可？**"择天下之所宥，**谓王不❶天下之所疾者。**择鬼之
所当，**谓为神所福助者也。**择人天之所戴，**谓为人所戴仰者
也。**而亟付其身，此所以安之也。"**得此三德之人，付其身
而任之，虽有寇贼，无若我何，故安。

"强与短而立齐，国之若何？"谓寇贼既持强弓，又
执短兵，列阵而立，以攻齐国，若之何御之？此亦公问之辞。
"高予之名而举之，高举其名，则欢悦也。**重予之官而危
之，**与之重官，则❷不避危亡也。**因责其能以随之，犹傀则
疏之，毋使人图之。**责知其能，随而任之，则自课厉，而无
所顾望。启宠纳侮，使人图之也。**犹疏则数之，毋使人曲
之。**因不宠任而疏己者，则数加恩意以悦之，无使人见怨阴
谋，曲求己隙者也。**此所以为之也。"**抚人若此，可以御上
强与短立❸之寇也。

"大有臣甚大，将反为害。谓大臣富有，既臣且甚大。
甚大则逼君，故将反为害。**吾欲优患除害，将小能察大，**

---

❶ "王不"，墨宝堂本、刘绩本同。赵用贤本作"不为"。

❷ "则"，原作"财"，据墨宝堂本、刘绩本、赵用贤本改。

❸ "立"，墨宝堂本同。刘绩本、赵用贤本作"兵"。

为之奈何？"言我且欲宽优此患，渐除其害，每见其小能，则察知其大欲，为此事如何？亦公之问辞也。**"潭根之，毋伐；**潭，深也。此以大树喻恶也。譬若大树，深根不可伐，大臣根党盘，亦未可卒诛。**固事之，毋入；**既未能诛，且固事之，无得入同其恶也。**深黡之，毋涸；**黡，谓探其深情，常令见之，无使涸竭也。**不仪之，毋助；**仪，善也。彼为不善，无得助为之也。**章明之，毋灭；**当发明不善，令人皆知之，无使昧灭也。**生荣之，毋失。**谓生篡杀之心，若草木之生荣，此其可诛之时，必不得失之。**十言者不胜此一，**谓令他事有十言之善，不如此一言也。**虽凶必吉，**忍而客之，屈而事之，凶也。恶稔易诛，吉也。**故平以满。"**

"无事而揔，以待有事而为之，若何？"揔，谓收积也。故使国家从故平安之时满积其财，以无事之时收积。至时，散其积而用也。**"积者立余食而侈，美车马而驰，多酒醴而靡，**积，谓富而积财者。富而侈食、美车、多醴，财有所散，因其散而收之。**千岁毋出食，此谓本事。**虽复千岁，常令自食其财，无使他外，则富者之财可得而收之，此积之本。**县人有主，**县，谓系属也。言欲系属于人，必有所主，主于财。**人此治用，**官既积财，人则于官取之，以理其器用也。**然而不治，积之市，**谓不取官财以理其用，翻乃积之于市，使高价得其利也。**一人积之下，一人积之上，此谓利无常。**财既入市，则公私共积之，上虽积一分，下亦积一分，可谓利无常也。**百姓无宝，以利为首。**百姓无他宝，唯以利为宝之首。**一上一下，唯利所处。**利积多者，百姓则从而归之也。**利然后能通，通然后成国。**无利而不通，则国亡也。**利静而不化，观其所出，从而移之。**利而以❶不化者，则由所出不变故也，观而移变之。**视其不可使，因以为民等。**等，谓率而齐之。不可使，谓其人非有文武之材，又不任作役。若此者，使之率兴利之人而齐之也。**择其好名，因使长民；**其有好虚誉之名者，则择之，使为兴利者之长。**好而不已，是以为国纪。**好名不已，则❷乃弥积，故为国纪。**功未成者，不可以独名；**积财之功未成，则无独与之名。**事未道者，不可以言名。成功然后可以独名，**众共言此人有名。**事道然后可以言名，然后可以承致酢，**既有独名，又有言名，然后可以至于承君之酢报也。**先其士者之为自犯，**人有士行，当推以为先。今反自先之，是为自犯其过也。**后其民者之为自赡。**人能兴利，亦当先之充国。今乃后之，是自为其赡，不忧国也。**轻国位者国必败，**轻国位，则有散君之心，故国败也。**疏贵戚者谋将泄。**疏贵戚，则有外顾之意，故谋泄。**毋仕异国之人，是为经。**异国之人，所谓非我族类者也。今而仕之，其必异。此所有国之经也。**毋数变易，是为败成。**数变易，则事繁而无功，故曰败成。**大臣得罪，勿出封外，是为漏情。毋数据大臣之家而饮酒，是为使国大消。**饮酒于臣家，则威权移焉。物不两盛，故臣强则国消也。**三尧在，臧于县，返于连比。若是者，必从是黯亡乎！**虽使三尧在臧，但悬其物而不散施之，终亦不能守。其物亡，必不返于连比之臣。臣既得之，自用树福，则国从是黯败而亡

---

❶ "以"，墨宝堂本同。刘绩本、赵用贤本无此字。
❷ "则"，墨宝堂本、刘绩本同。赵用贤本作"财"。

乎！罋，即甊之也。**辟之若尊谭，未胜其本，亡流而下，**谭，延也。虽尧守藏，不施必亡。犹如尊位将反，而未能胜其本。此位既不可得，自然流而下者也。**不平。令苟下不治，**凡始理下者，必先能平令。今既不平，令虽下，而不理者也。**高下者不足以相待，**自处其高，欲下待上，必不待之也。**此谓杀。"**

"**事立而坏，何也？兵远而畏，何也？**此谓弑君之事。其事既立而后坏，如此者何也？即以德不素积故也。**民已聚而散，何也？**人不归，无道故。**辍安而危，何也？"**神不祐故也。皆谓篡弑。"**功成而不信者，殆。兵强而无义者，残。不谨于附近，而欲来远者，兵不信。**欲来远者，必谨于附近，然后远而来，信也。**略近臣合于其远者，立。**略，礼为不繁也。言于近则略之，于远则合之，若此者，则可以立功。**亡国之起，毁国之族，则兵远而不畏。**先自疏国之宗族，渐以至三者，若此则兵皆逃远。无兵则威息，故不畏也。**国小而修大，仁而不利，犹有争名者，累哉是也！**不量国之小，好修远大，虽复行仁，不遇其利，不如小好修远，是以犹与他国争名，是者必相累而惕。**乐聚之力，以兼人之强，以待其害，虽聚必散。**好自勉以聚力，欲兼他人之强，用此以御危害。如是者，先虽聚，后必散。**大王不恃众而自恃，百姓自聚，供而后利之，成而无害。**大王亶父为狄所攻，乃去豳之歧，杖策而往。百姓曰："仁君也，不可失。"扶老携幼而从之。一年成邑，二年成都，三年五倍其初。言大王虽有众，不恃，但自恃其德，故百姓随而聚之，供其所须而利之，遂至于成功而无危害者也。**疏戚而好外，企以仁而谋**

泄，贱寡而好大，**此所以危。**"言自疏己亲，好交外人，虽企慕于仁，而所谋多泄漏。既贱且寡，好为迂大。凡此皆危败之道也。

"**众而约，**谓与众为要束也。**实取而言让，**谓实取危[1]彼物，于言更成逊让。**行阴而言阳。**于行实为阴密，在言更成显阳。**利人之有祸，**谓因祸而生利。**言人之无患。**人虽实祸，于言乃为无患。**吾欲独有是，若何？**"凡此独君之事也。问独有之何如。自"众而约"已下，公问之辞。"**是故之时陈财之道，可以行令也。利散而民察，必放之身然后行。**"管氏言，此乃古之陈设致财之道，亦可行求于今。然利散于下，人则察而知之。置之于身，勿令下知，然后可以行放置之言也。**公曰："谓何？"**问所以行之。"**长丧以齺其时，**齺，黯也。吾[2]丧者毁厝之息，谓增长叛吾丧之礼，使人皆齺黯之败也。**重送葬以起身财。**重送葬则费用广，憍慢则不及事。由人习为精厉，庶事不怠，故能起身之财。**一亲往，一亲来，所以合亲也。**谓一亲往死，一亲来生，亲无绝特[3]，故曰合亲。**此谓众约。**"人皆亲教之，重葬可以起财，故曰众要之也。

问："用之若何？"问用众要。"**巨瘗培，所以使贫民也；**瘗培，谓圹中埋藏处深暗也。贫人虽无财，力则己

---

❶ "危"，墨宝堂本同。赵用贤本无此字。刘绩本此条注作"谓实取于民而言逊让"。

❷ "吾"，墨宝堂本同。刘绩本、赵用贤本作"居"。下"吾丧之礼"之"吾"同。

❸ "特"，墨宝堂本同。刘绩本、赵用贤本作"时"（時）。

有焉，故教之巨瘗培以役其力也。**美垄墓，所以文明也；**垄墓高美，文明而不威❶也。**巨棺椁，所以起木工也；**人习为棺椁，则增长久❷之工也。**多衣衾，所以起女工也。**习为衣衾，则增长女工也。**犹不尽，故有次浮也，**谓上之理犹有不尽也。次浮，谓棺椁垄墓之外游饰也。**有差樊，**樊，蕃也。谓垄墓之外树以蕃，其制尊卑之外，此垄之次浮也。**有瘗藏，**谓古之樊者，或藏以金玉，或以器物，此棺椁之次浮也。**作此相食，然后民相利，守战之备合矣。**方丧之时，孝子荒迷，或不举火，邻里为食以相饲。如此，则人递相衔亲，恩情结固。至于守战之时，必诚力齐敌，而不能当之矣。**乡殊俗，国异礼，则民不流矣。**流，移也。俗礼殊异，则人各其所安，故不流移也。**不同法，则民不困。乡丘老不通，睹诛流散，则人不眺。**丘，大也。大老者各足于其所，不相交通，流散于其乡则诛之。今其睹见如此，则人安其本，不眺望他所而归之。**安乡乐宅，享祭而讴吟，称号者皆诛，所以留民俗也。**皆令安乐乡宅，享祭先祖。其有讴吟思于他所者，则诛之。或有称举号咏他乡者，皆诛之。凡此皆欲留止人俗，不令转移。**断方井田之数，**谓分人之地，每断定其方，而立之田数，屋三为井也。**乘马田之众，**每一甸之众，数赋长穀。一乘马四匹，谓之乘马。十六井曰丘，四丘为甸。**制之。陵溪立鬼神而谨祭，**每大陵深溪，皆有灵焉，立鬼神之祠，使人祭之。**皆以能别以为食数，示重本也。**人之大小，

---

❶ "威"，墨宝堂本同。刘绩本、赵用贤本作"灭"（滅）。

❷ "久"，墨宝堂本同。刘绩本、赵用贤本作"木"。

皆各有材。能多者食众，能少者食寡，故曰以能别为食数。凡此皆重人本之事也。**故地广千里者，禄重而祭尊。**其君无余，言不修祭，以余地与饲也。**地与他一者❶，从而艾之。**从，谓次当受封者。艾，谓减削也。言修祭之君，受地与他同，故曰若一者。则削减其地与次受封之君者也。**君始者**谓始为君者也。**艾，若一者从乎杀，与于杀若一者。**言始受封之君，本既无地，故取先受君者。彼或不与，从而杀之。彼或自取，与受而杀之。彼自取与于始封者，令与先受封者地均若一也。**从者艾，艾若一者从于杀，与于杀若一者。从无封始，王事者上。**王者言从者先无封，令始王事。故艾❷取他国之地，与先者均齐若一则止也。**上事，霸者生功，言重本。**言诸侯既受地分，则上事霸主，随政命以生立其功。凡此，皆为重本也。**是为十禺，分免而不争，言先人而自后也。**禺，犹区也。十禺，谓十里之地。每里为一禺，故曰十禺。若他国来分，明劝勉而与之，不敢交争。如此者，所以先陈他人，自取其后。**官礼之司，享❸**言国官礼各有私。**昭穆之离，**离，谓次位之别也。**先后功器事之治，**功有大小，器有精粗，各定其先后之差也。**尊鬼而守**尊鬼，谓谨其享祭之礼也。**故，战事之任，高功而下死本事，**战士虽有高下之殊，各令死其本事也。**食功而省利劝臣，**饲其有功，省其无功，则臣劝也。**上义而不能与小利。**上当操大义而主断，不

---

❶ "一者"，墨宝堂本同。刘绩本作"若者一"，赵用贤本作"若一者"。

❷ "艾"，原作"父"，墨宝堂本同。据刘绩本、赵用贤本改。

❸ "享"，墨宝堂本同。刘绩本作"每"，赵用贤本无此字。

可顾小利而移止❶。**五官者，人争其职，然后君闻。**官争理职则国治，故君名闻于天下。**祭之时，上贤者也，**谓助祭之时，贤者居上为仪而已，非能有所益。**故君臣掌。**祭者掌礼以行事，所用其智谋，或君有故，使臣摄之，事亦无旷，故曰君臣掌也。**君臣掌，则上下均。**臣能行君事，故曰上下均者也。**此以知上贤无益也，其亡兹适。**祭祀之时，非不上贤，但庸臣亦能行君之事，无损于令主。人虽云上贤，而不用其智谋，与祭时适，故曰无益。既不贤，则动皆违理，故兹适于危。**上贤者亡，**谓空上之而已，不能用之也。**而役贤者昌。**役贤则功成，故国昌。**上义以禁暴，**义者，所以除去不宜，故禁暴也。**尊祖以敬祖，**祖，始也。尊立祖庙，所以敬始封之君也。**聚宗以朝杀，示不轻为主也。**"谓聚会也。小之封宗以朝于君，而有亲疏之杀。凡此为主之重者也。

载祭明置。载，行也。言公将为行祭，至明而置之，欲人不知也。**高子闻之，以告中寝诸子。**高子，齐大夫。闻君之将行，故告。中寝诸子，诸侯诸子之居中寝者。**中寝诸子告寡人，舍朝不鼎馈。**常礼，退朝常鼎馈而食。今不然，故致怪之。**中寝诸子告宫中女子曰："公将有行，故不送公。"**言何故不送公也。**公言："无行。女安闻之？"曰："闻之中寝诸子。"**索中寝诸子而问之："寡人无行，女安闻之？""吾闻之先人，诸侯舍于朝不鼎馈者，非有外事，必有内忧。"**公曰："吾不欲与汝及若。若不欲与汝论此言也。**女言至焉，不得毋与女及若言。**至，谓尽

---

❶ "止"，墨宝堂本同。刘绩本、赵用贤本作"也"。

理。**吾欲致诸侯，诸侯不至，若何哉？”“女子不辩于致诸侯。**妇人无豫于外致❶，故不明于致诸侯之理。**自吾不为污杀之事人，布职不可得而衣。**污杀言然人必有所讦❷杀染戮者，所以伏远而来近。今既为人，虽织不为己用，故有布不得而衣。言此者，欲桓公讦❸威以伏其侯❹也。**故虽有圣人，恶用之？”**人者寡也。后不用威，圣人亦可❺能用之。尧为匹夫，不能服三家，即其事也。

"**能摩故道新，道定国家，然后化时乎？”**摩，谓新其事也。故道，谓先王之典刑。新道，谓度时而制法。言能❻故道以成新道，定国安家，然后可以化时也。**"国贫而贪鄙富，茸美于朝，市国。**言国朝贫而边鄙富饶。若此者，边鄙之邑必苞茸财货，好遗朝以市权利也。**国富而鄙贫，莫尽如市。**国富财故富，鄙输货故贫，其取半反也。其物莫知尽入于市，以市人不虚取，故鄙人不虚与故也。**市也者，劝也，劝者所以起。**本善农者能多致市利，则自劝而不怠，故能起本也。**善而末事起，不侈，本事不得立。”**侈，谓饶多也。末事不饶多，农事不给，故本事不得立。

"**选贤举能不可得，恶得伐不服用？”**欲伐不损用，必待贤能。**"百夫无长，衍可临也；**若无贤，虽百夫之长无

---

❶ "致"，墨宝堂本同。刘绩本作"事"，赵用贤本作"政"。

❷ "讦"，墨宝堂本、赵用贤本同。刘绩本作"污"。

❸ "讦"，墨宝堂本同。刘绩本、赵用贤本作"立"。

❹ 刘绩本、赵用贤本"侯"上有"诸"字。

❺ "可"，墨宝堂本、刘绩本同。赵用贤本作"何"。

❻ 赵用贤本"能"下有"摩"字。

人为之。**千乘有道，不可修也。**虽千乘之国，有道以用之，则不可修营而伐之也。**夫纣在上，恶得伐不得？**纣在上位，万人仇之，鬼神怒之。虽其旅若林，莫不倒干自伐，故无有伐而不得者也。**钧则战，守则攻。**言伐纣者，力钧则与之野战，城守则固而攻之。**百盖无筑，千聚无社，谓之陋，一举而取。天下有一事之时也。**言纣人苟且，虽有聚❶之夫，不立一社以统之，如此者，为政之陋也。故武王一举取天下而有之，此万代一时之事也。**万诸侯钧，万民无听。**虽使万诸侯钧引于人，人必不听。此言三者贵。**上位不能为功更制，其能王乎？**居上位，不独立其功，不更共制之。若此者，必不能王也。**缘故修法，以政治道，则约杀子，吾君故取夷吾谓替。**"子，君之子也。其能制❷缘顺故常，修理法制，为政不违于道。若此者，可共谋要杀君子之不当立者。吾君所以取夷吾为替者，为有此道也。

公曰："**何若？**"问何以独取夷吾也。对曰："**以同。**以其德智同，故取也。**其日久临，可立而待。鬼神不明，**谓君子不当立者，虽久临其位，危亡可立而待。其享祭鬼神之礼，又不能明也。**囊橐之食无报，明厚德也。**此论桓公之隐，虽以囊橐之食遗人，不求其报，所以明厚德也。**沉浮，示轻财也。**其散施于人，不顾其沉，所以示轻财也。不得其报曰沉，得报曰浮。或曰祭川曰沉浮也。**先立象而定期，则民从之，**先立法象，与人定期，人则率服，皆顺从也。**故为**

---

❶ 赵用贤本"聚"上有"千"字。

❷ "制"，墨宝堂本同。刘绩本、赵用贤本无此字。

祷。谓先人祷神，祈福祥。**朝缕绵明，轻财而重名。**"缕，帛也。言每于朝置绵以赏赐，赏与所明，是轻财而重名者也。

公曰："同临？""**所谓同者，其以先后智渝者也。**所谓臣德同君者，能先后于君，其遇危难，则智谋变而通之。《诗》所谓"予曰有先后"者也。**钧同财，争依则说。**假令财与人钧同，人则悦而争依于己。**十则从服，**若财十倍多彼，则服而从之。**万则化。**成功而不能识，若财万倍多彼，则变化而无不如意，故可以成功，而观者莫能识之。**而民期，然后成形而更名，则临矣。**"言人心期以为主，相与乐推，然后成形于以名前所服之人，则临之以为君矣。

"**请问为边若何？**"问所以防御边境。对曰："**夫边日变，不可以常知观也。**边者，两国交争，寇敌伺郄，日有变，当应机而动，故不可以常智观。**民未始变而是变，是为自乱。**未变者，应机未发，且当循常而伺之。今人未当变而辄为变，此谓先时也，更益其乱，故曰是为自乱也。**请问诸边而参其乱，任之以事。因其谋，**诸边则四边也。谓参验知其委变之乱，然后以事任之，因其所谋而用之。此已上，公问之辞也。**方百里之地，树表相望者，丈夫走祸，妇人备食。**谓百里之国，自国都至边境，每于高显之处树立其表，使递相望。其有寇贼之祸，丈夫则走而奔命，妇人则备食以终❶之也。**内外相备，**外拒寇以防内，内备食以给外，故曰相备也。**春秋一日，败曰千金，称本而动。**春秋种获，尤为农要。此二时而有战败，但经一日，败费千金，故为国者必当称

---

❶ "终"，墨宝堂本同。刘绩本作"馈"，赵用贤本作"给"。

本而动也。**候人不可重也，唯交于上，能必于边之辞。**候人，谓谒候之来入国者。候人入国，或伺我虚实，觇我动静，不可使重之。唯有能与上交，必定边境之辞至国不易者，其可重也。**行人可不有私，不有私，所以为内因也。**行人，使人也。若何而可？唯不有私耳。无私则意成，故能为国内成事者也。**使能者有主矣，而内事。**使人出境，必有所主。其所主者，欲成内国之事。

"**万世之国，必有万世之实。**无万世之实，不能成万世之国也。**必因天地之道，**天地之道，顺以动者也。**无使其内，使其外，**应内而外，失外情也。**使其小，毋使其大，弃其国宝。**应小而大，失事之宜。大臣，国之宝也，今非理使之，故曰弃国宝也。**使其大，贵一与而圣，称其宝。使其小，可以为道。**谓使其大臣当尊之，一与其事，必无转移。知此则举辄有成，能立圣人之功，谓称其宝矣。**能则专，专则佚。**使得其能，于事必专。专则功成，故佚乐也。**橡能逾，则橡于逾，**橡，犹梯也。谓凿橡以为梯。凡欲蹈越高远，必因梯而后能。若不因梯，直欲逾之，则不能逾矣。然则逾因梯而逾矣。此喻成功必有良臣贤佐，然后事遂而名立也。**能宫则不守而不散。**宫，谓防御之国，四国也。能有四国之宫，则不有寇难。若无宫，直欲守之，其众必散也。**众能伯，不然将见对。**伯，长也。谓材能之主众，必能为之长。若不能长之，豪俊之人将来对己以两雄。两雄者❶之道也。**君**

---

❶ "者"，墨宝堂本同。刘绩本作"角"。赵用贤本"角"字在"两雄"上，作"角两雄之道也"。

子者，**勉于纠人者也，**君子者，德民之称，故但纠察人，不为人所纠。**非见纠者也。故轻者轻，重者重，前后不慈。**轻，谓臣人。重，谓君也。凡君臣所以能相慈者，轻能事重，重能制轻，然后慈惠之心油然生矣。今轻自在轻，重自在重，或前或后，不相交接，否之谓也，何慈之有乎？**凡轻者，操实也。**臣须君食，故必操君实也。**以轻则可使，**轻而操实，则可使也。**重不可起，**轻虽重无实，则轻不可起用。**重有齐。重以为国，**重者则❶限，不过❷为国。**轻以为死。**以道使轻，可以致死。**毋全禄贫国而用不足，**欲全其禄，不以与下，则贤去而人散，故国逾贫而用逾不足也。**毋全赏好德，恶亡使常。**"虽曰好德，全赏而不与。虽曰恶亡，所使者乃常人。若此者，败亡之道。

"**请问先合于天下而无私怨，**谓与天下合同，人皆乐推，故无私怨也。**犯强而无私害，**虽犯于强，乃以公义，故无私害。谓贡楚苞茅之比❸也。**为之若何？**"对曰："**国虽强，令必忠以义；**令忠以义，虽强必德之也。**国虽弱，令必敬以哀。**令敬以哀，虽弱必❹免也。**强弱不犯，则人欲听矣。**犯虽轻弱，则人违之。**先人而自后，而无以为仁也。**先人自后，大国之礼，何仁之为也？**加功于人而勿得，**施功而不求于报也。**所橐者远矣，**橐货而匿民者，当而远之❺。

---

❶ "则"，墨宝堂本同。刘绩本、赵用贤本作"不"。
❷ "不过"，墨宝堂本同。刘绩本、赵用贤本作"则以"。
❸ "比"，原作"此"，墨宝堂本同。据刘绩本、赵用贤本改。
❹ "必"，原作"不"，墨宝堂本同。据刘绩本、赵用贤本改。
❺ "而远之"，墨宝堂本同。刘绩本、赵用贤本作"远之也"。

所争者外矣。交争无礼者，当遣之外也。**明无私交，则无内怨。**私交则不公而偏，故内怨起之。**与大则胜，**能亲与大国，故得胜。**私交众则怨杀。夷吾也，**使君私交者，夷吾之由，故恐众怨而杀之。**如以予人财者，不如无夺时；如以予人食者，不如毋夺其事。**不夺其事，则各安其业，食无不足也。**此谓无外内之患。**

"**事故也，**财食足则外内之患忘也。**君臣之际也。**君臣非有骨肉之亲，但以礼义相接也。**礼义者，人君之神也，**礼义在则君尊臣卑，万人以宁，故曰神。**且君臣之属也，**以义相属。**亲戚之爱，性也。**相亲相爱，性也。**使君亲之察同索，属故也。**索，求也。君亲之于臣子，同求其爱敬矣。故，事也。臣虽属君，当以事亲之故事君。**使人君不安者，属际也。**使君不安其位者，则臣但以义际君，无爱敬故也。**不可不谨也。**臣无爱敬，或化为仇敌，故不可不谨之也。**贤不可威，**威贤则邦国殄瘁。**能不可留。**材能当引用之，不可留之于彼身。**杜事之于前，易也。水，鼎之汨也，**奸凶之事，先其未然而杜❶塞之，则甚易。犹水之在鼎以烹之，食事亦不扰也。**人聚之；壤，地之美也，**由是地美，故人聚之也。**人死之。若江湖之大也，**人所以为君致死者，则君量若湖水之大，无不容纳故也。**求珠贝者不令也。**君之于人，有所简择，若求珠贝之为也，人必去而不令之。**逐神而远热，交觯者不处，兄遗利。**君之于人也，使敬之若逐神，长之若远热。其逐神者，交觯祭祀，不敢留处。其远热也，虽有兄弟

---

❶ "杜"，原作"社"，墨宝堂本、刘绩本同。据赵用贤本改。

之亲，亦遗利而去。君之尊严莫与大，谁敢窥觎之哉？**夫事左**谓人君行事不得正。**中国之人，观危国过君而弋其能者，岂不几于危社主哉！**中国，谓得礼义之中国也。弋，取也。中国之人，见危国过君，不能用贤道为己用，如此则过君之社主近于危。

"**利不可法，故民流；神不可法，故事之。**神亦不得其法，不知神之所在，故畏敬事之。所谓阴阳不测之者也。**天地不可留，故动，化故从新。**天施地化，日夜不息，故能生成不已。以天地变❶不可留停，故动。化其故，以就其新，然亦循❷故之四时，周而复始，而所易之也。**是故得天者高而不崩，**谓得天变化日新之理，故能常保其尊高而不崩坏者也。**得人者卑而不可胜。**得人则众归之，故虽卑不可胜。**是故圣人重之，**谓重天也。**人君重之。**谓重君也。**故至贞生至信，**至贞，正也。谓正心生，则至信生而应之也。**言往至绞，**生绞，谓急言私己。今空以言往而无其实，则至绞己言生而应。**至自有道。**正生则信至，言往则绞来，皆有因而然，故曰至自有道。**不务以文胜情，**以文胜情，情弥虚也。**不务以多胜少，**少是能正，众非故多不能胜之。**不动则望有廧，**君子俨然不动，则望者如墙焉。**旬身行。**旬，均也。君子身行，必令均平正直。

"**法制度量，王者典器也。**理国之常器也。**执故义道，畏变也。**君人执守故义以尊于道者，畏轻躁之人妄有所

---

❶ 刘绩本"变"下有"化"字。
❷ "循"，原作"楯"，墨宝堂本同。据刘绩本、赵用贤本改。

变也。**天地若夫神之动，化变者也，天地之极也。**若能祀神而动，化变流弊，天地之极理，善莫大焉。**能与化起而王用，则不可以道山也。**若能随神化而起，王有天下，其所运用，则不可以常道格之，其富饶取类于山也。**仁者善用，智者善用，非其人则与神往矣。**非其人尚能用之，则明无不用。如此者，可谓通灵合契，契❶神往来也。**衣食之于人也，不可以一日违也，**一日违衣食，生理或几乎不全也。**亲戚可以时大也。**谓时大聚会之，以结其恩意。**是故圣人万民，艰处而立焉。**人者难静而易扰，故圣人处立其上，常有战兢之心，畏难之也。

"**人死则易云，**死者无所为，不忧其为乱，故易云也。**生则难合也。**生者有利欲之心，合而无防，或生奸谋，故难合。**故一为赏，再为常，三为固然。**谓一时行其赐，人则欣赖以为赏。频再为之，则人以为常，谓至此时必当有赏。频三为之，则以为理国当然，无怀愧之心。**其小行之则俗也，**若小行其赏，则人习之以为俗，无过厚之恩也。**久之则礼义。**久而一行厚赏，则人荷德而怀恩，此礼义之正者也。**故无使下当上必行之，**无使下人，每至时承，当君上必行之赏也。**然后移。**

"**商人于国，非用人也。**下既不希上赏，则专意于市，故商人皆移来入国也。**不择乡而处，不择君而使。**商人常随利往来，故不择乡，又不择君。**出则从利，入则不守。**商人出国，唯从利焉。其入国遇寇难，则恇怯而苟免，不为君城

---

❶ "契"，墨宝堂本同。刘绩本、赵用贤本作"与"。

守也。**国之山林也，则而利之。**商人虽不为国用，亦有利于国。犹山林也，则当容受而取其利也。**市尘之所及，二依其本。**市则众聚喧嚣，尤多尘埃。今使工商二族依之以为本，此亦处物之宜也。**故上侈而下靡，**得商贾之利，故上侈下靡。**而君臣相上下。**得商工之用，故依之章，著上下之仪。**相亲，则君臣之财不私藏，**相亲则情公，故不私藏财。**然则贪动，枳而得食矣。**枳棘者，所为拥塞也。农人贪商贾而动者，则多枳塞。其幸者但得贪食而已，无余利也。**徙邑移市，亦为数一。"**其有田邑之人，今移于市，此亦为费数而得一耳也。

问曰："**多贤可云？**"问多贤之理可言不。对[1]曰："**鱼鳖之不食咡者，不出其渊；树木之胜霜雪者，不听于天；**霜雪不能杀，是不听于天也。**士能自治者，不从圣人。**能自理者则有余，不从圣人而求之也。**岂云哉？**能自理，则虽圣人不能致。自斯之外，何可云者？**夷吾之闻之也，不欲，强能**材能之士，心不慕己，勿强引之也。**不服，智而不牧。**士之材智，上不服，则勿养之。**若旬虚期于月津，若出于一明，然则可以虚矣。**布[2]一月日[3]期。津，明润皃。君人之道，当若每旬之虚而任[4]数，自期于来日，既至津然后

出一明矣。如此虚而任数，理足自明❶，人但虚怀接物，贤才自至，亦犹是也。**故厄其道而薄其所予，则士云矣。**士之道艺，则能厄而服之。至人所与，则薄而少之。如此，则必自来，其理可言也。**不择人而予之，谓之好人；不择人而取之，谓之好利。**遇人则与，无所简择，可谓❷多所爱，所爱多不当❸。**审此两者以为处行，则云矣。**两者，谓不择取与不择而取。宁不择而与，用此以为处身之行，则其理可云矣。**不方之政，不可以为国；**不方之政，谓邪也。**曲静之言，不可以为道。**静，谋也。**节时于政，与时往矣。**凡为节度，当合于时。所施政教，与时俱往。**不动以为道，齐以为行。**守正不动以为道；齐整肃然，以此为行也。**避世之道，不可以进取。**"苟避世，则晦明藏用。若无所能，故不可进取。

"**阳者进谋，幾者应感。**显明其事者，欲进而为谋；幾理之动，唯应所感也。**再杀则齐，**一杀尚有参差，必再杀然后可齐。文王再驾伐崇，武王再驾伐纣也。**然后运，可请也？**"既齐则天下服，故请问历数之运，将陟帝位也。"阳者进谋"已下，公问之辞也。**对曰："夫运谋者，天地之虚满也，合离也，**言历运之谋，崇替相因，若天地之有满虚合离，乃理之不可已者也。春夏为合，秋冬为虚。**春秋冬夏之胜也。**若无春秋冬夏之变，则不能相胜而成岁。有道之伐无道，亦犹是也。**然有知强弱之所尤，然后应诸侯取交。**

---

❶ "明"，原作"耶"，墨宝堂本同。据刘绩本、赵用贤本改。

❷ "谓"，原作"谓谓"，墨宝堂本同。据刘绩本、赵用贤本改。

❸ "多不当"，底本无此三字，墨宝堂本同。据刘绩本、赵用贤本补。

尤，殊绝也。谓应运而王者，必有智而强，殊绝于众。若然，诸侯之可以取天下之交。**故知安危，国之所存。以时事天，以天事神，**谓以神礼事也。**以神事鬼。**谓依时而享鬼也。**故国无罪而君寿，而民不杀，智运谋而杂囊刃焉。**虽用智运谋，亦须威以成之，故曰杂。囊，韬也。**其满为感，**感则物应，故满也。**其虚为亡。**亡则物散，故虚也。**满虚之合，有时而为实，**满时为实也。**时而为动。**虚时为动散也。**地阳时贷，**地在阳，时假贷万物精气以长养也。**其冬厚则夏热，其阳厚则阴寒，**厚，谓过于寒热。冬有极寒，夏有极热。夏有极热，冬有极寒。**是故王者谨于日至。**谓冬夏至也。当知二至之寒热也。**故知虚满之所在，以为政令。**知其寒热之虚，为时令以顺之。**已杀生，其合而未散，可以决事。**时冬时，既有肃杀，其萌牙内发欲生也。然其时方寒，合而未有时，可以决断罚罪之事也。**将合可以禺，其随行以为兵。**禺，谓事端初见也。谓夏末初秋之时，寒凉方至，将凝合初见其禺，随此时而行，可以为兵威也。**分其多少，以为曲政。**"兵之所由，各有多少。随其多少，委曲为政。

"请问形有时而变乎？"谓岁年多吉凶之变可知。对曰："**阴阳之分定，则甘苦之草生也。**阴阳之分定于吉，则有甘草生，荠是也；定于凶，则苦草生，葶苈是也。**从其宜，则酸醎和焉，**谓从四时之宜，以酸醎之味和而食焉，若春多酸、冬多醎是也。**而形色定焉，以为声乐。**酸色青，醎色黑。青声角，黑声羽。言定色而生声。**夫阴阳进退，满虚时亡，其散合可以视岁。唯圣人不为岁，**言阴阳满虚，散合可视，知岁之丰荒也。**能知满虚，夺余满补不足，**圣人善识满虚之所在，故夺有余者，补于不足。**以通政事，以赡民常**。减满与虚，万人均平，故能通达政事，赡足于人，使修常通❶。**地之变气，应其所出**；谓地见灾变之气，应其所出之处，设法以禳❷之。**水之变气，应之以精，受之以豫**；水见灾变之气，则当应之以精诚。其祥不弭，当受之者，须预有所防备之也。**天之变气，应之以正**。天见灾变之气，唯守正以应之也。**且夫天地精气有五，不必为沮**。谓五行之时也。其时之气不能必，则为沮败也。**其沤而反其重陔，动毁之进退即此，数之难得者也**。其为沮败也，或才有形而违反者，或迟重滞凝久而不去者，或发动而有所毁伤者，或有乍退❸者。凡此皆灾败之数难得而知之者。**此形之时变也。**”谓岁年之形有变也。

“**沮平气之阳，若如辞静**。言欲沮败平和之阳气，默至而无形声，如辞言之静者。**余气之潜然而动，爱气之潜然而哀，胡得而治动？**”灾之余气潜然发动，爱怜之气已潜然而哀，则气候之动难知者也。故曰“胡得而治动”。自“沮平”已下，公问之辞。对曰：“**得之衰时，位之观之**，得其沮气衰败之时，立分位而观察之。**怡美然后有辉**。怡，深思皃。谓深得其美理，然后情魂悦而皃辉然也。**修之心，其杀以相待**，既知灾气之所召，则修德于心以禳之。其凶杀之至，必有以待之。**故有满虚哀乐之气也**。当察灾而德禳，或满而乐，

---

❶ “通”，墨宝堂本同。刘绩本、赵用贤本作“道”。

❷ “禳”，通“禳”。

❸ 刘绩本、赵用贤本“乍退”上有“乍进”二字。

或虚而哀也。**故书之帝八，神农不与存，为其无位，不能相用。"**

问："运之合满安臧？"《易》之所序五帝，谓伏羲、神农、黄帝、尧、舜。《书》之所记三王，夏、殷、周。然于八帝之中，神农所存事迹独少，则以不为位，以观灾处气又不❶。公问："自今之后，运之合满，何所藏隐，可得知之乎？" **"二十岁而可广，十二岁而聂广，百岁伤神，**管氏对曰："从今之后二十岁，天下安宁，德义可广。又十二岁，代将乱而摄其广。又百岁之后，天下分崩，鬼神之祀绝矣。" **周、郑之礼移矣，**礼移则俗变也。**则周律之废矣，**周之法则坏矣。**则中国之草木有移于不通之野者。**时既战争，废于农事，稼穑之地，荆棘生焉，故草之属移变于不通之野。**然则人君声服变矣，**声，谓乐声。众乱则声服俱变。**则臣有依驷之禄。**依，称也。代衰则臣富，故臣多养驷马，反其受禄，又以称之。**妇人为政，铁之重反旅金。**君幼，则母后为政。铁者，所以为兵器，当重之。谓下而悲识❷，不重铁，反旅陈于金而玩之者也。**而声好下曲，食好醎苦，**谓声之下而悲者，食多醎苦之味者，妇人之所好。**则人君日退。**亟既使妇人为政，则百度昏，人❸之退衰也，岂不亟急哉？**则溪陵山谷之神之祭更应，国之称号亦更矣。**更，改也。国衰则神之祀改，其所应祭国之称号亦更矣。市朝既变，后圣既作，故

---

❶ 刘绩本"不"下有"供"字。赵用贤本"不"下有"用"字。
❷ "悲识"，墨宝堂本同。刘绩本、赵用贤本作"流卑"。
❸ 刘绩本"人"上有"君"字，赵用贤本"人"下有"君"字。

改其号国。**视之亦变，**旌麾之属，目视而取节，今变矣。**观之风气。古之祭，有时而星，**或祭星以祈风气之和者也。**有时而星熙，**熙，星之明。或有祭明星者。**有时而怄，**怄，热甚也。祭，谓此旱热甚而祭。**有时而胸。胸**❶，远也。或远而为来岁祈福而祭之也。**鼠应广之实，阴阳之数也。**鼠，忧也。凡此皆君之忧，人故广为祈福祥而祭之，调阴阳为物也。**华若落之名，祭之号也。**言祭时为物作美号，若花落之莅物，益其光辉。**是故天子之为国，图具其树物也。**"

    管子卷第十二

---

❶ "胸"，原作"胞"，墨宝堂本同。据刘绩本、赵用贤本改。

卷十三

心术上第三十六 | 短语十

　　心之在体，君之位也。心之在体，当身之中，凡身之运为，皆心之所使，故象君位。**九窍之有职，官之分也。**九窍则各有职司，不能以此代彼，若百官之有其分也。**心处其道，九窍循理。**心之君处，常能顺道，则九窍所司，各循理而应也。**嗜欲充益，目不见色，耳不闻声。**君嗜欲充益，动违道则九窍失其由，故目有所不见，耳有所不闻也。**故曰：上离其道，下失其事。**上顺道，则下事得。**毋代马走，使尽其力；毋代鸟飞，使弊其羽翼。毋先物动，以观其则。动则失位，静乃自得。**

　　道不远而难极也，能走者，马也。能飞者，鸟也。今不任鸟马之飞走，而欲以人代之，虽尽力弊翼，而终竟不能尽。以喻君代臣亦然，故曰"不远"；而不得，故曰"难极也"。**与人并处而难得也。虚其欲，神将入舍。**但能空虚心之嗜欲，神则入而舍之。**扫除不洁，神乃留处。**不洁，亦喻情欲。**人皆欲智，而莫索其所以智乎。**所以智者，虚心以循理也。**智乎智乎，投之海外无自夺，**但能虚心修理，其智虽复远投海外，虚心用之，他毋从而夺之也。**求之者不得处之者。**将欲求之智，终不知其处而得之也。**夫正人无求之也，**智既不可得，故人亦无从而求之。**故能虚无。虚无无形谓之**

道；化育万物谓之德；君臣父子人间之事谓之义；人事各有宜也。**登降揖让，贵贱有等，亲疏之体，谓之礼；简物小未一道，杀僇禁诛谓之法。**谓简择于物，未有能与道为一者，乃杀勠禁防之，此法之用也。**大道可安而不可说。**夫道，无形无声者也。体神而安之，则有理存焉。如欲说之，无绪可言。**直人之言，不义不顾，不出于口，不见于色，四海之人，又孰知其则？**谓安道之君子，虽人言其不义，惊然不顾。言既不出于口，理又不见于色。言理既绝，四海之人谁有能知其则义哉？

天曰虚，地曰静，乃不伐。言能体天而虚，顺地而静，则道德全备，故不可伐也。**洁其宫，**宫者，心之宅，犹灵台也。**开其门，**门，谓口也。开口，使顺理而言。下解中门，谓耳目也。**去私毋言，**谓无私言。**神明若存。**宫洁无私，则神存。**纷乎其若乱，静之而自治。**虽纷然而乱，但静而顺之，则自理也。**强不能遍立，智不能尽谋。**忘强与智，然后所谋立能遍而尽。**物固有形，形固有名，名当谓之圣人。**立名当物，所以称圣。**故必知不言无为之事，然后知道之纪。**道以不言无事为纪。**殊形异执，不与万物异理，故可以为天下。**君人者，必殊形异执，与物同理，故可以为天下主。

人之可杀，以其恶死也；若不恶死，虽杀无益。**其可不利，以其好利也。**若不好利，虽不利之，亦无惩也。**是以君子不怵乎好，**怵，止也。不止人好利之情。下解中作怵。**不迫乎恶。**不迫移人恶死之意。**恬愉无为，去智与故。其应也，非所设也；其动也，非所取也。**故，事也。既忘智，则事自去。**过在自用，**自用不顺理，则生过。**罪在变化。**小聪明，变旧章，则成罪也。**是故有道之君，其处也若无知，**寂泊之至。**其应物也若偶之，**若符契自然而合也。**静因之道也。**凡此皆虚静循理之道也。

心之在体，君之位也。九窍之有职，官之分也。此已下，上章之解也，然非管氏之辞。岂有故作难书而复从而解之？前之循制皆不然矣。凡此书之解，乃有数篇。《版法》《势》之属，皆间错不伦，处非其第。据此，则刘向偏❶授之由曰，谓为管氏之辞，故使然也。今究寻文理，观其体势，一韩非之论，而韩有《解老》之篇，疑此《解老》之类也。**耳目者，视听之官也。心而无与于视听之事，则官得守其分矣。夫心有欲者，物过而目不见，声至而耳不闻也。故曰：上离其道，下失其事。故曰：心术者，无为而制窍者也，**心无嗜欲之为，故能制于九窍。**故曰君。无代马走，无代鸟飞，**此言不夺能能，不与下诚也。君之能不预于下之诚，凡为其所能，无不诚。**毋先物动者，摇者不定，趮者不静，**言动之不可以观也。**位者，**谓其所立也。人主者立于阴，阴者静。**静为躁君，故人主立于阴也。**故曰动则失位。**失君位也。**阴则能制阳矣，静则能制动矣。**君亦能制臣矣。**故曰静乃自得。**

道在天地之间也，其大无外，其小无内，所谓大无不苞，细无不入也。**故曰不远而难极也。虚之与人也无间，**虚能贯穿人形，故曰无间。**唯圣人得虚道，故曰并处而难**

---

❶ "偏"，墨宝堂本同。刘绩本、赵用贤本作"编"。

得。世人之所职者，精也。职，主也。言所禀而生者，精
也。去欲则宣，宣则静矣。宣，通也。去欲则虚自行，故
通而静。静则精，精则独立矣。独则明，明则神矣。神
者至贵也，故馆不辟除，则贵人不舍焉，故曰不洁则神
不处。

人皆欲知，而莫索之其所以知，彼也；其所以知，
此也。有此，然后知彼也。不修之此，焉能知彼？无此其具
则不往知彼。修之此，莫能虚矣。虚者无藏也，此既修，
则彼不能虚，诳者无能藏隐故也。故曰：去知则奚率求矣，
率，循也。无知则循理而自求也。无臧则奚设矣。既不能隐
藏，则无策谋可以施设也。无求无设则无虑，无虑则反覆
虚矣。

天之道，虚其无形。虚则不屈，屈，竭也。无形则无
所位赿。赿，逆也。无所位赿，故偏流万物而不变。无物
与之同，故不变。德者，道之舍。物得以生谓道因德以生
物，故德为道舍。生，知得以职道之精。得其生者，主由禀
道之精也。故德者，得也。得也者，其谓所得以然也。得
道之精而然。以无为之谓道，无为自然者，道也。舍之之谓
德。道之所舍之谓德也。故道之与德无间，道德同体，而无
外内先后之异，故曰无间。故言之者不别也。同体，故能不
别。间之理者，谓其所以舍也。道德之理可间者，则有所
舍，所以舍之异也。义者，谓各处其宜也。礼者，因人之
情，缘义之理，而为之节文者也。故礼者，谓有理也。
理也者，明分以谕义之意也。故礼出乎义，义出乎理，
理因乎宜者也。法者，所以同出，不得不然者也。有礼则

有法，故曰同出也。**故杀僇禁诛以一之也。故事督乎法，**督，察也。谓以法察事。**法出乎权，权出乎道。**权道者，事从之而出。

道也者，动不见其形，施不见其德，万物皆以得，然莫知其极，故曰可以安而不可说也。莫人言，至也。人无能言者，理之至也。**不宜言，应也。**有时宜言，则应物故。**应也者，非吾所设，故能无宜也。不顾言，因也。**无所顾思者，因旧故。**因也者，非吾所所顾，故无顾也。**因，旧也。非吾所为，故无顾。**不出于口，不见于色，言无形也。四海之人，孰知其则？言深囿也。**不知深浅之囿城也。

天之道虚，地之道静。虚则不屈，静则不变，不变则无过，故曰不伐。洁其宫，阙其门。宫者，谓心也。心也者，智之舍也，故曰宫。洁之者，去好过也。去欲好之过也。**门者，谓耳目也。耳目者，所以闻见也。**

物固有形，形固有名，此言不得过实，实不得延名。不得无实，虚延其名。**姑形以形，以形务名，督言正名，**姑，且也。且言形者以其形也。**故曰圣人。不言之言，应也。**言则言彼形耳，于我无言。**应也者，以其为之人者也。**人有所为，故圣人得不应。**执其名，务其应，所以成之，应之道也。**物既有名，守其名而命合之，则所务自成，斯应物之道。**无为之道，因也。因也者，无益无损也。**损益者生有为。**以其形，因为之名，此因之术也。**见形而后名，非因而可。**名者，圣人之所以纪万物也。**万物虽多，立名以纪之也。**人者，立于强，**必强然后有所立也。**务于善，**必善然后成人也。**未于能，**能未成者，习而成之。**动于故者也。**凡所运动，必循于故致也。**圣人无之，**谓无宰物之心也。**无之则与物异矣。**物有我无，故异也。**异则虚，**异于有，故虚也。**虚者，万物之始也，**有形生于无形也。**故曰可以为天下始。**圣人体虚，故为天下始也。

人迫于恶则失其所好，迫入于恶，故失于好。怵于好则忘其所恶，为好所怵，故忘其恶。非道也。二者皆非。故曰：不怵乎好，不迫乎恶。恶不失其理，欲不过其情，故曰君子。恬愉无为，去智与故，言虚素也。凡知与言，习从虚素生，则无邪欲也。其应，非所设也；其动，非所取也。此言因也。因也者，舍己而以物舍己而随物，故曰因。为法者也。感而后应，非所设也。缘理而动，非所取也。过在自用，罪在变化。自用则不虚，不虚则仵于物矣。变化则为生，谓有为于营生。为生则乱矣。故道贵因。因者，因其能者，言所用也。就能而用，故曰因也。

君子之处也若无知，言至虚也。其应物也若偶之，言时适也。若影之象形，响之应声也。故物至则应，过则舍矣。舍矣者，言复所于虚也。

心术下第三十七 | 短语十一

形不正者德不来，有诸内必形于外，故德来居中，外形自正。《诗》云："抑抑威仪，惟德之隅。"**中不精者心不治。**精，诚至之谓也。中能诚至，心事自理。**正形饰德，万物毕得。翼然自来，神莫知其极。**正外形，饰内德，则下观而化矣，故万物尽得其理也。**昭知天下，通于四极。**因物之义，可以逆顺，故能昭知天下，自近以及远，通达于四极。**是故曰：无以物乱官，**贪贿则官乱也。**毋以官乱心，**健羡太甚，则心乱也。**此之谓内德。**官货两忘，则内德也。**是故意气定，然后反正。**无欲则意气定，故能反正也。**气者，身之充也；**气以实身，故曰身之充也。**行者，正之义也。**行不违中，正之宜者也。**充不美则心不得，**充不美则气邪，故心乱而不自得也。**行不正则民不服。**行不正则邪枉，故人不服。**是故圣人若天然，无私覆也；若地然，无私载也。私者，乱天下者也。凡物载名而来，圣人因而财之，而天下治。实不伤，**因名而财，则物宜之不爽，故天下之理不伤也。**不乱于天下，而天下治。**天地以及万物皆有理存焉，直莫之乱，则自理矣。

专于意，一于心，耳目端，知远之证。但专意一心，则耳目自端，证知远事也。**能专乎？能一乎？能毋卜筮而知凶吉乎？**惠迪吉，从逆凶，岂劳卜筮而后知乎？**能止乎？能已乎？**谓能止于己分。**能毋问于人而自得之于己乎？**诚己自通，问人致惑，故不问而自得也。**故曰：思之，思之不得，鬼神教之。**诚己思而不得，必有鬼神来教。**非鬼神之力也，其精气之极也。**鬼神虽能教不精极者，令有精极，则神不得不教。岂鬼神能致，其力我也。**一气能变曰精，**谓专一其气，能变鬼神来教，谓之精。**一事能变曰智。**能专一其事，能变而动之，谓智也。**慕选者，所以等事也；**人之来助，或占慕之，或选择之，欲令其事齐等也。**极变者，所以应物也。**物穷则变，变而通之，我之所由。今极于变通之理，应物者也。**慕选而不乱，**慕选则齐洁，故不乱。**极变而不烦，**极变以顺物宜，故不烦也。**执一之君子。执一而不失，能君万物。**一，谓精专也。既精且专，故能君万物也。**日月之与同光，天地之与同理。**所谓与天地合其德，与日月合其明。**圣人裁物，不为物使。**圣人者，裁断于物而使物，不为裁而使己也。

　　心安，是国安也；圣心安，是国安。**心治，是国治也。**圣心治，是国治。**治也者，心也；安也者，心也。**理与安一在于心，然后国从也。**治心在中，**理心在于中，适也。**治言出于口，**则无口过。**治事加于民。**则无枉事。**故功作而民从，则百姓治矣。**功成人服，非理而何？**所以操者，非刑也；所以危者，非怒也。**刑虽能操，怒虽能危，比之于道，犹为末功。物不能离，道无不操，违道必危，是无不危也。**民人操，百姓治，道其本至也。**必每人皆操道，然后百姓理。如此，则道为人本，岂不至哉？**至不至无，**无，虚也。所谓至者，虚之道也。**非所人而乱。**非至虚而为天下主，必乱。**凡在有司执制者之利，非道也。**有司执制，常弃本逐求，滞于刑政，非道也。**圣人之道，若存若亡。**迎之不见其首，随之不见其后，故曰若存若亡也。**援而用之，殁世不亡。**道无形也，无形则无尽时，故殁世不亡也。**与时变而不化，应物而不移，**日用之而不化。无形则无变移之时。

　　人能正静者，筋肕而骨强。能静则和气全，故筋骨肕强也。**能戴大圆者，体乎大方。**必体大方，然后能戴大圆。**镜大清者，视乎大明。**必视大明，然后能镜大清。**正静不失，日新其德。**正静者，则理顺而功立，故其德日新。**昭知天下，通于四极。**既知天下，则远通四极。**金心在中不可匿，**金之为物弥精，心之为用弥明，故比心于金。中苟有如金之心，则征见于外，不可隐匿之也。**外见于形容，可知于颜色。**其见于外，或在形容，或在颜色。**善气迎人，亲如弟兄；恶气迎人，害于戈兵。不言之言，闻于雷鼓。**至道之君，常言之言，则人无不闻，故同于雷鼓。**金心之形，明于日月，察于父母。**金心无不耀，无不知，故明于日月，察于父母。知子无若于父母，故以言焉。**昔者明王之爱天下，故天下可附；暴王之恶天下，故天下可离。故货之不足以为爱，刑之不足以为恶。**货者，爱之末也；刑者，恶之末也。爱恶以为心本也，故货刑为末也。

凡民之生也，必以正乎！正乎则能保全其生。**所以失之者，必以喜乐哀怒。**喜乐哀怒过常，则失其主。**节怒莫若乐，节乐莫若礼，**乐主和，故能节怒。**守礼莫若敬。**礼者，敬而已矣，故敬能守礼也。**外敬而内静者，必反其性。**外敬则合礼，内静则循察，故能反其性。**岂无利事哉？我无利心。岂无安处哉？我无安心。**亦既反性，则忘其利安。虽有利事安处，蔑不足资也。**心之中又有心，**动乱之心中，又有静正之心也。**意以先言。**意感而得言。**意然后刑，**意感其事，然后呈形。**刑然后思，**有形则理可寻，故思之也。**思然后知。**思然后得理，故能知也。

凡心之刑，过知先王，是故内聚以为原。泉之不竭，

内聚思虑，则用之不穷，犹泉之有源，其可竭哉？**表里遂通；泉之不涸，四支坚固。**内和则外道，表里无拥，故若泉之不涸，而四支坚固也。**能令用之，被服四固。**但能用此道者，则四支坚固，被及其身也。**是故圣人一言解之，上察于天，下察于地。**解则无不通物，故能穷于上下。

白心第三十八 | 短语十二

    建当立凡所建，必建其当立者也。**有，以靖为宗，**静则思虑审，为建事之宗。**以时为宝，**建事非时，虽尽善不成，时为事宝也。**以政为仪，**政者，所以节制其事，故为仪。**和则能久。**又必当和同，然后能久也。**非吾仪，虽利不为；非吾当，虽利不行；非吾道，虽利不取。**凡此虽曰有利，非吾仪也、当也、道也，故皆不为之也。**上之随天，其次随人。**所谓应天顺人也。**人不倡不和，**人倡而和，事无不成也。**天不始不随，**后天而奉天则，则举无不违也。**故其言也不废，其事也不随。原始计实，本其所生，知其象则索其刑，**谓君之出言，人乃顺而不废，其行事则有不随。若此者，当原其初始，计其理实，寻本其所生，则其象可知。象既可知，则其形可索也。**缘其理则知其情，**顺理则情自见。**索其端则知其名。**索端则名自形。**故苞物众者，莫大于天地；**万物共在天地之中。**化物多者，莫多于日月；**日，阳也。

月，阴也。物皆禀阴阳之气，然后化之也。**民之所急，莫急于水火。**一日无水火，则生理或有不全。**然而天不为一物枉其时，**冬不为松柏不凋辍其霜雪，夏不为荠麦枯死止其雨露也。**明君圣人亦不为一人枉其法。**周公不以管、蔡之亲休其诛放也。**天行其所行，而万物被其利。**冬行霜雪，夏行雨露，故万物利也。**圣人亦行其所行，而百姓被其利。**行赏于善人，行罚于凶人，故天下清而百姓蒙利也。**是故万物均既夸众矣。**夸，大也。天与圣人无私，故万物均蒙其利，既大而且众也。**是以圣人之治也，静身以待之，物至而名自治之。**循名责实，则下无隐情，故理。**正名自治之，奇身名废。**奇，谓邪，不正。音饥。**名正法备，则圣人无事。**正名法备，则事无阙滞，故圣人无事也。**不可常居也，**居必有时而迁。**不可废舍也，**废舍则百度弛紊也。**随变断事也，**居变则不拥塞也。**知时以为度。**事非其时，则不成也。**大者宽，小者局。**宽则有余，局则不足。**物有所余，有所不足。**以有余补不足，则事平理均也。

兵之出，出于人。人为兵本。**其人入，入于身。**兵而有功，入其赏赐，必反于身。**兵之胜，从于适。**适，和也。所谓师克在和也。**德之来，从于身。**修身则德立也。**故曰：祥于鬼者义于人。**义于人者，则鬼祐之以福祥也。**兵不义，不可。**兵不义而还自害，故不可。**强而骄者损其强，弱而骄者亟死亡。**违礼而骄，无施而可。弱而骄者，则又其戾焉。死之速，不亦宜乎？**强而卑，义信其强；**信，音申。**弱而卑，义免于罪。是故骄之余卑，**于骄有余则弱，弱则卑也。

卑之余骄。于卑有余则强，强则又❶骄。

道者，一人用之，不闻有余；理才用于一人。天下行之，不闻不足。无不足于其人。此谓道矣。多少皆❷足者，道也。小取焉则小得福，大取焉则大得福，尽行之而天下服。殊无取焉，则民反其身，不免于贼。殊无取焉，则动皆违道，故人反背之而贼害也。左者，出者也；左为阳，阳主生，故为出也。右者，入者也。右为阴，阴主死，故为入也。出者而不伤人，入者自伤也。出者既主生，则不当伤人。违而伤人，是还自伤。不日不月，而事以从；但循道而往，不计日月，事已从而成也。不卜不筮，而谨知吉凶。顺道则吉，违道则凶，岂须卜筮后知乎？是谓宽乎刑，徒居而致名。守道者，静默而已，故其身宽闲，徒然而居，能致令名。去善之言，为善之事，事成而顾反无名。若能去言善，直能为善事，其事之成，顾反之者，默然无名也。能者无□❸，从事无事。深能其事者，必不求名，然其从事安然闲暇，若无事然也。审量出入，而观物所载。谓凡出命令，当观物载之所堪，然后当量而出之也。孰能法无法乎？始无始乎？终无终乎？弱无弱乎？凡此皆谓为而忘之者也。故曰：美哉岪岪。岪岪，兴起皃。谓能为而不为，有契于道。如此，则功美日兴，故曰美哉岪岪。故曰：有中有中，举事虽得其中，而不为中，乃是有中也。孰能得夫中之衷乎？得

---

❶ "又"，原作"天"，据墨宝堂本、刘绩本、赵用贤本改。
❷ "皆"，原作"昔"，据墨宝堂本、刘绩本、赵用贤本改。
❸ "□"，墨宝堂本同。刘绩本、赵用贤本作"名"。

于中之损折中者，其唯忘中乎？故曰：**功成者隳，名成者亏。**故曰：**孰能弃名与功，而还与众人同？**君弃功名，则与众不异。同于物者，谁能害之者也？**孰能弃功与名，而还反无成？**弃功名，则无所成名。**无成，有贵其成也；**能贵无成，乃是成也。**有成，贵其无成也。**若其贵成，乃是无成。**日极则仄，月满则亏。**极之徒仄，满之徒亏，谓月。**巨之徒灭。**谓能立大功也。**孰能已无已乎？效夫天地之纪。**天地，忘形者也。能效天地者，其唯忘己乎！

人言善亦勿听，人言恶亦勿听。誉之不劝，非之不沮。**持而待之，空然勿两之，淑然自清。**但无心而待，则淑然和美，善恶自清也。**无以旁言为事成，察而征之，无听辩。**无以旁誉之言，则以为事成功。无听其利口之辩言悦之也。**万物归之，美恶乃自见。**万物之归，当顺而客❶之，其美之与恶，终自显见也。**天或维之，地或载之。**天莫之维，则天以坠矣；地莫之载，则地以沉矣。**夫天不坠、地不沉，夫或维而载之也夫！**天张于上，地设于下，自古及今而不沉坠者，必有神灵维载之故。又况于人，人有治之，辟之若夫鼍鼓之动也。必有以而动也。**夫不能自摇者，夫或摇之。**无识之物，皆不能自摇。有时而动，则物摇之也。**夫或者何？若然者也。**风有时摇动，谁使然也？**视则不见，听则不闻，谓风。洒乎天下满，**风之洒❷散满天下也。**不见其塞。**风无拥塞时也。**集于颜色，**寒者遇风则色惨，热者遇

---

❶ "客"，墨宝堂本、刘绩本同。赵用贤本作"容"。
❷ "洒"，原作"酒"，据墨宝堂本、刘绩本、赵用贤本改。

之则清也。**知于肌肤，**惟肌肤能觉风。**责其往来，莫知其时。**责问其往来，则不得正时。**薄乎其方也，**谓遇方则为方。**韕乎其圜也，**韕，复克。谓遇圜则为圜也。**韕韕乎莫得其门。**虽复圜转，终不见其门也。**故口为声也，耳为听也，目有视也，手有指也，足有履也，事物有所比也。**今夫口、手、目、足，各有其在，非徒然也，必精神之比。夫事物之动摇，则风使之然。然求风则不得，语神亦不见之也。**当生者生，当死者死，**或死或生，亦神为之主。**言有西有东，各死其乡。**虽其所居有东西之异，至于各死其乡，则无不均也。

置常立仪，能守贞乎？人人理，则置之常法，立之仪则，而勿失者，可谓正乎！**常事通道，能官人乎？**有能守其常事，随时变通，不违于道。如此者，可以官于人。**故书其恶者，言其薄者。上圣之人，**圣，通也。既设法以教之，立官以主之，犹有恶薄而不化者，则书而陈之居上者，然后化而通之也。**口无虚习也，手无虚指也，物至而命之**口之习也，手之指也，终不徒然。必以事物之至，或以手指之，或以口命之。**耳。发于名声，凝于体色，此其可谕者也。**名声之至耳，能❶之内流于心，外凝结于体色。如此者，性之敏惠，故可以德义告谕也。**不发于名声，不凝于体色，此其不可谕者也。**不发不凝，所谓顽鄙者也，故不可告谕也。**及至于至者，教存可也，教亡可也。**谓人可诱，令至于所欲至。如此者，存亡教，故教存亦可，教亡亦可也。**故曰：济**

---

❶ "能"，墨宝堂本、刘绩本同。赵用贤本作"听"（聽）。

于舟者，和于水矣；<small>水和静无有波浪，则能济舟。</small>义于人者，祥其神矣。<small>与人理相宜，则神与之福祥也。</small>

事有适而无适，<small>事虽有所适，可常者若无适然。</small>若有适。髑解不可解，而后解。<small>虽时有适，潜默周密，人莫知其由❶然。结必待髑而后解。髑，所以解结也。</small>故善举事者，国❷莫知其解。<small>周密若结，故不能知其解。</small>为善乎，毋提提；为不善乎，将陷于刑。<small>提提，谓有所扬举也。欲为善乎，则人以我谦退无所举。欲为不善，又恐陷于刑罚也。</small>善不善，取信而止矣。<small>善与不善，足以为物所信则止矣。此言可以为善、不善之取也。</small>若左若右，正中而已矣。县乎日月，无已也。<small>左阳，谓善也。右阴，谓不善也。言处阴阳之中，得其正而止。若能常得中，则各与日月俱悬，而无已时也。</small>愕愕者，不以天下为忧；<small>愕愕守正者忘天下，故不忧也。</small>刺刺者，不以万物为策。<small>刺刺操求，自谓智谋之士。能忘智，当操求物理而经营，功为策也。</small>孰能弃刺刺而为愕愕乎？<small>智者劳，而失惠忘德者佚而归之也。</small>

难言宪术，须同而出。<small>凡为法术必重难，须同众心，然后出之矣。</small>无益言，无损言，近可以免。<small>损益之事，当潜而为之。又曰何谋，此慎密之至。</small>故曰：知何知乎？谋何谋乎？<small>虽知之，常曰何知。虽谋之，常曰何谋。此慎密之至。</small>审而出者彼自来。<small>审而出者，必同于彼，故自来。</small>自知曰稽，<small>自知则能考彼矣。</small>知人曰济。<small>知人则能，可以济同，不以和</small>

<small>❶ "由"，原作"田"，据墨宝堂本、刘绩本、赵用贤本改。</small>
<small>❷ "国"下，墨宝堂本、刘绩本、赵用贤本有"人"字。</small>

济同也。**知苟适，可为天下周。**自知能稽，知人能济，所谓适也。若此可为天下之周慎也。**内固之一，可为长久。**适可以知，内自固之，则长久。**论而用之，可以为天下王。**既固于心，度时论用，如此可以为天下王。

　　天之视而精，既可王天下，则于天道，故视天能精之也。**四壁而知请，**四壁，《周礼》所谓"四珪有邸"者也，祭天所奠也，固❶邸于壁，故曰四壁。既能知天，则祭以四壁，而祈请其福祥也。**壤土而与生，**天既降福，故壤土为之生百谷也。**能若夫风与波乎？唯其所欲适。**风动波应，大小唯所欲适。天地之应圣人，亦犹❷是也。**故子而代其父曰义也，臣而代其君曰篡也。**臣代于君，必是篡夺而取也。**篡何能歌？武王是也。**而武王以臣代君，则非篡也。谓之篡之，岂能使纣之众前歌后舞乎？则武王以臣代君，于理是也。**故曰：孰能去辩与巧，而还与众人同道？**武王伐纣，所以不为篡者，则以纣恃其辩巧，自异于物，逆天绝理，毒流四海故也。向能去其辩巧，与众同道，何武王之敢窥哉？虽欲伐之，故得篡名。**故曰：思索精者明益衰，德行修者王道狭，**思索太精则矜名，故王道狭也。**卧名利者写生危。**卧，犹息也。写，犹除也。能息名利，则除身之危。**知周于六合之内者，吾知生之有为阻也。**周其智于六合则神伤竭，故于其生有阻难也。**持而满之，乃其殆也。**持满者善覆，故危也。**名满于天下，不若其已也。**名满于天下，则花扬而实衰。**名进**

---

❶ "固"，墨宝堂本同。刘绩本、赵用贤本作"同"。

❷ "犹"（猶），原作"洒"，据墨宝堂本、刘绩本、赵用贤本改。

而身退，天之道也。未有能名身俱进者。**满盛之国，不可以仕任**；满盛则败亡，故不可任其仕也。**满盛之家，不可以嫁子**；嫁子于满盛之家，则与之俱亡。**骄倨傲暴之人，不可与交**。交于骄暴，则危亡及己也。

道之大如天，无不覆也。**其广如地**，无不载也。**其重如石**，万人之力不能举也。**其轻如羽**。一人载之不为重。**民之所以知者寡**。**故曰：何道之近而莫之与能服也？**服，行也。**弃近而就远，何以费力也？**道近在身，不能求之于己，而望之于人，终无得时，故曰费力也。**故曰：欲爱吾身，先知吾情**。知己情，则能自保其身。**君亲六合，以考内身**。遍六合之种，一一考之于身，身皆备之，则何须弃身而远之也？**以此知象，乃知行情**。于身知象，乃知可行之情。**既知行情，乃知养生**。知行情则不违理，不违理则生全，故曰"乃知养生"。**左右前后，周而复所**。行身之道，或从左右，或从前后，行之既周，还复本所也。**执仪服象，敬迎来者**。执常仪，行常象，将来可行之理，敬而迎之。**今夫来者，必道其道**。上道从也，将来之理，必道而来从也。**无迁无衍，命乃长久**。理既从道而来，但遵而行之，无迁移，无宽衍，勤而为之，则命久长也。**和以反中，形性相葆**。事既安和，反归❶中理，如此则形全性顺，故能相保也。**一以无贰，是谓知道。将欲服之，必一❷其端而固其所守**。固守则道自行。**责其往来，莫知其时**。若贵生之，往来则其不定。**索之**

---

❶ "归"（歸），原作"理"，据墨宝堂本、刘绩本、赵用贤本改。
❷ "一"字原无，墨宝堂本同。据刘绩本、赵用贤本补。

于天，与之为期。求性命之理于天，则期时可知也。**不失其期，乃能得之。** 既不失其则，性命之理得也。

故曰：**吾语若，大明之极，** 若，女也。大明之极，谓大❶也。**大明之明，非爱人不予❷也。** 爱，惜也。非有所隐情于人而不与之也。**同则相从，反则相距也。** 与天同则从，反则距也。**吾察反相距，吾以故知古从之同也。** 察今反则有距，故知古之从者，以其同也。

管子卷第十三

---

❶ "大"，墨宝堂本、刘绩本同。赵用贤本作"天"。

❷ "予"，原作"矛"，据墨宝堂本、刘绩本、赵用贤本改。

卷十四

水地第三十九 短语十三

地者，万物之本原，诸生之根菀也，苑，圃，城也。美恶、贤不肖、愚俊之所生也。谓生于地。水者，地之血气，如筋脉之通流者也。水言材美具备，其润泽若气，以支持于地若筋，分流地上若脉也。故曰：水具材也。言水材美具备。

何以知其然也？曰：夫水，淖弱以清，而好洒人之恶，仁也。淖，和也。恶，垢秽也。视之黑而白，精也。视其色虽黑，及挥扬之则白如者，精也。量之不可使概，至满而止，正也。以意量之，则不多少之况❶。注于器，满则止，不可加剩。如此者，正也。唯无不流，至平而止，义也。方圆邪曲，无所不流。平则止，不可增高。如此者，义也。人皆赴高，己独赴下，卑也。卑也者，道之室，王者之器也，道以卑为室，王以卑为器也。而水以为都居。都，聚也。水聚居于下，卑也。准也者，五量之宗也。水可为下，准五量，取则焉，故为五量之宗也。素也者，五色之质也。无色，谓之素。水虽无色，五色不得不成，故为五色质也。

---

❶ "不多少之况"，墨宝堂本同。刘绩本、赵用贤本作"多少不可以概"。

淡也者，五味之中也。无味，谓之淡。水虽无味，五味不得不平也，故为五味中也。是以水者，万物之准也，万物取平焉，故曰准也。诸生之淡也，能济诸生以过[1]中，故曰淡也。违非得失之质也，得亦自水生焉，失亦自水生焉，故为得失之质。是以无不满、无不居也。集于天地，雨从天降，而亦有河汉，故水集于天地。而藏于万物，动植之物，皆含液也。产于金石，拣金于水。山石之穴或有溜泉焉。集于诸生，诸合生类，皆得水而长之。故曰水神。莫不有水焉，不知其所，故谓之神也。集于草木，根得其度，得其生之度。华得其数，得其荣落之数。实得其量。得其有熟之量。鸟兽得之，形体肥大，羽毛丰茂，文理明著。万物莫不尽其幾、幾，谓从无以适有也。反其常者，常，谓长旨[2]之常数也。水之内度适也。内度，谓潜润之度也。

夫玉之所贵者，九德出焉。夫玉温润以泽，仁也；邻以理者，知也；邻，近也。玉文相适近理，各自通。如此，智也。坚而不蹙，义也；蹙，屈聚也。如此，义也。廉而不刿，行也；鲜而不垢，洁也；折而不挠，勇也；瑕适皆见，精也；瑕适，玉病也。以其精纯，故不掩瑕适。茂华光泽，并通而不相陵，容也；叩之，其音清搏彻远，纯而不杀，辞也。象古君子之辞也。是以人主贵之，藏以为宝，剖以为符瑞，九德出焉。人主所以宝而藏之为符瑞，九德之故。

---

❶ "过"（過），墨宝堂本同。刘绩本、赵用贤本作"适"（適）。
❷ "旨"，墨宝堂本同。刘绩本、赵用贤本作"育"。

人，水也。男女精气合而水流形。阴阳交感，流布成形也。三月如咀。咀者何？曰五味。五味者何？咀咀，口和嚼之，谓三月之胚浑初凝，类口所嚼食也。曰五藏。五味出于五藏后❶也。酸主脾，咸主肺，辛主肾，苦主肝，甘主心。五藏已具，而后生肉。脾生隔，隔在脾上也。肺生骨，肾生脑，肝生革，革，皮肤也。心生肉。五肉已具，而后发为九窍。脾发为鼻，肝发为目，肾发为耳，肺发为窍。五月而成，十月而生。生而目视，耳听，心虑。目之所以视，非特山陵之见也，察于荒忽。耳之所听，非特雷鼓之闻也，察于淑湫。心之所虑，非特知于麤粗也，察于微眇。故脩要之精。言精思是理，脩要妙之精也。是以水集于玉，而九德出焉；凝蹇而为人，蹇，停也。言精液凝停则为人也。而九窍五虑出焉。五虑，谓耳、目、鼻、口、心也。此乃其精也。言九窍五虑是身之精也。粗浊蹇，能存而不能亡者也。谓人之禀气粗浊而蹇，但能存而不能亡也。

伏暗能存而能亡者，蓍龟与龙是也。言龟龙禀气微妙，悠远而暗冥，故能存亡而为变化也。龟生于水，发之于火，谓卜者以火钻灼之。于是为万物先，为祸福正。谓龟得水火之灵，故先知于万物，识祸福之正也。龙生于水，被五色而游，故神。得水不测之灵，故神。欲小则化如蚕蠋，蠋，藋❷中虫。欲大则藏于天下。言能隐覆天下。欲上则凌于云气，尚，上也。欲下则入于深泉。变化无日，随时而

---

❶ "后"（後），原作"酸"，墨宝堂本同。据刘绩本、赵用贤本改。
❷ "藋"，墨宝堂本同。刘绩本、赵用贤本作"藿"。

变，不期于日。**上下无时，谓之神。龟与龙，伏暗能存而能亡者也。**

或世见，谓下谷不徙，水不绝之也。**或世不见者，**谓涸川，水有时而绝。**生蟡与庆忌。**世见生庆忌，世不见生蟡也。**故涸泽数百岁，谷之不徙，水之不绝者，生庆忌。**谓涸泽之中，有谷有水，谷不徙而水不绝也。**庆忌者，其状若人，其长四寸。衣黄衣，冠黄冠，戴黄盖，乘小马，好疾驰。以其名呼之，可使千里外，一日反报。此涸泽之精也。涸川之精者，生于蟡。蟡者，一头而两身，其形若蛇，其长八尺。以其名呼之，可以取鱼鳖。此涸川水之精也。**

是以水之精粗浊塞，能存而不能亡者，生人与玉；伏暗能存而亡者，著龟与龙；或世见，或不见者，蟡与庆忌。故人皆服之，谓服用水。**而管子则之；**言管子独能知水法则也。**人皆有之，**莫不有水。**而管子以之。似**❶，用也。言管子独能用水也。

是故具者何也？水是也。言水无理不具也。**万物莫不以生，**得水以生。**唯知其托者能为之正。具者，水是也。**托，依也。能知水理之所依者，能正于万物，故理之具者水也。**故曰：水者何也？万物之本原也，诸生之宗室也，美恶、贤不肖、愚俊之所产也。**

何以知其然也？夫齐之水道躁而复，故其民贪粗而好勇。以水道回复，故令人贪。以其躁速，故令人粗勇也。

---

❶ "似"，墨宝堂本同。刘绩本、赵用贤本作"以"。

楚之水淖弱而清，**故其民轻果而贼**。以其淖弱，故轻佚。清则明察，故人果贼也。**越之水浊重而洎，故其民愚疾而垢**。洎，浸也。浊重故愚，浸则多所渐入，故疾垢也。**秦之水泔最而稽，埈滞而杂**，最，绝也。稽，停留也。谓秦水绝甘而味停留，又泥埈沉滞，与水相杂也。**故其民贪戾，罔而好事**。以其泔而稽，故贪戾。以其滞杂，故诬而好事。**齐晋之水枯旱而运，埈壖❶而杂**，齐晋，谓齐之西而晋之东。枯旱，谓其水惨涩而无光也。**故其民谄谀葆诈，巧佞而好利**。以其运，故谄谀。以其枯旱，故葆诈。以其埈杂，故巧佞而好利。**燕之水萃下而弱，沉滞而杂，故其民愚戆而好贞，轻疾而易死**。沉故愚戆而好贞，萃杂故轻疾而易死也。**宋之水轻劲而清，故其民间❷易而好正**。轻故易清，劲故好正也。**是以圣人之化世也，其解在水**。言解人之邪正，尝水而知。**故水一则人心正，一，谓不杂。水清则民心易**。一则欲不污，人心既一，故欲不污秽。**民心易则行无邪**。易直则无邪也。**是以圣人之治于世也，不人告也，不户说也，其枢在水**。枢，主运转者也。言欲转化于人，但则水之理，故曰其枢在水也。

---

❶ "壖"，刘绩本、赵用贤本同。墨宝堂本作"滞"（滯）。
❷ "间"（閒），通"简"（簡）。

四时第四十 | 短语十四

管子曰：令有时，王者命令，必有其时。无时则必视顺天之所以来。视，谓观而察之。若不得时，则必观察其所致，改革以顺天❶道之来也。五漫漫，六惛惛，孰知之哉？漫漫，旷远皃。惛惛，微暗皃。五，谓每时之时五政，其理旷。六，谓阴阳四时，其理微暗。既漫且惛，故知之者少也。唯圣人知四时。不知四时，乃失国之基。不知五谷之故，国家乃路。路，谓失其常居。故天曰信明，地曰信圣，言能信顺天地之道，则而行之者，曰明曰圣也。四时曰正。顺行四时之令曰正也。其王信明圣，其臣乃正。君明圣，则能用贤材，故正也。

何以知其王之信明信圣也？曰：慎使能而善听信之。谓能听信贤材之人。使能之谓明，使任贤能则为明也。听信之谓圣。既听其言，又信其事，所以为圣。信明圣者，皆受天赏。信明者，天福也。使不能为惛，既使不能，所以为惛。惛而忘也者，皆受天祸。惛忘则动皆违理，故授天殃也。是故上见成事而贵功，则民事接劳而不谋。谓君见下

❶ "天"，原作"尺"，据墨宝堂本、刘绩本、赵用贤本改，解释正文"顺天之所以来"。

有成，则能贵赏其功，是上能以恩接人事，故虽下劳，不谋上报其事也。**上见功而贱，则为人下者直，**恃其功劳，故肆直也。**为人上者骄。**不恤下功，则以骄悖故也。**是故阴阳者，天地之大理也；**天地用阴阳为生成。**四时者，阴阳之大径也；**阴阳更用于四时之间，为纬也。**刑德者，四时之合也。**德合于春夏，刑合于秋冬。**刑德合于时则生福，诡则生祸。然则春夏秋冬将何行？**

东方曰星，东方阴阳之气和杂之时，故为星。星亦不定于阴阳也。**其时曰春，**春，蠢也。时物蠢而生也。**其气曰风。**阳动而阴寒为风也。**风生木与骨，**木为风而发畅，骨亦木之类也。**其德喜嬴而发出节出，**生也。言春德喜悦长嬴，为发生之节也。时。**其事号令，修除神位，谨祷弊梗。**梗，塞也。时方开通，而有弊败梗塞者，则祷神以通道之。**宗正阳，**春，阳事，故以正阳为宗。**治堤防，**夏多水潦，故于春预修堤防。**耕芸树艺，正津梁，**谓正桥梁也。**修沟渎，甃屋行水。**甃者，修屋坏。时方溉灌，依次行而用。**解怨赦罪，通四方。**凡此皆助发生之气。**然则柔风甘雨乃至，**柔，和也。**百姓乃寿，百虫乃蕃，此谓星德。**星以和为德也。**星者掌发为风，**掌，主也。主以风发生。**是故春行冬政则雕，**肃杀之气乘之，故雕落也。**行秋政则霜，**秋霜降时也。**行夏政则欲。是故春三月，以甲乙之日发五政。**甲乙统春之三时也。**一政曰：论幼孤，舍有罪。二政曰：赋爵列，授禄位。**列，次也。**三政曰：冻解，修沟渎，复亡人。**人之逃亡者，还复之。**四政曰：端险阻，**路有险阻，理之使端平也。**修封彊❶，正千伯。**千伯，即阡陌也。**五政曰：无杀麑夭，毋蹇华绝芋。**蹇，拔也。芋之属，其根经冬不死，不绝之也。**五政苟时，春雨乃来。**

南方曰日，南方太阳，故为日也。**其时曰夏，**夏，假也。谓时物皆假大也❷。**其气曰阳。**夏之气也。**阳生人❸与气。**阳为郁热敲蒸，故为火气也。**其德施舍修乐。**施舍，谓施爵禄，舍通❹罪。修乐，谓作乐以修转❺也。**其事号令，赏赐赋爵，受禄顺乡。**顺乡，谓不违土俗之宜也。**谨修神祀，量功赏贤，以动阳气。**阳气主仁，故行恩赏以助之也。**九暑乃至，**九暑，谓九夏之暑也。**时雨乃降，五谷百果乃登，此谓日德。**日以照育为德也。

中央曰土，土位在中央，而寄王于六月，承火之后，以土火之子故也，而统于夏，所以与火同章也。**土德实辅四时，**入出王在四时之季，与之入出。**以风雨，节土益力。**土德雨遍，益其生植之力。**土生皮肌肤，**土所生木，实成皮与肌肤。**其德和平用均，**土无不载，无不生，故和而用均也。**中正无私，**位居中正，无偏私。**实辅四时。春赢育，夏养长，秋聚收，冬闭藏。**言上之四时，皆土之所辅成也。**大寒乃极，国家乃昌，四方乃服，**言土辅四时，使均成，然后寒极而成岁，国昌民服。**此谓岁德。**言土能成岁之德也。**日掌**

---

❶ "彊"，通"疆"。
❷ "也"，原作"大"，墨宝堂本同。据刘绩本、赵用贤本改。
❸ "人"，墨宝堂本同。刘绩本、赵用贤本作"火"。
❹ "通"，墨宝堂本同。刘绩本、赵用贤本作"遁"。
❺ "转"（轉），墨宝堂本同。刘绩本、赵用贤本作"辅"（輔）。

赏，**赏为暑。**得赏则热，热故为暑。**岁掌和，和为雨。**和则阴阳交，故为雨。

夏行春政则风，风主春故。**行秋政则水，行冬政则落。**霜气肃杀，故凋落也。**是故夏三月，以丙丁之日发五政。一政曰：求有功，发劳力者而举之。二政曰：开久坟，**久坟壅之处，开通之也。**发故屋，辟故窌以假贷。**辟，开也。**三政曰：令禁扇去笠，**禁扇去笠者，不欲令人御盛阳之气。**毋扱免，**禁扱衽免袒者，亦不欲人恶恶❶阳之气也。**除急漏田庐。**田中之庐欲漏之，不欲人恶盛阳之气也。**四政曰：求有德，赐布施于民者而赏之。五政曰：令禁罝设禽兽，**谓设置以取禽兽也。**毋杀飞鸟。**五政苟时，夏雨乃至也。

西方曰辰，辰，星月❷交会也。秋，阴阳适中，故为辰。**其时曰秋，**秋，揫也。时物成熟，揫敛之。**其气曰阴，**秋之气也。**阴生金与甲。**阴气疑❸结坚实，故生金为爪甲也。**其德忧哀，静正严顺，**秋气凄恻，故以忧恤哀怜为德。静正，阴之性也。严顺，谓德虽严，然顺时而为之也。**居不敢淫佚。**顺秋气而静居，不敢为淫逸过失也。**其事号令，毋使民淫暴，顺旅聚收。**谓顺时理军旅，聚而收之也。**量民资以畜聚，赏彼群干，**众有武干，人当赏之。**聚彼群材，**材，谓可以充兵器之材，当收聚之。**百物乃收，使民毋怠。**时云收

---

❶ "恶"，墨宝堂本同。刘绩本、赵用贤本作"盛"。

❷ "月"，墨宝堂本、刘绩本、赵用贤本作"日"。

❸ "疑"，通"凝"。

敛，出师故聚装，人无懈怠。**所恶其察，所欲必得，**察所恶之方而伐之，则得其所欲也。**我信则克，**我既诚信，故能免**❶**敌。**此谓辰德。**辰以收敛杀奸邪为德也。**辰掌收，收为阴。**收，聚。冬闭藏，故为阴。

秋行春政则荣，春发荣也。**行夏政则水，**夏多行水潦也。**行冬政则耗。**冬肃杀损耗也。**是故秋三月，以庚辛之日发五政。一政曰：禁博塞，**博塞长奸邪，故禁之。**围小辩、斗译詻。**小辩则利口覆国，及译传言语相疾忌为斗讼者，皆当禁围之也。**二政曰：毋见五兵之刃。**时或出师掩袭，故藏五兵之刃也。**三政曰：慎旅农，趣聚收。四政曰：补缺塞坼。**师旅营农，当慎收之。秋方闭藏，故令补塞缺坼也。**五政曰：修墙垣，周门闾。**亦所以助闭藏之气。**五政❷苟时，五谷皆入。**

北方曰月，北方太阴，故为月也。**其时曰冬，**冬，中也。谓藏收万物于中也。**其气曰寒，**冬之气也。**寒生水与血。**寒释则水流。血亦水之类。**其德淳越，温怒周密。**冬时花叶凋落，唯根干存焉，故以淳质为德。越，散也。冬既闭藏，时则入于各啬，故令散施为德。虽复阴怒，当节之以温。周密者，众阴之闭藏也。**其事号令，修禁徙民，令静止，**时方休息，故禁人私徙，令为静止也。**地乃不泄。**冬令行，故地不泄也。**断刑致罚，无赦有罪，以符阴气。**阴气主杀，

---

❶ "免"，墨宝堂本同。刘绩本、赵用贤本作"克"。

❷ "政"，原作"攻"，据墨宝堂本、刘绩本、赵用贤本改。篇内上文、下文有"五政苟时"之句。

故断刑致罪以符之。大寒乃至，甲兵乃强，五谷乃熟，国家乃昌，四方乃备，此谓月德。月以闭藏罚罪为德也。

月掌罚，罚为寒。罚则杀物，故为寒也。冬行春政则泄，春阳，气发泄也。行夏政则露，夏，雷霆行。行秋政则旱。谓冬气旱早也。是故春凋，秋荣，冬雷，夏有霜雪，此皆气之贼也。气反时则为贼害也。刑德易节失次，则贼气遫至。贼气遫至，则国多灾殃。是故圣王务时而寄政焉，谓顺时而立政。作教而寄武焉，因教而习武也。作祀而寄德焉。谓设祭以显德，则神歆也。此三者，圣王所以合于天地之行也。天地之行，唯此三者而已。

日掌阳，月掌阴，星掌和。阳为德，阴为刑，和为事。是故日食则失德之国恶之，月食则失刑之国恶之，彗星见则失和之国恶之，失则当受罚，故其所失，各以其所类而兴恶也。风与日争明则失生之国恶之。日恶风且热，旱灾成矣，方生之物皆枯悴矣。此失生德也，故失生之国恶也。是故圣王日食则修德，月食则修刑，彗星见则修和，风与日争明则修生。此四者，圣王所以免于天地之诛也。信能行之，五谷蕃息，六畜殖而甲兵强。治积则昌，暴虐积则亡。

是故冬三月，以壬癸之日发五政。一政曰：论孤独，恤长老。二政曰：善顺阴，修神祀，赋爵禄，授备位。三政曰：效会计，毋发山川之藏。山藏，谓铜银之属藏在山者。川藏，谓珠玉之属藏在川者也。四政曰：摄奸遁、得盗贼者，有赏。五政曰：禁迁徙，止流民，圉分异。分异，谓离居者。五政苟时，冬事不过，所求必得，所恶必伏。

道生天地，道者，自然能生天地也。**德出贤人。**德者，贤人所修为，故能生贤也。**道生德，**法道则成德也。**德生正，**德修则理自正。**正生事。**正直则事干。**是以圣王治天下，穷则反，终则始。德始于春，长于夏。刑始于秋，流于冬。**谓刑于冬而休息也。**刑德不失，四时如一。**皆顺时而成，故如一。**刑德离乡，时乃逆行，**乡，方也。**作事不成，必有大殃。月有三政，**月三旬，政异，故曰三政也。**王事必理，以为必长。**王者行事，必顺三政之理，然后可以长久。**不中者死，失理者亡。**中，犹合也。不合三政者则死，违失其理必败亡。**国有四时，固执王事。**固执四时之政，以辅行王事。**四守有所，**谓守四时，令得其所。**三政执辅。**执月三❶之政，辅行己德也。

五行第四十一 | 短语十五

一**者本也，**本，农桑也。**二者器也，**器，所以理农桑之具也。**三者充也，**充，谓人力能称本与器也。**治者四也，**人既务本，设治以理之也。**教者五也，**人既奉法，则以礼义教之。**守者六也，**人既奉法从教，则设官以守之。**立者七也，

---

❶ "月三"，原作"三月"，据墨宝堂本、刘绩本、赵用贤本改。"月三之政"，即上文所说的"月有三政"。

既设官以守之，则能立事。**前者八也，**既能立功立事，可与前王比隆。**终者九也。**既能与前王比隆，可谓王道之终也。**十者然后具五官于六府也，**立五行之官，分掌六府也。**五声于六律也。**谓播五声于六律也。

六月日至，阳生至六，为夏至。阴生至六，为冬至。**是故人有六多。**阳至六，为纯阳之多也。阴至六，为纯阴之多也。禀阴阳之纯以生，故曰人有六多。**六多，所以街天地也。**街，犹阳阴多也。**天道以九制，**九，老阳之数。以老阳制天，所以君长之也。**地理以八制，**八❶，少阴之数。以少阴制地，欲其生息也。**人道以六制。**六者，兼三材之数。人禀天地❷阴阳之气以生，故以制人。**以天为父，以地为母，以开乎万物，**父母开通，以生万物。**以总一统。**总持其本，以统万物也。**通乎九制、六府、三充，而为明天子。**言能总一统九制已下，可谓明天子。

修概水，上以待乎天董。董，诚也。言天子能以中正自修，以概自平，上待天诚也。**反五藏以视不亲。**又亲反察于五藏，以视知何者不亲也。**治祀之，下以观地位。**理于祭祀之时，于其所祭之下，观知地位之尊卑也。**货暿神庐，合于精气。**神庐，谓庙祠也。日所次隔曰暿。言祭神庐之时，或荐珍货，虽已奠于地，复以日次隔之，所以为精祥也。如此者，所以招合鬼神精气之道也。**已合而有常，**神既合聚而绘祐，则风雨得其常也。**有常而有经。**风雨有常，百货成而常经不

---

❶ "八"，原作"入"，据墨宝堂本、刘绩本、赵用贤本改。

❷ "地"，原作"也"，据墨宝堂本、刘绩本、赵用贤本改。

失也。**审合其声，修十二钟，以律人情。**不失其经，则庶绩咸通，故可审合理世之声，以成安乐之音，然后十二钟以播其音。音之高下，皆法人情。律，法也。**人情已得，万物有极，然后有德。**得人情则物理极。极于物理，可谓有德也。

故**通乎阳气，所以事天也，经纬日月，用之于民。**天气以积阳成德，故通阳气然后能事天。又经纬日月之时候，使人用之也。**通乎阴气，所以事地也，经纬星历，以视其离。**地以积阴成体，故通阴气然后能事地。又经纬星历之节气，视知其离绝也。**通若道然后有行，**言能通上阴阳天地之道，然后所行不失也。**然则神筮不灵，神龟衍不卜，**既通天地之道，则所行无不当，故龟筮不能为卜兆。**黄帝泽参，治之至也。**黄帝虽通天地之道，不使参问曰泽，以得万灵之情，可谓理之至也。

昔者黄帝得蚩尤而明于天道，得大常而察于地利，得奢龙而辩于东方，得祝融而辩于南方，得大封而辩于西方，得后土而辩于北方。黄帝得六相而天地治，神明至。蚩尤明乎天道，故使为当时。谓知天时之所当也。大常察乎地利，故使为廪者。廪，给也。谓开廪以给人也。奢龙辨乎东方，故使为土师。土师，即司空也。祝融辨乎南方，故使为司徒。谓主徒众使务农也。大封辨于西方，故使为司马。主兵马以出征。后土辨乎北方，故使为李。李，狱官也。取使象水平之也。是故春者土师也，夏者司徒也，秋者司马也，冬者李也。

昔黄帝以其缓急作五声，调政理之缓急，作五声也。**以政五钟。令其五钟：一曰青钟，大音；**大音，东方钟名。

二曰赤钟，重心；三曰黄钟，洒光；四曰景钟，昧其明；五曰黑钟，隐其常。自大音、重心已下，皆钟名，其义则未闻。五声既调，然后作立五行以正天时，五官以正人位。人与天调，然后天地之美生。美，谓甘露醴泉之类也。

日至，睹甲子，木行御。谓春日既至，睹甲子，用木行御时也。天子出令，命左右士师内御，谓内侍之官也。总别列爵，谓总别等列之爵也。论贤不肖士吏，论士吏之贤与不肖，当有所黜陟也。赋秘赐秘藏之物，出而赋赐之也。赏于四境之内。发故粟以田数，故粟，陈也。以田数多少，用陈粟给人，使得务农。出国衡，顺山林，禁民斩木，所以爱草木也。然则水解而冻释，草木区萌。萌牙区别而生也。赎蛰虫卵菱，赎，犹去也。卵，鸟。菱，芡也。皆早春而生也。春辟勿时，春当耕辟，无得不及时也。苗足本。足，犹拥也。春生之苗，当以土拥其本。不疠雏毂，疠，杀也。雏，随母食者。不夭麑䴠，毋傅速，麑，鹿子也。言夭伤之。亡伤襁葆，襁保之婴孩，无得伤损也。时则不凋。若能行上事，春则繁茂而不凋枯也。七十二日而毕。春当九十日，而今七十二日而毕者，则季月十八日属土位故也。

睹丙子，火行御。天子出令，命行人内御。行人，行使之官也。令掘沟浍，津旧涂，旧涂，谓先时济水处，当设其津梁也。发臧任君赐赏。任，委也。藏中委积物，当发用之，即以充君之赏赐也。君子修游驰以发地气，游驰，谓游戏驰马也。出皮币，命行人修春秋之礼于天下诸侯，通天下，遇者兼和。春秋二时聘问之礼。然则天无疾风，草木发奋，郁气息，谓郁蒸之气止息也。民不疾而荣华蕃。

七十二日而毕。

睹戊子，土行御。天子出令，命左右司徒内御。命司徒御理夏政也。**不诛不贞，**贞，正也。太阳用事，时方长育，故无所诛戮，无责正，以助养气也。**农事为敬，**夏时农事尤盛，顺而敬之也。**大扬惠言，**言大举仁惠之事也。**宽刑死，缓罪人。**皆所以助养气也。**出国，司徒令命顺民之功力，以养五谷。君子之静居，**阴气方生，故静居以遵也。**而农夫修其功力极。然则天为粤宛，**粤，厚也。宛，顺也。天为厚顺，不逆时气也。**草木养长，五谷蕃实秀大，六畜牺牲具，民足财，国富，上下亲，诸侯和。**七十二日而毕。

睹庚子，金行御。天子出令，命祝宗选禽兽之禁、禁，谓牢。囷圃所养，拟供祭祀也。**五谷之先熟者，**先熟则黍稷也。**而荐之祖庙与五祀，**五祀，谓门、行、户、灶、中溜。**鬼神飨其气焉，君子食其味焉。然则凉风至，白露下。天子出令，命左右司马衍组甲厉兵，**组甲，谓以组贯甲也。**合什为伍，**谓立什人之长为伍。**以修于四境之内，谀然告民有事，所以待天地之杀敛也。**谀，悦顺皃。有事，谓出师以伐不服，象天地杀敛也。**然则昼炙阳，夕下露，地竞壖❶，**壖，炙实皃。方秋之时，昼则暴炙，夕则下寒露而润之。阴阳更生，故地气交竞而炙实。**五谷邻熟，**邻，紧也。阴阳气足，故紧熟。**草木茂实，岁农丰，年大茂。**七十二日而毕。

---

❶ "壖"，通"环"。下注文同。

睹壬子，水行御。天子出令，命左右使人内御。其气足则发而止，使人御理冬政，其闭藏之气足，则发令休止也。其气不足，则发攔渎盗贼。攔，谓庶❶禁也。群聚之，谓其闭藏之气不足，则攔防盗贼，以助其闭藏之气也。**数剥竹箭**，言数剥削竹箭以为矢❷也。**伐檀柘**，伐檀柘，所以为弓也。**令民出猎禽兽，不释巨少而杀之，所以贵天地之所闭藏也。**贵天地闭藏，故收猎取禽以助也。**然则羽卵者不段，**段，谓离散不成。**毛胎者不膭，**膭❸，谓胎败溃❹也。**膃妇不销弃，**膃，古孕字。销弃，谓散坏也。**草木根本美。**闭藏实坚，则根本美。凡此皆顺冬闭藏之政所致也。**七十二日而毕。**

睹甲子，木行御。天子不赋，不赐赏，而大斩伐伤，此已下，言逆时政所致灾祸也。**君危。不杀，太子危，家人夫人死，**若君虽危而不见杀，则又大子危，而家人、夫人有死祸也。**不然则长子死。**如无家人、夫人死，则长子死。**七十二日而毕。**逆气亦毕于七十二日也。

睹丙子，火行御。天子敬行急政，旱札，苗死，民厉。札，夭死也。厉，疫死。时当宽缓而乃急，故有旱札疫之灾也。**七十二日而毕。**

---

❶ "庶"，墨宝堂本同。刘绩本、赵用贤本作"遮"。
❷ "矢"，原作"失"，据墨宝堂本、刘绩本、赵用贤本改。"矢"，削断竹为弓矢。
❸ "膭"，原作"赎"（膭），据墨宝堂本、刘绩本、赵用贤本改。
❹ "溃"（潰），原作"清"，据墨宝堂本、刘绩本、赵用贤本改。"溃"，坏，烂。

睹戊子，土行御。天子修宫室，筑台榭，君危。土方用事，而修宫室以动乱之，故君有危亡之祸。外筑城郭，臣死。筑城郭，动土，危，故其臣死。七十二日而毕。土王在六月，而得七十二日者，则每季得十八故也。

睹庚子，金行御。天子攻山击石，有兵作战而败，士死丧执政。时方收敛，而乃攻山击石，故致兵器之祸也。七十二日而毕。

睹壬子，水行御。天子决塞动大水，王后夫人薨。不然则羽卵者段，毛胎者赎，膍妇销弃，草木根本不美。七十二日而毕也。

管子卷第十四

卷十五

势第四十二 │ 短语十六[1]

　　战而惧水，此谓澹灭。方战之时，惧致水祸，此必为水所澹而灭亡也。**小事不从，大事不吉。**苟惧水祸，则事无小大，未见其福也。**战而惧险，此谓迷中。**方战之时，惧有险碍，进退莫知所从，故曰迷中。言在迷惑之中。**分其师众，人既迷芒，必其将亡之道。**人既迷惑，不知所从，则无所用其力，是以减其师众矣。又况迷惑芒然乎？若是者，必亡其众。凡此二事，皆灭亡之道也。**动静者比于死，**比，近也。用师之道，我动而敌静者，则静者胜矣，故我近于死亡也。**动作者比于丑，**我先动，敌反作应者，我必无功，故近于丑。**动信者比于距，**我既动，彼能自中[2]以敌我，如此者，近于见距也。**动诎者比于避。**我既动，而彼屈服者，近于见避。**夫静与作，时以为主人，时以为客，贵得度。**静作得度，则为主人。其失度者，则为客也。**知静之修，居而自利；**既多智，而又安静，二者能修，则居然自获其利也。**知作之从，每动有功。**知其所作，常能从理。如此者，动必有功也。**故曰：无为者帝，其此之谓矣。**言无心于为，任理之自然。如

---

❶ "十六"二字原无，据墨宝堂本、刘绩本、赵用贤本补。
❷ "中"，墨宝堂本同。刘绩本、赵用贤本作"申"。

此者，帝王之道也。

逆节萌生，天地未刑，先为之政，其事乃不成，缪受其刑。言将与篡杀凶逆之节，虽萌牙而生，然天地寂泊，不见征应，无从己之形，此则先天而政，天乃违之，故其事不成，则被诛戮，受其刑罪也。**天因人，圣人因天。**所谓先天而天不违，后天而奉天时。**天时不作，勿为客；**不因天时而动者，乃为客矣。**人事不起，勿为始。**不因人事而起，可谓先事为始。**慕和其众，以修天地之从。人先生之，天地刑之，圣人成之，则与天同极。**将建大事，必慕和其众，天地既已从，但当修天之意。人先生是心，天地又见其修意有从顺之形，圣人则发动而成。如此者，可谓与天同极也。**正静不争，动作不贰，素质不留，**全其素质，无所留者。**与地同极。**能行正静已下，可谓与地同极也。**未得天极，则隐于德。**未得与天同极，则隐而修德也。**已得天极，则致其力。**已同极，则当致力而成之。若汤之升陑，武王牧野是也。**既成其功，顺守其从，人不能代。**从，顺也。功成矣，则以顺理守之，所谓逆取顺守者也，则人何能代之乎？

成功之道，赢缩为宝。赢缩，犹行藏也。所谓时行则行，时止则止。其道乃者，故以为宝。**毋亡天极，究数而止。**但尽天之数，则止而勿为。**事若未成，毋改其刑，毋失其始。**形，谓常形也。守常修始，事终有成也。**静民观时，待令而起。**言事未成之时，但安静其人，谨候其时，待天命令，然后起而应也。故曰：**修阴阳之从，而道天地之常。**道，从也。**赢赢缩缩，因而为当。**必行藏顺时，然后事当。重言之，殷勤其事也。**死死生生，因天地之形。**死生，犹隐显也。圣人隐显，必因天地之形。**天地之形，圣人成之。**因天地之形，则无不成也。**小取者小利，大取者大利，**但能法则，大小无不利。**尽行之者有天下。**所谓"唯天为大，唯尧则之"。

故贤者诚信以仁之，慈惠以爱之，端政象，不敢以先人。常执谦以下物。**中静不留，**中心安静，无所留著。**裕德无求，**道德饶裕，无求于人。**形于女色。**女之容色，静而不先求者。**其所处者，柔安静乐，**虽复隐处，常能柔安静乐。**行德而不争，以待天下之溃作也。**虽复为政行德，常能谦让，不与物争。溃，动乱也。**故贤者安徐正静，柔节先定。**先定谦柔之节，然后有所兴为也。**行于不敢，**则人不能与我争勇。**而立于不能，**则人莫与我争功。**守弱节而坚处之。**守柔弱之节，而坚明以自处也。**故不犯天时，不乱民功，**谦顺，故无所犯乱也。**秉时养人。**持四时之政，以顺养其人。**先德后刑，**赏以春夏，刑以秋冬。**顺于天，微度人。**既顺于天，又微度人之所宜，以合之。

善周者，明不能见也；善于周，周则极也，万物无所至。如此者，虽有明察之人，不能尽矣。**善明者，周不能蔽也。**善于明，明则极也。如此者，则虽善周之人不能自隐蔽，必为善明者所知也。**大明胜大周，则民无大周也；**明胜大周，则人无能为大周也。**大周胜大明，则民无大明也。**周胜大明，则人无能为大明。凡此皆欲大周，大明独[1]在君也。大

---

[1] "独"（獨），原作"浊"（濁），墨宝堂本同。据刘绩本、赵用贤本改。

周之先，可以奋信；奋信，振起貌。言既有大周之德，在物之先，则可以振起而有事。**大明之祖，可以代天下。**有大明之德，可以为物祖。如此则可代天下无道，取其位而君之也。**索而不得，求之招摇之下。**招摇之星，随斗杓顺时而建者也。天下者，神器，直欲索之则不得。若求之招摇之下，顺时而取，则可也。**兽厌走，而有伏网罟，**兽所以憎厌其走者，恐前有伏网罟。故圣人不敢以直道取天下者，恐有大祸故也。**一偃一侧，不然不得。**偃侧，犹倚伏也。圣人之取天下必权正，文设武伏。如其不然，则天位不可得也。**大文三曾，而贵义与德；大武三曾，而偃武与力。**大文三曾，则文道行也，故能成其德义。大武三曾，则武道行也，故能偃其武力。

正第四十三　短语十七

制断五刑，各当其名，罪人不怨，服罪，故不怨也。善人不惊，曰刑。刑当，故不惊。如此者，所谓刑也。**正之，**所以胜奸正也。**服之，**所以服不能也。**胜之，**所以胜奸邪。**饰之，**修饰身也。**必严其令，而民则之，曰政。**令严，则人倅法之。如此者，政也。**如四时之不貣，如星辰之不变，如宵如昼，如阴如阳，**宵昼阴阳，皆有其常。**如日月之明，曰法。**法之用，守常不变。**爱之，生之，养之，成之，利民不得，**利虽及人，不以为德也。**天下亲之，曰**

德。德用之恩，万物亲之。**无德无怨，无好无恶，万物崇一，阴阳同度，曰道。**道之用不二者。**刑以弊之，政以命之，法以遏之，德以养之，**物待德养而成。**道以明之。**明是非也。**刑以弊之，毋失民命；**刑断合理，故人命不失也。**令之以终其欲，明之毋径；**行令所以终人之欲，使之明识正道，不从邪径也。**遏之以绝其志意，毋使民幸；**用法正人之志意，不使人有非分之幸也。**养之以化其恶，必自身始；**身恶尽则人恶化。**明之以察其生，必修其理。**恐有不修理，故以明察之。**致刑，其民庸心以蔽；**庸，用也。不用心以断，则滥及不辜。**致政，其民服信以听；**服，用也。谓用诚信听理于人。**致德，其民和平以静；**君德及人，以致和静。**致道，其民付而不争。**人被道，则相付任而不交争❶。**罪人当名曰刑，**罪当其名，刑之谓也。**出令时当曰正，**令当于正，时❷之谓也。**当故不改曰法，**不改当故，法之谓也。**爱民无私曰德，**君爱无私，德之谓也。**会民所聚曰道。**聚，谓众所宜也。能令众宜，道之谓也。

立常行政，能服信乎？服信，则政行常立。**中和慎敬，能日新乎？**苟能和敬，则其德日新也。**正衡一静，能守慎乎？**衡，平也。言但能守慎，则政平而静一。**废私立公，能举人乎？**但公而无私，则能举人也。**临政官民，能后其身乎？**后其身，则能临政官人也。**能服信政，此谓正纪。**能

---

❶ "争"字下，底本有残污，右侧残笔形似"也"字。墨宝堂本、刘绩本、赵用贤本"争"下有"也"字。

❷ "正时"，墨宝堂本、赵用贤本同。刘绩本作"时政"。

行信正者，正之纪。**能服日新，此谓行理。**能行日新，可谓行之理也。**守慎正名，伪诈自止。**能慎，则诈息也。**举人无私，臣德咸道。**无私则不妄举，故臣德皆合于道也。**能后其身，上佐天子。**后身则先公，故能上佐天子也。

九变第四十四 | 短语十八

谓人之情变有九。

凡民之所以守战至死而不德其上者，有数以至焉。或守或战，虽复至死，不敢恃之以德于上，则有数存焉于其间，故能至此也。**曰：大者亲戚坟墓之所在也，**一变也。**田宅富厚足居也；**二变。**不然，则州县乡党与宗族足怀乐也；**三变。**不然，则上之教训习俗慈爱之于民也厚，无所往而得之；**君之恩厚，皆在于人，无所他往，故得人之致死。四变。**不然，则山林泽谷之利足生也；**五变。**不然，则地形险阻易守而难攻也；**六变。**不然，则罚严而可畏也；不然，则赏明而足劝也；**七变。**不然，则有深怨于敌人也；**八变。**不然，则有厚功于上也。**功厚则禄多，故亦自为战，而不德于君。九变。**此民之所以守战至死而不德其上者也。今恃不信之人而求以智，用不守之民而欲以固，将不战之卒而幸以胜，此兵之三暗也。**

任法第四十五 | 区言一

圣君任法而不任智，任数而不任说，任公而不任私，任大道而不任小物，小物，小事。然后身佚而天下治。失君则不然。舍法而任智，故民舍事而好誉；舍数而任说，故民舍实而好言；舍公而好私，故民离法而妄行；舍大道而任小物，故上劳烦，百姓迷惑，而国家不治。圣君则不然。守道要，处佚乐，驰骋弋猎，钟鼓竽瑟，宫中之乐，无禁围也。宫中之乐，所以悦体安性，故不禁御之也。不思不虑，不忧不图，但任法数，故无所虑图也。利身体，便形躯，养寿命，垂拱而天下治。但任法数则事简，故身不劳，寿命长，而天下自理也。是故人主有能用其道者，道则谓上法数，公正大道。不事心，不劳意，不动力，而土地自辟，囷仓自实，蓄积自多，甲兵自强。群臣无诈伪，百官无奸邪；奇术技艺之人，莫敢高言孟行，以过其情，以遇其主矣。孟，大也。遇，待也。不敢以谬妄、奸言、妄行以待其主也。

昔者尧之治天下也，犹埴已埏也，埏，和也。音膻。唯陶之所以为；犹金之在炉，恣冶之所以铸。其民引之而来，推之而往，使之而成，禁之而止。故尧之治也，善明法禁之令而已矣。黄帝之治天下也，其民不引而来，不推而往，不使而成，不禁而止。比黄帝之于尧，则尧有为而黄帝无为。故黄帝之治也，置法而不变，使民安其法者也。

所谓仁义礼乐者，皆出于法，法行顺，仁义生。此先圣之所以一民者也。法所以齐一于民也。《周书》曰："国法，有国者，有法也。法不一，则有国者不祥；法不一则乱，故不祥。民不道法，则不祥；道，从。国更立法以典民，则祥；更，改也。典，主也。言能观宜改法以主于人，则国理，故祥也。群臣不用礼义教训，则不祥；百官伏事者离法而治，则不祥。"服，行也。故曰：法者，不可恒也。法敝则当变，故不恒。存亡治乱之所从出，法顺则存治，法违则乱亡。圣君所以为天下大仪也，君为天下之仪表也。君臣上下贵贱皆发焉。莫不取法于君臣。发，行也。故曰法。

古之法也，立法者必师古。世无请谒任举之人，任，保也。以法取人，则无请谒之保举。无闲识博学辨说之士，闲，杂乱也。法行，则博学辨说之人不敢闲乱识事也。无伟服，无奇行，伟服、奇行，皆过越法制者。令❶止息者，畏法故也。皆囊于法，以事其主。囊者，所以敛藏也。谓人皆敛藏过行，以顺于之❷上事其主。

故明王之所恒者二：一曰明法而固守之，二曰禁民私而收使之。谓以法收敛而使之。此二者，主之所恒也。废此二者则政乱。夫法者，上之所以一民使下也；私者，下

---

❶ "令"，墨宝堂本、刘绩本同。赵用贤本作"今"。

❷ "之"，墨宝堂本同。刘绩本、赵用贤本作"法"。

之所以侵法乱主也。故圣君置仪设法而固守之。然故谌杵习士闻识博学之人不可乱也，杵，所以毁碎于物者也。谓奸诈之人伪托于诚，以毁君法。习士，谓习法之士。闻识，谓多闻广识。君守法坚，故此等莫能乱也。众强富贵私勇者不能侵也，信近亲爱者不能离也，离，犹违也。珍怪奇物不能惑也，万物百事非在法之中者不能动也。珍怪奇物，比正法为怪僻。故法者，天下之至道也，道无越于法者。圣君之实用也。用法为理国之实。

今天下则不然，皆有善法而不能守也。然故谌杵习士闻识博学之士，能以其智乱法惑上；众强富贵私勇者，能以其威犯法侵陵；谓侵陵于君也。邻国诸侯，能以其权置子立相；邻国恃权，能废置君之子，援立国相。大❶臣能以其私附百姓，谓用私恩诱百姓使附也。蠲公财以禄私士。谓蠲公财以禄私士，此皆以君不守法故也。凡如是，而求法之行、国之治，不可得也。谓从失法之后，国不可得理也。

圣君则不然。卿相不得蠲其私，群臣不得辟其所亲爱。圣君赤❷明其法而固守之，群臣修通辐凑谓各得自通于君，如辐之凑也。以事其主，百姓辑睦听令，道法以从其事。道，从也。故曰：有生法，有守法，有法于法。夫生法者，君也；君始制法，故曰生法。守法者，臣也；臣则守法而行。法于法者，民也。人则法君之法。君臣上下贵贱皆从法，此谓为大治。

---

❶ "大"，原作"天"，墨宝堂本同。据刘绩本、赵用贤本改。
❷ "赤"，墨宝堂本同。刘绩本、赵用贤本作"亦"。

故主有三术。谓上主、中主、危主也。夫爱人不私赏也，恶人不私罚也，置仪设法，以度量断者，上主也；爱人而私赏之，恶人而私罚之，倍大臣，离左右，专以其心断者，中主也；臣有所爱而为私赏之，有所恶而为私罚之，为大臣爱恶之故，而私赏罚也。倍其公法，损其正心，谓损政教之正。专听其大臣者，危主也。故为人主者，不重爱人，不重恶人。重爱曰失德，重恶曰失威。君随臣爱恶，则威德皆在于臣，故曰失也。威德皆失，则主危也。

故明王之所操者六：生之，杀之，富之，贫之，贵之，贱之。此六柄者，主之所操也。主之所处者四：一曰文，二曰武，三曰威，四曰德。此四位者，主之所处也。借人以其所操，命曰夺柄；借人以其所处，命曰失位。夺柄失位，而求令之行，不可得也。既至于夺柄失位之后，欲求令行，不可得。法不平，令不全，是亦夺柄失位之道也。法不平，令不全，则柄位不可得而保，故曰夺柄失位之道。故有为枉法，有为毁令，此圣君之所以自禁也。言有枉法毁令，圣君则能禁止之。故贵不能威，富不能禄，贱不能事，近不能亲，美不能淫也。此五事，解见下文也。植固而不动，奇邪乃恐；所立坚，则不可动。若奇邪，则败亡旋及，故恐。奇，音羁。奇革而邪化，令往而民移。君之奇邪，能有革化，则令才往，而人已移心而从善也。故圣君失度量，置仪法，圣君见有失度量，则置仪法以改也。如天地之坚，坚，谓尊胜。如列星之固，自古至今，不见天星有亏败也。如日月之明，无私耀临。如四时之信，寒暑之气，来必以时。然故令往而民从之。君能苞上之四事，故令往人从也。而失君则不然。法立而还废之，令出而后反之，枉法而从私，毁令而不全。是贵能威之，富能禄之，贱能事之，近能亲之，美能淫之也。此五者不禁于身，君身不能自禁止也。是以群臣百姓人挟其私而幸其主。妄希非分之恩。彼幸而得之，则主日侵；臣得不当得之恩，则主日见侵也。彼幸而不得，则怨日产。若不得所幸，则怨毒日生也。夫日侵而产怨，此失君之所慎也。

凡为主而不得用其法，不能其意，顾臣而行，凡有所行，不敢自专，顾望其臣而为之也。离法而听贵臣，贵臣虽有离法，亦听从之。此所谓贵而威之也。言贵臣能威于君也。富人用金玉事主而来焉，谓以金玉来事主也。主离法而听之，此所谓富而禄之也。言富人能禄于君也。贱人以服约卑敬悲色告诉其主，服约，谓屈服隐约也。主因离法而听之，所❶谓贱而事之也。言贱人善谄，君听之。近者以逼近亲爱有求其主，主因离法而听之，此所谓近而亲之也。言近者恃亲以要君，则君从。美者以巧言令色请其主，主因离法而听之，此所谓美而淫之也。言美者能以言色淫动于君，故君亦听之。治世则不然。不知亲疏、远近、贵贱、美恶，以度量断之，其杀戮人者不怨也，杀当其罪，故不怨也。其赏赐人不德也。以功受赏，故不德于君也。以法制行之，如天地之无私也。是以官无私论，士无私议，民无私说，皆虚其匈以听其上。匈，恐惧貌。上以公正论，以法制断，故任天下而不重也。法制行则事简，故不

---

❶ 墨宝堂本、刘绩本"所"上有"此"字。

重也。

今乱君则不然。有私视也，故有不见也；有私听也，故有不闻也；有私虑也，故有不知也。凡私则不周，故有不见、闻、知也。夫私者，壅蔽失位之道也。上舍公法而听私说，故群臣百姓皆设私立方以教于国。方，谓异道术也。群党比周以立其私，请谒任举以乱公法。人用其心以幸于上，上无度量以禁之。是以私说日益而公法日损，国之不治，从此产矣。

夫君臣者，天地之位也；民者，众物之象也。各立其所职，以待君令。群臣百姓安得各用其心而立私乎？故遵主令而行之，虽有伤败，无罚；遵令而行，败非己致，故无罚也。非主令而行之，虽有功利，罪死。失令有功，法所不赦，故罪死。然故下之事上也，如响之应声也；臣之事主也，如影之从形也。故上令而下应，主行而臣从，此治之道也。夫非主令而行，有功利因赏之，是教妄举也；赏不从令，是教以妄为举措也。主令而行之，有伤败而罚之，是使民虑利害而离法也。群臣百姓人虑利害，而以其私心举措，则法制毁而令不行矣。

明法第四十六 区言二

　　所谓治国者，主道明也；主道明则公法明，故国治。所谓乱国者，臣术胜也。臣术胜则私事立，故国乱。夫尊君卑臣，非计亲也，以执胜也。令尊君卑臣者，其计非欲使亲君也，但令君执其胜也。百官识，非惠也，刑罚必也。必令百官识非公之惠而不敢受，又知刑罚必行，无妄求免罪也。故君臣共道则乱，臣行君事，故曰共道。专授则失。若君有所授与，不合众心而专之，亦为失也。

　　夫国有四亡：令求不出谓之灭，求不出令，则下无所禀，故灭。出而道留谓之拥，中道而留止，故曰拥。下情求不上通谓之塞，求不上通，则与君隔绝，故曰塞也。下情上而道止谓之侵。下情虽欲上通，中道为左右所止，此则臣侵上事也。故夫灭、侵、塞、拥之所生，从法之不立也。是故先王之治国也，不淫意于法之外，淫，游也。不为惠于法之内也。不屈法以成私惠也。动无非法者，所以禁过而外私也。外，遗也。

　　威不两错，臣行君威，为两置。政不二门。臣出政，是为二门也。以法治国，则举错而已。言能以法理国，但举而置之，无不行。是故有法度之制者，不可巧以诈伪；非法度不听，则诈❶伪何施？**有权衡之称者，不可欺以轻重；**以权衡称之，轻重立见也。**有寻丈之数者，不可差以长短。****今主释法以誉进能，则臣离上而下比周矣；**比周于下，所以求誉。**以党举官，则民务交而不求用矣。**交合则自进官，何须求用？**是故官之失其治也，是主以誉为赏，以毁为罚也。**以毁誉为赏罚，则官自然失理。**然则喜赏恶罚之人，离公道而行私术矣。**行私术，自然得赏，安用就公道而求乎？**比周以相为匿，**是比周者，凡有公是之事，皆匿而不行也。**忘主死交，以进其誉。**故交众者誉多，为交友致死，其誉自进。**外内朋党，虽有大奸，其蔽主多矣。是以忠臣死于非罪，**朋党共毁之，故忠臣非罪而死。**而邪臣起于非功。**朋党共誉之，故邪臣非功而起。**所死者非罪，所起者非功也，然则为人臣者，重私而轻公矣。**私则得利，公而致祸，故重私而轻公矣。**十至私人之门，**私人之门，谓所与父私为朋党者也。**不一至于庭；**谓之君庭。**百虑其家，不一图国。**重私轻公故也。**属数虽众，非以尊君也；**所属之数，虽曰众多，无不党私，故非尊君也。**百官虽具，非以任国也。**各务私，故不任国事。**此之谓国无人。国无人者，非朝臣之衰也，**家与家务于相益，不务尊君也。**大臣务相贵而不任国，小臣持禄养交，不以官为事，故官失其能。**官各失能，则与无人同也。**是故先王之治国也，使法择人，不自举也；使法量功，不自度也。**设法者自著择人量功之

条，故不劳自举度也。**故能匿而不可蔽，**苟有材，法自择，故不可隐蔽也。**败而不可饰也。**无功而败，法自量之，故不可虚饰也。**誉者不能进，**无材，虽誉之而不能进也。**而诽者不能退也。**有功，虽诽之而不能退也。**然则君臣之间明别，**谓贤、不肖、有功者，各明白而分别也。**明别则易治也。**明别则无伪滥，故易治也。**主虽不身下为，**谓不身为其事。**而守法为之可也。**但守法则法自为之，不劳身也。

正世第四十七 | 区言三

古之欲正世调天下者，必先观国政，料事务，察民俗，本治乱之所生，知得失之所在，然后从事。从，为。故法可立而治可行。夫万民不和，国家不安，失非在上则过在下。今使人君行逆不修道，诛杀不以理，重赋敛，得民财，急使令，罢民力。使令急，故人力疲也。财竭则不能毋侵夺，人财竭，则侵夺以共上税也。力罢则不能毋堕倪。倪，傲也。谓疲堕而傲从也。民已侵夺堕倪，因以法随而诛之，则是诛罚重而乱愈起。夫民劳苦困不足，则简禁而轻罪。如此，则失在上。失在上而上不变，则万民无所托其命。

今人主轻刑政，宽百姓，薄赋敛，缓使令，然民淫躁行私而不从制，饰智任诈，负力而争，则是过在下。过在下，人君不廉而变，廉，察也。则暴人不胜，邪乱不止。暴人不胜，邪乱不止，则君人者势伤而威日衰矣。

故为人君者，莫贵于胜。所谓胜者，法立令行之谓胜。法立令行，故群臣奉法守职，百官有常。法不繁匿，万民敦悫，反本而俭力。谓廉啬而勤力也。故赏必足以使，谓使人从善也。威必足以胜，谓胜合❶奸邪也，然后下从。

故古之所谓明君者，非一君也。五帝三王，俱曰明君，故曰非一。其设赏有薄有厚，其立禁有轻有重，迹行不必同，非故相反也，皆随时而变，因俗而动。夫民躁而行僻，则赏不可以不厚，禁不可以不重。既躁而僻则难化，须厚赏以诱之，重禁以威之。故圣人设厚赏，非侈也；立重禁，非戾也。赏薄则民不利，禁轻则邪人不畏。设人之所不利，欲以使，则民不尽力；立人之所不畏，欲以禁，则邪人不止。是故陈法出令而民不从。故赏不足劝，则士民不为用；刑罚不足畏，则暴人轻犯禁。民者，服于威杀然后从，见利然后用，被治然后正，得所安然后静者也。

夫盗贼不胜，邪乱不止，强劫弱，众暴寡，此天下之所忧，万民之所患也。忧患不除，则民不安其居。民不安其居，则民望绝于上矣。

夫利莫大于治，害莫大于乱。夫五帝三王，所以成功立名，显于后世者，以为天下致利除害也。事行不必同，

---

❶ "合"，墨宝堂本、赵用贤本同。刘绩本作"禁"。

所务一也。莫不务于理也。夫民贪行躁而诛罚轻，罪过不发，有罪过者，不发举也。则是长淫乱而便邪僻也。有爱人之心，而实合于伤民。轻刑以爱人，奸多反伤人也。此二者不可不察也。二者，谓爱与伤人。

夫盗贼不胜则良民危，良人为盗所害，故危。法禁不立则奸邪繁。故事莫急于当务，每事当其务，则理也。治莫贵于得齐。齐，谓无非人也。制民急则民迫，民迫则窘，窘则民失其所葆；葆，谓所恃为生者也。缓则纵，纵则淫，淫则行私，行私则离公，离公则难用。故治之所以不立者，齐不得也，谓上有非人也。齐不得则治难行。故治民之齐，不可不察也。

圣人者，明于治乱之道，习于人事之终始者也。其治人民也，期于利民而止❶，至于利人，则止而物❷理也。故其位齐也。不慕古，不留今，留，谓守常不变。与时变，与俗化。夫君人之道，莫贵于胜。胜故君道立，胜则无不服，故君道立也。君道立然后下从。下从，故教可立而化可成也。夫民不心服体从，则不可以礼义之文教也。君人者不可以不察也。

---

❶ "止"，原作"上"，据墨宝堂本、刘绩本、赵用贤本改。
❷ "物"，墨宝堂本、刘绩本同，赵用贤本作"勿"。

治国第四十八 | 区言四

　　凡治国之道，必先富民。民富则易治也，民贫则难治也。奚以知其然也？民富则安乡重家，安乡重家则敬上畏罪，敬上畏罪则易治也；民贫则危乡轻家，危，谓不安其所居也。危乡轻家则敢陵上犯禁，凌上犯禁则难治也。故治国常富，而乱国必贫。是以善为国者，必先富民，然后治之。

　　昔者七十九代之君，法制不一，号令不同，然俱王天下者，何也？必国富而粟多也。夫富国多粟，生于农，故先王贵之。

　　凡为国之急者，必先禁末作文巧。末作文巧禁，则民无所游食。民无所游食，则必农。谓必务农。民事农则田垦，田垦则粟多，粟多则国富，国富者兵强，兵强者战胜，战胜者地广。是以先王知众民、强兵、广地、富国之必生于粟也，故禁末作，止奇巧，而利农事。今为末作奇巧者，一日作而五日食；言取一日之利，可共五日之食也。农夫终岁之作，不足以自食也。然则民舍本事而事末作。舍本事而事末作，则田荒而国贫矣。

　　凡农者，月不足而岁有余者也。而上征暴急无时，谓徭税不以时。则民倍贷以给上之征矣。倍贷，谓贷一还二也。**耕耨者有时，而泽不必足，**谓雨泽不足也。**则民倍贷以取庸矣。**泽不足则岁凶，富者倍贷于贫不能还其倍价者，则计所倍而取庸矣。**秋籴以五，春粜以束，是又倍贷也。**谓富者秋时以五籴之，至春出粜，便收其束矣。此亦倍贷之类也。束，十匹也。**故以上之征而倍取于民者四。**谓上无时之征，一也；泽不足，二；秋籴春粜，三也；下足关市府库之征，四也。**关市之租，府库之征，粟什一，厮舆之事，此四时亦当一倍贷矣。**府库，谓府之库新有征税，言人供关市府库之征，亦用粟之什一计。四时常有所故，亦当一倍贷之。**夫以一民养四主，**四主，则上四倍贷也。**故逃徙者刑**谓有刑罚。**而上不能止者，粟少而民无积也。**

常山之东，河汝之间，蚤生而晚杀，五谷之所蕃孰也。**四种而五获，**四种，谓四时皆种。五获，谓五谷皆宜而有所获。**中年亩二石，一夫为粟二百石。今也仓廪虚而民无积，农夫以粥子者，上无术以均之也。故先王使农、士、商、工四民交能易作，**交能易作，谓虽士亦善于农工，虽农亦通于士业也。**终岁之利，无道相过也，**道，从也。四人均能，故其利无从相过之也。**是以民作一而得均。**四人交能易作，故曰一也。**民作一则田垦，奸巧不生。田垦则粟多，粟多则国富；奸巧不生则民治。富而治，此王之道也。**

不生粟之国亡，粟生而死者霸，霸者或不能广积粟，故人有不生而致死者也。**粟生而不死者王。**王者积粟既多，故人保其生，无复致死者也。**粟也者，民之所归也。粟也者，财之所归也。**有粟则人归之。**粟也者，地之所归也。**

积粟既多，或有入地归降者也。**粟多，则天下之物尽至矣。故舜一徙成邑，贰徙成都，参徙成国。舜非严刑罚、重禁令，而民归之矣，去者必害，**谓背舜而去者。**从者必利也。**

先王者，善为民除害兴利，故天下之民归之。所谓兴利者，利农事也。所谓除害者，禁害农事也。农事胜则入粟多，入粟多则国富，国富则安乡重家。安乡重家，则虽变俗易习，谓改易其常习。欧众移民，至于杀之，而民不恶也。此务粟之功也。

上不利农则粟少，粟少则人贫，人贫则轻家，轻家则易去，易去则上令不能必行。上令不能必行，则禁不能必止。禁不能必止，则战不必胜，守不必固矣。夫令不必行，禁不必止，战不必胜，守不必固，命之曰寄生之君。谓暂寄为生，不能长久。此由不利农、少粟之害也。粟者，王之本事也，人主之大务，有人之涂，谓保有其人，其涂因粟也。治国之道也。

管子卷第十五

卷十六

内业第❶四十九 | 区言五

　　凡**物之精，此则为生**。精，谓神之至灵者也。得此则为生。下生五谷，上为列星。**流于天地之间，谓之鬼神。藏于胸中，谓之圣人。是故民气**，谓上之精者，则人气也。**杲乎如登于天**，杲，明皃也。**杳乎如入于渊**，淖女教切。**乎如在于海**，淖，汋润也。**卒乎如在于己。**人有气则存，故如在于己也。**是故此气也，不可止以力**，以力止❷，气愈去。**而可安以德**；静心念德，气自来也。**不可呼以声，而可迎以音。**调其宫商，使之克谐，气自来也。**敬守勿失，是谓成德。**不失气，德自成。**德成而智出**，德成，智自生也。**万物果得。**以智安物，物皆得宜。

　　凡心之刑，刑，法也。谓得安心之法也。**自充自盈**，充盈，谓完而无亏也。**自生自成。**生成，谓每生心，必有所成。凡此皆得安心法故也。**其所以失之，必以忧乐喜怒欲利**。此六者过常以乱于心，则失矣。**能去忧乐喜怒欲利，心乃反济。**若能去六者，则心反守其所，而能济成也。**彼心之**

----

❶ "第"字原无，刘绩本同。据全书体例及墨宝堂本、赵用贤本补。
❷ "止"字下，底本有残污，残笔形似"之"字。墨宝堂本、刘绩本、赵用贤本"止"下有"之"字。

情，利安以宁。安宁者，心之所利也。**勿烦勿乱，和乃自成。**若无烦乱，心和自成。**折折乎如在于侧，忽忽乎如将不得，**折折，明皃。言心明察，若在其侧；及其求之，则忽忽然而不得。**渺渺乎如穷无极。**渺渺，微远皃。言心之微远，如欲穷之，则无其极。**此稽不远，日用其德。**常以此考心不远之，则日有所用也。

夫道者，所以充形也，自形内而虚者皆道。**而人不能固。**人不能固守其虚，反以利欲塞也。**其往不复，其来不舍。**既有利欲之心，则道往而不复。虽其有来，无处可舍。**谋乎莫闻其音，**今谋欲寻于道，则不闻其音。**卒乎乃在于心。冥冥乎不见其形，**寻至于极，则近于心。心之方寸，虚道之君乎？**淫淫乎与我俱生。**淫淫，增进皃。有生则有道，故曰"与我俱生"也。**不见其形，不闻其声，而序其成，谓之道。**虽无形声，常依序而成，故谓之道也。

凡道无所，善心安爱。言道无他善，唯爱心安也。**心静气理，道乃可止。**若静心，则气自调理，故道来止也。**彼道不远，民得以产；**人得之所生，则道在人，故不远也。**彼道不离，民因以知。**人既因道而知，则道常在而不离。**是故卒乎其如可与索，**推寻其终，似可与索。**眇眇乎其如穷无所。**及欲穷之，则眇眇然无所。**被道之情，恶音与声。**音声者，所以乱道，故恶之也。**修心静音，道乃可得。道也者，口之所不能言也，目之所不能视也，耳之所不能听也，所以修心而正形也；**虽不可以言语视听，用之修心，则外形自正也。**人之所失以死，所得以生也；事之所失以败，所得以成也。**

凡道无根无茎，无叶无荣。道非如卉木而有根茎花叶也。万物以生，万物以成，命之曰道。无根茎而能生，无花叶而能成，则阴阳不测者也，故命之曰道。天主正，平分四时，天之正也。地主平，均生万物，地之平也。人主安静。无为而无不为，人之安静也。春秋冬夏，天之时也；山陵川谷，地之枝也；为地之枝条也。喜怒取予，人之谋也。四者，谋之用也。是故圣人与时变而不化，时自变耳，圣本不化。从物而不移。物迁而从之，圣本不移。能正能静，然后能定。必正静，然后定也。定心在中，耳目聪明，四枝坚固，心苟定于中，则耳目自聪明，四枝自坚固者也。可以为精舍。心者，精之所舍。精也者，气之精者也。气之尤精者为之精。气，道乃生，气得道，能有生。生乃思，生则有心，故思也。思乃知，思则知生也。知乃止矣。成智则理足，故止也。凡心之形，过知失生。安心之法，智过其度，则失其生。

一物能化谓之神，一事能变谓之智。一，谓无也。谓无心于物事，而物事自化变，以为神智也。化不易气，变不易智，惟执一之君子能为此乎！苟执一，故能不易其气智也。执一不失，能君万物。无心为有心者主也。君子使物，不为物使，无心，故能使物，而物不能使也。得一之理。治心在于中，苟得中，则心自治矣。治言出于口，治事加于人，则无狂事。然则天下治矣。一言得而天下服，一言定而天下听，公之谓也。理心之谓。

形不正，德不来；中不静，心不治。正形摄德，天仁地义，则淫然而自至。言欲正形摄德，但能则天之仁，法地之义，则德淫然自至。淫，进皃也。**神明之极照乎知，**照智者，神明之极理。**万物中义守不忒。**若常守中，则无差忒。**不以物乱官，**贪物则官乱。**不以官乱心，**贪官则心乱也。**是谓中得。**能忘官货，则中心自得也。**有神自在身，**中得，则神自在身也。**一往一来，莫之能思。**神，不测者也，故往来不能思也。**失之必乱，得之必治。**谓神也。**敬除其舍，精将自来。精想思之，**除，谓有则想思之。**宁念治之，**宁静思念，则心自治。**严容畏敬，精将至定。**但能严敬，则精至而定也。**得之而勿舍，耳目不淫，心无他图。**既得精，守之而勿舍，则取目不淫，心无他虑也。**正心在中，万物得度。**心在中而正，则无过举，故万物得度也。

　　道满天下，普在民所，民不能知也。言人皆有道，但不能自知耳。**一言之解，上察于天，下极于地，蟠满九州。**若能解道之一言，则能察天极地，而中满于九州。蟠，委地也。**何谓解之？在于心安。**解道者，在于心安。**我心治，官乃治；我心安，官乃安。**言官之治安，皆从心生也。**治之者心也，安之者心也。**治之与安，无不由心。**心以藏心，**言心亦藏于心也。**心之中又有心焉❶。**以心藏心，故心中又有心。**彼心之心，**谓心中所藏之心。**音以先言。**言从音生，故音先言。**音然后形，**有音然后见也。**形然后言，**有形则是言也。**言然后使，**有言则出命，故有所使令。**使然后治。不治必乱，**使而违理，故乱。**乱乃死。**乱则凶祸至，故死也。

　　精存自生，其外安荣。精存于中，则自然长生。至于

---

❶ "焉"，原作"马"（馬），据墨宝堂本、刘绩本、赵用贤本改。

外形，静而荣茂也。**内藏以为泉原，**内藏于精，则无穷竭，若水之泉。**浩然和平，以为气渊。**言精既浩然和平，则能生气，故为气渊。**渊之不涸，四体乃固；**生气之渊，不有竭涸，故四体固也。**泉之不竭，九窍遂通。**藏精之泉不竭，故九窍通也。**乃能穷天地，被四海。**体固窍通，故能寿毕天地，德被四海。**中无惑意，外无邪灾。**邪灾生于惑意。故内无惑意则邪灾自销也。**心全于中，形全于外。**中全则外兑❶。**不逢天灾，不遇人害，**天灾人害，能祸不全者也。**谓之圣人。**

人能正静，皮肤裕宽，耳目聪明，筋信而骨强，但能正静，则皮肤自裕宽，耳目自聪明，筋骨自中❷强。**乃能戴大圜**天也。**而履大方，**地也。**鉴于大清，**道也。**视于大明。**日月也。**敬慎无忒，日新其德，遍知天下，穷于四极。敬发其充，**充，谓道也。**是谓内得。**发行于道，故内得也。**然而不反，此生之忒。**忒，差也。若不反守于道，则生有差谬也。

凡道必周必密，周密则慎不泄。**必宽必舒，**宽舒则博而密。**必坚必固。**坚固则精不解。**守善勿舍，**勿舍，则善自成。**逐淫泽薄，**竟逐淫邪，津泽浮薄。**既知其极，反于道德。**知极反德，则常道自隆。**全心在中，不可蔽匿。**有诸内，必形于外也。**和于形容，**心和者，容晬也。**见于肤色。**内畅者体泽。**善气迎人，亲于弟兄；恶气迎人，害于戎**

---

❶ "兑"，墨宝堂本、刘绩本、赵用贤本作"完"。
❷ "中"，墨宝堂本、赵用贤本同。刘绩本作"申"。

兵。**不言之声，疾于雷鼓**。谓全心以德感物者也。德者，
不疾而速，不崇朝而遍天下，故疾于雷鼓也。**心气之形，明
于日月，察于父母**。全心之气，发形于外，则无不耀，无不
知。若明于日月，察于父母也。**赏不足以劝善**，慕赏乃善，
非本为善。**刑不足以惩过**。畏刑惩过，非本无过。**气意得而
天下服**，若不慕赏，不畏刑，意气内得善者，此诚善也，故
天下服。**心意定而天下听**。心意定则理明，故天下听也。

　　搏气如神，万物备存。搏，谓结聚也。结聚纯气，则无
所不变化，故如神而物备存矣。**能搏乎？能一乎？**搏结则自
一也。**能无卜筮而知吉凶乎？**吉凶在于逆顺，故不须卜筮而
知也。**能止乎？能已乎？**谓正而求诸己也。**能勿求诸人而
之己乎？**求人者惑，自得者明。**思之，思之，又重思之**。
求己者，必须再三思之也。**思之而不通，鬼神将通之**。若
再三思之而不通，则或致鬼神为通之也。**非鬼神之力也，精
气之极也**。言今能致鬼神者，非鬼神自见其力，盖由思之不
已，精气之极也。**四体既正，血气既静，一意搏心，耳目
不淫，虽远若近**。言既体正气静，意一心搏，耳目之用，不
有淫过，事虽远大，可以近速而成也。

　　思索生知，近而遇思索，其知自生。**慢易生忧**，疏慢轻
易，必致凶祸，故生忧。**暴傲生怨**，残暴傲虐，伤害必多，
故生怨也。**忧郁生疾**，忧患郁塞，怀不通畅，故生疾也。**疾
困乃死**。既疾而困，可谓弥留而死。**思之而不舍，内困外
薄**。思欲不舍，则五藏困于内，形骸薄于外也。**不蚤为图，
生将巽舍**。既已内困外薄，尚不图之，如此则生将巽遁其
舍，而至于死期也。**食莫若无饱**，饱食者善闭塞。**思莫若勿**

致。致思者，多困竭。**节适之齐，彼将自至**。齐，中也。言能节食适思，常莫过中，则生将自至。

凡人之生也，天出其精，言禀精于天也。**地出其形**，地出衣食，以养成其形。**合此以为人**。言合天地精气以成人。**和乃生**，二气和乃成其生也。**不和不生**。**察和之道，其精不见，其征不丑**。丑，类也。言欲察和，则其❶不可见。至于征验，又不知其类也。**平正擅匈，论治在心，此以长寿**。和之精类，虽可知见，但能平而正，则和气独擅于匈中。论其适理，又不离心，如此则可以益箅而长寿也。**忿怒之失度，乃为之图**。若忿怒过度，则常图而去之。**节其五欲，去其二凶**，喜怒过度，皆能为害，故曰二凶。**不喜不怒，平正擅匈**。不喜不怒，可谓和也。故能既平且正，独擅于匈中也。

凡人之生也，必以平正；所以失之，必以喜怒忧患。是故止怒莫若诗，诗有清风之慰，故能止怒。**去忧莫若乐，节乐莫若礼，守礼莫若敬，守敬莫若静。内静外敬，能反其性，性将大定**。

凡食之道，大充伤而形不臧，大充，谓过于饱。**大摄骨枯而血冱**。大摄，谓过于饱酒，胃❷血销减而凝冱。**充摄之间，此谓和成**。间，犹中也。充摄得中，则和畅而有所成也。**精之所舍，而知之所生**。言精智生舍于和成。**饥饱之**

---

❶ "其"，墨宝堂本、刘绩本同。赵用贤本作"精"。

❷ "饱酒胃"三字，墨宝堂本同。刘绩本、赵用贤本作"饥血冱谓"四字。

失度，乃为之图。图之令合于度。**饱则疾动，**饱而疾动，则食气销。**饥则广思，**饥而广思，则忘其饥。**老则长虑。**老而长虑，则遗其老。**饱不疾动，气不通于四末。**四末，四支。**饥不广思，饱而不废。**废，止也。**老不长虑，困乃邀竭。**令老则益困而速竭。**大心而敢，**心既浩大，又能勇敢。**宽气而广。**当宽舒其气，而广有所容。**其形安而不移，**形安则志固，故不移。**能守一而弃万苛。**守一则恶烦，故能弃万苛也。**见利不诱，见害不惧，宽舒而仁，独乐其身，是谓云气，意行似天。**能调其气，故比于云。意之行气，似天之布云也。

凡人之生也，必以其欢。欢则志气和，故生也。**忧则失纪，怒则失端。**忧怒过常，则失其端纪。**忧悲喜怒，道乃无处。**忧怒则害道，故道无所处。**爱欲静之，遇乱正之。**谓若爱欲，则当静之。若遇废乱，则当正之。**勿引勿推，福将自归。**去而勿引，来而勿推，但任平而往，福则自归也。**彼道自来，可借与谋。**借，因也。因其自来而与之谋，则意动而理尽。**静则得之，躁则失之。**灵气在心，一来一逝。静则来，躁则逝。**其细无内，其大无外。所以失之，以躁为害。心能执静，道将自定。得道之人，理丞而屯泄，匈中无败。**谓腠理丞达，屯聚泄散，故匈中无败。**节欲之道，万物不害。**能节欲，则物无害也。

357

封禅第五十　杂篇一[1]

元篇亡。今以司马迁《封禅书》所载管子言以补之。

桓公既霸，会诸侯于葵丘，而欲封禅。管仲曰："古者封泰山、禅梁父者，七十二家，而夷吾所记者，十有二焉。昔无怀氏古之王者，在伏羲前。封泰山，禅云云。云云山在梁父东。虙羲封泰山，禅云云。神农封泰山，禅云云。炎帝封泰山，禅云云。黄帝封泰山，禅亭亭。亭亭山在牟阴。颛顼封泰山，禅云云。帝俈封泰山，禅云云。尧封泰山，禅云云。舜封泰山，禅云云。禹封泰山，禅会稽。汤封泰山，禅云云。周成王封泰山，禅社首。山名，在博县。或云在钜平南十三里。皆受命然后得封禅。"

桓公曰："寡人北伐山戎，过孤竹。西伐大夏，涉流沙，束马悬车，上卑耳之山。将上山，缠束其马，悬钩其车也。卑耳，即《齐语》所谓"辟耳"。南伐至召陵，登熊耳山，以望江汉。兵车之会三，而乘车之会六。九合诸侯，一匡天下，诸侯莫违我。昔三代受命，亦何以异乎？"

于是管仲睹桓公不可穷以辞，因设之以事，曰："古

[1] "杂篇一"原无，据全书体例及墨宝堂本、刘绩本、赵用贤本补。

之封禅，鄗上之黍，北里之禾，鄗上，山也。鄗，音臛。鄗上、北里，皆地名。所以为盛；江淮之间，一茅三脊，所谓灵茅。所以为藉也。东海致比目之鱼，各有一目，不比不行，其名曰鲽。西海致比翼之鸟，各有一翼，不比不飞，其名曰鹣鹣。然后物有不召而自至者，十有五焉。今凤皇麒麟不来，嘉谷不生，而蓬蒿藜莠茂，鸱枭数至，而欲封禅，毋乃不可乎？”于是桓公乃止。

小问第五十一 ｜ 杂篇二

桓公问管子曰：“治而不乱，明而不蔽，若何？”管子对曰：“明分任职，则治而不乱，明而不蔽矣。”

公曰：“请问富国奈何？”管子对曰：“力地而动于时，则国必富矣。”谓勤力于地利，其所动作，必合于天时。

公又问曰：“吾欲行广仁大义以利天下，奚为而可？”管子对曰：“诛暴禁非，此大义也。存亡继绝，而赦无罪，此广仁也。则仁广而义大矣。”

公曰：“吾闻之也，夫诛暴禁非而赦无罪者，必有战胜之器、攻取之数，而后能诛暴禁非而赦无罪。”公曰：“请问战胜之器。”管子对曰：“选天下之豪杰，致天下之精材，来天下之良工，则有战胜之器矣。”

公曰：“攻取之数何如？”管子对曰：“毁其备，散其积，夺之食，则无固城矣。"毁备夺食则无以守，故其城不固，此谓攻也。公曰："然则取之若何？"谓取其土。管子对曰："假而礼之，假，谓假借之恩。厚而勿欺，厚，谓重之以德。则天下之士至矣。"

公曰："致天下之精材若何？"精材，谓美材可为军之器用也。管子对曰："五而六之，九而十之，不可为数。"欲致精材者，必当贵其价。故他处直五，我酬之六，他处直九，我酬之十，常令贵其一分，不可为定数。如此，则天下精材可致也。公曰："来工若何？"管子对曰："三倍，不远千里。"酬工匠之庸直常三倍他处，则工人不以千里为远，皆至矣。

桓公曰："吾已知战胜之器、攻取之数矣。请问行军袭邑，举错而知先后，不失地利，若何？"管子对曰："用货察图。"用货为反间，则知其先后。察彼国图，则不失地利也。公曰："野战必胜，若何？"管子对曰："以奇。"奇，谓权谲以胜敌也。

公曰："吾欲遍知天下，若何？"管子对曰："小以吾不识，则天下不足识也。"若能博闻多见，齐其所不识，则知天下遍矣。吾之所识天下，亦无人能识之也。

公曰："守战远见有患。为国者，必入守出战。今吾于此二者，预见其患矣。夫民不必死，则不可与出乎守战之难；守战之难，必致死然后可出也。不必信，则不可恃而外知。人必诚信，然后为君视听，故知外事也。夫恃不死之民而求以守战，恃不信之人而求以外知，此兵之三暗也。苟不死不信，则守暗、战暗、外暗，故曰三暗。使民必死必信，若何？"管子对曰："明三本。"公曰："何谓三本？"管子对曰："三本者，一曰固，二曰尊，三曰质。"公曰："何谓也？"管子对曰："故国父母坟墓之所在，固也；人既恋本而哀坟墓，则其心固。田宅爵禄，尊也；妻子，质也。三者备，然后大其威，厉其意，则民必死而不我欺也。"不我欺，则信也。

桓公问治民于管子。管子对曰："凡牧民者，必知其疾，疾，谓患苦也。而忧之以德，勿惧以罪，勿止以力。烦力役，则止而不来。慎此四者，足以治民也。"桓公曰："寡人睹其善也，何以为寡也？"谓四言虽善，然以之理国，恐其太少。管仲对曰："夫寡，非有国者之患也。患在不能行，不在寡少也。昔者天子中立，地方千里，四言者该焉，何为其寡也？该，备也。谓四言足以备千里之化，不为少。夫牧民不知其疾，则民疾；疾，谓憎嫌之也。不忧以德，则民多怨；惧之以罪，则民多诈；设诈以避罪也。止之以力，则往者不反，创其力役之苦。来者鹜距。鹜，疑也。距，止也。闻其役烦，则疑而止也。故圣王之牧民也，不在其多也。"

桓公曰："善。勿已，如是又何以行之？"其事既善。虽然，不但如是而已，更有何事以行此四言也？管仲对曰："质信极忠，质，主也。谓主能得信，又极忠也。严以有礼。慎此四者，所以行之也。"桓公曰："请闻其说。"管仲对曰："信也者，民信之；忠也者，民怀之；严也者，民畏之；礼也者，民美之。语曰：'泽命不渝，信也；谓恩泽之命，不有渝变，如此者，信也。非其所欲，勿施于人，仁也；仁者，忠于人也。坚中外正，严也；质信以让，礼也。'"主行于信，又能逊让，如此者，礼也。

桓公曰："善哉！牧民何先？"管仲对曰："有时先事，有时先政，有时先德，有时先怒。飘风暴雨不为人害，涸旱不为民患，百川道，百川之流，皆从故道。年谷熟，籴贷贱，禽兽与人聚食民食，年谷熟，则禽兽食人之食。民不疾疫。当此时也，民富且骄。牧民者，厚收善岁，以充仓廪，善岁，谓有年。禁薮泽，此谓先之以事。随之以刑，敬之以礼乐，以振其淫，振，正也。礼乐者，所以止人淫放。此谓先之以政。飘风暴雨为民害，涸旱为民患，年谷不熟，岁饥籴贷贵，民疾疫。当此时也，民贫且罢。牧民者，发仓廪，山林薮泽以共其财，后之以事，先之以恕，以振其罢，此谓先之以德。其收之也，不夺民财；谓善岁也。其施之也，不失有德。谓凶年也。富上而足下，此圣王之至事也。"桓公曰："善。"

桓公问管仲曰："寡人欲霸，以二三子之功，既得霸矣。今吾有欲王，其可乎？"管仲对曰："公尝召易牙而问焉。"管仲知桓公不可王，难以实对❶，故推令问易牙。鲍叔至，公又问焉。鲍叔对曰："公当召宾胥无而问焉。"宾胥无趋而进，公又问焉。宾胥无对曰："古之王者，其君丰，其臣教。君丰臣教，则君能制臣，故可以王也。今君之臣丰。"言德丰于君也。公遵遁缪然远，二三子遂徐行而进。言公之所遵行者，皆流遁缪妄之事，无所比，可谓远于

---

❶ "对"（對），原作"封"，据墨宝堂本、刘绩本、赵用贤本改。

二三子。见当遂而渐以取进耳。欲王天下，于米何❶。公曰：
"昔者大王贤，王季贤，文王贤，武王贤。武王伐殷，克
之，七年而崩。周公旦辅成王而治天下，仅能制于四海之
内矣。今寡人之子不若寡人，寡人不若二三子。以此观
之，则吾不王必矣。"

桓公曰："我欲胜民，言欲胜服于民。为之奈何？"管
仲对曰："此非人君之言也。人君之言，当仁以化之，不可
直用刑胜也。胜民为易，夫胜民之为道，非天下之大道也。
君欲胜民，则使有司疏狱而谒，有罪者偿，谓疏录狱囚，谒
告有罪者，则偿之也。数省而严诛，数省有过，严其诛罪。若
此则民胜矣。虽然，胜民之为道，非天下之大道也。使民
畏公而不见亲，严刑故也。祸呕及于身，二世严刑，身戮望
夷。虽能不久，虽能胜人，不可久安。则人持莫之弑也。危
哉，持，谓见劫执也。弑，谓杀亲也。君之国岠乎！"

桓公观于厩，问厩吏曰："厩何事最难？"厩吏未
对。管仲对曰："夷吾尝为圉人矣。圉，养马者。傅马栈
最难。谓编次之栈，马所立木也。先傅曲木，曲木又求曲
木，编栈者先附曲木，其次还须曲木，求其类。曲木已傅，
直木毋所施矣。既用曲木，又施直木，则失其类而栈败矣。
喻小人用即君子退也。先傅直木，直木又求直木，直木已
傅，曲木亦无所施矣。"喻君子用则小人退。

桓公谓管仲曰："吾欲伐大国之不服者，奈何？"管
仲对曰："先爱四封之内，然后可以恶竟外之不善者。四

---

❶ "于米何"，墨宝堂本同。刘绩本、赵用贤本作"恐未可"。

封之内见爱，则人致死，可以恶竟外之不善者。**先定卿大夫之家，然后可以危邻之敌国。**卿大夫之家既定，则国强，故可以危邻国。**是故先王必有置也，然后有废也；**己国有置，然后废他国也。**必有利也，然后有害也。"**能利己国，然后可以害他国也。

桓公践位，令衅社塞祷。杀生，以血浇落于社，曰"衅社"。**祝凫、已疵献胙，**祝，祝史。凫、疵，其名也。胙，祭肉也。**祝曰："除君苛疾，**祝令除君烦苛之疾。**与若之多虚而少实。"**若，似也。谓君之材能，多似有而非实，如此者，亦祝去之也。**桓公不说，瞋目而视祝凫、已疵。祝凫、已疵授酒而祭之，曰："又与君之若贤。"**谓君似贤，亦当去之。**桓公怒，将诛之而未也，以复管仲。**复，犹告也。**管仲于是知桓公之可以霸也。**祝史诬君之恶，君怒而将诛之，是心务善也，故知可与霸也。

桓公乘马，虎望见之而伏。桓公问管仲曰："今者寡人乘马，虎望见寡人而不敢行，其故何也？"管仲对曰："意者君乘駁马而洀桓，迎日而驰乎？"洀，古盘字。**公曰："然。"管仲对曰："此駁象也。駁食虎豹，故虎疑焉。"**

楚伐莒，莒君使人求救于齐，桓公将救之。管仲曰："君勿救也。"公曰："其故何也？"管仲对曰："臣与其使者言，三辱其君，颜色不变。辱其君而色不变，则无羞耻也。**臣使官无满其礼，**三三加其礼，皆不满足。**强，其使者争之以死。**不识不满之意，才激强之，则争之以死，是不智。**莒君，小人也，君勿救。"**其使不贤，故知其君小人也。桓公果不救而莒亡。

桓公放春三月观于野。春物放发，故曰放春。桓公曰：
"何物可比于君子之德乎？"隰朋对曰："夫粟，内甲以
处，中有卷城，外有兵刃。种粟者，甲在内而处，叶居外而
卷若城，苗之纤芒在外，有兵刃。未敢自恃，自命曰粟。粟
之物用虽如此，然不敢自恃，故自名曰粟。粟则谨促之名也。
此其可比于君子之德乎！"管仲曰："苗，始其少也，眴
眴胡绢切。目摇也。乎，何其孺子也！眴眴，柔顺皃。谷苗始
则柔顺，故似孺子也。至其壮也，庄庄乎，何其士也！壮，
谓苗转长大。庄庄，矜直皃也。至其成也，由由乎兹免，何
其君子也！由由，悦也。实皃。兹免，谓益有谨励。天下得之
则安，人以谷为命。不得则危，故命之曰禾。以其和调人之
性命。此其可比于君子之德矣。"桓公曰："善。"

桓公北伐孤竹，未至卑耳之溪十里，闟然止，瞠然
视，闟，住立皃。瞠，惊视皃。援弓将射，引而未敢发也。
谓左右曰："见是前人乎？"左右对曰："不见也。"公
曰："事其不济乎！寡人大惑。今者寡人见人，长尺而人
物具焉。冠，右祛衣，走马前疾。事其不济乎！寡人大
惑。岂有人若此者乎？"管仲对曰："臣闻登山之神有俞
儿者，长尺而人物具焉。霸王之君兴，而登山神见。且走
马前疾，道也。祛衣，示前有水也。右祛衣，示从右方涉
也。"至卑耳之溪，有赞水者谓赞引渡水者。曰："从左
方涉，其深及冠。从右方涉，其深至膝。若右涉，其大
济。"桓公立拜管仲于马前，曰："仲父之圣至若此，寡
人之抵罪也久矣。"抵，当也。不知仲父之圣，是寡人当有

罪久矣。管仲对曰："夷吾闻之，圣人先知无形。今已有形而后知之，臣非圣也，善承教也。"善承古人之法。

桓公使管仲求宁戚。宁戚应之曰："浩浩乎！"管仲不知，至中食而虑之。婢子曰："公何虑？"管仲曰："非婢子之所知也。"婢子曰："公其毋少少，毋贱贱。昔者吴、干战，干，江边地❶也。未龀不得入军门。龀，毁齿也。国子摘其齿，遂入，为干国多。战功曰多。言于干战，国子功多也。百里徯，秦国之饭牛者也，穆公举而相之，遂霸诸侯。由是观之，贱岂可贱，少岂可少哉？"管仲曰："然。公使我求宁戚，宁戚应我曰：'浩浩乎！'吾不识。"婢子曰："《诗》有之：'浩浩者水，育育者鱼。水浩浩然盛大，鱼育育然相与而游其中。喻时人皆得配偶以居其室家。宁戚有伉俪之思，故陈此诗以见意。未有室家，而安召我居？'言谁当召我，授之配匹，与之为居乎也。宁子其欲室乎？"

桓公与管仲阖门而谋伐莒，未发也，而已闻于国，其故何也？管仲曰："国必有圣人。"桓公曰："然。夫之役者，有执席食以视上者，必彼是邪？"桓公与管仲谋时，役人于前，乃有执席而食，私因❷上视，所以察君也。必是人者，知吾谋也。于是乃令之复役，毋复相代。时执席❸而食者，代人入役，因得察君。今不令相代，彼亦知若觉己，

---

❶ "地"，原作"池"，据墨宝堂本、刘绩本、赵用贤本改。

❷ "因"，墨宝堂本同。刘绩本、赵用贤本作"目"。

❸ "席"，原作"麻"，据墨宝堂本、刘绩本、赵用贤本改。

必当来也。少焉，东郭邮至。桓公令傧者延而上，傧，谓赞引宾客者也。与之分级而上，公以客礼待之，故与之分级而上，谓使之就宾阶也。问焉，曰："子言伐莒者乎？"东郭邮曰："然，臣也。"桓公曰："寡人不言伐莒，而子言伐莒，其故何也？"东郭邮对曰："臣闻之，君子善谋，而小人善意，善以意度之也。臣意之也。"桓公曰："子奚以意之？"东郭邮曰："夫欣然喜乐者，钟鼓之色也；夫渊然清静者，缞绖之色也；漻然丰满心在兵武，形气盛，故其皃丰满。而手足拇动者，中勇，外形必应，故手足拇❶动也。兵甲之色也。日者臣视二君之在台上也，口开而不阖，是言莒也。"莒"字两口，故二君开口相对，即知其言莒。举手而指，势当莒也。且臣观小国诸侯之不服者，唯莒于是。唯莒不服，于是知之。臣故曰伐莒。"桓公曰："善哉。以微射明，此之谓乎！言以形色之微，知伐国之明也。子其坐，寡人与子同之。"同伐莒之谋也。

客或欲见于齐桓公，请仕上官，授禄千钟。公以告管仲，曰："君予之。"客闻之，曰："臣不仕矣。"公曰："何故？"对曰："臣闻取人以人者，以人之言然后取人。其去人也亦用人。吾不仕矣。"

管子卷第十六

---

❶ "拇"，原作"挴"，据墨宝堂本、刘绩本、赵用贤本改。

卷十七

七臣七主第五十二 | 杂篇三

或以平虚，请论七主之过，谓平意虚心也。七主，据下唯有六者，皆过主。能无此六者过，则为一是主也。过主六，是主一，故曰七主也。**得六过一是，以还自镜，以知得失。**得六过则为一是，以自鉴，得失可知也。**以绳七臣，得六过一是。呼鸣美哉，成事疾。**疾，美也。绳，谓弹正也。言以六过绳六臣，令臣无六过，是故为一。君臣咸有一德，故能成美也。

申主任势守数以为常，申，谓陈用法令。**周听近远以续明。**远近之事，周而听之，则其明不绝。**皆要审则法令固，赏罚必则下服度。**事皆得要而详审，则法令固，赏罚必，而下皆服其法度也。**不备待而得和，则民反素也。**谓以道德理世之君，至仁感物，得和自此而至，故人皆反于朴素。今申❶主不能然，故以为过也。

惠主丰赏厚赐以竭藏，赦奸纵过以伤法。藏竭则主权衰，法伤则奸门闾。故曰：泰则反败矣。谓为惠太过，故反成败也。

---

❶ "申"，原作"巾"，据墨宝堂本、刘绩本改。赵用贤本作"中"，误。

侵主好恶反法以自伤，越法行事谓之侵。所好所恶，皆反于法，故自伤。**喜决难知以塞明，**决难知则理不当，故明塞也。**从狙而好小察，**狙，伺也。谓既任臣有所为，必从而伺之。**事无常而法令申。不酐则国失势。**酐，古伍字，谓偶合也。言虽申布法令，于事不合，法既不行，所以失势也。

芒主目伸五色，耳常五声。芒，谓芒然不晓识之貌。伸，谓放恣也。**四邻不计，**四邻与己为隙，不计度而知之也。**司声不听，**司声之官，随君所好，不为听其理乱之音也。**则臣下恣行，而国权大倾。不酐则所恶及身。**所为既不合理，故恶还及身。

劳主不明分职，上下相干，言失任臣之理，劳而无功，故曰劳主。**臣主同则。刑振以丰，丰振以刻，**臣主同势，则俱奋威权，故刑罚大振，而且丰多。刑丰而又妄振，非刻而何也？**去之而乱，临之而殆，则后世何得？**权臣振主，君欲去之，必为乱。任而临之，必危殆。既乱且危，败亡必及，故后代无得也。

振主喜怒无度，严诛无赦，动发威严，谓之振也。**臣下振怒，不知所错，则人反其故。**故，谓先君之理。**不酐则法数日衰，而国失固。**举措既不合理，故数衰而国失固。

芒主通人情以质疑，故臣下无信，尽自治其事则事多，既不自晓，故下通人情，以问所疑，则臣下无所取信，皆自任胸臆以理其事，人人生事，故事多也。**多则昏，昏则缓急俱植。**植，立也。既昏而不明，故缓急之事俱可立。**不酐则见所不善，**所为既不合理，故其所见之事皆不善。**余力自失而罚。**尚有执权余力，己不自责，乃迁怒而罚之。**故主虞**

而安，虞，度也。主能度宜而行，故安。但主能度而安，则致下数事。**吏肃而严，民朴而亲，官无邪吏，朝无奸臣，下无侵争，世无刑民。**凡此，皆主虞而安故也。

故一人之治乱在其心，在其心之邪正。**一国之存亡在其主。**在其主之智愚。**天下得失，道一人出。**道，从也。一人为主也，明主得，暗主失。**主好本，则民好垦草莱；**本，谓农桑也。**主好货，则人贾市；主好宫室，则工匠巧；主好文采，则女工靡。夫楚王好小腰，而美人省食；吴王好剑，而国士轻死。死与不食者，天下之所共恶也，然而为之者何也？从主之所欲也，而况愉乐音声之化乎？**

夫男不田，女不缁，缁，谓黑缯。**工技力于无用，**谓勤力于无用之器物也。**而欲土地之毛，**毛，谓嘉苗。**仓库满实，不可得也。土地不毛则人不足，人不足则逆气生，**不足则怨怒，故逆上之气生。**逆气生则令不行。然强敌发而起，虽善者不能存。**谓善为计谋。**何以效其然也？曰：昔者桀、纣是也。诛贤忠，近谗贼之士而贵妇人，好杀而不勇，好富而忘贫，驰猎无穷，鼓乐无厌，瑶台玉餔不足处，**玉餔，犹玉食。**驰车千驷不足乘。材女乐三千人，**谓有材能之女乐也。**钟石丝竹之音不绝。百姓罢乏，君子无死，**言不为君致死。**卒莫有人，人有反心。遇周武王，遂为周氏之禽。**为周所禽获也。**此营于物而失其情者也，**物，谓台榭车马，以所为侈靡者。**愉于淫乐而忘后患者也。故设用无度，国家踏；**踏，谓散亡。**举争不时，必受其灾。**

夫仓库非虚空也，必侈费无度，故空。**商宦非虚坏**

也，必弃本逐末，故坏也。**法令非虚乱也，**必上替下陵，故乱。**国家非虚亡也。**必倒道背理，故亡也。**彼时有春秋，岁有败凶，政有急缓。政有急缓，故物有轻重；**政急物轻，政缓物重。**岁有败凶，故民有义不足；**岁既败凶，虽有义事，不足以行其礼。**时有春秋，故谷有贵贱，**春谷贵，秋谷贱。**而上不调淫，故游商得以什伯其本也。**淫，过也。谓谷物过于贵贱，则上当收散以调之。此之不为，故游商得什百之赢❶，以弃其本也。**百姓之不田，贫富之不訾，皆用此作。**訾，限也。皆从不调淫而作也。**城郭不守，兵士不用，皆道此始。**道，从。**夫亡国蹄家者，非无壤土也，其所事者非其功也；夫凶岁雷旱，非无雨露也，其燥湿非其时也；乱世烦政，非无法令也，其所诛赏者非其人也；暴主迷君，非无心腹也，其所取舍非其术也。**

故明主有六务四禁。六务者何也？一曰节用，二曰贤佐，三曰法度，四曰必诛，五曰天时，六曰地宜。四禁者何也？春无杀伐，无割大陵、**割，谓掘徙之也。**倮大衍、**倮，谓焚烧，令荡然俱尽。**伐大木、斩大山、行大火、诛大臣、收谷赋。**凡此，春之禁也。**夏无遏水达名川、**谓偃塞小水合大水。**塞大谷、动土功、射鸟兽。**凡此，夏之禁。**秋毋赦过、释罪、缓刑。冬无赋爵赏禄、伤伐五藏。**五谷之藏。**故春政不禁则百长不生，夏政不禁则五谷不成，秋政不禁则奸邪不胜，冬政不禁则地气不藏。四者俱犯，则阴阳不和，风雨不时，大水漂州流邑，**漂，流。谓满溢于堤

---

❶ "赢"，原作"蠃"，墨宝堂本、刘绩本同。据赵用贤本改。

防，故漂流城邑。大风漂屋折树。火暴焚，地燋草。旱甚则草燋。天冬雷，地冬霆。霆，震。草木夏落而秋荣，蛰虫不藏，宜死者生，宜蛰者鸣，苴多膡蟆，苴，谓草之翳荟。山多虫蟊。蟊，即蚊。六畜不蕃，民多夭死，国贫法乱，逆气下生。故曰：台榭相望者，亡国之庑也；驰车充国者，追寇之马也；追，犹召也。言驰车所以召寇。羽剑珠饰者，斩生之斧也；文采纂❶组者，燔功之窑也。明王知其然，故远而不近也。能去此取彼，则人主道备矣。此，谓珠饰等物。彼，谓节用爱民。

夫法者，所以兴功惧暴也；律者，所以定分止争也；令者，所以令人知事也。法律政令者，吏民规矩绳墨也。夫矩不正，不可以求方；绳不信，音申。不可以求直。法令者，君臣之所共立也；权势者，人主之所独守也。故人主失守则危，臣吏失守则乱。罪决于吏则治，有罪者，吏必能决，决之故理。权断于主则威，民信其法则亲。是故明王审法慎权，下上有分。下慎罚，上执权，各有其分也。

夫凡私之所起，必生于主。主不好本，则私生。夫上好本，则端正之士在前；本，谓道德之政。上好利，则毁誉之士在侧；好利则倾巧，故毁誉之士在侧。上多喜善赏不随其功，则士不为用；虽曰好善，及其有功则不能赏，故曰士不为用。数出重法而不克其罪，则奸不为止。克，谓胜伏。明王知其然，故见必然之政，立必胜之罚，故民知所必就，而知所必去。推则往，召则来，如坠重于高，如

---

❶ "纂"，原作"篡"，据墨宝堂本、刘绩本、赵用贤本改。

渎水于地。以譬招来之易也。**故法不烦而吏不劳，民无犯禁。故有百姓无怨于上，上亦法臣法。**言亦为臣立法。**断名决，无诽誉。**依名而断决，则理当而事惬，故无诽誉。**故君法则主位安，臣法则货赂止，而民无奸。呜呼美哉！名断言泽。**依名而断，则其言顺而泽。

饰臣克亲贵以为名，虚名求实之饰。克，胜也。谓不求亲贵以自克胜，持此为名。**恬爵禄以为高。**任[1]弃爵禄以自安恬，以此为高。**好名则无实，**美名外扬，内实必丧。**为高则不御。**恬爵禄者，君不能御也。**故记曰：无实则无势，**势必以实生。**失辔则马焉制？**制马必以辔，制臣必以禄。

侵臣事小察以折法令，枉法行事谓之侵。**好佼反而行私请。**佼，谓很诈也。背理为反。**故私道行则法度侵，**不侵法度，则无以成其私。**刑法繁则奸不禁，主严诛则先民心。**

乱臣多则造钟鼓，众饰妇女，以惛上。故上惛则隙不计，而司声直禄。上既惛暗，虽有危亡之隙，不能计度而知之。其司声之官，直得禄而已，不忧其职务也。**是以谄臣贵而法臣贱，此之谓微孤。**谄贵法贱，则危亡日至，故其君衰微而孤独。

愚臣深罪厚罚以为行，深文入罪，厚致其罚，此愚臣之行。**重赋敛，多兑道，以为上，**兑，悦也。谓多赋敛以悦道于君。**使身见憎而主受其谤。**厚罚多敛，人必憎之。**故记称之曰：愚忠谗贼。此之谓也。**愚臣虽有损于主，乃比之

---

❶ "任"，墨宝堂本同。刘绩本、赵用贤本作"佯"。

谗贼。

奸臣痛言人情以惊主，痛，甚极之辞。**开罪党以为仇**。开引罪党，上闻于君，与之为仇。**除仇则罪不辜，**彼但仇耳，未必皆有罪。今而除之，则罪不辜之人也。**罪不辜则与仇居。**既杀不辜，则人皆仇己，故所与居者莫非仇也。**故善言可恶以自信，而主失亲。**好言可恶之事以告于君，此求君之信己也。君果信之，则失其所亲也。

乱臣自为辞功禄，明为下请厚赏，己有功，当得禄，则佯辞之，以为以其下未必当赏，则明然为之请，以求志心也。**居为非母，动为善栋，**其居也，与众犯者为母。其动，以佯为善者之栋梁也。**以非买名，以是伤上，**其所以买名者，用非道，虽曰为之，必伤于上。**而众人不知。之谓微攻**。言为伪善，渐攻于君。

禁藏第五十三　杂篇四

禁藏于胸胁之内，而祸避于万里之外。**能以此制彼者，唯能以己知人者也。**言度己以察彼，则无隐情，故奸谋藏于胸胁。奸藏祸息，故远避于万里之外。彼不能兴奸生祸，则我能制之。凡此，皆以己知人故也。**夫冬日之不滥，非爱冰也；**滥，谓泛冰于水以求寒，所谓滥浆。**夏日之不炀，非爱火也。**为不适于身、便于体也。冬之冰，夏之火，皆于身体不适便。**夫明王不美宫室，非喜小也；不听钟鼓，非恶乐也。为其伤于本事，而妨于教也。**美宫室，听钟鼓，则伤事而妨教。**故先慎于己而后彼，官亦慎内而后外，**内则本务，外则末业。君慎之则臣效。**民亦务本而去末。**官慎之则民❶效也。

居民于其所乐，居其所乐，则敦土而不迁。**事之于其所利，**事其所利，则不劝而自励。**赏之于其所善，**赏其所善，则皆悦而立功。**罚之于其所恶，**罚其所恶，则忌慎而无犯。**信之于其所余财，**君人者，莫不有余财，期赏而必，故曰信。**功之于其所无诛。**必胜残息诛，然后可以为成功。**于下无诛者，必诛者也；**有罪必诛，故能息。所谓以刑止刑，以杀止杀也。**有诛者，不必诛者也。**有罪不必诛，故诛不息也。**以有刑至无刑者，其法易而民全；**刑兹无赦，人不敢犯，故曰以有刑至无刑。若此者，其法简易而民完全。**以无刑至有刑者，其刑烦而奸多。**缓诛宥死，人则轻而犯之，故曰无刑至有刑。若此者，其刑繁漫而奸人多。**夫先易者后难，**无刑至有刑，故曰先易而后难。**先难而后易，**有刑至无刑，故曰先难而后易。**万物尽然。**皆同之于用法。**明王知其然，故必诛而不赦，必赏而不迁者，非喜予而乐其杀也，所以为人致利除害也。**赏不迁，非喜与。诛不赦，非乐杀。然必其诛赏，则为人致利除害故也。**于以养老长弱，完活万民，莫明焉。**言养老活人，无明于必诛赏。

夫不法法则治。言不法者，必以法正之，故治。**法者，**

---

❶ "民"，原作"主"，墨宝堂本、赵用贤本同。据刘绩本改。

天下之仪也，仪，谓表也。所以决疑而明是非也，百姓所县命也。刑罚一差，人无所措手足，故曰县命。故明王慎之，不为亲戚故贵易其法；故，谓恩旧。吏不敢以长官威严危其命；危，谓毁败。民不以珠玉重宝犯其禁。所谓君无欲焉，虽赏之不窃。故主上视法严于亲戚，不为亲戚易法，故法严。吏之举令敬于师长，不为师长危令，故令敬也。民之承教重于神宝。不为重宝犯禁，故教重。夫宝有灵，故曰神宝。故法立而不用，刑设而不行也。无犯之人，则无所用其刑法。

夫施功而不钧，位虽高，为用者少；施功，谓施恩于有功者。施恩不钧，则有功者怨，故虽有高位，人不为用。赦罪而不一，德虽厚，不誉者多；赦罪不一，则毒流不辜，虽有厚德，人谁誉之？举事而不时，力虽尽，其功不成；方冬植禾，虽勤似后稷，不能成以嘉苗。刑赏不当，断斩虽多，其暴不禁。夫公之所加，罪虽重，下无怨气；私之所加，赏虽多，士不为欢。行法不道众，民不能顺；有道之人，必顺于道。举错不当众，民不能成。众尚不成，况无众乎？不攻不备，夫设备者，必防攻也。当今为愚人。

故圣人之制事也，能节宫室、适车舆以实藏，不费于宫室车舆，则库藏自实也。则国必富、位必尊；能适衣服、去玩好以奉本，本，谓农桑。而用必赡、身必安矣；能移无益之事、无补之费，通币行礼，而党必多、交必亲矣。移无益无补之费而行礼，故党多交亲也。夫众人者，多营于物，而苦其力、劳其心，故困而不赡。营物过分，故劳而不赡❶。大者以失其国，小者以危其身。

凡人之情，得所欲则乐，逢所恶则忧，此贵贱之所同有也。近之不能勿欲，谓所好之物。远之不能勿忘，人情皆然，而好恶不同。各行所欲，各以所欲行之。而安危异焉，适理而欲则安，背理而欲则危。然后贤不肖之形见也。夫物有多寡，而情不能等；贤者欲寡，不肖者欲多也。事有成败，而意不能同；贤者意多成，不肖者意多败也。行有进退，而力不能两也。贤者能进，不肖者唯退也。故立身于中，谓多寡、成败、进退之中也。养有节。宫室足以避燥湿，食饮足以和血气，衣服足以适寒温，礼仪足以别贵贱，游虞足以发欢欣，棺椁足以朽骨，衣衾足以朽肉，坟墓足以道记。道识其处，各有记也。不作无补之功，虽曰有功，于身无补。不为无益之事，故意定而不营气情。气情不营，则耳目穀，穀，善也。谓聪明不亏。衣食足；耳目穀，衣食足，则侵争不生，怨怒无有，上下相亲，兵刃不用矣。

故适身行义，俭约恭敬，其唯无福，祸亦不来矣；祸福两来，乃善之至。骄傲侈泰，离度绝理，其唯无祸，福亦不至矣。祸福两有，乃祸之至。是故君子上观绝理者以自恐也，观绝理者致祸，故恐。下观不及者以自隐也。隐，度也。度己有不及之事，当故❷之也。故曰：誉不虚出，必出于行善。而患不独生。必生于为恶。福不择家，虽贱家行

---

❶　"赡"，原作"贱"，墨宝堂本同。据刘绩本、赵用贤本改。

❷　"故"，墨宝堂本同。刘绩本作"致"，赵用贤本作"效"。

善，福亦来矣。**祸不索人，**虽贵人行恶，祸亦至矣。**此之谓
也。**凡此欲令修己以致福，无恃贵以招祸。**能以所闻瞻察，
则事必明矣。**谓耳所闻，目所瞻❶，则能审察其是非。如此，
则无事不明矣。

　　故凡治乱之情，皆道上始。道，从也。事明则理，反
是则乱也。**故善者围之以害，牵之以利。**有害则围，有利则
牵。**能利害者，财多而过寡矣。**利害由己，则避害而取利。
取利则财多，避害故过寡矣。**夫凡人之情，见利莫能勿就，
见害莫能勿避。其商人通贾，倍道兼行，夜以续日，千里
而不远者，利在前也；**疾至则得利，故速行而不倦也。**渔人
之入海，海深万仞，就彼逆流，**谓海潮起则水逆流。**乘危
百里，宿夜不出者，利在水也。故利之所在，虽千仞之
山，无所不上；深源之下，无所不入焉。故善者，势利之
在，而民自美安。**势利在身，则人美而安之。**不推而往，不
引而来，不烦不扰，而民自富。**凡此，皆势利之所致。如
鸟之覆卵，无形无声，而唯见其成。**夫势利致人，若鸟之
覆卵焉，虽无形声，俄见其成也。

　　夫为国之本，得天之时而为经，经，所以本之也。**得
人之心而为纪，**则❷所以纪❸之也。**法令为维纲，**维纲，所
以张也。**吏为网罟，**网罟，所以苞之。**什伍以为行列，**行

---

　　❶ "瞻"，原作"赡"（赡），墨宝堂本、刘绩本同。据赵用贤本
改。
　　❷ "则"，墨宝堂本同。刘绩本、赵用贤本作"纪"。
　　❸ "纪"，墨宝堂本同。刘绩本、赵用贤本作"总"。

列，所以闻其❶之也。**赏诛为文武。** 赏则文，诛则武。**缮农具当器械，** 农具既缮，则器械可修也。**耕农当攻战，** 耕农之不息，若攻战之不退也。**推引铫耨以当剑戟，** 用铫耨者，必推引之，若剑戟击刺。**被蓑以当铠鏛，** 蓑，雨衣。被著之，所惧❷雨露，若武备之有铠鏛。著甲❸周身若褐炙，故曰鏛。**菹笠以当盾橹。** 取菹泽草以为茎，若武备之有盾橹也。**故耕器具则战器备，** 具耕器，则备战用也。**农事习则功战巧矣。** 习农则当功战。

当春三月，萩室熯造，熯，谓以火干也。三月之时，阳气盛发，易生温疫。楸木郁臭，以辟毒气，故烧之于新造之室，以禳被❹。**钻燧易火，杼井易水，所以去兹毒也。** 四时易火，至春则取榆柳之火。春时之井又当复杼之，以易其水。凡此，皆去时滋长之毒。**举春祭，塞久祷，以鱼为牲，以蘗为酒，相召，** 久祷而未报者，当享塞之。相召，谓因此时召亲宾。**所以属亲戚也。毋杀畜生，毋拊卵，** 拊，胃❺击剥之也。**毋伐木，毋夭英，** 英，为草木之初生也。**毋拊竿，** 竿，笋之初生也。**所以息百长也。** 所以生息百物之长。**赐鳏寡，振孤独，贷无种，与无赋，所以劝弱民。** 谓劝勉贫弱之人也。**发五正，** 正，谓五官正也。**赦薄罪，出拘民，解仇**

---

❶ "闻其"（聞其），墨宝堂本同。刘绩本、赵用贤本作"开具"（開具）。

❷ "惧"，墨宝堂本、刘绩本同。赵用贤本作"以御"。

❸ "甲"，原作"卑"，据墨宝堂本、刘绩本、赵用贤本改。

❹ "被"，墨宝堂本、刘绩本同。赵用贤本作"被"。

❺ "胃"，墨宝堂本、刘绩本、赵用贤本作"谓"。"胃"通"谓"。

雠，仇雠者，和雠令反去。**所以建时功，施生谷也。**谓及时立农功，施力为生谷。凡此，皆春令。**夏赏五德，**五德，谓五常之德。**满爵禄，迁官位，礼孝弟，复贤力，所以劝功也。**贤而有功，赏复除之。此皆夏令。**秋行五刑，诛大罪，所以禁淫邪，止盗贼。**凡此，皆秋令。**冬收五藏，**五谷之藏。**最万物，**最，聚。**所以内作民也。**凡此，皆冬作。**四时事备，而民功百倍矣。**于四时事皆备，故人有百倍之功。**故春仁，夏忠，秋急，冬闭。**生者仁也，长者忠也，收当急也，藏当闭❶也。**顺天之时，约地之宜，忠人之和。**忠，犹称也❷。事称人理则和。**故风雨时，五谷实，草木美多，六蓄蕃息，国富兵强，民材而令行，**人多材艺而顺上命，故令行也。**内无烦扰之政，外无强敌之患也。夫动静顺然后和也，不失其时然后富，不失其法然后治。故国不虚富，**必不失财，然后富也。**民不虚治。**必不失法，然后治。**不治而昌，不乱而亡者，自古至今，未尝有也。**昌必国理，亡必国乱。反是者，古今所未有。

　　故国多私勇者，其兵弱；私勇则怯于公战，故兵弱。**吏多私智者，其法乱；**私智则营己而背公，故多乱。**民多私利者，其国贫。**私则利积之于家，故国贫。**故德莫若博厚，使民死之；**博厚则感人深，故死之也。**赏罚莫若必成，使民信之。夫善牧民者，非以城郭也。辅之以什，司之以伍，**谓什长、伍长。**伍无非其人，**虽伍长亦选能者为之也。

---

❶ "闭"，原作"前"，墨宝堂本同。据刘绩本、赵用贤本改。
❷ "也"，原作"一"，据墨宝堂本、刘绩本、赵用贤本改。

人无非其里，谓无客寄。里无非其家，言不离居。他人家其非之。故奔亡者无所匿，迁徙❶者无所容，有什伍司之，不容他寄也。不求而约，不召而来。亡徙无所容匿，故不求召而自来。故民无流亡之意，吏无备追之忧。人说不亡，何所备而追之？故主政可往于民，民心可系于主。谓系属于主。

夫法之制民也，犹陶之于埴，冶之于金也。人之从法，若埴、金之从陶、冶也。故审利害之所在，民之去就，如火之于燥湿，水之于高下。火、水之就燥、下，犹人之就利。夫民之所生，衣与食也。食之所生，水与土也。所以富民有要，食民有率。率三十亩而足于卒岁。岁兼美恶，亩取一石，则人有三十石。果蓏素食当十石，果蓏不以火化而食，故曰素食。糠秕六畜当十石，则人有五十石。布帛麻丝，旁入奇利，未在其中也。奇❷，余。言不在五十石之中也。故国有余藏，民有余食。每年人有五十石，故藏皆经❸也。夫叙钧者，所以多寡也；叙钧，谓叙比其钧平。权衡者，所以视重轻也；户籍田结者，所以知贫富之不訾也。谓每户置籍，每田结其多少，则贫富不依訾限者可知也。故善者必先知其田，乃知其人。田多则人多，田少则人少。田备，然后民可足也。

凡有天下者，以情伐者帝，谓深知敌之内情而伐者，帝

---

❶ "徙"，原作"徒"，据墨宝堂本、刘绩本、赵用贤本改。

❷ "奇"，原作"苛"，据墨宝堂本、刘绩本、赵用贤本改。

❸ "经"（經），墨宝堂本同。刘绩本、赵用贤本作"余"（餘）。

也。**以事伐者王，**见其于事有失而伐者，王。**以政伐者霸。**见其政有失而伐，其❶霸。**而谋有功者五。**谓计谋可以成功。**一曰视其所爱，以分其威。**令敌国之所爱者各权，则其威分也。**一人两心，其内必衰也。**威分则每人各怀二心，心二则力不齐，故内衰也。**臣不用，其国可危。**臣既不为君用力，故其国可危。**二曰视其阴所憎，厚其货赂，得情可深。**视敌所憎者，多与赂，令以国情告己，故深得其情。**身内情外，其国可知。**谓所憎者，身在国内，情乃告外，其国可知也。**三曰听其淫乐，以广其心。**使之听淫乐，心广于嗜欲。**遗以竽瑟美人，以塞其内；**耽于竽瑟美女，则心惑乱，故其内闭塞也。**遗以谄臣文马，以蔽其外。**耳惑于谄臣，目惑于文马，则耳目丧矣，故其外蔽也。**外内蔽塞，可以成败。**内外蔽塞，则理拥而见惑，故之败之莫不闭。**四曰必深亲之，如典之同生。**典，常也。若常与之同生也。**阴内辩士，使图其计；**私侠辩士，令与敌国图计。**内勇士，使高其气；**彼得勇士，则恃而气高也。**内人他国，使倍其约，绝其使，拂其意。**更纳人于他国，令背绝，使两国之意相违也。**是必士斗，两国相敌，必承其弊。**亦既相疑，其士必斗。两国敌则小伤，大国以承其弊，乃有一举两获之功也。**五曰深察其谋，**欲知其谋得失也。**谨其忠臣，**欲知其臣之用不。**揆其所使，**欲知其所使贤不肖。**令内不信，使有离意。**内既不信相疑，则使其君臣之意绝。**离气不能令，必内自贼。**君臣意离别，不可使令。既不命，则自相残杀。**忠臣已死，故政**

---

❶ "其"，墨宝堂本同。刘绩本、赵用贤本作"者"，属上句。

可夺。人之云亡，邦国殄瘁，故其政可夺。**此五者，谋功之道也。**

　　管子卷第十七

卷十八

入国第五十四 | 杂篇五

谓始有国，入而行化。

入国四旬，五行九惠之教。旬，即巡也。谓四面五方行
而施九惠之教。一曰老老，以养老之礼养老者。二曰慈幼，
三曰恤孤，四曰养疾，五曰合独，六曰问疾，七曰通穷，
八曰振困，九曰接绝。

所谓老老者，凡国都皆有掌老。谓置掌老之官。年
七十已上，一子无征，不预国之征役。三月有馈肉。谓官
馈之肉。八十已上，二子无征，月有馈肉。九十以上，尽
家无征，日有酒肉。死，上共棺椁，劝子弟，精膳食，问
所欲，求所嗜。问老者何所欲求，访其所以耆欲而供也。此
之谓老老。

所谓慈幼者，凡国都皆有掌幼。士民有子，子有幼
弱不胜养为累者。胜，堪也。谓不堪自养，故为累。有三幼
者，无妇征。四幼者，尽家无征。五幼，又予之葆。葆，
今之教母。受二人之食，官给二人之食。能事而后止。幼者
渐长，能自管事，然后止其养。此之谓慈幼。

所谓恤孤者，凡国都皆有掌孤。士人死，子孤幼，无
父母所养，既无父母，又无所养之亲也。不能自生者，属之

其乡党知识故人。养一孤者，一子无征。养二孤者，二子无征。养三孤者，尽家无征。掌孤数行问之，必知其食饮饥寒，身之腒胜，而哀怜之。腒，瘦也。胜，肥也。此之谓恤孤。

所谓养疾者，凡国都皆有掌养疾。聋盲喑哑，跛躄偏枯握递，递，著也。谓两手❶相拱著而不申❷者，谓之握递。不耐自生者，上收而养之。疾，既养之，又与疗疾。官而衣食之，谓官给之衣食。殊身而后止。殊，犹离也。疾离身而后止其养。此之谓养疾。

所谓合独者，凡国都皆有掌媒。丈夫无妻曰鳏，妇人无夫曰寡。取鳏寡而合和之，予田宅而家室之，三年然后事之。事，谓供国之职役也。此之谓合独。

所谓问疾者，凡国都皆有掌病。士人有病者，掌病以上令问之。九十以上，日一问。八十已上，二日一问。七十以上，三日一问。众庶，五日一问。疾甚者以告，上身问之。掌病行于国中，以问病为事。此之谓问病。

所谓通穷者，凡国都皆有通穷。若有穷夫妇无居处，穷宾客绝粮食，居其乡党，以闻者有赏，不以闻者有罚。此之谓通穷。

所谓振困者，岁凶，庸人訾厉，訾，疾也。厉，病也。多死丧。弛刑罚，赦有罪，散仓粟以食之。此之谓振困。

---

❶ "两手"，原作"而子"，据墨宝堂本、刘绩本、赵用贤本改。
❷ "申"，原作"甲"，据墨宝堂本、刘绩本、赵用贤本改。

所谓接绝者，士民死上事，死战事，使其知识故人受资于上资，谓财用。而祠之。此之谓接绝也。

九守第五十五 | 杂篇六

主 位

人主居位当如此。

安徐而静，人居位，当安徐而又静默。**柔节先定，**以和柔为节，先能定己，然后可定人。**虚心平意以待须。**虚其心，平其意，以待臣之谏说。须，亦待也。

主 明

主明，在于用天下耳目视听之。

目贵明，耳贵聪，心贵智。以天下之目视，则无不见也；以天下之耳听，则无不闻也；以天下之心虑，则无不知也。辐凑并进，则明不塞矣。言圣人不自用其聪明思虑，而任之天下。故明者为之视❶，聪者为之听，智者为之谋。辐

---

❶ "视"下原衍"听"字，据墨宝堂本、刘绩本、赵用贤本删。

凑并进，不亦宜乎？故曰明不可塞。

主　听

听之术，曰勿望而距，勿望而许。听言之术，必须审察，不可望风则有所距、有所许也。**许之则失守，距之则闭塞。**既未审察，辄有距而许之，故或失守，或闭塞。**高山仰之，不可极也。深渊度之，不可测也。**不审察者，常为彼所知，故戒之。当如高山深渊，不可极而测❶之。**神明之德，正静其极也。**既如山渊，则其德配神明，而正且静。如此者，其有穷极矣。

主　赏

用赏者贵诚，用刑者贵必。刑赏信必于耳目之所见，则其所不见莫不暗化矣。诚畅乎天地，通于神明，见奸伪也。既畅天地，通神明，故有奸伪必能见之。

---

❶　"测"，原作"侧"，据墨宝堂本、刘绩本、赵用贤本改。正文有"深渊度之，不可测也"。

主 问

一曰天之，二曰地之，三曰人之，言三才之道，幽邃深远，必问于贤者，而后行之。四曰上下左右前后，凡此皆有逆顺之宜，故须问之。**荧惑其处安在？** 又须知法星所在也。

主 因

心不为九窍，九窍治。 心任九窍，九窍自治。**君不为五官，五官治。** 君任五官，故五官自治之。**为善者，君予之赏；为非者，君予之罚。君因其所以来，因而予之，则不劳矣。** 自来而又得赏，何劳之有？**圣人因之，故能掌之。** 掌，主也。**因来而赏，物皆属己，故能主之。因之修理，故能长久。**

主 周

人主不可不周。 周，谓谨密也。**人主不周，则群臣下乱。** 不周则泄其机事，故臣下交争而乱也。**寂乎其无端也，** 慎密者当如是。**外内不通，安知所怨？** 外内不通则事不泄，故无怨。关闭不开，善否无原。既不开其关闭，故善之与不善，不得知其原哉❶。

主　参

一曰长目，二曰飞耳，三曰树明。明知千里之外，隐微之中，曰动奸。奸动则变更矣。奸在隐微，其理将动。奸既动矣，自然变更。

督　名

修名而督实，按实而定名。名实相生，反相为情。名实当则治，不当则乱。名生于实，实生于德，德生于理，理生于智，智生于当。

桓公问第五十六 ｜ 杂篇七

齐桓公问管子曰："吾念有而勿失，得而勿忘，为之

---

❶ "哉"，墨宝堂本同。刘绩本、赵用贤本作"矣"。

有道乎？”对曰："勿创勿作，时至而随。毋以私好恶害公正，察民所恶，以自为戒。人有所恶，己行之，非。黄帝立明台之议者，上观于贤也。尧有衢室之问者，下听于人也。舜有告善之旌，而主不蔽也。禹立建鼓于朝，而备讯唉。讯，问也。唉，惊问也。汤有总街之庭，以观人诽也。武王有灵台之复，而贤者进也。复，谓白也。此古圣帝明王所以有而勿失、得而勿忘者也。"

桓公曰："吾欲效而为之，其名云何？”对曰："名曰啧室之议。谓议论者言语欢啧。曰法简而易行，刑审而不犯，事约而易从，求寡而易足。人有非上之所过，谓之正士。见上有过而非之，可谓正士。内于啧室之议，纳正士之言，著为啧室之议。有司执事者，咸以厥事奉职，而不忘为此啧室之事也。请以东郭牙为之，此人能以正事争于君前者也。”桓公曰："善。"

度地第五十七 | 杂篇八

昔者桓公问管仲曰："寡人请问度地形而为国者，其何如而可？”管仲对曰："夷吾之所闻，能为霸王者，盖天子圣人也。故圣人之处国者，必于不倾之地，言其处深厚冈原复壮者，谓之不倾。而择地形之肥饶者，乡山，左右经水若泽，其国都或在山左，或向山右，及缘之❶泽，然后建。内为落渠之写，因大川而注焉。谓于都内更为洛❷水之渠，以注于大川。乃以其天材，地之所生利，养其人，以育六畜。天材，谓五谷之属，因天时而植者也。天下之人皆归其德而惠其义，惠，顺。乃别制断之。乃分别其地，制之断之。州者谓之术，地数充为州者，为之术。不满术者谓之里。不成术而余者，谓之里。故百家为里，里十为术，术十为州，州十为都，都十为霸国。不如霸国者，国也，不成于霸国者，诸侯之国也。以奉天子。霸国率诸侯以奉天子也。天子有万诸侯也，其中有公侯伯子男焉，天子中而处。此谓因天之固，所处之地，自然不倾，故曰因之。归地之利，内为之城，城外为之郭，郭外为之土阆。阆，谓隍。地高则沟之，下则堤之，命之曰金城。树以荆棘，上相穑著者，所以为固也。穑，钩也。谓荆棘利❸条相钩连也。岁修增而毋已，时修增而无已，福及孙子。此谓人命万世无穷之利，人君之葆守也。谨置国都，缮修城郭，此人君所保全而守。臣服之以尽忠于君，君体有之以临天下，故能为天下之民先也。此宰之任，则臣之义也。宰，谓执君之政者也。故善为国者，必先除其五害，人乃终身无患害而孝慈焉。"

桓公曰："愿闻五害之说。"管仲对曰："水，一

---

❶ "之"，墨宝堂本同。刘绩本、赵用贤本作"水"。

❷ "洛"，墨宝堂本同。刘绩本、赵用贤本作"落"。"洛"通"落"。

❸ "利"，墨宝堂本同。刘绩本、赵用贤本作"刺"。

害也。旱，一害也。风、雾、雹、霜，一害也。厉，一害也。虫，一害也。厉，疾病也。此谓五害。五害之属，水最为大。五害已除，人乃可治。"

桓公曰："愿闻水害。"管仲对曰："水有大小，又有远近。水之出于山而流入于海者，命曰经水。言为众水之经。水别于他水，谓从他水分流，若江别为沱。入于大水及海者，命曰枝水。言为之枝。山之沟，一有水，一毋水者，命曰谷水。水之出于他水，沟流于大水及海者，命曰川水。出地而不流者，命曰渊水。此五水者，因其利而往之，可也；谓因地之势，疏引以溉灌。因而扼之，可也。扼，塞也。恐其泛溢而塞之，亦可也。而不久常，有危殆矣。"谓卒有暴溢，或能漂没居人，故危殆也。

桓公曰："水可扼而使东西南北及高乎？"管仲对曰："可。夫水之性，以高走下则疾，至于漂石。谓能漂浮于石。而下向高，即留而不行，故高其上，领瓴之，尺有十分之三，里满四十九者，水可走也。上，谓水从来处。高之者欲注下，取势也。瓴，谓瓴甋也。言欲令水上高，必大为瓴甋，私空其中，使前后相受，以尺为分。每领而有十尺，即长一丈也。分之于三，间之每里，满此九。如此，则水可走上矣。乃迁其道而远之，以势行之。行曲也。谓下曲水道，远张其势，而以行水。水之性，行至曲必留退，满则后推前。谓水至处，必流而却退，其处既满，则后水推前水令去。地下则平行，地高即控，控，谓顿也。言水顿挫而却。杜曲则捣毁，杜，犹冲也。捣，触也。言水行至曲，则冲而触，有所毁伤。杜曲激则跃，跃则倚，倚，排也。谓前后相排也。**倚则环，环则中，**前后相排，则圆流生，空若环之中，所谓齐。**中则涵，**圆流无所通，则相涵激也。**涵则塞，塞则移，移则控，**塞，亦控也。**空则水妄行，水妄行则伤人，伤人则困，困则轻法，轻法则难治，难治则不孝，不孝则不臣矣。故五害之属，伤杀之类，祸福同矣。知备此五者，人君天地矣。”所谓与天地合其德。

桓公曰："请问备五害之道。"管子对曰："请除五害之说，以水为始。请为置水官，令习水者为吏。大夫、大夫佐各一人，率部校长官佐各财足。财，谓其禄禀。乃取水左右各一人，使为都匠水工，为水工之都匠。令之行水道。城郭堤川沟池、官府寺舍及州中，当缮治者，给卒财足。卒，谓所当治水者。财，其粮用也。令曰：常以秋岁末之时阅其民，阅，谓省视。案家人比地，定什伍口数，案人比地，有十口五口之数，当受地若干。别男女大小。其不为用者辄免之，谓其幼小不任役者则免之。有锢病不可作者疾之，著其名于疾者之数，有以赒恤之也。可省作者半事之。谓疾者虽不任役，可以省视作者，取其半功。并行以定甲士当被兵之数，上其都。因力役之际，并行视之。强壮者，预定之以为甲士，而被兵之数，既而上其名籍于国都也。都以临下，视有余不足之处，辄下水官。水官亦以甲士当被兵之数，都既临下，视其兵不足之处，即甲士下之于水官。水官既得甲士，还以备兵数也。与三老、里有司、伍长行里，因父母案行，阅具备水之器。谓水官与三老、五长等行视其里，因其家之父母与之阅其备水之器。以冬无事之时，笼㐀板筑各什六，谓什人共贮六具。下准此。土车什一，雨韏什二，车韏所以御雨，故曰雨韏。**食器两具，**每人两具。人有之。**锢藏里中，以给丧器。**谓人既有贮器，当锢藏于里中，兼得给凶丧之用。**后常令水官吏与都匠，因三老、里有司、伍长案行之。常以朔日始出阅具之，取完坚，补弊久，去苦恶。**其器既补弊，而久有苦恶者，除去之。**常以冬少事之时，令甲士以更次益薪，积之水旁。州大夫将之，唯毋后时。**谓将领之，无得后时。**其积薪也，以事之已；**已，毕也。**农事既毕，然后益薪。其作土也，以事未起。**谓春事未起。**天地和调，日有长久。以此观之，其利百倍。故常以毋事具器，毋事用之。水常可制，而使毋败。此谓素有备而豫具者也。"

桓公曰："当何时作之？"管子曰："春三月，天地干燥，水纠列之时也。山川涸落，天气下，地气上，万物交通。故事已，新事未起，草木荑生可食。寒暑调，日夜分。分之后，夜日益短，昼日益长，利以作土功之事。土乃益刚，令甲士作堤大水之旁，大其下，小其上，随水而行。地有不生草者，必为之囊。大者为之堤，小者为之防，夹水四道，禾稼不伤。岁埤增之，树以荆棘，以固其地，杂之以柏杨，以备决水。民得其饶，是谓流膏。令下贫守之，往往而为界，可以毋败。当夏三月，天地气壮，大暑至，万物荣华，利以疾藕杀草薉，使令不欲扰，命曰不长。不利作土功之事，放农焉。利皆耗十分之五，土功不成。当秋三月，山川百泉踊，降雨下，山水出，海路距，雨露属，天地凑汐，利以疾作收敛毋留。一日把，百日馌，民毋男女，皆行于野，不利作土功之事。濡湿日生，土弱难成，利耗什分之六，土工之事亦不立。当冬三月，天地闭藏，暑雨止，大寒起，万物实熟，利以填塞空郄，缮边城，涂郭术，平度量，正权衡，虚牢狱，实廥仓。君修乐，与神明相望。凡一年之事毕矣。举有功，赏贤，罚有罪，迁有司之吏而第之。不利作土功之事，利耗什分之七，土刚不立。昼日益短，而夜日益长，利以作室，不利以作堂。四时以得，四害皆服。"

桓公曰："寡人悖，不知四害之服，奈何？"管仲对曰："冬作土功，发地藏，则夏多暴雨，秋霖不止。春不收枯骨朽脊，伐枯木而去之，则夏旱至矣。夏有大露，原烟噎，下百草，人采食之，伤人。人多疾病而不止，民乃恐殆。君令五官之吏，与三老、里有司、伍长，行里顺之，令之家起火为温，其田及宫中皆盖井，毋令毒下及食器，将饮伤人。有下虫伤禾稼。凡天灾害之下也，君子谨避之，故不八九死也。大寒大暑、大风大雨，其至不时者，此谓四刑。或遇以死，或遇以生，君子避之，是亦伤人。故吏者，所以教顺也；三老、里有司、伍长者，所以为率也。五者已具，民无愿者，愿其毕也。故常以冬日，顺三老、里有司、伍长，以冬赏罚，使各应其赏而服其罚。五者不可害，则君之法犯矣。此示民而易见，故民不比也。"

桓公曰："凡一年之中，十二月作土功，有时则为之，非其时而败，将何以待之？"管仲对曰："常令水官之吏，冬时行堤防，可治者，章而上之都，都以春少事作之。已作之后，常案行。堤有毁，作大雨，各葆其所。可治者趣治，以徒隶给。大雨，堤防可衣者衣之。冲水，可据者据之。终岁以毋败为故，此谓备之常时，祸何从来？所以然者，独水蒙壤，自塞而行者，江河之谓也。岁高其堤，所以不没也。春冬取土于中，秋夏取土于外。浊水入之，不能为败。"

桓公❶："善。仲父之语寡人毕矣，然则寡人何事乎哉？亟为寡人教侧臣。"

　　管子卷第十八

---

❶ "桓公"下，墨宝堂本、刘绩本、赵用贤本有"曰"字。

卷十九

地员第五十八 | 杂篇九

员，地也。❶土地高下，水泉深浅，各有其位。

夫管仲之匡天下也，其施七尺。施者，大尺之名也，其长七❷尺。

渎田悉徙，渎田，谓穿沟渎而溉田。悉徙，谓其地每年皆须更易也。五种无不宜。其立后而手实，谓立君以主之，手常握此地之实数也。其木宜蚖菕与杜松，蚖、菕，二木名也。其草宜楚棘。见是土也，命之曰五施，五七三十五尺而至于泉，谓其地深五施，每施七尺，故五七三十五而至于泉也。呼音中角。谓此地号呼之声，其音中角。其水仓，其民强。

赤垆，历强肥，历，疏也。强，坚也。五种无不宜。其麻白，其布黄，其草宜白茅与蓠，其木宜赤棠。见是土也，命之曰四施，四七二十八尺而至于泉，呼音中商。其水白而甘，其民寿。

黄唐，无宜也，唐，虚脆也。唯宜黍秫也。宜县泽，

---

❶ "员地也"，墨宝堂本同。刘绩本、赵用贤本作"地员者"。
❷ "七"，原作"十"，赵用贤本同。据墨宝堂本、刘绩本改。

常宜县注而泽。**行廧**音墙。**落**，土既虚脆，不堪板筑，故为行廧及篱落也。**地润数毁，难以立邑置廧**。其地遇润则数颓毁，故不可立邑置廧也。**其草宜黍秫与茅，其木宜櫄扰桑**。櫄，木名。扰，柔。又曰柔桑也。**见是土也，命之曰三施，三七二十一尺而至于泉，呼音中宫。其泉黄而糗，流徙**。谓水糗糒之气。其泉居地中而流，故曰流徙也。

斥埴，宜大菽与麦，其草宜萑蓷，其木宜杞。杞，木名也。**见是土也，命之曰再施，二七十四尺而至于泉，呼音中羽。其泉咸，水流徙**。

黑埴，宜稻麦，其草宜苹蓨，苹蓨，草名也。**其木宜白棠。见是土也，命之曰一施，七尺而至于泉，呼音中徵。其水黑而苦**。

凡听徵，如负猪豕，觉而骇。凡听羽，如鸣马在野。凡听宫，如牛鸣窌中。凡听商，如离群羊。凡听角，如雉登木以鸣，音疾以清。凡将起五音，凡首，凡首，谓音之揔先也。**先主一而三之，四开以合九九**，一而三之，即四也。以是四开合于五音，九也。又凡[1]九之为八十一也。**以是生黄钟小素之首以成宫**。素本宫八十一数，生黄钟之宫，而为五音之本。**三分而益之以一，为百有八，为徵**。黄钟之数本八十一，益以三分之一，二十七，通前为百有八，是为徵之数。**不无有三分而去其乘，适足以是生商**。不无有，即有也。乘亦三分之一也。三分百八而去一，余七十二，是商之数也。**有三分而复于其所，以是成羽**。三分七十二，而益其

---

❶ "凡"，墨宝堂本、赵用贤本同。刘绩本作"九"。

一分二十四，合为九十六，是羽之数。**有三分去其乘，适足以是成角。**三分九十六，去其一分，余六十四，是角之数。

坟延者六施，六七四十二尺而至于泉。坟延，地名。下皆此类。**陕之芳七施，七七四十九尺而至于泉。祁陕八施，七八五十六尺而至于泉。杜陵九施，七九六十三尺而至于泉。延陵十施，七十尺而至于泉。环陵十一施，七十七尺而至于泉。蔓山十二施，八十四尺而至于泉。付山十三施，九十一尺而至于泉。付山白徒十四施，九十八尺而至于泉。中陵十五施，百五尺而至于泉。青山十六施，百一十二尺而至于泉。青龙之所居，庚泥不可得泉。**庚，续。其处既有青龙居，又沙泥相续，故不可得泉也。**赤壤勞山十七施，百一十九尺而至于泉。其下青商，不可得泉。**青商，神怪之名。**陞山白壤十八施，百二十六尺而至于泉。其下骈石，不可得泉。**言有石骈密，故不可得泉。**徒山十九施，百三十三尺而至于泉。其下有灰壤，不可得泉。高陵土山二十施，百四十尺而至于泉。**

山之上命之曰县泉，其地不干，其草如茅与走，如茅、走，皆草名。**其木乃櫔，**櫔，木名。**凿之二尺乃至于泉。山之上命曰复吕，其草鱼肠与荛，其木乃柳，凿之三尺而至于泉。山之上命之曰泉英，其草蕲白昌，其木乃杨，凿之五尺而至于泉。山之材，**材，犹旁也。**其草兢与蓸，**音奤，草名。**其木乃格，凿之二七十四尺而至于泉。山之侧，其草蓸与蒌，其木乃品榆，凿之三七二十一尺而至于泉。**

凡草土之道，各有榖造。谓此地生某草，宜某榖。造，成也。或高或下，各有草土。叶下于蘙，叶，亦草名。唯生叶无茎，在蘙之下。蘙，即郁也，庄周所谓"郁西"也。蘙下于苋，苋下于蒲，蒲下于苇，苇下于雚，雚下于蒌，蒌下于荓，荓下于萧，萧下于薜，薜下于萑，萑下于茅。凡彼草物，有十二衰，衰，谓草上下相重次也。各有所归。谓短者生于高者之下。

九州之土，为九十物。每州有常，而物有次。

群土之长，是唯五粟。五粟之物，或赤，或青，或白，或黑，或黄。五粟五章。五粟之状，淖而不肕，刚而不觳，觳，薄。不泞车轮，泞，泥。不污手足。其种大重、细重，白茎白秀，无不宜也。五粟之土，若在陵在山，在隤在衍，其阴其阳，尽宜桐柞，莫不秀长。其榆其柳，其㯉其桑，其柘其栎，其槐其杨，群木蕃滋，数大条直以长。其泽则多鱼，牧则宜牛羊。其地其樊，俱宜竹箭，藻龟栖檀，五臭生之。薜荔白芷，蘪芜椒连，五臭所校。校，谓馨烈之锐。寡疾难老，士女皆好，其民工巧。其泉黄白，其人夷姤。夷，平也。姤，好也。言均善也。五粟之土，干而不垎，垎，谓坚御也。湛而不泽，无高下，葆泽以处，言常润也。是谓粟土。

粟土之次曰五沃。五沃之物，或赤，或青，或黄，或白，或黑。五沃五物，各有异则。五沃之状，剽怵橐土，虫易全处。剽，坚也。怵，密也。橐土，谓其土多窍穴，若橐多窍，故虫处之易全。怵剽不白，下乃以泽。既坚密，故常润湿而不干白。此乃葆泽之地也。其种大苗、细苗，赪音形。茎黑秀，箭长。赪，即赤也。箭长，谓若箭竹之长也。

405

五沃之土，若在丘在山，在陵在冈，若在陬，陵之阳，其左其右，宜彼群木，桐柞枎櫄，及彼白梓。其梅其杏，其桃其李，其秀生茎起。其棘其棠，其槐其杨，其榆其桑，其杞其枋，群木数大，条直以长。其阴则生之楂藜，其阳则安树之五麻。若高若下，不择畴所。其麻大者，如箭如苇，大长以美。其细者如藿如蒸，欲有与各，大者不类，欲有施与，则以麻之大而类也。小者则治，揣而藏之，若众练丝。言细麻既治，揣而藏，故若练丝。五臭畴生，畴，陇也。谓为陇而种也。莲与蘪芜，藁本白芷。其泽则多鱼，牧则宜牛羊。其泉白青，其人坚劲，寡有疥骚，终无痟醒。痟，首疾也。醒，酒病也。五沃之土，干而不斥，斥，舄卤。湛而不泽，无高下，葆泽以处，是谓沃土。

沃土之次曰五位。五位之物，五色杂英，各有异章。五位之状，不塌不灰，塌，谓坚不相著。青怠以落音苔。及。谓色青而细密，和落以相及也。其种大苇无，细苇无，秱茎白秀。五位之土，若在冈在陵，在隤在衍，在丘在山，皆宜竹箭求龟求黾，亦竹类也。楢檀。其山之浅，有茏与斥。茏、斥，并古草名。群木安逐，条长数大。安，和易。逐，竞。长数，谓速长。其桑其松，其杞其茸，茸，木名。种木胥容，榆桃柳棟。音炼。群药安生，姜与桔梗，小辛大蒙。大蒙，药名。其山之枭，枭，犹颠也。多桔符榆。其山之末，有箭与苑。其山之旁，有彼黄宝，及彼白昌。山藜苇芒，群药安聚，以圉民殃。其林其漉，其槐其棟，其柞其穀，群木安逐。鸟兽安施，施，谓有以为生。既有麇麃，又且多鹿。其泉青黑，其人轻直，省事少食。

言其性糜❶，省事少食。无高下，葆泽以处，是谓位土。

位土之次曰五蕴。五蕴之状，黑土黑落，落，地衣也。青怵以肥，芬然若灰。芬❷然，壤起貌。其种櫩葛，枲茎黄秀恚目，恚目，谓壳实怒开也。其叶若苑。苑，谓蕴结。以蓄殖果木，不若三土三土，谓五粟、五沃、五位。以十分之二，言于三土十分，已不如其二分。余放此。是谓蕴土。

蕴土之次曰五壤。五壤之状，芬然若泽，若屯土。言其土得泽，则坟起为堆，故曰屯土也。其种大水肠、细水肠，枲茎黄秀，以慈忍水旱，无不宜也。忍，耐。蓄殖果木，不若三❸土以十分之二，是谓壤土。

壤土之次曰五浮。五浮之状，捍然如米，捍，坚貌。其土屑碎如米。以葆泽，不离不坼。其种忍蕴，忍蕴，草名。忍叶如蓳，叶以长狐茸，草之状若狐也。黄茎黑茎黑秀，其粟大，无不宜也。蓄殖果木，不如三土以十分之二。

凡上土三十物，种十二物。

中土曰五怸。五怸之状，廪焉如壃，壃，犹强也。润湿以处。其种大稷、细稷，枲茎黄秀，慈忍水旱，细粟如麻。其繁美若麻也。蓄殖果木，不若三土以十分之三。

怸土之次曰五卢。音卢。五卢之状，强力刚坚。其种

---

❶ "糜"，墨宝堂本同。刘绩本作"麠"，赵用贤本作"廉"。

❷ "芬"，原作"芥"，据墨宝堂本、刘绩本、赵用贤本改。

❸ "三"字原无，墨宝堂本同。据刘绩本、赵用贤本补。

大邯郸、细邯郸，草名。茎叶如枎櫄，枎❶櫄，亦草名。其粟大。言其粒大。蓄殖果木，不若三土以十分之三。

垆土之次曰五壏。五壏之状，芬焉若糠以肥。谓其地色黄而虚。其种大荔、细荔，青茎黄秀。蓄殖果木，不若三土以十分之三。

壏土之次曰五剽。五剽之状，华然如芬以脈。谓其地色青紫，若脈然也。其种大秬、细秬，秬，黑黍。黑茎青秀。蓄殖果木，不若三土以十分之四。

剽土之次曰五沙。五沙之状，粟焉如屑尘厉。言其地粟碎，故若屑尘之厉。厉，踊起也。其种大蒉、细蒉，蒉，草名。白茎青秀以蔓。蓄殖果木，不如三土以十分之四。

沙土之次曰五塥。五塥之状，累然如仆累，仆，附也。言其地附著而重累也。不忍水旱。其种大樛杞、细樛杞，木❷名。黑茎黑秀。蓄殖果木，不若三土以十分之四。

凡中土三十物，种十二物。

下土曰五犹。五犹之状如粪。其种大华、细华，草名。白茎黑秀。蓄殖果木，不如三土以十分之五。

犹土之次曰五壮。五壮之状如鼠肝。其种青梁，黑茎黑秀。蓄殖果木，不如三土以十分之五。

壮土之次曰五殖。五殖之状，甚泽以疏，离坼以臞

---

❶ "枎"，原作"枝"，据墨宝堂本、刘绩本、赵用贤本改。

❷ "木"，原作"水"，据墨宝堂本、刘绩本、赵用贤本改。

埻。其种雁膳草名。黑实，朱❶跗黄实。跗，花足也。蓄殖果木，不如三土以十分之六。

五殖之次曰五觳。五觳之状，娄娄然，娄娄，疏❷也。不忍水旱。其种大菽、细菽，多白实。蓄殖果木，不如三土以十分之六。

觳土之次曰五凫。五凫之状，坚而不骼。虽坚，不同骨之骼也。其种陵稻，陵稻，谓陆生稻。黑鹅马夫。皆草名也。蓄殖果木，不如三土以十分之七。

凫土之次曰五桀。五桀之状，甚咸以苦，其物为下。其种白稻长狭。谓稻之形长而狭也。蓄殖果木，不如三土以十分之七。

凡下土三十物，其种十二物。

凡土物九十，其种三十六。

弟子职第五十九 ｜ 杂篇十

先生施教，弟子是则。温恭自虚，必虚其心，然后有所容也。所受是极。极，谓尽其本原。见善从之，闻义则服。温柔孝悌，毋骄恃力。骄而恃力，则羝羊触藩。志毋

---

❶ "朱"，原作"未"，据墨宝堂本、刘绩本、赵用贤本改。
❷ "疏"，原作"然"，据墨宝堂本、刘绩本、赵用贤本改。

虚邪，虚，谓虚伪。行必正直。游居有常，必就有德。颜色整齐，中心必式。式，法。夙兴夜寐，衣带必饬。朝益暮习，小心翼翼。一此不解，是谓学则。

少者之事，夜寐蚤作。既拚盥漱，扫席前曰拚。盥，洁手。漱，涤口。执事有恪。摄衣共盥，谓供先生之盥器也。先生乃作。沃盥彻盥，谓既盥而彻盥器也。泛拚正席，泛拚，谓泛水而拚之。先生乃坐。出入恭敬，如见宾客。危坐乡师，颜色毋怍。怍，谓变其容皃。

受业之纪，必由长始。先从长者教也。一周则然，其余则否。谓始教一周，则从长始。一周之外则不然。始诵必作，其次则已。始诵而作，以敬事端也。至于次诵则不然。凡言与行，思中以为纪。思合中和以为纲❶纪。古之将兴者，必由此始。必先中和，然后可兴。后至就席，狭坐则起。狭坐之人，见后至者，则当起。若有宾客，弟子骏作。迅起也。对客无让，对客而让，则有不足，故敬心。应且遂行，趋进受命。受先生命。所求虽不在，必以反命。求虽不得，必当反白。反坐复业，若有所疑，捧手问之。师出皆起。

至于食时，先生将食，弟子馔馈。馈，谓选具在❷食。摄衽盥漱，跪坐而馈。置酱错食，陈膳毋悖。凡置彼食，鸟兽鱼鳖。必先菜羹，先菜后肉，食之次也。羹胾中

---

❶ "纲"（綱），原作"网"（網），据墨宝堂本、刘绩本、赵用贤本改。

❷ "在"，墨宝堂本同。刘绩本、赵用贤本作"其"。

别。戴，谓肉而细切。**戴在酱前**，远戴近酱，食之便也。其设要方。其陈设食器，要令成方也。**饭是为卒**，既饭而食，则卒也。**左酒右酱**。左酒右酱，阴阳也。**告具而退**，**捧手而立**。**三饭二斗**，三饭食必二毁斗也。**左执虚豆**，**右执挟匕**。匕者，所以载鼎实，故曰挟匕也。**周还而贰**，贰，谓再益。**唯嗛之视**。食尽曰嗛。**同嗛以齿**，齿，类也。谓食者则以其所尽之类而进。**周则有始**。**柄尺不跪**，**是谓贰纪**。豆有柄长尺则立而进之，此已❶是再益之纲纪也。**先生已食**，**弟子乃彻**。**趋走进漱**，**拚前板❷祭**。既食毕，扫席前，并搜敛所祭也。

　　先生有命，**弟子乃食**。**以齿相要**，**坐必尽席**。所谓食坐尽前。**饭必捧擎**，**羹不以手**。当以挟也。**亦有据膝**，**毋有隐肘**。隐肘则大伏也。**既食乃饱**，**循咡覆手**。咡，口。覆手而循之，所以拭其不洁也。**振衽扫席**，谓振其底衽，以拂席之污。**已食者作**。**抠衣而降**，**旋而乡席**。**各彻其馈**，**如于宾客**。宾客食毕，亦自彻也。**既彻并器**，**乃还而立**。并，谓藏去也。

　　凡拚之道，**实水于盘**，次用泛洒。**攘臂袂及肘**，恐湿其袂，且不便于事也。**堂上则播洒**，**室中握手**。堂上宽，故播散而洒。室中隘，故握手为掬以满❸。**执箕膺擖**，**厥中有帚**。擖，舌也。既洒水将扫之，故执箕以舌，自当置帚于箕中

---

❶　"已"，墨宝堂本、刘绩本、赵用贤本无。

❷　"板"，墨宝堂本同。刘绩本、赵用贤本作"敛"。

❸　"满"，墨宝堂本同。刘绩本、赵用贤本作"洒"。

也。入户而立，其仪不贷。执帚下箕，倚于户侧。谓倚箕于户侧也。

凡拚之纪，必由奥始。西南隅也。俯仰磬折，拚毋有彻。彻，动也。不得触动他物也。拚前而退，谓从前扫而却退也。聚于户内。谓聚其户所扫之秽壤于户内也。坐板排之，板秽时，以手排之也。以叶适己。适己，犹向己也。实帚于箕。先生若作，乃兴而辞。以拚未毕，故辞之令止也。坐执而立，坐执，谓独坐执箕也。遂出弃之。既拚反立，是协是稽，协，合也。稽，考也。谓合考书义也。暮食复礼。谓复朝之礼也。

昏将举火，执烛隅坐。错揔之法，横于坐所。揔，设烛之束❶也。柎之远近，乃承厥火。柎，谓烛尽。察其将尽之远近，乃更以烛承取火也。居句如矩，句，谓著烛处。言居烛于句，如前烛之法。矩，法也。蒸间容蒸。然者处下，蒸，细薪。著蒸之间，必令容蒸。然烛者必处下以焚也。捧碗以为绪。绪，然烛烬也。碗，所以贮绪也。右手执烛，左手正柎，有堕代烛，烧烛者有堕，即令其次代之也。交坐毋倍尊者。乃取厥柎，遂出是去。

先生将息，弟子皆起。敬奉枕席，问所何趾。俶衽则请，有常则否。废❷其衽席，则当问其所趾。若有常处，则不请也。先生既息，各就其友。相切相磋，各长其仪。周则

---

❶ "束"，原作"东"（東），墨宝堂本同。据刘绩本、赵用贤本改。

❷ "废"，墨宝堂本同。刘绩本、赵用贤本作"变"，其上又有"俶始也"三字。

复始，是谓弟❶子之纪。

言昭第六十　杂篇十一

亡佚

修身第六十一　杂篇十二

亡佚

问霸第六十二　杂篇十三

亡佚

---

❶ "弟"，原作"第"，墨宝堂本同。据刘绩本、赵用贤本改。

牧民解第六十三 | 管子解一

亡佚

管子卷第十九

卷二十

形势解第六十四 | 管子解二

　　山者，物之高者也。惠者，主之高行也。慈者，父母之高行也。忠者，臣之高行也。孝者，子妇之高行也。故山高而不崩，则祈羊至。主惠而不解，则民奉养。父母慈而不解，则子妇顺。臣下忠而不解，则爵禄至。子妇孝而不解，则美名附。故节高而不解，则所欲得矣，解则不得。故曰：山高而不崩，则祈羊至矣。

　　渊者，众物之所生也，能深而不涸，则沈玉至。主者，人之所仰而生也，能宽裕纯厚而不苟❶忮，则民人附。父母者，子妇之所受教也，能慈仁教训而不失理，则子妇孝。臣下者，主之所用也，能尽力事上，则当于主。子妇者，亲之所以安也，能孝弟顺亲，则当于亲。故渊涸而无水，则沈玉不至。主苟而无厚，则万民不附。父母暴而无恩，则子妇不亲。臣下堕而不忠，则卑辱困穷。子妇不安亲，则祸忧至。故渊不涸则所欲者至，涸则不至。故曰：渊深而不涸，则沈玉极。

　　天覆万物，制寒暑，行日月，次星辰，天之常也。治之以理，终而复始。主牧万民，治天下，莅百官，主之

---

❶ "苟"，墨宝堂本作"苟"，刘绩本、赵用贤本作"苛"。

常也。治之以法，终而复始。和子孙，属亲戚，父母之常也。治之以义，终而复始。敦敬忠信，臣下之常也。以事其主，终而复始。爱亲善养，思敬奉教，子妇之常也。以事其亲，终而复始。故天不失其常，则寒暑得其时，日月星辰得其序。主不失其常，则群臣得其义，百官守其事。父母不失其常，则子孙和顺，亲戚相欢。臣下不失其常，则事无过失，而官职政治。子妇不失❶其常，则长幼理而亲疏和。故用常者治，失常者乱。天未尝变，其所以治也。故曰：天不变其常。

地生养万物，地之则也。治安百姓，主之则也。教护家事，父母之则也。正谏死节，臣下之则也。尽力共养，子妇之则也。地不易其则，故万物生焉。主不易其利，故百姓安焉。父母不易其则，故家事办焉。臣下不易其则，故主无过失。子妇不易其则，故亲养备具。故用则者安，不用则者危。地未尝易，其所以安也。故曰：地不易其则。

春者，阳气始上，故万物生。夏者，阳气毕上，故万物长。秋者，阴气始下，故万物收。冬者，阴气毕下，故万物藏。故春夏生长，秋冬收藏，四时之节也。赏赐刑罚，主之节也。四时未尝不生杀也，主未尝不赏罚也。故曰：春秋冬夏不更其节也。

天覆万物而制之，地载万物而养之，四时生长万物而收藏之，古以至今，不更其道。故曰：古今一也。

---

❶ "失"，原作"夫"，据墨宝堂本、刘绩本、赵用贤本改。

蛟龙，水虫之神者也，乘于水则神立，失于水则神废。人主，天下之有威者也，得民则威立，失民则威废。蛟龙待得水而后立其神，人主待得民而后成其威。故曰：蛟龙得水而神可立也。

虎豹，兽之猛者也，居深林广泽之中，则人畏其威而载之。人主，天下之有势者也，深居则人畏其势。故虎豹去其幽而近于人，则人得之而易其威。人主去其门而迫于民，则民轻之而傲其势。故曰：虎豹托幽而威可载也。

风，漂物者也。风之所漂，不避贵贱美恶。雨，濡物者也。雨之所堕，不避小大强弱。风雨至公而无私，所行无常乡，人虽遇漂濡而莫之怨也。故曰：风雨无乡而怨怒不及也。

人主之所以令则行、禁则止者，必令于民之所好而禁于民之所恶也。民之情，莫不欲生而恶死，莫不欲利而恶害。故上令于生利人则令行，禁于杀害人则禁止。令之所以行者，必民乐其政也，而令乃行。故曰：贵有以行令也。

人主之所以使下尽力而亲上者，必为天下致利除害也。故德泽加于天下，惠施厚于万物，父子得以安，群生得以育。故万民欢尽其力而乐为上用，入则务本疾作以实仓廪，出则尽节死敌以安社稷，虽劳苦卑辱而不敢告也。此贱人之所以亡其卑也。故曰：贱有以亡卑。

起居时，饮食节，寒暑适，则身利而寿命益。起居不时，饮食不节，寒暑不适，则形体累而寿命损。人惰而侈则贫，力而俭则富。夫物莫虚至，必有以也。故曰：寿夭贫富，无徒归也。

法立而民乐之，令出而民衔之。法令之合于民心，如符节之相得也，则主尊显。故曰：衔令者，君之尊也。

人主出言，顺于理，合于民情，则民受其辞。民受其辞，则名声章。故曰：受辞者，名之运也。

明主之治天下也，静其民而不扰，佚其民而不劳。不扰则民自循，不劳则民自试。故曰：上无事而民自试。

人主立其度量，陈其分职，明其法式，以莅其民，而不以言先之，则民循正。所谓抱蜀者，祠器也。故曰：抱蜀不言而庙堂既修。

将将鸿鹄，貌之美者也。貌美，故民歌之。德义者，行之美者也。德义美，故民乐之。民之所歌乐者，美行、德义也，而明主、鸿鹄有之。故曰：鸿鹄将将，维民歌之。

济济者，诚庄事断也。多士者，多长者也。周文王诚庄事断，故国治。其群臣明理以佐主，故主明。主明而国治，竟内被其利泽。殷民举首而望文王，愿为文王臣。故曰：济济多士，殷民化之。

纣之为主也，劳民力，夺民财，危民死。冤暴之令加于百姓，憯毒之使施于天下。故大臣不亲，小民疾怨。天下畔之，而愿为文王臣者，纣自取之也。故曰：纣之失也。

无仪法程式，蚩摇而无所定，谓之蚩蓬之问。蚩蓬之问，明主不听也。无度之言，明主不许也。故曰：蚩蓬之问，不在所宾。

道行，则君臣亲，父子安，诸生育。故明主之务，务在行道，不顾小物。燕爵，物之小者也。故曰：燕爵之集，道行不顾。

明主之动静得理义，号令顺民心，诛杀当其罪，赏赐当其功，故虽不用牺牲珪璧祷于鬼神，鬼神助之，天地与之，举事而有福。乱主之动作失义理，号令逆民心，诛杀不当其罪，赏赐不当其功，故虽用牺牲珪璧祷于鬼神，鬼神不助，天地不与，举事而有祸。故曰：牺牲珪璧，不足以享鬼。

主之所以为功者，富强也。故国富兵强，则诸侯服其政，邻敌畏其威。虽不用宝币事诸侯，诸侯不敢犯也。主之所以为罪者，贫弱也。故国贫兵弱，战则不胜，守则不固。虽出名器重宝以事邻敌，不免于死亡之患。故曰：主功有素，宝币奚为？

羿，古之善射者也。调和其弓矢而坚守之。其操弓也，审其高下，有必中之道，故能多发而多中。明主犹羿也，平和其法，审其废置而坚守之，有必治之道，故能多举而多当。道者，羿之所以必中也，主之所以必治也。射者，弓弦发矢也。故曰：羿之道，非射也。

造父，善驭马者也。善视其马，节其饮食，度量马力，审其足走，故能取远道而马不罢。明主犹造父也，善治其民，度量其力，审其技能，故立功而民不困伤。故术者，造父之所以取远道也，主之所以立功名也。驭者，操辔也。故曰：造父之术，非驭也。

奚仲之为车器也，方圆曲直，皆中规矩钩绳。故机旋相得，用之牢利，成器坚固。明主犹奚仲也，言辞动作皆中术数，故众理相当，上下相亲。巧者，奚仲之所以为器也，主之所以为治也。斫削者，斤刀也。故曰：奚仲之巧，非斫削也。

民，利之则来，害之则去。民之从利也，如水之走下，于四方无择也。故欲来民者，先起其利，虽不召而民自至。设其所恶，虽召之而民不来也。故曰：召远者，使无为焉。

莅民如父母，则民亲爱之。道之纯厚，遇之有实，虽不言曰吾亲民，而民亲矣。莅民如仇雠，则民疏之。道之不厚，遇之无实，诈伪并起，虽言曰吾亲民，民不亲也。故曰：亲近者，言无事焉。

明主之使远者来而近者亲也，为之在心。所谓夜行者，心行也。能心行德，则天下莫能与之争矣。故曰：唯夜行者独有之乎！

为主而贼，为父母而暴，为臣下而不忠，为子妇而不孝。四者，人之大失也。大失在身，虽有小善，不得为贤。所谓平原者，下泽也，虽有小封，不得为高。故曰：平原之隰，奚有于高？

为主而惠，为父母而慈，为臣下而忠，为子妇而孝。四者，人之高行也。高行在身，虽有小过，不为不肖。所谓大山者，山之高者也，虽有小隈，不以为深。故曰：大山之隈，奚有于深？

毁訾贤者之谓訾，推誉不肖之谓誉。为刿切。訾誉之人得用，则人主之明蔽，而毁誉之言起。任之大事，则事不成而祸患至。故曰：訾謷之人，勿与任大。

明主之虑事也，为天下计者，谓之譾臣。譾臣则海内被其泽，泽布于天下，后世享其功，久远而利愈多。故曰：譾臣者，可与远举。

圣人择可言而后言，择可行而后行。偷得利而后有害，偷得乐而后有忧者，圣人不为也。故圣人择言必顾其累，择行必顾其忧。故曰：顾忧者，可与致道。

小人者，枉道而取容，适主意而偷说，备利而偷得。如此者，其得之虽速，祸患之至亦急，故圣人去而不用也。故曰：其计也速，而忧在近者，往而勿召也。

举一而为天下长利者，谓之举长。举长则被其利者众，而德义之所见远。故曰：举长者，可远见也。

天之裁大，故能兼覆万物。地之裁大，故能兼载万物。人主之裁大，故容物多而众人得比焉。故曰：裁大者，众之所比也。

贵富尊显，民归乐之，人主莫不欲也。故欲民之怀乐己者，必服道德而勿厌也，而民怀乐之。故曰：美人之怀，定服而勿厌也。

圣人之求事也，先论其理义，计其可否。故义则求之，不义则止；可则求之，不可则止。故其所得事者，常为身宝。小人之求事也，不论其理义，不计其可否。不义亦求之，不可亦求之。故其所得事者，未尝为赖也。故曰：必得之事，不足赖也。

圣人之诺已也，先论其理义，计其可否。义则诺，不义则已；可则诺，不可则已。故其诺未尝不信也。小人不义亦诺，不可亦诺。言而必诺，故其诺未必信也。故曰：必诺之言，不足信也。

谨于一家则立于一家，谨于一乡则立于一乡，谨于一国则立于一国，谨于天下则立于天下。是故其所谨者小，则其所立亦小；其所谨者大，则其所立亦大。故曰：小谨者不大立。

海不辞水，故能成其大。山不辞土石，故能成其高。明主不猒人，故能成其众。士不猒学，故能成其圣。饕疾移切。嫌食皃。者，多所恶也。谏者，所以安主也。食者，所以肥体也。主恶谏则不安，人饕食则不肥。故曰：饕食者不肥体也。

言而语道德忠信孝弟者，此言无弃者。天公平而无私，故美恶莫不覆。地公平而无私，故小大莫不载。无弃之言，公平而无私，故贤不肖莫不用。故无弃之言者，参伍于天地之无私也。故曰：有无弃之言者，必参之于天地矣。

明主之官物也，任其所长，不任其所短，故事无不成，而功无不立。乱主不知物之各有所长所短也，而责必备。夫虑事定物，辩明礼义，人之所长，而蝼蚁上如由切。下于元切。之所短也。缘高出险，蝼蚁之所长，而人之所短也。以蝼蚁之所长责人，故其令废而责不塞。故曰：坠岸三仞，人之所大难也，而蝼蚁饮焉。

明主之举事也，任圣人之虑，用众人之力，而不自与焉，故事成而福生。乱主自智也，而不因圣人之虑，矜奋自功，而不因众人之力，专用己而不听正谏，故事败而祸生。故曰：伐矜好专，举事之祸也。

马者，所乘以行野也，故虽不行于野，其养食马也，未尝解惰也。民者，所以守战也，故虽不守战，其治养民也，未尝解惰也。故曰：不行其野，不违其马。

天生四时，地生万财，以养万物而无取焉。明主配天地者也，教民以时，劝之以耕织，以厚民养，而不伐其功，不私其利。故曰：能予而无取者，天地之配也。

解惰简慢，以之事主则不忠，以之事父母则不孝，以之起事则不成。故曰：怠倦者不及也。

以规矩为方圜则成，以尺寸量短长则得，以法数治民则安。故事不广于理者，其成若神。故曰：无广者疑神。

事主而不尽力则有刑，事父母而不尽力则不亲，受业问学而不加务则不成。故朝不勉力务进，夕无见功。故曰：朝忘其事，夕失其功。

中情信诚则名誉美矣，修行谨敬则尊显附矣。中无情实则名声恶矣，修行慢易则污辱生矣。故曰：邪气袭内，正色乃衰也。

为人君而不明君臣之义以正其臣，则臣不知于为臣之理以事其主矣。故曰：君不君，则臣不臣。

为人父而不明父子之义以教其子而整齐之，则子不知为人子之道以事其父矣。故曰：父不父，子不子。

君臣亲，上下和，万民辑，故主有令则民行之，上有禁则民不犯。君臣不亲，上下不和，万民不辑，故令则不行，禁则不止。故曰：上下不和，令乃不行。

言辞信，动作庄，衣冠正，则臣下肃。言辞慢，动作亏，衣冠惰，则臣下轻之。故曰：衣冠不正，则宾者不肃。

仪者，万物之程式也。法度者，万民之仪表也。礼义者，尊卑之仪表也。故动有仪则令行，无仪则令不行。故曰：进退无仪，则政令不行。

人主者，温良宽厚则民爱之，整齐严庄则民畏之。故民爱之则亲，畏之则用。夫民亲而为用，主之所急也。故曰：且怀且威，则君道备矣。

人主能安其民，则事其主如事其父母，故主有忧则忧之，有难则死之。主视民如土，则民不为用，主有忧则不忧，有难则不死。故曰：莫乐之则莫哀之，莫生之则莫死之。

民之所以守战至死而不衰者，上之所以加施于民者厚也。故上施厚，则民之报上亦厚；上施薄，则民之报上亦薄。故薄施而厚责，君不能得之于臣，父不能得之于子。故曰：往者不至，来者不极。

道者，扶持众物，使得生育而各终其性命者也。故或以治乡，或以治国，或以治天下。故曰：道之所言者一也，而用之者异。

闻道而以治一乡，亲其父子，顺其兄弟，正其习俗，使民乐其上，安其土，为一乡主干者，乡之人也。故曰：有闻道而好为乡者，一乡之人也。

民之从有道也，如饥之先食也，如寒之先衣也，如暑之先阴也。故有道则民归之，无道则民去之。故曰：道往者其人莫来，道来者其人莫往。

道者，所以变化身而之正理者也。故道在身，则言自顺，行自正，事君自忠，事父自孝，遇人自理。故曰：道之所设，身之化也。

天之道，满而不溢，盛而不衰。明主法象天道，故贵而不骄，富而不奢，行理而不惰，故能长守贵富，久有天下而不失也。故曰：持满者与天。

明主，救天下之祸、安天下之危者也。夫救祸安危者，必待万民之为用也，而后能为之。故曰：安危者与人。

地大国富，民众兵强，此盛满之国也。虽已盛满，无德厚以安之，无度数以治之，则国非其国，而民无其民也。故曰：失天之度，虽满必涸。

臣不亲其主，百姓不信其吏，上下离而不和，故虽自安，必且危之。故曰：上下不和，虽安必危。

主有天道以御其民，则民一心而奉其上，故能贵富而久王天下。失天之道，则民离畔而不听从，故主危而不得久王天下。故曰：欲王天下而失天之道，天下不可得而王也。

人主务学术数，务行正理，则化变日进，至于大功，而愚人不知也。乱主淫佚邪枉，日为无道，至于灭亡而不自知也。故曰：莫知其为之，其功既成；莫知其舍之也，藏之而无形。

古者三王五伯，皆人主之利天下者也，故身贵显而子孙被其泽。桀、纣、幽、厉，皆人主之害天下者也，故身困伤而子孙蒙其祸。故曰：疑今者察之古，不知来者视之往。

神农教耕生谷，以致民利。禹身决渎，斩高桥下，以致民利。汤、武征伐无道，诛杀暴乱，以致民利。故明王之动作虽异，其利民同也。故曰：万事之任也，异起而同归，古今一也。

栋生桡不胜任则屋覆，而人不怨者，其理然也。弱子，慈母之所爱也，不以其理衍下瓦，则必母笞之。故以其理动者，虽覆屋不为怨。不以其理动者，下瓦必笞。故曰：生栋覆屋，怨怒不及；弱子下瓦，慈母操棰。

行天道，出公理，则远者自亲；废天道，行私为，则子母相怨。故曰：天道之极，远者自亲；人事之起，近亲造怨。

古者武王地方不过百里，战卒之众不过万人，然能战胜攻取，立为天子，而世谓之圣王者，知为之之术也。桀、纣贵为天子，富有海内，地方甚大，战卒甚众，而身死国亡，为天下僇者，不知为之之术也。故能为之，则小可为大，贱可为贵；不能为之，则虽为天子，人犹夺之也。故曰：巧者有余而拙者不足也。

明主上不逆天，下不圹地，故天予之时，地生之财。乱主上逆天道，下绝地理，故天不予时，地不生财。故曰：其功顺天者天助之，其功逆天者天违之。

古者武王，天之所助也，故虽地小而民少，犹之为天子也。桀、纣，天之所违也，故虽地大民众，犹之困辱而死亡也。故曰：天之所助，虽小必大；天之所违，虽大必削。

与人交，多诈伪，无情实，偷取一切，谓之乌集之交。乌集之交，初虽相欢，后必相咄。故曰：乌集之交，虽善不亲。

圣人之与人约结也，上观其事君也，内观其事亲也，必有可知之理，然后约结。约结而不袭于理，后必相倍。故曰：不重之结，虽固必解。道之用也，贵其重也。

明主与圣人谋，故其谋得；与之举事，故其事成。乱主与不肖者谋，故其计失；与之举事，故其事败。夫计失而事败，此与不可之罪。故曰：毋与不可。

明主度量人力之所能为，而后使焉。故令于人之所能为则令行，使于人之所能为则事成。乱主不量人力，令于人之所不能为，故其令废；使于人之所不能为，故其事败。夫令出而废，举事而败，此强不能之罪也。故曰：毋强不能。

狂惑之人，告之以君臣之义、父子之理、贵贱之分。不信圣人之言也，而反害伤之，故圣人不告也。故曰：毋告不知。

与不肖者举事则事败，使于人之所不能为则令废，告狂惑之人则身害。故曰：与不可，强不能，告不知，谓之劳而无功。

常以言翘明其与人也，其爱人也，其有德于人也。以此为友则不亲，以此为交则不结，以此有德于人则不报。故曰：见与之友，几于不亲；见爱之交，几于不结；见施之德，几于不报。四方之所归，心行者也。

明主不用其智，而任圣人之智；不用其力，而任众人之力。故以圣人之智思虑者，无不知也；以众人之力起事者，无不成也。能自去而因天下之智力起，则身逸而福多。乱主独用其智而不任圣人之智，独用其力而不任众人之力，故其身劳而祸多。故曰：独任之国，劳而多祸。

明主内行其法度，外行其理义，故邻国亲之，与国信之，有患则邻国忧之，有难则邻国救之。乱主内失其百姓，外不信于邻国，故有患则莫之忧也，有难则莫之救也。外内皆失，孤特而无党，故国弱而主辱。故曰：独国之君，卑而不威。

明主之治天下也，必用圣人而后天下治。妇人之求夫家也，必用媒而后家事成。故治天下而不用圣人，则天下乖乱而民不亲也。求夫家而不用媒，则丑耻而人不信也。故曰：自媒之女，丑而不信。

明主者，人未之见而有亲心焉者，有使民亲之之道也，故其位安而民往之。故曰：未之见而亲焉，可以往矣。

尧、舜，古之明主也，天下推之而不倦，誉之而不猒，久远而不忘者，有使民不忘之道也，故其位安而民来之。故曰：久而不忘焉，可以来矣。

日月，昭察万物者也。天多云气，蔽盖者众，则日月不明。人主犹日月也，群臣多奸立私，以拥蔽主，则主不得昭察其臣下，臣下之情不得上通，故奸邪日多而人主愈蔽。故曰：日月不明，天不易也。

山，物之高者也。地险秽不平易，则山不得见。人主犹山也，左右多党比周，以壅其主，则主不得见。故曰：

429

山高而不见，地不易也。

人主出言，不逆于民心，不悖于理义，其所言足以安天下者也，人唯恐其不复言也。出言而离父子之亲，疏君臣之道，害天下之众，此言之不可复者也，故明主不言也。故曰：言而不可复者，君不言也。

人主身行方正，使人有理，遇人有礼，行发于身而为天下法式者，人唯恐其不复行也。身行不正，使人暴虐，遇人不信，行发于身而为天下笑者，此不可复之行，故明主不行也。故曰：行而不可再者，君不行也。

言之不可复者，其言不信也。行之不可再者，其行贼暴也。故言而不信则民不附，行而贼暴则天下怨。民不附，天下怨，此灭亡之所从生也，故明主禁之。故曰：凡言之不可复，行之不可再者，有国者之大禁也。

管子卷第二十

卷二十一

立政九败解第六十五 | 管子解三

人君唯毋听寝兵，则群臣宾客莫敢言兵。然则内之不知国之治乱，外之不知诸侯强弱。如是则城郭毁坏，莫之筑补；甲弊兵凋，莫之修缮。如是则守圉之备毁矣。辽远之地谋，边竟之士脩，百姓无圉敌之心。故曰：寝兵之说胜，则险阻不守。

人君唯毋听兼爱之说，则视天下之民如其民，视国如吾国，如是则无并兼攘夺之心，无覆军败将之事。然则射御勇力之士不厚禄，覆军杀将之臣不贵爵，如是则射御勇力之士出在外矣。我能毋攻人，可也，不能令人毋攻我。彼求地而予之，非吾所欲也。不予而与战，必不胜也。彼以教士，我以驱众；彼以良将，我以无能。其败必覆军杀将。故曰：兼爱之说胜，则士卒不战。

人君唯无好全生，则群臣皆全其生，而生又养生。养何也？曰：滋味也，声色也，然后为养生。然则从欲妄❶行，男女无别，反于禽兽。然则礼义廉耻不立，人君无以自守也。故曰：全生之说胜，则廉耻不立。

人君唯无听私议自贵，则民退静隐伏，窟穴就山，非

---

❶ "妄"，原作"妾"，据墨宝堂本、刘绩本、赵用贤本改。

世间上，轻爵禄而贱有司。然则令不行，禁不止。故曰：私议自贵之说胜，则上令不行。

人君唯无好金玉货财，必欲得其所好，然则必有以易之。所以易之者何也？大官尊位，不然则尊爵重禄也。如是则不肖者在上位矣。然则贤者不为下，智者不为谋，信者不为约，勇者不为死。如是则驱国而捐之也。故曰：金玉货财之说胜，则爵服下流。

人君唯毋听群徒比周，则群臣朋党，蔽美扬恶，然则国之情伪不见于上。如是则朋党者处前，寡党者处后。夫朋党者处前，贤不肖不分，则争夺之乱起，而君在危殆之中矣。故曰：群徒比周之说胜，则贤不肖不分。

人君唯毋听观乐玩好则败。凡观乐者，宫室台池、珠玉声乐也。此皆费财尽力，伤国之道也。而以此事君者，皆奸人也，而人君听之，焉得毋败？然则府仓虚，蓄积竭，且奸人在上，则壅遏贤者而不进也。然则国适有患，则优倡侏儒起而议国事矣，是驱国而捐之也。故曰：观乐玩好之说胜，则奸人在上位。

人君唯毋听请谒任誉，则群臣皆相为请。然则请谒得于上，党与成于乡。如是则货财行于国，法制毁于官，群臣务佼而求用。然则无爵而贵，无禄而富。故曰：请谒任誉之说胜，则绳墨不正。

人君唯无听谄谀饰过之言则败。奚以知其然也？夫谄臣者，常使其主不悔其过、不更其失者也，故主惑而不自知也。如是则谋臣死而谄臣尊矣。故曰：谄谀饰过之说胜，则巧佞者用。

版法解第六十六 | 管子解四

版法者，法天地之位，象四时之行，以治天下。四时之行，有寒有暑，圣人法之，故有文有武。天地之位，有前有后，有左有右，圣人法之，以建经纪。春生于左，秋杀于右，夏长于前，冬藏于后。生长之事，文也；收藏之事，武也。是故文事在左，武事在右。圣人法之，以行法令，以治事理。凡法事者，操持不可以不正。操持不正，则听治不公。听治不公，则治不尽理，事不尽应。治不尽理，则疏远微贱者无所告愬。事不尽应，则功利不尽举。功利不尽举，则国贫。疏远微贱者无所告愬，则下藂。故曰：凡将立事，正彼天植。

天植者，心也。天植正，则不私近亲，不孽疏远。不私近亲，不孽疏远，则无遗利，无隐治。无遗利，无隐治，则事无不举，物无遗者。欲见天心，明以风雨。故曰：风雨无违，远近高下各得其嗣。

万物尊天而贵风雨。所以尊天者，为其莫不受命焉也。所以贵风雨者，为其莫不待风而动、待雨而濡也。若使万物释天而更有所受命，释风而更有所仰动，释雨而更有所仰濡，则无为尊天而贵风雨矣。今人君之所尊安者，为其威立而令行也。其所以能立威行令者，为其威利之操莫不在君也。若使威利之操不专在君，而有所分散，则君日益轻，而威利日衰，侵暴之道也。故曰：三经既饬，君乃有国。

乘夏方长，审治刑赏，必明经纪。陈义设法，断事以理，虚气平心，乃去怒喜。若倍法弃令而行怒喜，祸乱乃生，上位乃殆。故曰：喜无以赏，怒无以杀。喜以赏，怒以杀，怨乃起，令乃废。骤令而不行，民心乃外。外之有徒，祸乃始牙。众之所忿，寡不能图。

冬既闭藏，百事尽止。往事毕登，来事未起。方冬无事，慎观终始，审察事理。事有先易而后难者，有始不足见而终不可及者，此常利之所以不举，事之所以困者也。事之先易者，人轻行之；人轻行之，则必困难成之事。始不足见者，人轻弃之；人轻弃之，则必失不可及之功。夫数困难成之事，而时失不可及之功，衰耗之道也。是故明君审察事理，慎观终始，为必知其所成，成必知其所用，用必知其所利害。为而不知所成，成而不知所用，用而不知所利害，谓之妄举。妄举者，其事不成，其功不立。故曰：举所美必观其所终，废所恶必计其所穷。

凡人君者，欲民之有礼义也。夫民无礼义，则上下乱而贵贱争。故曰：庆勉敦敬以显之，富禄有功以劝之，爵贵有名以休之。

凡人君者，欲众之亲上乡意也，欲其从事之胜任也。而众者不爱则不亲，不亲则不明，不教顺则不乡意。是故明君兼爱以亲之，明教顺以道之，便其势，利其备，爱其力，而勿夺其时以利之。如此，则众亲上乡意，从事胜任矣。故曰：兼爱无遗，是谓君心。必先顺教，万民乡风。旦暮利之，众乃胜任。

治之本二：一曰人，二曰事。人欲必用，事欲必工。人有逆顺，事有称量。人心逆则人不用，失称量则事不工。事不工则伤，人不用则怨。故曰：取人以己，成事以质。

成事以质者，用称量也；取人以己者，度怨而行也。度怨者，度之于己也。己之所不安，勿施于人。故曰：审用财，慎施报，察称量。故用财不可以啬，用力不可以苦。用财啬则费，用力苦则劳矣。

奚以知其然也？用力苦则事不工，事不工而数复之，故曰劳矣。用财啬则不当人心，不当人心则怨起。用财而生怨，故曰费。怨起而不复反，众劳而不得息，则必有崩陁堵坏之心。故曰：民不足，令乃辱；民苦殃，令不行。施报不得，祸乃始昌；祸昌而不悟，民乃自图。

凡国无法则众不知所为，无度则事无机。有法不正，有度不直，则治辟。治辟则国乱。故曰：正法直度，罪杀不赦。杀僇必信，民畏而惧。武威既明，令不再行。

凡民者，莫不恶罚而畏罪。是以人君严教以示之，明刑罚以致之。故曰：顿卒台倦以辱之，罚罪有过以惩之，杀僇犯禁以振之。

治国有三器，乱国有六攻。明君能胜六攻而立三器，则国治；不肖之君不能胜六攻而立三器，故国不治。三器者何也？曰：号令也，斧钺也，禄赏也。六攻者何也？亲也，贵也，货也，色也，巧佞也，玩好也。三器之用何也？曰：非号令无以使下，非斧钺无以畏众，非禄赏无以劝民。六攻之败何也？曰：虽不听而可以得存，虽犯禁而可以得免，虽无功而可以得富。夫国有不听而可以得存者，则号令不足以使下；有犯禁而可以得免者，则斧钺不足以畏众；有无功而可以得富者，则禄赏不足以劝民。号令不足以使下，斧钺不足以畏众，禄赏不足以劝民，则人君无以自守也。然则明君奈何？明君不为六者变更号令，不为六者疑错斧钺，不为六者益损禄赏。故曰：植固而不动，奇邪乃恐。奇革邪化，令往民移。

凡人君者，覆载万民而兼有之，烛临万族而事使之。是故以天地、日月、四时为主、为质，以治天下。天覆而无外也，其德无所不在；地载而无弃也，安固而不动，故莫不生殖。圣人法之，以覆载万民，故莫不得其职姓。得其职姓，则莫不为用。故曰：法天合德，象地无亲。

日月之明无私，故莫不得光。圣人法之，以烛万民，故能审察，则无遗善，无隐奸。无遗善，无隐奸，则刑赏信必。刑赏信必，则善劝而奸止。故曰：参于日月。

四时之行，信必而著明。圣人法之，以事万民，故不失时功。故曰：伍于四时。

凡众者，爱之则亲，利之则至。是故明君设利以致之，明爱以亲之。徒利而不爱，则众至而不亲。徒爱而不利，则众亲而不至。爱施俱行，则说君臣，说朋友，说兄弟，说父子。爱施所设四，固不能守。故曰：四说在爱施。

凡君所以有众者，爱施之德也。爱有所移，利有所并，则不能尽有。故曰：有众在废私。

爱施之德，虽行而无私，内行不修，则不能朝远方之君。是故正君臣上下之义，饰父子兄弟夫妻之义，饰男女之别，别疏数之差，使君德臣忠，父慈子孝，兄爱弟敬，礼义章明。如此则近者亲之，远者归之。故曰：召远在修近。

闭祸在除怨，非有怨乃除之，所事之地常无怨也。凡祸乱之所生，生于怨咎。怨咎所生，生于非理。是以明君之事众也必经，使之必道，施报必当，出言必得，刑罚必理。如此，则众无郁怨之心，无憾恨之意。如此，则祸乱不生，上位不殆。故曰：闭祸在除怨也。

凡人君所以尊安者，贤佐也。佐贤则君尊，国安，民治；无佐则君卑，国危，民乱。故曰：备长存乎在贤。

凡人者，莫不欲利而恶害。是故与天下同利者，天下持之；擅天下之利者，天下谋之。天下所谋，虽立必隳；天下所持，虽高不危。故曰：安高在乎同利。

凡所谓能以所不利利人者，舜是也。舜耕历山，陶河滨，渔雷泽，不取其利，以教百姓，百姓举利之。此所谓能以所不利利人者也。所谓能以所不有予人者，武王是也。武王伐纣，士卒往者，人有书社。入殷之日，决钜桥之粟，散鹿台之钱，殷民大说。此所谓能以所不有予人者也。

桓公谓管子曰："今子教寡人法天合德，合德长久。合德而兼覆之，则万物受命。象地无亲，无亲安固。无亲而兼载之，则诸生皆殖。参于日月，无私葆光。无私而兼照之，则美恶不隐。然则君子之为身，无好无恶，然已乎？"管子对曰："不然。夫学者所以自化，所以自抚。故君子恶称人之恶，恶不忠而怨妒，恶不公议而名当称，恶不位下而位上，恶不亲外而内放。此五者，君子之所恐行，而小人之所以亡，况人君乎？"

明法解第六十七 | 管子解五

明主者，有术数而不可欺也，审于法禁而不可犯也，察于分职而不可乱也。故群臣不敢行其私，贵臣不得蔽贱，近者不得塞远，孤寡老弱不失其所职，竟内明辨而不相逾越，此之谓治国。故《明法》曰：所谓治国者，主道明也。

明主者，上之所以一民使下也；私术者，下之所以侵上乱主也。故法废而私行，则人主孤特而独立，人臣群党而成朋。如此则主弱而臣强，此之谓乱国。故《明法》曰：所谓乱国者，臣术胜也。

明主在上位，有必治之势，则群臣不敢为非。是故群臣之不敢欺主者，非爱主也，以畏主之威势也；百姓之争用，非以爱主也，以畏主之法令也。故明主操必胜之数，以治必用之民；处必尊之势，以制必服之臣。故令行禁止，主尊而臣卑。故《明法》曰：尊君卑臣，非计亲也，以势胜也。

明主之治也，县爵禄以劝其民，民有利于上，故主有以使之；立刑罚以威其下，下有畏于上，故主有以牧之。故无爵禄则主无以劝民，无刑罚则主无以威众。故人臣之行理奉命者，非以爱主也，且以就利而避害也；百官之奉法无奸者，非以爱主也，欲以爱爵禄而避罚也。故《明法》曰：百官论职，非惠也，刑罚必也。

人主者，擅生杀，处威势，操令行禁止之柄，以御其群臣，此主道也。人臣者，处卑贱，奉主令，守本任，治分职，此臣道也。故主行臣道则乱，臣行主道则危。故上下无分，君臣共道，乱之本也。故《明法》曰：君臣共道则乱。

人臣之所以畏恐而谨事主者，以欲生而恶死也。使人不欲生，不恶死，则不可得而制也。夫生杀之柄专在大臣，而主不危者，未尝有也。故治乱不以法断而决于重臣，生杀之柄不制于主而在群下，此寄生之主也。故人主专以其威势予人，则必有劫杀之患；专以其法制予人，则必有乱亡之祸。如此者，亡主之道也。故《明法》曰：专授则失。

凡为主而不得行其令，废法而恣群臣，威严已废，权势已夺，令不得出，群臣弗为用，百姓弗为使，竟内之众不制，则国非其国，而民非其民。如此者，灭主之道也。故《明法》曰：令本不出谓之灭。

明主之道，卑贱不待尊贵而见，大臣不因左右而进，百官条通，群臣显见。有罚者，主见其罪；有赏者，主知其功。见知不悖，赏罚不差，有不蔽之术，故无壅遏之患。乱主则不然，法令不得至于民，疏远鬲闭而不得闻。如此者，壅遏之道也。故《明法》曰：令出而留谓之壅。

人臣之所以乘而为奸者，擅主也。臣有擅主者，则主令不得行，而下情不上通。人臣之力，能鬲君臣之间，而使美恶之情不扬闻，祸福之事不通彻，人主迷惑而无从悟。如此者，塞主之道也。故《明法》曰：下情不上通谓之塞。

明主者，兼听独断，多其门户。群臣之道，下得明上，贱得言贵，故奸人不敢欺。乱主则不然，听无术数，断事不以参伍，故无能之士上通，邪枉之臣专国，主明蔽而聪塞，忠臣之欲谋谏者不得进。如此者，侵主之道也。故《明法》曰：下情上而道止谓之侵。

人主之治国也，莫不有法令，赏罚具。故其法令明而赏罚之所立者当，则主尊显而奸不生；其法令逆而赏罚之所立者不当，则群臣立私而壅塞之，朋党而劫杀之。故《明法》曰：灭、塞、侵、壅之所生，从法之不立也。

法度者，主之所以制天下而禁奸邪也，所以牧领海内而奉宗庙也。私意者，所以生乱长奸而害公正也，所以壅蔽失正而危亡也。故法度行则国治，私意行则国乱。明主虽心之所爱，而无功者不赏也；虽心之所憎，而无罪者弗罚也。案法式而验得失，非法度不留意焉。故《明法》曰：先王之治国也，不淫意于法之外。

明主之治国也，案其当宜，行其正理。故其当赏者，群臣不得辞也；其当罚者，群臣不敢避也。夫赏功诛罪，所以为天下致利除害也。草茅弗去则害禾谷，盗贼弗诛则伤良民。夫舍公法而行私惠，则是利奸邪而长暴乱也；行私惠而赏无功，则是使民偷幸而望于上也；行私惠而赦有罪，则是使民轻上而易为非也。夫舍公法，用私意，明主不为也。故《明法》曰：不为惠于法之内。

凡人主莫不欲其民之用也。使民用者，必法立而令行也。故治国使众莫如法，禁淫止暴莫如刑。故贫者非不欲夺富者财也，然而不敢者，法不使也；强者非不能暴弱也，然而不敢者，畏法诛也。故百官之事，案之以法，则奸不生；暴慢之人，诛之以刑，则祸不起；群臣并进，策之以数，则私无所立。故《明法》曰：动无非法者，所以禁过而外私也。

人主之所以制臣下者，威势也。故威势在下则主制于臣，威势在上则臣制于主。夫蔽主者，非塞其门、守其户也，然而令不行、禁不止、所欲不得者，失其威势也。故威势独在于主则群臣畏敬，法政独出于主则天下服德。故威势分于臣则令不行，法政出于臣则民不听。故明主之治天下也，威势独在于主，而不与臣共；法政独制于主，而不从臣出。故《明法》曰：威不两错，政不二门。

明主者，一度量，立表仪，而坚守之，故令下而民从。法者，天下之程式也，万事之仪表也。吏者，民之所悬命也。故明主之治也，当于法者❶诛之。故以法诛罪，则民就死而不怨；以法量功，则民受赏而无德也。此以法

---

❶ 刘绩本、赵用贤本"当于法者"下有"赏之违于法者"六字。

举错之功也。故《明法》曰：以法治国，则举错而已。

明主者，有法度之制，故群臣皆出于方正之治而不敢为奸。百姓知主之从事于法也，故吏之所使者，有法则民从之，无法则止。民以法与吏相距，下以法与上从事。故诈伪之人不得欺其主，嫉妒之人不得用其贼心，谗谀之人不得施其巧，千里之外不敢擅为非。故《明法》曰：有法度之制者，不可巧以诈伪。

权衡者，所以起轻重之数也。然而人不事者，非心恶利也，权不能为之多少其数，而衡不能为之轻重其量也。人知事权衡之无益，故不事也。故明主在上位，则官不得枉法，吏不得为私。民知事吏之无益，故财货不行于吏。权衡平正而待物，故奸诈之人不得行其私。故《明法》曰：有权衡之称者❶，不可欺以轻重。

尺寸寻丈者，所以得短长之情也。故以尺寸量短长，则万举而万不失矣。是故尺寸之度，虽富贵众强，不为益长；虽贫贱卑辱，不为损短。公平而无所偏，故奸诈之人不能误也。故《明法》曰：有寻丈之数者，不可差以长短。

国之所以乱者，废事情而任非誉也。故明主之听也，言者责之以其实，誉人者试之以其官。言而无实者诛，吏而乱官者诛。是故虚言不敢进，不肖者不敢受官。乱主则不然，听言而不督其实，故群臣以虚誉进其党；任官而不

---

❶ "者"，原作"若"，据墨宝堂本、刘绩本、赵用贤本改。《管子·明法》有"有权衡之称者"。

责其功，故愚污之吏在庭。如此，则群臣相推以美名，相假以功伐，务多其佼而不为主用。故《明法》曰：主释法以誉进能，则臣离上而下比周矣；以党举官，则民务佼而不求用矣。

乱主不察臣之功劳，誉众者则赏之；不审其罪过，毁众者则罚之。如此者，则邪臣无功而得赏，忠正无罪而有罚。故功多而无赏，则臣不务尽力；行正而有罚，则贤圣无从竭能；行货财而得爵禄，则污辱之人在官；寄托之人不肖而位尊，则民倍公法而趋有势。如此，则悫愿之人失其职，而廉洁之吏失其治。故《明法》曰：官之失其治也，是主以誉为赏，而以毁为罚也。

平吏之治官也，行法而无私，则奸臣不得其利焉，此奸臣之所务伤也。人主不参验其罪过，以无实之言诛之，则奸臣不能无事贵重而求推誉，以避刑罚而受禄赏焉。故《明法》曰：喜赏恶罚之人，离公道而行私术矣。

奸臣之败其主也，积渐积微，使主迷惑而不自知也。上则相为候望于主，下则买誉于民。誉其党而使主尊之，毁不誉者而使主废之。其所利害者，主听而行之。如此，则群臣皆忘主而趋私佼矣。故《明法》曰：比周以相为慝，是故忘主死佼，以进其誉。

主无术数，则群臣易欺之；国无明法，则百姓轻为非。是故奸邪之人用国事，则群臣仰利害也。如此，则奸人为之视听者多矣。虽有大义，主无从知之。故《明法》曰：佼众誉多，外内朋党，虽有大奸，其蔽主多矣。

凡所谓忠臣者，务明法术，日夜佐主，明于度数之理，以治天下者也。奸邪之臣知法术明之必治也，治则奸臣困而法术之士显。是故邪之所务事者，使法无明，主无悟，而己得所欲也。故方正之臣得用，则奸邪之臣困伤矣，是方正之与奸邪不两进之势也。奸邪在主之侧者，不能勿恶也。惟恶之，则必候主间而日夜危之。人主不察而用其言，则忠臣无罪而困死，奸臣无功而富贵。故《明法》曰：忠臣死于非罪，而邪臣起于非功。

富贵尊显，久有天下，人主莫不欲也。令行禁止，海内无敌，人主莫不欲也。蔽欺侵凌，人主莫不恶也。失天下，灭宗庙，人主莫不恶也。忠臣之欲明法术，以致主之所欲而除主之所恶者。奸臣之擅主者，有以私危之，则忠臣无从进其公正之数矣。故《明法》曰：所死者非罪，所起者非功，然则为人臣者，重私而轻公矣。

乱主之行爵禄也，不以法令案功劳，其行刑罚也，不以法令案罪过，而听重臣之所言。故臣有所欲赏，主为赏之；臣欲有所罚，主为罚之。废其公法，专听重臣。如此，故群臣皆务其党重臣而忘其主，趋重臣之门而不庭。故《明法》曰：十至于私人之门，不一至于庭。

明主之治也，明于分职而督其成事，胜其任者处官，不胜其任者废免，故群臣皆竭能尽力以治其事。乱主则不然。故群臣处官位，受厚禄，莫务治国者，期于管国之重而擅其利，牧渔其民以富其家。故《明法》曰：百虑其家，不一图国。

明主在上位，则竟内之众尽力以奉其主，百官分职致治以安国家。乱主则不然，虽有勇力之士，大臣私之，而非以奉其主也；虽有圣智之士，大臣私之，非以治其国也。故属数虽众，不得进也；百官虽具，不得制也。如此者，有人主之名而无其实。故《明法》曰：属数虽众，非以尊君也；百官虽具，非以任国也。此之谓国无人。

明主者，使下尽力而守法分，故群臣务尊主而不敢顾其家；臣主之分明，上下之位审，故大臣各处其位而不敢相贵。乱主则不然，法制废而不行，故群臣得务益其家；君臣无分，上下无别，故群臣得务相贵。如此者，非朝臣少也，众不为用也。故《明法》曰：国无人者，非朝臣衰也，家与家务相益，不务尊君也。大臣务相贵，而不任国也。

人主之张官置吏也，非徒尊其身、厚奉之而已也，使之奉主之法，行主之令，以治百姓而诛盗贼也。是故其所任官者大，则爵尊而禄厚；其所任官者小，则爵卑而禄薄。爵禄者，人主之所以使吏治官也。乱主之治也，处尊位，受奉禄，养所与佼，而不以官为务。如此者，则官失其能矣。故《明法》曰：小臣持禄养佼，不以官为事，故官失职。

明主之择贤人也，言勇者试之以军，言智者试之以官。试于军而有功者则举之，试于官而事治者则用之。故以战功之事定勇怯，以官职之治定愚智。故勇怯愚智之见也，如白黑之分。乱主则不然，听言而不试，故妄言者得用；任人而不言，故不肖者不困。故明主以法案其言而求其实，以官任其身而课其功，专任法，不自举焉。故《明法》曰：先王之治国也，使法择人，不自举也。

　　凡所谓功者，安主上、利万民者也。夫破军杀将，战胜攻取，使主无危亡之忧，而百姓无死虏之患，此军士之所以为功者也。奉主法，治竟内，使强不凌弱，众不暴寡，万民欢尽其力而奉养其主，此吏之所以为功也。匡主之过，救主之失，明理义以道其主，主无邪辟之行、蔽欺之患，此臣之所以为功也。故明主之治也，明分职而课功劳，有功者赏，乱治者诛。诛赏之所加，各得其宜，而主不自与焉。故《明法》曰：使法量功，不自度也。

　　明主之治也，审是非，察事情，以度量案之。合于法则行，不合于法则止。功充其言则赏，不充其言则诛。故言智能者，必有见功而后举之；言恶败者，必有见过而后废之。如此，则士上通而莫之能妒，不肖者困废而莫之能举。故《明法》曰：能不可蔽，而败不可饰也。

　　明主之道，立民所欲以求其功，故为爵禄以劝之；立民所恶以禁其邪，故为刑罚以畏之。故案其功而行赏，案其罪而行罚。如此，则群臣之举无功者不敢进也，毁无罪者不能退也。故《明法》曰：誉者不能进，而诽者不能退也。

　　制群臣，擅生杀，主之分也；县令仰制，臣之分也。威势尊显，主之分也；卑贱畏敬，臣之分也。令行禁止，主之分也；奉法听从，臣之分也。故君臣相与，高下之处也，如天之与地也；其分画之不同也，如白之与黑也。故君臣之间明别，则主尊臣卑。如此，则下之从上也，如响之应声；臣之法主也，如景之随形。故上令而下应，主行而臣从。以令则行，以禁则止，以求则得，此之谓易治。

故《明法》曰：君臣之间，明别则易治。

明主操术任臣下，使群臣效其智能，进其长技。故智者效其计，能者进其功，以前言督后事，所效当则赏之，不当则诛之。张官任吏治民，案法试课成功，守法而法之，身无烦劳而分职。故《明法》曰：主虽不身下为，而守法为之可也。

巨乘马第六十八 | 轻重一

桓公问管子曰："请问乘马。"管子对曰："国无储在令。"桓公曰："何谓国无储在令？"管子对曰："一农之量，壤百亩也，春事二十五日之内。"桓公曰："何谓春事二十五日之内？"管子对曰："日至六十日而阳冻释，七十日而阴冻释。阴冻释而杭稷，百日不杭稷，故春事二十五日之内耳也。今君立扶台，五衢之众皆作。君过春而不止，民失其二十五日，则五衢之内阻弃之地也。起一人之繇，百亩不举；起十人之繇，千亩不举；起百人之繇，万亩不举；起千人之繇，十万亩不举。春已失二十五日，而尚有起夏作，是春失其地，夏失其苗，秋起繇而无止，此之谓谷地数亡。谷失于时，君之衡藉而无止；民食十伍之谷，则君已藉九矣，有衡求币焉。此盗暴之所以起，刑罚之所以众也。随之以暴，谓之内战。"桓公曰：

"善哉！"

"策乘马之数求尽也。彼王者不夺民时，故五谷兴丰。五谷兴丰，则士轻禄，民简赏。彼善为国者，使农夫寒耕暑耘，力归于上，女勤于纤微，而织归于府者，非怨民心，伤民意，高下之策，不得不然之理也。"桓公曰："为之奈何？"管子曰："虞国得策乘马之数矣。"桓公曰："何谓策乘马之数？"管子曰："百亩之夫子之策，率二十七日为子之春事，资子之币。春秋子谷大登，国谷之重去分。谓农夫曰：'币之在子者，以为谷而廪之州里。'国谷之分在上，国谷之重再十倍。谓远近之县，里邑百官，皆当奉器械备。曰：'国无币，以谷准币。'国谷之櫎，一切什九。还谷而应谷，国器皆资，无藉于民。此有虞之策乘马也。"

乘马数第六十九 | 轻重二

桓公问管子曰："有虞策乘马已行矣，吾欲立策乘马，为之奈何？"管子对曰："战国修其城池之功，故其国常失其地用。王国则以时行也。"桓公曰："何谓以时行？"管子对曰："出准之令，守地用人策，故开阖皆在上，无求于民。朝国守，分上分下，游于分之间而用足。王国守始，国用一不足则加一焉，国用二不足则加二焉，国用三不足则加三焉，国用四不足则加四焉，国用五不足则加五焉，国用六不足则加六焉，国用七不足则加七焉，国用八不足则加八焉，国用九不足则加九焉，国用十不足则加十焉。人君之守高下，岁藏三分，十年则必有五年之余。若岁凶旱水泆，民失本则，修宫室台榭，以前无狗、后无彘者为庸。故修宫室台榭，非丽其乐也，以平国策也。今至于其亡策乘马之君，春秋冬夏不知时终始，作功起众，立宫室台榭，民失其本事，君不知其失诸春策，又失诸夏秋之策数也。民无糟卖子，数也。猛毅之人淫暴，贫病之民乞请。君行律度焉，则民被刑僇而不从于主上，此策乘马之数亡也。乘马之准，与天下齐准。彼物轻则见泄，重则见射，此斗国相泄，轻重之家相夺也。至于王国，则持流而止矣。"

桓公曰："何谓持流？"管子对曰："有一人耕而五人食者，有一人耕而四人食者，有一人耕而三人食者，有一人耕而二人食者。此齐力而功地，田策相员。此国策之时守也。君不守以策，则民且守于上，此国策流已。"

桓公曰："乘马之数尽于此乎？"管子对曰："布织财物，皆立其赀。财物之赀，与币高下，谷独贵独贱。"

桓公曰："何谓独贵独贱？"管子对曰："谷重而万物轻，谷轻而万物重。"公曰："贱策乘马之数奈何？"管子对曰："郡县上臾之壤守之若干，间壤守之若干，下壤守之若干。故相壤定籍，而民不移；振贫补不足，下乐上。故以上壤之满补下壤之众，章四时，守诸开阖，民之不移也，如废方于地。此之谓策乘马之数也。"

问乘马第七十 | 轻重三

亡佚

管子卷第二十一

卷二十二

事语第七十一 | 轻重四

桓公问管子曰："事之至数可闻乎？"管子对曰："何谓至数？"桓公曰："秦奢教我曰：'帷盖不修，衣服不众，则女事不泰。俎豆之礼不致牲，诸侯太牢，大夫少牢，不若此，则六畜不育。非高其台榭，美其宫室，则群材不散。'此言何如？"管子曰："非数也。"桓公曰："何谓非数？"管子对曰："此定壤之数也。彼天子之制，壤方千里，齐诸侯方百里，负海子七十里，男五十里，若胸臂之相使也。故准徐疾、赢不足，虽在下也，不为君忧。彼壤狭而欲举与大国争者，农夫寒耕暑耘，力归于上，女勤于缉绩徽织，功归于府者，非怨民心、伤民意也，非有积蓄不可以用人，非有积财无以劝下。泰奢之数，不可用于危隘之国。"桓公曰："善。"

桓公又问管子曰："佚田谓寡人曰：'善者用非其有，使非其人。何不因诸侯权以制天下？'"管子对曰："佚田之言非也。彼善为国者，壤辟举则民留处，仓廪实则知礼节。且无委致围，城肥致冲。夫不定内，不可以持天下。佚田之言非也。"管子曰："岁藏一，十年而十也。岁藏二，五年而十也。谷十而守五，绨素满之，五在上。故视岁而藏，县时积岁，国有十年之蓄。富胜贫，勇胜怯，智胜愚，微胜不微，有义胜无义，练士胜欧众，凡十胜者尽有之。故发如风雨，动如雷霆，独出独入，莫之能禁止，不待权与。故佚田之言非也。"桓公曰："善。"

海王第七十二 | 轻重五

桓公问于管子曰："吾欲藉于台雉，何如？"管子对曰："此毁成也。""吾欲藉于树木。"管子对曰："此伐生也。""吾欲藉于六畜。"管子对曰："此杀生也。""吾欲藉于人，何如？"管子对曰："此隐情也。"桓公曰："然则吾何以为国？"管子对曰："唯官山海为可耳。"

桓公曰："何谓官山海？"管子对曰："海王之国，谨正盐策。"海王，言以负海之利而王其业。桓公曰："何谓正盐策？"正，税也。管子对曰："十口之家，十人食盐。百口之家，百人食盐。终月，大男食盐五升少半，少半，犹劣薄也。大女食盐三升少半，吾子食盐二升少半，吾子，谓小男小女也。此其大历也。历，数。盐百升而釜。盐十二两七铢一絫十分之一为升，当米六合四勺也。百升之盐七十六斤十二两十九铢二累，为釜，当米六斗四升。**今^❶盐之重，升加分强，釜五十也；**分强，半强也。今使盐官税其盐之重，每一斗加半合为强而取之，则一釜之盐得五十合而为之强。**升加一强，釜百也；升加二强，釜二百也。钟二千，**十釜之盐七百六十八斤，为钟，当米六斛四斗是。**十钟二万，百钟二十万，千钟二百万。万乘之国，人数开口千万也，**举其大数而言之也。开口，谓大男大女之所食盐也。**禺策之，商日二百万，**禺，读为偶。偶，对也。商，计也。对其大男大女食盐者之口数而立策，以计所税之盐。一日计二百万合，为二百钟。**十日二千万，一月六千万。万乘之正九百万也。**万乘之国，大男大女食盐者千万人，而税之盐一日二百钟，十日二千钟，一月六千钟也。今又施其税数以千万人如九百万人之数，则所税之盐一日百八十钟，十日千八百钟，一月五千四百钟。**月人三十钱之籍，为钱三千万。**又变其五千四百钟之盐而籍其钱，计一月每人人^❷籍钱三十，凡千万人，为钱三万万矣。以籍之数而比其常籍，则当一国而有三千万人矣。**今吾非籍之诸君吾子，而有二国之籍者六千万。**诸君，谓老男老女也。六十已上为老男，五十已上为老女也。既不籍于老男老女，又不籍于小男小女，乃能以千万人而当三千万人者，盖盐官之利耳。盐官之利既然，则铁官之利可知也。盐官之利当一国而三万人，铁官之利当一国而三万人焉。故能有二国之籍者，六千万人耳。其常籍

---

❶　"今"，墨宝堂本同。刘绩本、赵用贤本作"令"。

❷　"人人"，墨宝堂本同。刘绩本、赵用贤本作"人"。

人之数犹在此外。**使君施令曰'吾将籍于诸君吾子'，则必嚣号。今夫给之盐策，则百倍归于上，人无以避此者，数也。**

"**今铁官之数曰：一女必有一针、一刀，若其事立；**若，犹然后。**耕者必有一耒、一耜、一铫，若其事立；**大锄谓之铫，羊昭反。**行服连轺名，所以载作器，人挽者。轺羊昭反。辇居玉反。者，大车驾马。必有一斤、一锯、一锥、一凿，若其事立。不尔而成事者，天下无有。今针之重加一也，三十针一人之籍；**针之重，每十分加一分为强而取之，则一女之籍得三十针也矣。**刀之重加六，五六三十，五刀一人之籍也；**刀之重，每十分加六分以为强而取之，五六为三十也，则一女之籍得五刀。**耜铁之重加七，三耜铁一人之籍也。**耜铁之重，每十分加七分以为强而取之，则一农之籍得三耜铁也。**其余轻重，皆准此而行。**其器弥重，其加弥多。**然则举臂胜**音升。**事，无不服藉者。**"

桓公曰："**然则国无山海不王乎？**"管子曰："**因人之山海，假之名有海之国，**虽无海而假名有海，则亦虽无山而假名有山。**雠盐于吾国，**彼国有盐，而籴于吾国，为集耳。**釜十五，吾受而官出之以百。**受，取也。假令彼盐平价釜当十钱者，吾又加五钱而取之，所以来之也。既得彼盐，则令吾国盐官又出而粜❶之，釜以百钱也。**我未与其本事也，**与，用也。本事，本盐也。**受人之事，以重相推。**以重推，

---

❶ "粜"（糶），原作"籴"（糴），墨宝堂本、赵用贤本同。据刘绩本改。

谓加五钱之类也。推，犹度也。**此人用之数也。**"彼人所有，而皆为我用之。

国蓄第七十三 | 轻重六

　　国有十年之蓄，而民不足于食，皆以其技能望君之禄也；君有山海之金，而民不罪于用，是皆以其事业交接于君上也。故人君挟其食，守其用，据有余而制不足，故民无不累于上也。五谷食米，民之司命也；黄金刀币，民之通施也。故善者执其通施以御其司命，故民力可得而尽也。夫民者信亲而死利，海内皆然。民予则喜，夺则怒，民情皆然。先王知其然，故见予之形，不见夺之理。与可使由之，不可使知之。故民爱可洽于上也。洽，通也。租籍者，在工商曰租籍。所以强其两反。求也；租税者，所虑而请也。在农曰租税。虑，犹计也。请，求也。王霸之君，去其所以强求，废其所虑而请，故天下乐从也。

　　利出于一孔者，凡言利者，不必货利，庆赏威刑皆是。其国无敌；出二孔者，其兵不诎；诎与屈同。屈，穷也。出三孔者，不可以举兵；出四孔者，其国必亡。先王知其然，故塞民之养，养，利也，羊向反。隘其利途。故予之在君，夺之在君，贫之在君，富之在君。故民之戴上如日月，亲君若父母。

凡将为国，不通于轻重，不可为笼以守民；不能调通民利，不可以语制为大治。是故万乘之国有万金之贾，千乘之国有千金之贾。然者何也？国多失利，则臣不尽其忠，士不尽其死矣。岁有凶穰，故谷有贵贱；令有缓急，故物有轻重。然而人君不能治，故使蓄贾游市，乘民之不给，百倍其本。分地若一，强者能守；分财若一，智者能收。智者有什倍人之功，以一取什。愚者有不赓本之事，赓，犹偿也。音庚。然而人君不能调，故民有相百倍之生也。夫民富则不可以禄使也，贫则不可以罚威也。法令之不行，万民之不治，贫富之不齐也。

且君引锱锱，筹也，丁劣反。量用，耕田发草，上得其数矣。民人所食，人有若干步亩之数矣。计本量委委，积也。则足矣，然而民有饥饿不食者，何也？谷有所藏也。言一国之内，耕垦之数，君悉知。凡人计口授田，家族多少，足以自给，而人乏于食者，谓豪富之家收藏其谷故。人君铸钱立币，民庶之通施也，钱币无补于饥寒之用，人君所立以均制财物，通交有无，使人之所求，各得其欲。人有若干百千之数矣。然而人事不及，用不足者，何也？利有所并藏也。民事，谓常费也。言人之所有，多少各随其分而自足。君上不能均调其事，则豪富并藏财货，专擅其利，是故人常费不给，以致匮乏。然则人君非能散积聚，钧羡余也。不足，分并财利而调民事也，则君虽强本趣耕，本，谓务农。趣，读为促。而自为铸币而无已，乃今使民下相役耳，恶能以为治乎？言人君若不能权其利门，制其轻重，虽铸币无限极而与人，徒使豪富侵夺贫弱，终不能致理也。恶，音乌。

岁适美，则市粜无予，而狗彘食人食。岁适凶，则市粜釜十繦，而道有饿民。然则岂壤力固不足而食固不赡也哉？夫往岁之粜贱，狗彘食人食，故来岁之民不足也。物适贱，则半力而无予，民事不偿其本；物适贵，则什倍而不可得，民失其用。然则岂财物固寡而本委不足也哉？夫民利之时失而物利之不平也。故善者委施于民之所不足，操事于民之所有余。夫民有余则轻之，故人君敛之以轻；民不足则重之，故人君散之以重。敛积之以轻，散行之以重，故君必有什倍之利，而财之橎_{古莫反}。可得而平也。

凡轻重之大利，以重射轻，以贱泄平。万物之满虚，随财准平而不变，衡绝则重见。人君知其然，故守之以准平。使万室之都必有万钟之藏，藏繦千万；使千室之都必有千钟之藏，藏繦百万。春以奉耕，夏以奉芸，耒耜械器，钟饷粮食，毕取赡于君。故大贾蓄家不得豪夺吾民矣。然则何？君养其本谨也。春赋以敛缯帛，夏贷以收秋实，<small>盖方春蚕，家阙乏而赋与之，约收其缯帛也。方夏，农人阙乏，亦赋与之，约取其谷实也。</small>是故民无废事，而国无失利也。<small>人之所乏，君悉与之，则豪商富人不得擅其利。</small>

凡五谷者，万物之主也。谷贵则万物必贱，谷贱则万物必贵。两者为敌，则不俱平。故人君御谷物之秩相胜，而操事于其不平之间。<small>秩，积也。食为人天，故五谷之要，可与万物为敌，其价常不俱平，所以人君视两事之委积，可彼此相胜。轻重于其间，则国利不散也。</small>故万民无籍，而国利归于君也。

夫以室庑籍，谓之毁成；<small>小曰室；大曰庑，音武。是</small>

460

使人毁坏庐室。**以六畜籍，谓之止生**；畜，许救反。是使人不竞牧养也。**以田亩籍，谓之禁耕**；是止其耕稼也。**以正人籍，谓之离情**；正数之人，若丁壮也。离情，谓离心也。**以正户籍，谓之养赢**。赢，谓大贾畜家也。正数之户，既避其籍，则至浮浪，为大贾蓄家之所役属，增其利耳。**五者不可毕用，故王者遍行而不尽也。故天子籍于币，诸侯籍于食。中岁之谷，粜石十钱。大男食四石，月有四十之籍；大女食三石，月有三十之籍；吾子食二石，月有二十之籍。岁凶谷贵，粜石二十钱，则大男有八十之籍，大女有六十之籍，吾子有四十之籍。**六十为大男，五十为大女，吾子谓小男小女也。按古之石，准今之三斗三升三合。平岁每石税十钱，凶岁税二十者，非必税其人，谓于操事轻重之间，约收其利也。**是人君非发号令收穑而户籍也。彼人君守其本委谨，而男女诸君吾子无不服籍者也**。啬，敛也。委，所委积之物也。谨，严也。言人君不用下令税敛于人，但严守利途，轻重在我，则无所逃其税也。

　　一人廪食，十人得余；十人廪食，百人得余；百人廪食，千人得余。夫物多则贱，寡则贵；散则轻，聚则重。人君知其然，故视国之羡不足而御其财物。谷贱则以币予食，布帛贱则以币予衣。视物之轻重而御之以准，故贵贱可调，而君得其利。

　　前有万乘之国，而后有千乘之国，谓之抵国；前有千乘之国，而后有万乘之国，谓之距国；坏正方，四面受敌，谓之衢国。以百乘衢处，谓之托食之君；千乘衢处，坏削少半；万乘衢处，坏削太半。何谓百乘衢处托食之君

也？夫以百乘衢处，危慑围阻千乘万乘之间，夫国之君不相中，举兵而相攻，必以为扦格蔽圉之用。有功利不得乡。大臣死于外，分壤而功；列陈系累获虏，分赏而禄。是壤地尽于功赏，而税臧弹**❶**于继孤也。是特名罗于为君耳，无壤之有。号有百乘之守，而实无尺壤之用，故谓托食之君。然则大国内款，小国用尽，何以及此？曰：百乘之国，官赋轨符，乘四时之朝夕，御之以轻重之准，然后百乘可及也；千乘之国，封天财之所殖，械器之所出，财物之所生，视岁之满虚而轻重其禄，然后千乘可足也；万乘之国，守岁之满虚，乘民之缓急，正其号令，而御其大准，然后万乘可资也。

　　玉起于禺音虞。氏，金起于汝汉，珠起于赤野，东西南北距周七千八百里，水绝壤断，舟车不能通。先王为其途之远，其至之难，故托用于其重，以珠玉为上币，以黄金为中币，以刀布为下币。三币，握之则非有补于暖也，食之则非有补于饱也，先王以守财物，以御民事，而平天下也。今人君籍求于民，令曰十日而具，则财物之贾什去一；令曰八日而具，则财物之贾什去二；令曰五日而具，则财物之贾什去半；朝令而夕具，则财物之贾什去九。先王知其然，故不求于万民，而籍于号令也。

---

❶ "弹"，墨宝堂本同。刘绩本、赵用贤本作"殚"。

山国轨第七十四 | 轻重七

桓公问管子曰："请问官国轨？"管子对曰："田有轨，人有轨，用有轨，乡有轨，人事有轨，币有轨，县有轨，国有轨。不通于轨数，而欲为国，不可。"桓公曰："行轨数奈何？"对曰："某乡田若干？人事之准若干？谷重若干？曰：某县之人若干？田若干？币若干而中用？谷重若干而中币？终岁度人食，其余若干？曰：某乡女胜事者终岁绩，其功业若干？以功业直时而櫎古莫反。之，终岁，人已衣被之后，余衣若干？别群轨，相壤宜。"

桓公曰："何谓别群轨，相壤宜？"管子对曰："有莞蒲之壤，有竹箭檀柘之壤，有汜下渐泽之壤，有水潦鱼鳖之壤。今四壤之数，君皆善官而守之，则籍于财物，不籍于人。亩十鼓之壤，君不以轨守，则民且守之。民有过移长力，不以本为得，此君失也。"

桓公曰："轨意安出？"管子对曰："不阴据其轨，皆下制其上。"桓公曰："此若言何谓也？"管子对曰："某乡田若干？食者若干？某乡之女事若干？余衣若干？谨行州里，曰：'田若干，人若干，人众田不度食若干。'曰：'田若干，余食若干。'必得轨程，此调之泰轨也。然后调立环乘之币，田轨之有余于其人食者，谨置公币焉。大家众，小家寡。山田、间田，日终岁其食不足于其人若干，则置公币焉，以满其准。重岁丰年，五谷登，谓高田之萌曰：'吾所寄币于子者若干，乡谷之櫎若干，请为子什减三。'谷为上，币为下。高田抚间田。山不被谷，十倍山田，以君寄币，振其不赡，未淫失也。高田以时抚于主上，坐长加十也。女贡织帛，苟合于国奉者，皆置而券之。以乡櫎市准，曰：'上无币，有谷，以谷准币。'环谷而应策，国奉决。谷反准，赋轨币，谷廪，重有加十。谓大家委赀家曰：'上且修游，人出若干币。'谓邻县曰：'有实者，皆勿左右。不赡，则且为人马假其食。'民邻县四面皆櫎，谷坐长而十倍。上下令曰：'赀家假币，皆以谷准币，直币而庚之。'谷为下，币为上。百都百县轨据，谷坐长十倍。环谷而应假币。国币之九在上，一在下，币重而万物轻，敛万物，应之以币。币在下，万物皆在上，万物重十倍，府官以市櫎出万物，隆而止。国轨，布于未形，据其已成。乘令而进退，无求于民。谓之国轨。"

桓公问于管子曰："不籍而赡国，为之有道乎？"管子对曰："轨守其时，有官天财，何求于民？"桓公曰："何谓官天财？"管子对曰："泰春，民之功繇；与招反。泰夏，民之令之所止，令之所发；谓山泽之所禁发。泰秋，民令之所止，令之所发；泰冬，民令之所止，令之所发。此皆民所以时守也，此物之高下之时也，此民之所以相并兼之时也，君守诸四务。"

桓公曰："何谓四务？"管子对曰："泰春，民之且所用者，君已廪之矣；泰夏，民之且所用者，君已廪之矣；泰秋，民之且所用者，君已廪之矣；泰冬，民之且所用者，君廪，藏也。言四时人之所要，皆先备之，所谓耒耜器械、种饷粮食，必取要焉，则豪人大贾不得擅其利。已廪之矣。泰春功布日，春缣衣，夏单衣，捍宠累箕胜篆屑粮，若干日之功，用人若干。无赀之家，皆假之械器胜篆屑粮公衣，功已而归公，衣折券。故力出于民，而用出于上。春十日不害耕事，夏十日不害芸事，秋十日不害敛实，冬二十日不害除田，此之谓时作。"

桓公曰："善。吾欲立轨官，为之奈何？"管子对曰："盐铁之策，足以立轨官。"桓公曰："奈何？"管子对曰："龙夏之地，布黄金九千，以币赀金，巨家以金，小家以币。周岐山至于峥丘之西塞丘者，山邑之田也，布币称贫富而调之。周寿陵而东至少沙者，中田也，据之以币，巨家以金，小家以币。三壤已抚，而国谷再什倍。梁、渭、阳琐之牛马满齐衍，请殴之颠齿，量其高壮，曰：'国为师旅，战车殴就敛子之牛马。上无币，请以谷视市樏而庚子牛马，为上粟二家。'二家散其粟，反准，牛马归于上。"

管子曰："请立赀于民，有田倍之内，毋有其外，外皆为赀壤。被鞍之马千乘，齐之战车之具，具于此，无求于民，此去丘邑之籍也。国谷之朝夕在上，山林廪械器之高下在上，春秋冬夏之轻重在上。行田畴，田中有木者，谓之谷贼。宫中四荣，树其余，曰害女功。宫室械器，非山无所仰，然后君立三等之租于山，曰：握以下者为柴楂，把以上者为室奉，三围以上为棺椁之奉。柴楂之租若干，室奉之租若干，棺椁之租若干。"

管子曰："盐铁抚轨，谷一廪十，君常操九，民衣食而繇，下安无怨咎。去其田赋，以租其山。巨家重葬其亲者服重租，小家菲葬其亲者服小租；巨家美修其宫室者服重租，小家为室庐者服小租。上立轨于国，民之贫富如加之以绳，谓之国轨。"

山权数第七十五 轻重八

桓公问管子曰："请问权数。"管子对曰："天以时为权，地以财为权，人以力为权，君以令为权。失天之权，则人地之权亡。"桓公曰："何为失天之权则人地之权亡？"管子对曰："汤七年旱，禹五年水，民之无糟卖子者。汤以庄山之金铸币，而赎民之无糟卖子者；禹以历山之金铸币，而赎民之无糟卖子者。故天权失，人地之权皆失也。故王者岁守十分之参，三年与少半成岁，三十一年而藏十。一年与少半，藏参之一，不足以伤民，而农夫敬事力作。故天毁埊古地字。凶旱水泆，民无入于沟壑乞请者也。此守时以待天权之道也。"

桓公曰："善。吾欲行三权之数，为之奈何？"管子对曰："梁山之阳绪千见反。緒，夜石之币，天下无有。"管子曰："以守国谷，岁守一分，以行五年，国谷之重什倍异日。"管子曰："请立币。国铜，以二年之粟顾之，立黔落，力重与天下调。彼重则见射，轻则见泄，故与天下调。泄者，失权也；见射者，失策也。不备天权，下相求；备准，下阴相隶。此刑罚之所起，而乱之之本也。故平则不平，民富则不如贫，委积则虚矣。此三权之失也已。"

桓公曰："守三权之数奈何？"管子对曰："大丰则藏分，阨亦藏分。"桓公曰："阨者，所以益也。何以藏分？"管子对曰："隘则易益也。一可以为十，十可以为百。以阨守丰，阨之准数一上十，丰之策数十去九，则吾九为余。于数策丰，则三权皆在君。此之谓国权。"

桓公问于管子曰："请问国制。"管子对曰："国无制，地有量。"桓公曰："何谓国无制，地有量？"管子对曰："高田十石，间田五石，庸田三石，其余皆属诸荒田。地量百亩，一夫之力也。粟贾一，粟贾十，粟贾三十，粟贾百。其在流策者，百亩从中千亩之策也。然则百乘从千乘也，千乘从万乘也。故地无量，国无策。"桓公曰："善。今欲为大国，大国欲为天下，不通权策，其无能者矣。"

桓公曰："今行权奈何？"管子对曰："君通于广狭之数，不以狭畏广；通于轻重之数，不以少畏多。此国策之大者也。"桓公曰："善。盖天下，视海内，长誉而无止，为之有道乎？"管子对曰："有。曰轨守其数，准平其流，动于未形，而守事已成。物一也而十，是九为用。徐疾之数，轻重之策也。一可以为十，十可以为百，引十之半而藏四，以五操事，在君之决塞。"

桓公曰："何谓决塞？"管子曰："君不高仁，则问不相被；君不高慈孝，则民简其亲而轻过。此乱之至也。则君请以国策十分之一者，树表置高，乡之孝子聘之币，孝子兄弟众寡不与师旅之事。树表置高而高仁慈孝，财散而轻。乘轻而守之以策，则十之五有在上。运五如行事，如日月之终复。此长有天下之道，谓之准道。"

桓公问于管子曰："请问教数。"管子对曰："民之能明于农事者，置之黄金一斤，直食八石。民之能蓄育六畜者，置之黄金一斤，直食八石。民之能树艺者，置之黄金一斤，直食八石。民之能树瓜瓠荤菜百果，使蕃衰者，置之黄金一斤，直食八石。民之能已民疾病者，置之黄金一斤，直食八石。民之知时，曰岁且阨，曰某谷不登，曰某谷丰者，置之黄金一斤，直食八石。民之通于蚕桑，使蚕不疾病者，皆置之黄金一斤，直食八石。谨听其言而藏之官，使师旅之事无所与，此国策之者也。国用相靡而足，相因揲而窖，然后置四限高下，令之徐疾，驱屏万物，守之以策，有五官技。"

桓公曰："何谓五官技？"管子曰："诗者，所以记物也；时者，所以记岁也；春秋者，所以记成败也；行者，道民之利害也；易者，所以守凶吉成败也；卜者，卜凶吉利害也。民之能此者，皆一马之田，一金之衣。此使君不迷妄之数也。六家者，即见其时，使豫先蚤闲之日受之，故君无失时，无失策，万物兴丰无失利。远占得失以为末教，诗记人无失辞，行殚道无失义，易守祸福凶吉不相乱。此谓君棅。”笔永反。《说文》与“柄”同。

桓公问于管子曰：“权棅之数，吾已得闻之矣。守国之固奈何？”曰：“能皆已官，时皆已官。得失之数，万物之终始，君皆已官之矣。其余皆以数行。”

桓公曰：“何谓以数行？”管子对曰：“谷者，民之司命也；智者，民之辅也。民智而君愚，下富而君贫，下贫而君富，此之谓事名二。国机，徐疾而已矣；君道，度法而已矣；人心，禁缪而已矣。”

桓公曰：“何谓度法？何谓禁缪？”管子对曰：“度法者，量人力而举功；禁缪者，非往而戒来。故祸不萌通，而民无患咎。”

桓公曰：“请闻心禁。”管子对曰：“晋有臣不忠于其君，虑杀其主，谓之公过。诸公过之家，毋使得事君。此晋之过失也。齐之公过，坐立长差。恶恶乎来刑，善善乎来荣，戒也。此之谓国戒。”

桓公问管子曰：“轻重准施之矣，策尽于此乎？”管子曰：“未也。将御神用宝。”桓公曰：“何谓御神用宝？”管子对曰：“北郭有掘阙而得龟者，掘，穿也，求物反。穿地至泉曰阙，求月反。此检数百里之地也。”检，犹比也。以此龟为用者，其数可比百里之地。桓公曰：“何谓得龟百里之地？”管子对曰：“北郭之得龟者，令过之平盘之中。令，力呈反。过之，犹置之也。平盘者，大盘也。君请起十乘之使，百金之提，起，发也。提，装也。

使，色吏反。命北郭得龟之家曰：'赐若服中大夫。'若，汝也。中大夫，齐爵也。曰：'东海之子类于龟，东海之子，其状类龟。假言此龟东海之子耳。东海之子者，海神之子也。托舍于若。托舍，犹寄居也。赐若大夫之服，以终而身，而，若也。劳若以百金。'劳，赐也。之龟为无赀，之，是也。是龟至宝而无赀也。无赀，无价也。而藏诸泰台，泰台，高台也。一日而鄪❶之以四牛，立宝曰无赀。立龟为宝，号曰无赀。还四年，伐孤竹。还四年，后四年。丁氏之家粟，丁氏，齐之富人，所谓丁、惠也。可食三军之师行五月，食，音嗣。下以意取。行五月，经五月。召丁氏而命之曰：'吾有无赀之宝于此。吾今将有大事，请以宝为质于子，音致。下皆同。以假子之邑粟。'即家粟也。丁氏北乡再拜，入粟，不敢受宝质。桓公命丁氏曰：'寡人老矣，为子者不知此数。终受吾质！'丁氏归，革筑室，赋籍藏龟。革，更也。赋，敷也。藉，席也，才夜反。还四年，伐孤竹，谓丁氏之粟中食三军五月之食。桓公立贡数：文行中七年龟中四千金，黑白之子当千金。凡贡制，中二齐之壤策也。用贡，国危出宝，国安行流。"

桓公曰："何谓流？"管子对曰："物有豫，则君失策而民失生矣。故善为天下者，操于二豫之外。"

桓公曰："何谓二豫之外？"管子对曰："万乘之国，不可以无万金之蓄饰；千乘之国，不可以无千金之蓄

---

❶ "鄪"，同"衅"。

饰；百乘之国，不可以无百金之蓄饰。以此与令进退，此之谓乘时。"

山至数第七十六 | 轻重九

桓公问管子曰："梁聚谓寡人曰：'古者轻赋税而肥籍敛，取下无顺于此者矣。'梁聚之言何如？"管子对曰："梁聚之言非也。彼轻赋税则仓廪虚；肥籍敛则械器不奉，而诸侯之皮币不衣。仓廪虚则偾贱无禄。外皮币不衣于天下，内国偾贱，梁聚之言非也。君有山，山有金，以立币。以币准谷而授禄，故国谷斯在上，谷贾什倍。农夫夜寝蚤起，不待见使，五谷什倍。士半禄而死君，农夫夜寝蚤起，力作而无止。彼善为国者，不曰使之，使不衍得不使；不曰贫之，使不得不用。故使民无有不得不使者。夫梁聚之言非也。"桓公曰："善。"

桓公又问于管子曰："有人教我，谓之请士，曰：'何不官百能？'"管子对曰："何谓百能？"桓公曰："使智者尽其智，谋士尽其谋，百工尽其巧。若此则可以为国乎？"管子对曰："请士之言非也。禄肥则士不死，币轻则士简赏，万物轻则士偷幸。三怠在国，何数之有？彼谷十藏于上，三游于下，谋士尽其虑，智士尽其知，勇士轻其死。请士所谓妄言也。不通于轻重，谓之妄言。"

　　桓公问于管子曰："昔者周人有天下，诸侯宾服，名教通于天下，而夺于其下，何数也？"管子对曰："君分壤而贡入，市朝同流。黄金，一策也；江阳之珠，一策也；秦之明山之曾青，一策也。此谓以寡为多，以狭为广，轨出之属也。"桓公曰："天下之数尽于轨出之属也？""合国谷重什倍，而万物轻。大夫谓贾，之子为吾运谷而敛财。谷之重一也，今九为余。谷重而万物轻，若此则国财九在大夫矣。国岁反一，财物之九者，皆倍重而出矣。财物在下，币之九在大夫。然则币谷羡在大夫也。天子以客行，令以时出，熟谷之人亡，诸侯受而官之，连朋而聚与，高下万物以合民用。内则大夫自还而不尽忠，外则诸侯连朋合与，孰谷之人则去亡，故天子失其权也。"桓公曰："善。"

　　桓公又问管子曰："终身有天下而勿失，为之有道乎？"管子对曰："请勿施于天下，独施之于吾国。"桓公曰："此若言何谓也？"管子对曰："国之广狭、壤之肥硗有数，终岁食余有数。彼守国者，守谷而已矣。曰：某县之壤广若干，某县之壤狭若干，国之广狭肥硗，人之所食多少，其数君素皆知之。**则必积委币。**委，蓄也。各于县州里**[1]**蓄积钱币，所谓"万室之邑必有万钟之藏，藏繦千万；千室之邑必有千钟之藏，藏繦百万"。**于是县州里受公钱。**公钱，即积委之币。**泰秋，国谷去参之一。**去，减也，丘吕

---

　　[1] "里"，原作"军"（軍），墨宝堂本同。据刘绩本、赵用贤本改。篇内下文有"于是县州里受公钱"。

反。君下令，谓郡县属大夫里邑皆籍粟入若干。谷重一也，以藏于上者，一其谷价，以收藏之。国谷参分，则二分在上矣。言先贮币于县邑，当秋时下令收籴也。则魏李悝行平籴之法，上熟籴三舍一，中熟籴二舍一，下熟中分之，盖出于此。令言去三之一者，纳中熟为准耳。泰春，国谷倍重，数也。泰夏，赋谷以市櫎，古莫反。民皆受上谷以治田土。泰秋，田谷之存予者若干。今上敛谷以币，民曰无币以谷，则民之三有归于上矣。言当春谷贵之时，计其价，以谷赋与人。秋则敛其币。虽设此令，本意收其谷入，既无币，请输谷，故归于上。重之相因，时之化举，无不为国策。重之相因，若春时谷贵，与谷也。时之化举，若秋时谷贱，收谷也。因时之轻重，无不以术权之。君用大夫之委，以流归于上；君用民，以时归于君。藏轻，出轻以重，数也。则彼安有自还之大夫独委之？彼诸侯之谷十，使吾国谷二十，则诸侯谷归吾国矣；诸侯谷二十，吾国谷十，则吾国谷归于诸侯矣。故善为天下者，谨守重流，重流，谓严守谷价，不使流散。而天下不吾泄矣。泄，散也。吾谷不散出。彼重之相归，如水之就下。吾国岁非凶也，以币藏之，故国谷倍重，故诸侯之谷至也。是藏一分以致诸侯之一分，利不夺于天下，大夫不得以富侈。以重藏轻，国常有十，国之策也。故诸侯服而无止，臣櫎从而以忠。此以轻重御天下之道也，谓之数应。”

桓公问管子曰："请问国会。"管子对曰："君失大夫为无伍，失民为失下。故守大夫以县之策，守一县以一乡之策，守一乡以一家之策，守家以一人之策。"

桓公曰："其会数奈何？"管子对曰："币准之数，一县必有一县中田之策，一乡必有一乡中田之策，一家必有一家直人之用。故不以时守，郡为无与；不以时守，乡为无伍。"

桓公曰："行此奈何？"管子对曰："王者藏于民，霸者藏于大夫，残国亡家藏于箧。"

桓公曰："何谓藏于民？""请散栈台之钱，散诸城阳；鹿台之布，散诸济阴。君下令于百姓曰：'民富，君无与贫；民贫，君无与富。故赋无钱布，府无藏财，赀藏于民。'岁丰，五谷登，五谷大轻，谷贾去上岁之分。以币据之，谷为君，币为下。国币尽在下，币轻，谷重上分。上岁之二分在下，下岁之二分在上，则二岁者四分在上，则国谷之一分在下，谷三倍重。邦布之籍，终岁十钱。人家受食，十亩加十，是一家十户也。出于国谷策而藏于币者也。以国币之分，复布百姓；四减国谷，三在上，一在下。复策也。大夫旅殰而封，积实而骄上，请夺之以会。"

桓公曰："何谓夺之以会？"管子对曰："粟之三分在上，谓民萌皆受上粟，度君藏焉。五谷相靡而重，去什三为余，以国币谷准反行，大夫无什于重。君以币赋禄，什在上。君出谷，什而去七。君敛三，上赋七。散振不资者，仁义也。五谷相靡而轻，数也。以乡完重而籍国，数也。出实财，散仁义，万物轻，数也。乘时进退。故曰：王者乘时，圣人乘易。"桓公曰："善。"

桓公问管子曰："特命我曰：'天子三百领，泰啬而散。大夫准此而行。'此如何？"管子曰："非法家也。大夫高其垄，美其室，此夺农事及市庸，此非便国之道也。民不得以织为缪绪，而狸之于地。彼善为国者，乘时徐疾而已矣，谓之国会。"

桓公问管子曰："请问争夺之事何如？"管子曰："以戚始。"桓公曰："何谓用戚始？"管子对曰："君人之主，弟兄十人，分国为十；兄弟五人，分国为五。三世则昭穆同祖，十世则为祐。故伏尸满衍，兵决而无止。轻重之家，复游于其间。故曰：'毋予人以壤，毋授人以财。'财终则有始，与四时废起。圣人理之以徐疾，守之以决塞，夺之以轻重，行之以仁义，故与天壤同数。此王者之大轡也。"

桓公问管子曰："请问币乘马？"管子对曰："始取夫三大夫之家，方六里而一乘，二十七人而奉一乘。币乘马者，方六里，田之恶美若干，谷之多寡若干，谷之贵贱若干，凡方六里用币若干，谷之重用币若干。故币乘马者，布币于国，币为一国陆地之数，谓之币乘马。"

桓公曰："行币乘马之数奈何？"即臣乘马，所谓箧乘马者。臣，犹实也。箧者，以币为箧，而泄重射轻。管子对曰："士受资以币，大夫受邑以币，人马受食以币，则一国之谷赀在上，币赀在下，国谷什倍，数也。万物财物去什二，策也。皮革、筋角、羽毛、竹箭、器械、财物，苟合于国器君用者，皆有矩券于上。矩券，常券。君实乡州藏焉。用❶制，万二千五百乡❷，二千五百家，为家❸为州。齐虽霸国，尚用周制。曰：'某月某日，苟从责者，责，读为债。乡决州决。'故曰：就庸一日而决。国策出于谷，轨国之策，货币乘马者也。赀，价也。言应合受公家之所给，皆与之币，则谷之价君上权之，其币在下，故谷倍重。其有皮革之类，堪于所用者，所在乡州有其数，若今官曹簿帐。人有负公家之债，若耒耜种粮之类者，官司如要器用，若皮革之类者，则与其准纳。如要功庸者，令就役一日，除其簿书耳。此盖君上一切权之也。详轻重之本旨，摧抑富商兼并之家，隘塞利门，则与夺贫富，悉由号令，然可易为理也。今刀布藏于官府，巧币万物轻重皆在贾之。彼币重而万物轻，币轻而万物重。彼谷重而谷轻，人君操谷币金衡而天下可定也。此守天下之数也。"

　　桓公问于管子曰："准衡、轻重、国会，吾得闻之矣。请问县数。"管子对曰："狼牡以至于冯会之日，龙夏以北至于海庄，禽兽羊牛之地也，何不以此通国策哉？"桓公曰："何谓通国策？"管子对曰："冯市门一吏书赘直事，若其事唐围牧食之人，养视不失扞殂者，去其都秩，与其县秩。大夫不乡赘合游者，谓之无礼义，大夫幽其春秋，列民幽其门山之祠，冯会、龙夏牛羊牺牲，月贾十倍异日。此出诸礼义，籍于无用之地，因扞牢策

---

❶ "用"，墨宝堂本同。刘绩本、赵用贤本作"周"。

❷ 刘绩本、赵用贤本"乡"上有"为"字。

❸ "为家"二字，刘绩本无。赵用贤本作"为党"。

也，谓之通。"

桓公问管子曰："请问国势。"管子对曰："有山处之国，有氾下多水之国，有山地分之国，有水泆之国，有漏壤之国。此国之五势，人君之所忧也。山处之国，常藏谷三分之一；氾下多水之国，常操国谷三分之一；山地分之国，常操国谷十分之三；水泉之所伤，水泆之国，常操十分之二；漏壤之国，谨下诸侯之五谷，与工雕文梓器，以下天下之五谷。此准时五势之数也。"

桓公问管子曰："今有海内，县诸侯，则国势不用已乎？"管子对曰："今以诸侯为竿，公州之饰焉。以乘四时，行扪牢之策，以东西南北相彼，用平而准。故曰：为诸侯，则高下万物，以应诸侯；遍有天下，则赋币以守万物之朝夕，调而已。利有足则行，不满则有止。王者乡州以时察之，故利不相倾，县死其所。君守大奉一，谓之国簿。"

管子卷第二十二

卷二十三

地数第七十七 ｜ 轻重十

桓公曰："地数可得闻乎？"管子对曰："地之东西二万八千里，南北二万六千里。其出水者八千里，受水者八千里。出铜之山四百六十七山，出铁之山三千六百九山。此之所以分壤树谷也，戈矛之所发，刀币之所起也。能者有余，拙者不足。封于泰山，禅于梁父，封禅之王七十二家，得失之数皆在此内。是谓国用。"

桓公曰："何谓得失之数皆在此？"管子对曰："昔者桀霸有天下而用不足，汤有七十里之薄而用有余。天非独为汤雨菽粟，而地非独为汤出财物也。伊尹善通移轻重、开阖、决塞，通于高下徐疾之策，坐起之费，时也。黄帝问于伯高曰：'吾欲陶天下而以为一家，为之有道乎？'伯高对曰：'请刈其莞而树之，吾谨逃其蚤牙，则天下可陶而为一家。'黄帝曰：'此若言可得闻乎？'伯高对曰：'上有丹沙者，下有黄金；上有慈石者，下有铜金；上有陵石者，下有铅锡赤铜；上有赭者，下有铁。此山之见荣者也。苟山之见其荣者，君谨封而祭之，距封十里而为一坛。是则使乘者下行，行者趋。若犯令者，罪死不赦。然则与折取之远矣。'修教十年，而葛卢之山发而出水，金从之。蚩尤受而制之，以为剑铠矛戟。是岁相兼者诸侯九。雍狐之山发而出水，金从之。蚩尤受而制之，以为雍狐之戟芮戈，是岁相兼者诸侯十二。故天下之君顿戟壹怒，伏尸满野，此见戈之本也。"

桓公问于管子曰："请问天财所出，地利所在。"管子对曰："山上有赭者，其下有铁；上有铅者，其下有银。一曰：'上有铅者，其下有鉒银；上有丹沙者，其下有鉒金；上有慈石者，其下有铜金。'此山之见荣者也。苟山之见荣者，谨封而为禁，有动封山者，罪死而不赦。有犯令者，左足入，左足断；右足入，右足断。然则其与犯之远矣。此天财地利之所在也。"

桓公问于管子曰："以天财地利立功成名于天下者，谁子也？"管子对曰："文、武是也。"桓公曰："此若言何谓也？"管子对曰："夫玉起于牛氏边山，金起于汝汉之右洿，珠起于赤野之末光。此皆距周七千八百里，其涂远而至难，故先王各用于其重，珠玉为上币，黄金为中币，刀布为下币。令疾则黄金重，令徐则黄金轻。先王权度其号令之徐疾，高下其中币，而制下上之用，则文、武是也。"

桓公问于管子曰："吾欲守国财而毋税于天下，而外因天下，可乎？"管子对曰："可。夫水激而流渠，令疾而物重。先王理其号令之徐疾，内守国财而外因天下矣。"桓公问于管子曰："其行事奈何？"管子对曰："夫昔者武王有巨桥之粟，贵籴之数。"武王既胜殷，得巨桥粟，欲使籴贵。巨桥仓在今广平郡曲周县也。桓公曰："为之奈何？"管子对曰："武王立重泉之戍，戍名也。假设此戍名，欲人惮役而竞收粟也。重，丈恭反。令曰：'民自有百鼓之粟者不行。'谷十二斛❶也。民举所最粟，举，尽也。最，聚也，子外反。以避重泉之戍，而国谷二什倍，巨桥之粟亦二什倍。武王以巨桥之粟二什倍而市缯帛，军五岁毋籍衣于民。以巨桥之粟二什倍而衡黄金百万，衡，平也。终身无籍于民，准衡之数也。"

桓公问于管子曰："今亦可以行此乎？"管子对曰："可。夫楚有汝汉之金，齐有渠展之盐，燕有辽东之煮。此三者，亦可以当武王之数。十口之家，十人咶盐；百口之家，百人咶盐。凡食盐之数，一月丈夫五升少半，妇人三升少半，婴儿二升少半。盐之重，升加分耗而釜五十，升加一耗而釜百，升加什耗而釜千。君伐菹薪，煮沸水为盐，正而积之三万钟。至阳春，请籍于时。"桓公曰："何谓籍于时？"管子曰："阳春农事方作，令民毋得筑垣墙，毋得缮冢墓；丈夫毋得治宫室，毋得立台榭；北海之众，毋得聚庸而煮盐。然盐之贾必四什倍。君以四什之贾，修河、济之流，南输梁、赵、宋、卫、濮阳。恶食无盐则肿。守圉之本，其用盐独重。君伐菹薪，煮沸水以籍于天下，然则天下不减矣。"

桓公问于管子曰："吾欲富本而丰五谷，可乎？"管子对曰："不可。夫本富而财物众，不能守，则税于天下。五谷兴丰，巨钱而天下贵，则税于天下，然则吾民常

---

❶　"斛"，原作"解"，墨宝堂本同。据刘绩本、赵用贤本改。"斛"，量器。

为天下虏矣。夫善用本者，若以身济于大海，观风之所起，天下高则高，天下下则下。天高我下，则财利税于天下矣。"

桓公问于管子曰："事尽于此乎？"管子对曰："未也。夫齐衢处之本，通达所出也，游子胜商之所道。人求本者，食吾本粟，因吾本币，骐骥黄金然后出。令有徐疾，物有轻重，然后天下之宝壹为我用。善者用非有，使非人。"

揆度第七十八 ｜ 轻重十一

齐桓公问于管子曰："自燧人以来，其大会可得而闻乎？"管子对曰："燧人以来，未有不以轻重为天下也。共工之王，帝共工氏，继女娲有天下。水处什之七，陆处什之三，乘天势以隘制天下。至于黄帝之王，谨逃其爪牙，不利其器，藏秘锋芒，不以示人。行机权之道，使人日用而不知。烧山林，破增薮，焚沛泽，沛，大泽也。一说水草兼处曰沛。逐禽兽，实以益人，然后天下可得而牧也。至于尧、舜之王，所以化海内者，北用禺氏之玉，禺氏，西北戎名，玉之所出。南贵江汉之珠。其胜禽兽之仇，以大夫随之。"胜，犹益也。禽兽之仇者，使其逐禽兽如从仇雠也。以大夫随之者，使其大夫散邑粟财物，随山泽之人求其禽兽之皮。桓公曰："何谓也？"管子对曰："令诸侯之子将委质者，诸国君之子，若卫公子开方、鲁公子季友之类。皆以双武之皮，双虎之皮以为裘。卿大夫豹饰，卿大夫，上大夫也。袖谓之饰。列大夫豹幨，列大夫，中大夫也。襟谓之幨，音昌詹反。大夫散其邑粟与其财物，以市武豹之皮。故山林之人刺其猛兽，刺，音七亦反。若从亲戚之仇。此君冕服于朝，而猛兽胜于外。大夫已散其财物，万人得受其流。此尧、舜之数也。"言尧、舜尝用此数。

桓公曰："事名二、正名五而天下治。何谓事名二？"对曰："天策，阳也；壤策，阴也。此谓事名二。""何谓正名五？"对曰："权也，衡也，规也，矩也，准也，此谓正名五。其在色者，青、黄、白、黑、赤也；其在声者，宫、商、羽、徵、角也；其在味者，酸、辛、咸、苦、甘也。二五者，童山竭泽，人君以数制之。人味者，所以守民口也；声者，所以守民耳也；色者，所以守民目也。人君失二五者亡其国，大夫失二五者亡其势，民失二五者亡其家。此国之至机也，谓之国机。"

轻重之法曰："自言能为司马，不能为司马者，杀其身以衅其鼓；自言能治田土，不能治田土者，杀其身以衅其社；自言能为官，不能为官者，剺以为门父。"故无敢奸能诬禄至于君者矣。故相任寅为官都，重门击柝不能去，亦随之以法。

桓公问于管子曰："请问大准。"管子对曰："大准者，天下皆制我而无我焉，此谓大准。"桓公曰："何谓也？"管子对曰："今天下起兵加我，臣之能谋厉国定名者，割壤而封；臣之能以车兵进退成功立名者，割壤而封。然则是天下尽封君之臣也，非君封之也。天下已封君之臣十里矣，天下每动，重封君之民二十里。君之民非富也，邻国富之。邻国每动，重富君之民。贫者重贫，富者重富，大准之数也。"桓公曰："何谓也？"管子对曰："今天下起兵加我，民弃其耒耜，出持戈于外，然则国不得耕。此非天凶也，此人凶也。君朝令而夕求具，民肆其财物与其五谷为雠，厌而去，贾人受而廪之，然则国财之一分在贾人。师罢，民反其事，万物反其重，贾人出其财物，国币之少分廪于贾人。若此则币重三分，财物之轻重三分。贾人市于三分之间，国之财物尽在贾人，而君无策焉。民更相制，君无有事焉。此轻重之大准也。"

管子曰："人君操本，民不得操末；人君操始，民不得操卒。其在涂者，籍之于衢塞；其在谷者，守之春秋；其在万物者，立赀而行。故物动则应之。故豫夺其涂则民无遵，君守其流则民失其高。故守四方之高下，国无游贾，贵贱相当，此谓国衡。以利相守，则数归于君矣。"

管子曰："善正商任者省有肆，省有肆则市朝闲，市朝闲则田野充，田野充则民财足，民财足则君赋敛焉不穷。今则不然，民重而君重，重而不能轻；民轻而君轻，轻而不能重。天下善者不然，民重则君轻，民轻则君重，此乃财余以满不足之数也。故凡不能调民利者，不可以为大治；不察于终始，不可以为至矣。动左右以重相因，二十，国之策也。盐铁二十，国之策也。锡金二十，国之策也。五官之数，不籍于民。"

桓公问于管子曰："轻重之数恶终？"管子对曰："若四时之更举，无所终。国有患忧，轻重五谷以调用，积余臧羡以备赏。天下宾服，有海内，以富诚信仁义之士。故民高辞让，无为奇怪者。彼轻重者，诸侯不服以出战，诸侯宾服以行仁义。"

管子曰："一岁耕，五岁食，粟贾五倍；一岁耕，六岁食，粟贾六倍。二年耕，而十一年食。夫富能夺，贫能予，乃可以为天下。且天下者，处兹行兹，若此而天下可壹也。夫天下者，使之不使，用之不用。故善为天下者，毋曰使之，使不得不使；毋曰用之，使不得不用也。"

管子曰："善为国者，如金石之相举，重钧则金倾。故治权则势重，治道则势赢。今谷重于吾国，轻于天下，则诸侯之自泄，如原水之就下。故物重则至，轻则去，有以重至而轻处者。我动而错之，天下即已于我矣。物臧则重，发则轻，散则多。币重则民死利，币轻则决而不用，故轻重调于数而止。"

"五谷者，民之司命也；刀币者，沟渎也；号令者，徐疾也。令重于宝，社稷重于亲戚。胡谓也？"对曰："夫城郭拔，社稷不血食，无生臣。亲没之后，无死子。此社稷之所重于亲戚者也。故有城无人，谓之守平虚。有人而无甲兵而无食，谓之与祸居。"

桓公问管子曰："吾闻海内玉币有七策，可得而闻乎？"管子对曰："阴山之礝磻，一策也。燕之紫山白金，一策也。发、朝鲜之文皮，一策也。汝、汉水之右衢黄金，一策也。江阳之珠，一策也。秦明山之曾青，一策也。禺氏边山之玉，一策也。此谓以寡为多，以狭为广，天下之数尽于轻重矣。"

桓公问于管子曰："阴山之马，具驾者千乘。马之平贾万也，金之平贾万也。吾有伏金千斤，为此奈何？"管子对曰："君请使与正籍者，皆以币还于金。吾至四万，此一为四矣。吾非堙埴摇炉橐而立黄金也，今黄金之重一为四者，数也。珠起于赤野之末光，黄金起于汝汉水之右衢，玉起于禺氏之边山。此度去周七千八百里，其涂远，其至陒❶，故先王度用其重而因之，珠玉为上币，黄金为中币，刀布为下币。先王高下中币，利下上之用。百乘之国，中而立，东西南北度五十里。一日定虑，二日定载，三日出竟，五日而反。百乘之制，轻重毋过五日。百乘为耕田万顷，为户万户，为开口十万人，为分者万人，为轻车百乘，为马四百匹❷。千乘之国，中而立市，东西南北度百五十余里。二日定虑，三日定载，五日出竟，十日而反。千乘之制，轻重毋过一旬。千乘为耕田十万顷，为户十万户，为开口百万人，为当分者十万人，为轻车千乘，为马四千匹。万乘之国，中而立市，东西南北度五百里。三日定虑，五日定载，十日出竟，二十日而反。万乘之制，轻重毋过二旬。万乘为耕田百万顷，为户百万户，为开口千万人，为当分者百万人，为轻车万乘，为马四万匹。"

管子曰："匹夫为鳏，匹妇为寡，老而无子者为独。

---

❶ "陒"，墨宝堂本同。刘绩本、赵用贤本作"陁"。

❷ "匹"，原作"四"，据墨宝堂本、刘绩本、赵用贤本改。

君问其若有子弟师役而死者，父母为独，上必葬之。衣衾三领，木必三寸，乡吏视事，葬于公壤。若产而无弟兄，上必赐之匹马之壤。故亲之杀其子以为上用，不苦也。君终岁行邑里，其人力同而宫室美者，良萌也，力作者也，脯二束、酒一石以赐之。力足，荡游不作，老者谯之，当壮者遣之边戍。民之无本者，贷之圃彊。故百事皆举，无留力失时之民。此皆国策之数也。"

上农挟五，中农挟四，下农挟三。上女衣五，中女衣四，下女衣三。农有常业，女有常事。一农不耕，民有为之饥者；一女不织，民有为之寒者。饥寒冻饿，必起于粪土，故先王谨于其始。事再其本，民无糟者卖其子；三其本，若为食；四其本，则乡里给；五其本，则远近通，然后死得葬矣。事不能再其本，而上之求焉无止，然则奸涂不可独遵，货财不安于拘。随之以法，则中内撕民也。轻重不调，无糟之民不可责理，鬻子不可得使，君失其民，父失其子，亡国之数也。

管子曰："神农之数曰：一谷不登，减一谷，谷之法什倍；二谷不登，减二谷，谷之法再什倍。夷疏满之，无食者予之陈，无种者贷之新，故无什倍之贾，无倍称之民。"

国准第七十九 ｜ 轻重十二

　　齐桓公问于管子曰："国准可得而闻乎？"管子对曰："国准者，视时而立仪。"桓公曰："何谓视时而立仪？"对曰："黄帝之王，谨逃其爪牙。有虞之王，枯泽童山。夏后之王，烧增薮，焚沛泽，不益民之利。殷人之王，诸侯无牛马之牢，不利其器。周人之王，官能以备物。五家之数殊，而用一也。"桓公曰："然则五家之数，籍何者为善也？"管子对曰："烧山林，破增薮，焚沛泽，禽兽众也。童山竭泽者，君智不足也。烧增薮，焚沛泽，不益民利，逃械器，闭知能者，辅己者也。诸侯无牛马之牢，不利其器者，曰淫器而一民心者也。以人御人，逃戈刃，高仁义，乘天国以安己也。五家之数殊，而用一也。"

　　桓公曰："今当时之王者，立何而可？"管子对曰："请兼用五家而勿尽。"桓公曰："何谓？"管子对曰："立祈祥以固山泽，立械器以使万物，天下皆利而谨操重策，童山竭泽，益利抟流。出金山立币，成菹丘，立骈牢，以为民饶。彼菹菜之壤，非五谷之所生也，麋鹿牛马之地，春秋赋生杀老，立施以守五谷。此以无用之壤，臧民之赢，五家之数皆用而勿尽。"

桓公曰：“五代之王以尽天下数矣，来世之王者可得而闻乎？”管子对曰：“好讥而不乱，亟变而不变。时至则为，过则去。王数不可豫致。此五家之国准也。”

轻重甲第八十 | 轻重十三

桓公曰：“轻重有数乎？”管子对曰：“轻重无数。物发而应之，闻声而乘之。故为国不能来天下之财，致天下之民，则国不可成。”桓公曰：“何谓来天下之财？”管子对曰：“昔者桀之时，女乐三万人，端噪晨乐，闻于三衢，是无不服文绣衣裳者。伊尹以薄之游女工文绣纂组，一纯得粟百钟于桀之国。夫桀之国者，天子之国也。桀无天下忧，饰妇女钟鼓之乐，故伊尹得其粟而夺之流。此之谓来天下之财。”桓公曰：“何谓致天下之民？”管子对曰：“请使州有一掌，里有积五窌。民无以与正籍者，予之长假；死而不葬者，予之长度。饥者得食，寒者得衣，死者得葬，不瞻者得振，则天下之归我者若流水。此之谓致天下之民。故圣人善用非其有，使非其人。动言摇辞，万民可得而亲。”桓公曰：“善。”

桓公问管子曰：“夫汤以七十里之薄兼桀之天下，其故何也？”管子对曰：“桀者，冬不为杠，夏不束梓，以观冻溺；弛牝虎充市，以观其惊骇。至汤而不然，夷竞而积粟，饥者食之，寒者衣之，不畜者振之，天下归汤若流水。此桀之所以失其天下也。"桓公曰："桀使汤得为是，其故何也？"管子曰："女华者，桀之所爱也，汤事之以千金；曲逆者，桀之所善也，汤事之以千金。内则有女华之阴，外则有曲逆之阳，阴阳之议合，而得成其天子。此汤之阴谋也。"

桓公曰："轻重之数，国准之分，吾已得而闻之矣。请问用兵奈何？"管子对曰："五战而至于兵。"桓公曰："此若言何谓也？"管子对曰："请战衡，战准，战流，战权，战势。此所谓五战而至于兵者也。"桓公曰："善。"

桓公欲赏死事之后，曰："吾国者，衢处之国，馈食之都，虎狼之所栖也。今每战，舆死扶伤。如孤，茶❶首之孙，仰�;戟之宝，吾无由予之，为之奈何？"管子对曰："吾国之豪家，迁封食邑而居者，君章之以物则物重，不章以物则物轻，守之以物则物重，不守以物则物轻。故迁封食邑，富商蓄贾，积余藏羡踦蓄之家，此吾国之豪也。故君请缟素而就士室，朝功臣世家，迁封食邑，积余藏羡踦蓄之家，曰：'城肥致冲，无委致围。天下有虑，齐独不与其谋。子大夫有五谷菽粟者，勿敢左右，请以平贾取之子。'与之定其券契之齿，釜鏂之数，不得为侈弇焉。困穷之民，闻而籴之，釜鏂无止，远通不推，国粟之贾坐长而四十倍。君出四十倍之粟，以振孤寡，牧贫

---

❶ "茶"，"荼"的今字。"茶首"白头，指老人。

病，视独老穷而无子者，靡得相鬻而养之，勿使赴于沟浍之中。若此，则士争前战为颜行，不偷而为用，舆死扶伤，死者过半。此何故也？士非好战而轻死，轻重之分使然也。"

桓公曰："皮干筋角之征甚重。重籍于民而贵市之皮干筋角，非为国之数也。"管子对曰："请以令高杠柴池，使东西不相睹，南北不相见。"桓公曰："诺。"行事期年，而皮干筋角之征去分，民之籍去分。桓公召管子而问曰："此何故也？"管子对曰："杠池平之时，夫妻服箪，轻至百里。今高杠柴池，东西南北不相睹。天酸然雨，十人之力不能上。广泽遇雨，十人之力不可得而恃。夫舍牛马之力所无因，牛马绝罢而相继死其所者相望，皮干筋角徒予人而莫之取，牛马之贾必坐长而百倍。天下闻之，必离其牛马而归齐若流。故高杠柴池，所以致天下之牛马，而损民之籍也。《道若秘》云：'物之所生，不若其所聚。'"

桓公曰："弓弩多匡敹苦礼切，碍也。者，而重籍于民，奉缮工而使弓弩多匡敹者，其故何也？"管子对曰："鹅鹜之舍近，鹍鸡鹄鸨音保。之通远。鹄鹍之所在，君请式璧而聘之。"桓公曰："诺。"行事期年，而上无阙者，前无趋人。三月解匄，弓弩无匡敹者。召管子而问曰："此何故也？"管子对曰："鹄鹍之所在，君式璧而聘之。菹泽之民闻之，越乎而射远，非十钧之弩不能中鹍鸡鹄鸨。彼十钧之弩，不得蜚撒不能自正。故三月解匄，而弓弩无匡敹者。此何故也？以其家习其所也。"

桓公曰：“寡人欲籍于室屋。”管子对曰：“不可。是毁成也。”“欲籍于万民。”管子曰：“不可，是隐情也。”“欲籍于六畜。”管子对曰：“不可，是杀生也。”“欲籍于树木。”管子对曰：“不可，是伐生也。”“然则寡人安籍而可？”管子对曰：“君请籍于鬼神。”桓公忽然作色曰：“万民、室屋、六畜、树木，且不可得籍，鬼神乃可得而籍夫？”管子对曰：“厌宜乘势，事之利得也。计议因权，事之囿大也。王者乘势，圣人乘幼，与物皆耳。”桓公曰：“行事奈何？”管子对曰：“昔尧之五更五官无所食，君请立五厉之祭，祭尧之五吏。春献兰，秋敛落，原鱼以为脯，鲵以为殽❶。若此，则泽鱼之正伯倍异日，则无屋粟邦布之籍。此之谓设之以祈祥，推之以礼义也。然则自足，何求于民也？”

桓公曰：“天下之国，莫强于越。今寡人欲北举事孤竹、离枝，恐越人之至，为此有道乎？”管子对曰：“君请遏原流，大夫立沼池，令以矩游为乐，则越人安敢至？”桓公曰：“行事奈何？”管子对曰：“请以令隐三川，立员都，立大舟之都。大身之都有深渊，垒十仞。令曰：‘能游者，赐千金。’未能用金千，齐民之游水不避吴越。”桓公终北举事于孤竹、离枝，越人果至，隐曲蔷以水齐。管子有扶身之士五万人，以待战于曲蔷，大败越人。此之谓水豫。

齐之北泽烧，火猎而行火曰烧，式照反。光照堂下。

---

❶ “殽”，墨宝堂本同。刘绩本、赵用贤本作“殽”。

管子入贺桓公曰："吾田野辟，农夫必有百倍之利矣。"是岁租税九月而具，粟又美。桓❶公召管子而问曰："此何故也？"管子对曰："万乘之国，千乘之国，不能无薪而炊。今北泽烧，莫之续，则是农夫得居装而卖其薪荛，大曰薪，小曰荛。一束十倍。则春有以剿耕，夏有以决芸。此租税所以九月而具也。"

桓公忧北郭民之贫，召管子而问曰："北郭者，尽屦缕之氓也。以唐园为本利，为此有道乎？"管子对曰："请以令禁。百钟之家，不得事鞼；千钟之家，不得为唐园；去市三百步者，不得树葵菜。若此，则空闲有以相给资，则北郭之氓有所雠，其手搔之功，唐园之利，故有十倍之利。"

管子曰："阴王之国有三，而齐与在焉。"桓公曰："此若言可得闻乎？"管子对曰："楚有汝汉之黄金，而齐有渠展之盐，燕有辽东之煮，此阴王之国也。且楚之有黄金，中齐有蒉石也。苟有操之不工，用之不善，天下倪而是耳。使夷吾得居楚之黄金，吾能令农毋耕而食，女毋织而衣。今齐有渠展之盐，渠展，齐地，沸水所流入海之处，可煮盐之所也，故曰渠展之盐。请君伐菹薪，草枯曰菹，采居反。煮沸火为盐，正音征。而积之。"桓公曰："诺。"十月始正，至于正月，成盐三万六千钟。召管子而问曰："安用此盐而可？"管子对曰："孟春既至，农事且起。大夫无得缮冢墓，理宫室，立台榭，筑墙垣。北

---

❶ "桓"，原作"相"，据墨宝堂本、刘绩本、赵用贤本改。

海之众无得聚庸庸，功也。而煮盐。北海之众，谓北海煮盐之人。本意禁人煮盐，托以农事，虑有妨夺。先自大夫起，欲人不知其机，斯为权术。若此，则盐必坐长而十倍。"桓公曰："善。行事奈何？"管子对曰："请以令棠之梁、赵、宋、卫、濮阳。彼尽馈食之也，国无盐则肿。守圉之国，本国自无，远馈而食。圉，与。与御同。用盐独甚。"桓公曰："诺。"乃以令使棠之，得成金万壹千余斤。桓公召管子而问曰："安用金而可？"管子对曰："请以令使贺献、出正籍者必以金，金坐长而百倍。运金之重，以衡万物，尽归于君。故此所谓用若挹于河海，若输之给马。此阴王之业。"

管子曰："万乘之国必有万金之贾，千乘之国必有千金之贾，百乘之国必有百金之贾，非君之所赖也，君之所与。故为人君而不审其号令，则中一国而二君二王也。"桓公曰："何谓一国而二君二王？"管子对曰："今君之籍取以正，万物之贾轻去其分，皆入于商贾。此中一国而二君二王也。故贾人乘其弊，以守民之时。贫者失其财，是重贫也。农夫失其五谷，是重竭也。故为人君而不能谨守其山林、菹泽、草莱，不可以立为天下王。"

桓公曰："此若言何谓也？"管子对曰："山林、菹泽、草莱者，薪蒸之所出，牺牲之所起也。故使民求之，使民籍之，因以给之。私爱之于民，若弟之与兄，子之与父也，然后可以通财交殷也。故请取君之游财，而邑里布积之。阳春，蚕桑且至，请以给其口食箇曲之强。若此，则缕丝之籍去分而敛矣。且四方之不至，六时制之。春日剚耜，次日获麦，次日薄芋，次日树麻，次日绝菹，次日大雨且至，趣芸壅培。六时制之，臣给至于国都。善者乡因其轻重，守其委庐。故事至而不妄，然后可以立为天下王。"

管子曰："一农不耕，民或为之饥；一女不织，民或为之寒。故事再其本，则无卖其子者；事三其本，则衣食足；事四其本，则正籍给；事五其本，则远近通，死得藏。今事不能再其本，而上之求焉无止，是使奸涂不可独行，遗财不可包止。随之以法，则是下艾民。食三升，则乡有正食而盗；食二升，则里有正食而盗；食一升，则家有正食而盗。今操不反之事，而食四十倍之粟，而求民之毋失，不可得矣。且君朝令而求夕具，有者出其财，无有者卖其衣屦。农夫粜其五谷，三分贾而去。是君朝令一怒，布帛流越而之天下。君求焉而无止，民无以待之，走亡而栖山阜。持戈之士顾不见亲，家族失而不分，民走于中而士遁于外。此不待战而内败。"

管子曰："今为国有地牧民者，务在四时，守在仓廪。国多财则远者来，地辟举则民留处。仓廪实则知礼节，衣食足则知荣辱。今君躬犁垦田，耕发草土，得其谷矣。民人之食，有人若干步亩之数，然而有饿馁于衢间者，何也？谷有所藏也。今君铸钱立币，民通移，人有百十之数，然而民有卖子者，何也？财有所并也。故为人君不能散积聚，调高下，分并财，君虽强本趣耕，发草立币而无止，民犹若不足也。"

桓公问于管子曰："今欲调高下，分并财，散积聚。

不然，则世且并兼而无止，蓄余藏羡而不息，贫贱鳏寡独老不与得焉。散之有道，分之有数乎？"管子对曰："唯轻重之家为能散之耳。请以令轻重之家。"桓公曰："诺。"东车五乘，迎癸乙于周下原。桓公问四，因与癸乙、管子、甯戚相与四坐。桓公曰："请问轻重之数。"癸乙曰："重籍其民者失其下，数欺诸侯者无权与。"管子差肩而问曰："吾不籍吾民，何以奉车革？不籍吾民，何以待邻国？"癸乙曰："唯好心为可耳。夫好心则万物通，万物通则万物运，万物运则万物贱，万物贱则万物可因。知万物之可因而不因者，夺于天下。夺于天下者，国之大贼也。"桓公曰："请问好心，万物之可因。"癸乙曰："有余富无余乘者，责之卿诸侯；足其所，不赂其游者，责之令大夫。若此则万物通，万物通则万物运，万物运则万物贱，万物贱则万物可因矣。故知三准同策者，能为天下；不知三准之同策者，不能为天下。故申之以号令，抗之以徐疾也，民乎其归我若流水。此轻重之数也。"

桓公问于管子曰："今剚戟十万，薪菜之靡，日虚十里之衍。顿戟一噪，而靡币之用，日去千金之积。久之，且何以待之？"管子对曰："粟贾平四十，则金贾四千。粟贾釜四十，则钟四百也，十钟四千也，二十钟者为八千也。金贾四千，则二金中八千也。然则一农之事，终岁耕百亩，百亩之收不过二十钟，一农之事乃中二金之财耳。故粟重黄金轻，黄金重而粟轻，两者不衡立。故善者重粟之贾，釜四百，则是钟四千也，十钟四万，二十钟者八万。金贾四千，则是十金四万也，二十金者为八万。故发号出令曰：一农之事，有二十金之策。然则地非有广狭，国非有贫富也，通于发号出令，审于轻重之数然。"

管子曰："浑然击鼓，士忿怒；鎗然击金，士帅然。策桐鼓从之，舆死扶伤，争进而无止。口满用，手满钱，非大父母之仇也，重禄重赏之所使也。故轩冕立于朝，爵禄不随，臣不为忠；中军行战，委予之赏不随，士不死其列陈。然则是大臣执于朝，而列陈之士执于赏也。故使父不得子其子，兄不得弟其弟，妻不得有其夫，唯重禄重赏为然耳。故不远道里而能威绝域之民，不险山川而能服有恃之固，发若雷霆，动若风雨，独出独入，莫之能围。"

桓公曰："四夷不服，恐其逆政游于天下而伤寡人。寡人之行，为此有道乎？"管子对曰："吴、越不朝，珠象而以为币乎？发、朝鲜不朝，请文皮毼他卧切，落毛也。服而以为币乎？禺氏不朝，请以白璧为币乎？昆仑之虚不朝，请以璆琳琅玕为币乎？故夫握而不见于手，含而不见于口，而辟千金者，珠也，然后八千里之吴、越可得而朝也；一豹之皮，容金而金也，然后八千里之发、朝鲜可得而朝也；怀而不见于抱，挟而不见于掖，而辟千金者，白璧也，然后八千里之禺氏可得而朝也；簪珥而辟千金者，璆琳琅玕也，然后八千里之昆仑之虚可得而朝也。故物无主，事无接，远近无以相因，则四夷不得而朝矣。"

管子卷第二十三

卷二十四

轻重乙第八十一

桓公曰："天下之朝夕可定乎？"管子对曰："终身不定。"桓公曰："其不定之说，可得闻乎？"管子对曰："地之东西二万八千里，南北二万六千里。天子中而立，国之四面，面万有余里。民之入正籍者，亦万有余里。故有百倍之力而不至者，有十倍之力而不至者，有倪而是者。则远者疏，疾怨上。边竟诸侯受君之怨民，与之为善，缺然不朝。是天子塞其涂，熟谷者去，天下之可得而霸。"桓公曰："行事奈何？"管子对曰："请与之立壤列天下之旁，天子中立，地方千里，兼霸之壤三百有余里，佊诸侯度百里，负海子男者度七十里。若此，则如胸之使臂，臂之使指也。然则小不能分于民，推徐疾羡不足，虽在下不为君忧。夫海出沸无止，山生金木无息。草木以时生，器以时靡币，沸水之盐以日消，终则有始，与天壤争，是谓立壤列也。"

武王问于癸度曰："贺献不重，身不亲于君；左右不足，支不善于群臣。故不欲收秸户籍而给左右之用，为之

有道乎？”癸度对曰：“吾国者，衢处之国也。远秸之所通，游客蓄商之所道，财物之所遵。故苟入吾国之粟，因吾国之币，然后载黄金而出。故君请重重而衡轻轻，运物而相因，则国策可成。故谨毋失其度，未与民可治。”武王曰：“行事奈何？”癸度曰：“金出于汝汉之右衢，珠出于赤野之末光，玉出于禺氏之旁山，此皆距周七千八百余里。其涂远，其至阨。故先王度用于其重，因以珠玉为上币，黄金为中币，刀布为下币。故先王善高下中币，制下上之用，而天下足矣。”

桓公曰：“衡谓寡人曰：一农之事，必有一耜、一铫、一镰、一鎒、一椎、一铚，然后成为农；一车必有一斤、一锯、一釭、一钻、一凿、一銶、奇休切，凿属。一轲，然后成为车；一女必有一刀、一锥、一箴、一鉥，时橘切，长针也。然后为女。请以令断山木，鼓山铁，是可以毋籍而用足。”管子对曰：“不可。今发徒隶而作之，则逃亡而不守。发民，则下疾怨上。边竟有兵，则怀宿怨而不战。未见山铁之利而内败矣。故善者，不如与民量其重，计其赢，民得其十，君得其三。有杂之以轻重，守之以高下。若此，则民疾作而为上虏矣。”

桓公曰：“请问壤数。”管子对曰：“河埗诸侯，亩钟之国也。碛，侧革切。山诸侯之国也。河埗诸侯常不胜山诸侯之国者，豫戒者也。”桓公曰：“此若言何谓也？”管子对曰：“夫河埗诸侯，亩钟之国也，故谷众多而不理，固不得有。至于山诸侯之国，则敛蔬藏菜，此之谓豫戒。”

桓公曰：“壤数尽于此乎？”管子对曰：“未也。昔狄诸侯，亩钟之国也，故粟十钟而锱金。程诸侯，山诸侯之国也，故粟五釜而锱金。故狄诸侯十钟而不得剀戟，程诸侯五釜而得剀戟。十倍而不足，或五分而有余者，通于轻重高下之数。国有十岁之蓄，而民食不足者，皆以其事业望君之禄也；君有山海之财，而民用不足者，皆以其事业交接于上者也。故租籍，君之所宜得也；正籍者，君之所强求也。亡君废其所宜得，而敛其所强求，故下怨上而令不行。民，夺之则怒，予之则喜，民情固然。先王知其然，故见予之所，不见夺之理。故五谷粟米者，民之司命也；黄金刀布者，民之通货也。先王善制其通货，以御其司命，故民力可尽也。”

管子曰：“泉雨五尺，其君必辱。食称之国必亡，待五谷者众也。故树木之胜霜露者，不受令于天；家足其所者，不从圣人。故夺然后予，高然后下，喜然后怒，天下可举。”

桓公曰：“强本节用，可以为存乎？”管子对曰：“可以为益愈，而未足以为存也。昔者纪氏之国强本节用者，其五谷丰满而不能理也，四流而归于天下。若是，则纪氏其强本节用，适足以使其民谷尽而不能理，为天下虏，是以其国亡而身无所处。故可以益愈，而不足以为存。故善为国者，天下下我高，天下轻我重，天下多我寡，然后可以朝天下。”

桓公曰："寡人欲毋穀❶一士，毋顿一戟，而辟方都二，为之有道乎？"管子对曰："泾水十二空，汶渊洙浩满三之於，乃请以令，使九月种麦，日至日获，则时雨未下而利农事矣。"桓公曰："诺。"令以九月种麦，日至而获。量其艾，一收之积中方都二。故此所谓善因天时，辩于地利，而辟方都之道也。

管子入复桓公曰："终岁之租金四万二千金，请以一朝素赏军士。"桓公曰："诺。"以令至鼓期，于泰舟之野期军士。桓公乃即坛而立。甯戚、鲍叔、隰朋、易牙、宾胥无皆差肩而立。管子执枹而揖军士曰："谁能陷陈破众者，赐之百金。"三问不对。有一人秉剑而前，问曰："几何人之众也？"管子曰："千人之众。""千人之众，臣能陷之。"赐之百金。管子又曰："兵接弩张，谁能得卒长者，赐之百金。"问曰："几何人卒之长也？"管子曰："千人之长。""千人之长，臣能得之。"赐之百金。管子又曰："谁能听旌旗之所指，而得执将首者，赐之千金。"言能得者垒千人，赐之人千金。其余言能外斩首者，赐之人十金。一朝素赏，四万二千金廓然虚。桓公惕然太息曰："吾曷以识此？"管子对曰："君勿患。且使外为名于其内，乡为功于其亲，家为德于其妻子。若此，则士必争名报德，无北之意矣。吾举兵而攻，破其军，并其地，则非特四万二千金之利也。"五子曰："善。"桓公曰："诺。"乃诫大将曰："百人之长，必

---

❶ "穀"，墨宝堂本同。刘绩本、赵用贤本作"杀"（殺）。

为之朝礼。千人之长，必拜而送之，降两级。其有亲戚者，必遗之酒四石、肉四鼎。其无亲戚者，必遗其妻子酒三石、肉三鼎。"行教半岁，父教其子，兄教其弟，妻谏其夫，曰："见其若此其厚，而不死列陈，可以反于乡乎？"桓公衍终举兵攻莱，战于莒必市里。鼓旗未相望，众少未相知，而莱人大遁。故遂破其军，兼其地，而虏其将。故未列地而封，未出金而赏，破莱军，并其地，禽其君。此素赏之计也。

桓公曰："曲防之战，民多假贷而给上事者。寡人欲为之出赂，为之奈何？"管子对曰："请以令令富商蓄贾百符而一马，无有者取于公家。若此，则马必坐长，而百倍其本矣。是公家之马不离其牧皂，而曲防之战赂足矣。"

桓公问于管子曰："崇弟、蒋弟，丁、惠之功世，吾岁罔，寡人不得籍斗升焉；去菹菜、咸卤、斥泽、山间堰壗不为用之壤，寡人不得籍斗升焉；去一列稼，缘封十五里之原，强耕而自以为落其民，寡人不得籍斗升焉。则是寡人之国，五分而不能操其二，是有万乘之号，而无千乘之用也。以是与天子提衡争秩于诸侯，提，持也。合众弱以事一强者，谓之衡。秩，次也。为之有道乎？"管子对曰："唯籍于号令为可耳。"桓公曰："行事奈何？"管子对曰："请以令发师置屯藉农，屯，戍也。发师置戍，人有粟者则不行。十钟之家不行，六斛四斗为钟。百钟之家不行，千钟之家不行。行者不能百之一、千之十，而困窭之数困，丘伦反。窭，力救反。皆见于上矣。君案困窭之数，令之曰：'国贫而用不足，请以平价取之子，皆案困宨而不能挹损焉。'挹，犹谓减其数。君直币之轻重以决其数，直，犹当也。谓决其积粟之数。使无券契之责，分之曰券，合之曰契。责，读曰债。使百姓皆称贷于君，则无契券之债。则积藏困宨之粟皆归于君矣。故九州无敌，竟上无患。"令曰："罢师归农，无所用之。"管子曰："天下有兵，则积藏之粟足以备其粮；天下无兵，则以赐贫氓。若此，则菹菜、咸卤、斥泽、山间堳埒之壤无不发草。此之谓籍于号令。"

管子曰："滕鲁之粟釜百，则使吾国之粟釜千。滕鲁之粟四流而归我，若下深谷者，非岁凶而民饥也。辟之以号令，引之以徐疾，施乎其归我若流水。"

桓公曰："吾欲杀正商贾之利，而益农夫之事，为此有道乎？"管子对曰："粟重而万物轻，粟轻而万物重，两者不衡立。故杀正商贾之利，而益农夫之事，则请重粟之价金三百。若是则田野大辟，而农夫劝其事矣。"桓公曰："重之有道乎？"管子对曰："请以令与大夫城藏，使卿诸侯藏千钟，令大夫藏五百钟，列大夫列大夫，中大夫。藏百钟，富商蓄贾藏五十钟。内可以为国委，外可以益农夫之事。"桓公曰："善。"下令卿诸侯令大夫城藏。农夫辟其五谷，三倍其贾。则正商失其事，而农夫有百倍之利矣。

桓公问于管子曰："衡有数乎？"管子对曰："衡无数也。衡者，使物壹高壹下，不得常固。"桓公曰："然则衡数不可调耶？"管子对曰："不可调。调则澄，澄则常，常则高下不贰，高下不贰则万物不可得而使固。"桓公曰："然则何以守时？"管子对曰："夫岁有四秋，而分有四时。故曰：农事且作，请以什伍农夫赋耜铁，此之谓春之秋；大夏且至，丝纩之所作，此之谓夏之秋；而大秋成，五谷之所会，此之谓秋之秋；大冬营室中，女事纺绩缉缕之所作也，此之谓冬之秋。故岁有四秋，而分有四时。已得四者之序，发号出令，物之轻重相什而相伯。故物不得有常固，故曰衡无数。"

桓公曰："皮干、筋角、竹箭、羽毛、齿革不足，为此有道乎？"管子曰："惟曲衡之数为可耳。"桓公曰："行事奈何？"管子对曰："请以令为诸侯之商贾立客舍，一乘者有食，三乘者有刍菽，五乘者有伍养。天下之商贾归齐若流水。"

轻重丙第八十二 | 轻重十五

亡佚

轻重丁第八十三 | 轻重十六

石璧谋

桓公曰："寡人欲西朝天子，而贺献不足，为此有数乎？"管子对曰："请以令城阴里，城者，筑城也。阴里，齐地也。使其墙三重而门九袭。袭，亦重也。欲其事密而人不知，又先托筑城。因使玉人刻石而为璧，刻石，刻其薔石。尺者万泉，八寸者八千，七寸者七千，珪中丁仲反。四千，瑗中五百。"好倍肉曰瑗。

璧之数已具，管子西见天子曰："弊邑之君，欲率诸侯而朝先王之庙，观于周室。请以令使天下诸侯朝先王之庙，观于周室者，不得不以彤弓石璧。不以彤弓石璧者，彤弓，朱弓也，非齐之所出。盖不可独言石璧，兼以彤弓者，犹藏其机。不得入朝。"天子许之曰："诺。"号令于天下。天下诸侯载黄金、珠玉、五谷、文采、布泉，输齐以收石璧。石璧流而之天下，天下财物流而之齐，故国八岁而无籍。阴里之谋也。

菁茅谋

桓公曰："天子之养不足，号令赋于天下，则不信诸侯，为此有道乎？"管子对曰："江淮之间，有一茅而三脊，毋至其本，名之曰菁茅。请使天子之吏环封而守之。夫天子则封于太山，禅于梁父，号令天下诸侯曰：'诸从天子封于太山、禅于梁父者，必抱菁茅一束以为禅籍。不如令者，不得从。'"天子下诸侯，载其黄金，争秩而走。江淮之菁茅，坐长而十倍，其贾一束而百金。故天子三日即位，天下之金四流而归周若流水。故周天子七年不求贺献者，菁茅之谋也。

桓公曰："寡人多务，令衡籍吾国之富商蓄贾称贷家，以利吾贫萌，农夫不失其本事。反此有道乎？"管子对曰："惟反之以号令为可耳。"桓公曰："行事奈何？"管子对曰："请使宾胥无驰而南，隰朋驰而北，甯戚驰而东，鲍叔驰而西。四子之行定，夷吾请号令，谓四子曰：'子皆为我君视四方称贷之间，其受息之氓几何千家，以报吾。'"

鲍叔驰而西，反报曰："西方之氓者，带济负河，菹泽之萌也。渔猎取薪蒸而为食。其称贷之家，多者千钟，少者六七百钟。其出之，钟也一钟。其受息之萌九百余家。"

宾胥无驰而南，反报曰："南方之萌者，山居谷处，登降之萌也。上断轮轴，下采杼栗，田猎而为食。其称贷之家，多者千万，少者六七百万。其出之，中伯伍也。其受息之萌八百余家。"

宵戚驰而东，反报曰："东方之萌，带山负海，苦处，上断福，渔猎之萌也。治葛缕而为食。其称贷之家，下惠高、国，多者五千钟，少者三千钟。其出之，中钟五釜也。其受息之萌八九百家。"

隰朋驰而北，反报曰："北方萌者，衍处负海，煮沛为盐，梁济取鱼之萌也。薪食。其称贷之家，多者千万，少者六七百万。其出之，中伯二十也。受息之萌九百余家。"

凡称贷之家，出泉参千万，出粟参数千万钟，受子息民参万家。四子已报，管子曰："不弃我君之有萌，中一国而五君之正也。然欲国之无贫，兵之无弱，安可得哉？"桓公曰："为此有道乎？"管子曰："惟反之以号令为可。请以令，贺献者皆以镶枝兰鼓，则必坐长什倍其本矣。君之栈台之职，亦坐长什倍。请以令召称贷之家，君因酧之酒，太宰行觞。桓公举衣而问曰：'寡人多务，令衡籍吾国，闻子之假贷吾贫萌，使有以终其上。令寡人有镶枝兰鼓，其贾中纯万泉也，愿以为吾贫萌决其子息之数，使无券契之责。'称贷之家皆齐首而稽颡曰：'君之忧萌至于此，请再拜以献堂下。'桓公曰：'不可。子使吾萌春有以剗耡，夏有以决芸。寡人之德子无所宠，若此而不受，寡人不得于心。'故称贷之家曰：'皆再拜受。'所出栈台之职未能参千纯也，而决四方子息之数，使无券契之责。四方之萌闻之，父教其子，兄教其弟，曰：‘夫垦田发务，上之所急，可以无庶乎？君之忧我至于此！’此之谓反准。”

管子曰："昔者癸度居人之国，必四面望于天下，下高亦高。天下高，我独下，必失其国于天下。"桓公曰："此若言曷谓也？"管子对曰："昔莱人善染，练茈之于莱纯锱，纲绶之于莱亦纯锱也。其周中十金。莱人知之，间綦茈空。周且敛马作见于莱人操之，莱有推马。是自莱失綦茈而反准于马也。故可因者因之，乘者乘之，此因天下以制天下。此之谓国准。"

桓公曰："齐西水潦而民饥，齐东丰庸而粜贱。庸，用也。谓丰稔而足用。欲以东之贱被西之贵，为之有道乎？"管子对曰："今齐西之粟釜五钟为釜。百泉，则镘二十也；斗二胜八合曰镘，乌侯反。泉，钱也。齐东之粟釜十泉，则镘二钱也。请以令籍人三十泉，得以五谷菽粟决其籍。若此，则齐西出三斗而决其籍，齐东出三釜而决其籍，然则釜十之粟皆实于仓廪。西之民饥者得食，寒者得衣。无本者予之陈，无种者予之新。若此，则东西之相被，远近之准平矣。"君下令税人三十钱，准以五谷。令齐西之人纳三斗，东之人纳三釜，以赈西之人，则东西俱平矣。管子曰：智用无穷。以区区之齐，一匡天下，本仁祖义，成其霸业。所行权术，因机而发，非为常道，故别篇云"偏❶行而

---

❶ "偏"，墨宝堂本、刘绩本、赵用贤本同。《管子·国蓄》作"遍（徧）行而不尽"。"偏"，通"徧"。《黑子·经说下》："伛字不可偏举。"孙诒让间诂："伛、区，偏、徧，并声同字通。"

不尽”也。

桓公曰：“衡数吾已得闻之矣，请问国准。”管子对曰：“孟春且至，沟渎阮而不遂，溪谷报上之水不安于藏，内毁室屋，坏墙垣，外伤田野，残禾稼，故君谨守泉金之谢物，且为之举；大夏，帷盖衣幕之奉不给，谨守泉布之谢物，且为之举；大秋，甲兵求缮，弓弩求弦，谨丝麻之谢物，且为之举；大冬，任甲兵，粮食不给，黄金之赏不足，谨守五谷黄金之谢物，且为之举。已守其谢，富商蓄贾不得如故。此之谓国准。”

龙斗于马谓之阳、牛山之阴。管子入复于桓公曰：“天使使者临君之郊，请使大夫初饬，左右玄服，天之使者乎。”天下闻之曰：“神哉齐桓公！天使使者临其郊。”不待举兵，而朝者八诸侯。此乘天威而动天下之道也。故智者役使鬼神，而愚者信之。

桓公终神。管子入复桓公曰：“地重投之哉，兆国有恼。风重投之哉，兆国有枪星，其君必辱。国有彗星，必有流血。浮丘之战，彗之所出，必服天下之仇。今彗星见于齐之分，请以令朝功臣世家，号令于国中曰：‘彗星出，寡人恐服天下之仇。请有五谷、收粟、布帛、文采者，皆勿敢左右。国且有大事，请以平贾取之。’功臣之家、人民百姓皆献其谷菽粟泉金，归其财物，以佐君之大事。此谓乘天啬而求民邻财之道也。”

桓公曰：“大夫多并其财而不出，腐朽五谷而不散。”管子对曰：“请以令召城阳大夫而请之。”桓公曰：“何哉？”管子对曰：“城阳大夫嬖宠被绤絻，鹅鹜含余粖，齐钟鼓之声，吹笙簧，同姓不入。伯叔父母远近兄弟，皆寒而不得衣，饥而不得食。'子欲尽忠于寡人，能乎？故子毋复见寡人。'"灭其位，杜其门而不出。功臣之家皆争发其积藏，出其资财，以予其远近兄弟。以为未足，又收国中之贫病孤独老不能自食之萌，皆与得焉。故桓公推仁立义，功臣之家兄弟相戚，骨肉相亲，国无饥民。此之谓缪数。

桓公曰："峥丘之战，峥丘，地名，未闻。说即葵丘。民多称贷，负子息以给上之急，度上之求。寡人欲复业产，业产者，本业也。此何以洽？"洽，通也。言百姓为戎事失其本业，今欲敢❶之，何以通于此也？管子对曰："惟缪数为可耳。"缪，读曰谬。假此术以陈其事也。桓公曰："诺。"令左右州曰："表称贷之家，旌表也。皆垩白其门而高其闿。"亦所以贵重之。州通之师执折箓曰："君且使使者。"桓公使八使者式璧而聘之，以给盐菜之用。令使者赍石璧而与，仍存问之，谦言盐菜之用。称贷之家皆齐首稽颡而问曰："何以得此也？"使者曰："君令曰：寡人闻之《诗》曰，'恺悌君子，民之父母'也。寡人有峥丘之战。吾闻子假贷吾贫萌，使有以给寡人之急，度寡人之求。使吾萌春有以剗耨，夏有以决芸，而给上事，子之力也。是以式璧而聘子，以给盐菜❷之用。故子中民之父母也。"称贷之家皆折其券而削其书，旧执之券，皆

---

❶ "敢"，墨宝堂本同。刘绩本、赵用贤本作"取"。
❷ "菜"，墨宝堂本、刘绩本、赵用贤本作"菜"。

折毁之。所书之债，皆削除之不用。发其积藏，出其财物，以振贫病。分其故赀，故国中大给。峥丘之谋也。此之谓缪数。

桓公曰："四郊之民贫，商贾之民富。寡人欲杀商贾之民，以益四郊之民，为之奈何？"管子对曰："请以令决瓀洛之水，通之杭庄之间。"桓公曰："诺。"行令未能一岁，而郊之民殷然益富，商贾之民廓然益贫。桓公召管子而问曰："此其故何也？"管子对曰："决瓀洛之水，通之杭庄之间，则屠酤之汁肥流水，则蟊虻巨雄、翡燕小鸟皆归之，宜昏饮。此水上之乐也。贾人蓄物，而卖为雠，买为取，市未央毕，而委舍其守列，投蟊虻巨雄。新冠五尺，请挟弹怀丸游水上，弹翡燕小鸟，被于暮。故贱卖而贵买。四郊之民卖贱，何为不富哉？商贾之人何为不贫乎？"桓公曰："善。"

桓公曰："五衢之民，衰然多衣弊而屦穿。寡人欲使帛布丝纩之贾贱，为之有道乎？"管子曰："请以令沐途旁之树枝，使无尺寸之阴。"桓公曰："诺。"行令未能一岁，五衢之民皆多衣帛完屦。桓公召管子而问曰："此其何故也？"管子对曰："途旁之树未沐之时，五衢之民，男女相好往来之市者，罢市，相睹树下，谈语终日不归。男女当壮，扶辇推舆，相睹树下，戏笑超距，终日不归。父兄相睹树下，论议玄语，终日不归。是以田不发，五谷不播，麻桑不种，茧缕不治。内严一家而三不归，则帛布丝纩之贾安得不贵？"桓公曰："善。"

桓公曰："粜贱，寡人恐五谷之归于诸侯。寡人欲为百姓万民藏之，为此有道乎？"管子曰："今者夷吾过市，有新成囷京者二家，大囷曰京。君请式璧而聘之。"式，用也。璧，石璧也。聘，问也。赐之以璧，仍存问之。桓公曰："诺。"行令半岁，万民闻之，舍其作业，而为囷京，以藏菽粟五谷者过半。桓公问管子曰："此其何故也？"管子曰："成囷京者二家，君式璧而聘之，名显于国中，国中莫不闻。是民上则无功显名于百姓也，功立而名成，下则实其囷京，上以给上为君，壹举而名实俱在也。民何为也？"

桓公问管子曰："请问王数之守终始，可得闻乎？"管子曰："正月之朝，谷始也。日至百日，黍秋之始也。九月敛实，平麦之始也。"

管子问于桓公："敢问齐方于几何里？"桓公曰："方五百里。"管子曰："阴雍长城之地，其于齐国三分之一，非谷之所生也；浒龙夏，其于齐国四分之一也；朝夕外之，所墆齐地者五分之一，非谷之所生也。然则吾非托食之主耶？"桓公遽然起曰："然则为之奈何？"管子对曰："动之以言，溃之以辞，可以为国基。且君币籍而务，则贾人独操国趣；君谷籍而务，则农人独操国固。君动言操辞，左右之流，君独因之。""物之始，吾已见之矣；物之终，吾已见之矣；物之贾，吾已见之矣。"管子曰："长城之阳，鲁也。长城之阴，齐也。三败杀君二重臣定社稷者，吾此皆以狐突之地封者也。故山地者山也，水地者泽也，薪刍之所生者斥也。"

公曰："托食之主及吾地，亦有道乎？"管子对曰：

"守其三原。"公曰:"何谓三原?"管子对曰:"君守布则籍于麻,十倍其贾,布五十倍其贾,此数也。君以织籍籍于系,未为系,籍系抚织,再十倍其贾。如此,则云五谷之籍。是故籍于布则抚之系,籍于谷则抚之山,籍于六畜则抚之术。籍于物之终始,而善御以言。"公曰:"善。"

管子曰:"以国一籍臣右守布万两,而右麻籍四十倍其贾,衍布五十倍其贾。公以重布决诸侯贾,如此而有二十齐之故。是故轻轶于贾谷制畜者,则物轶于四时之辅。善为国者,守其国之财。汤之以高下,注之以徐疾,一可以为百。未尝籍求于民,而使用若河海,终则有始。此谓守物而御天下也。"

公曰:"然则无可以为有乎?贫可以为富乎?"管子对曰:"物之生未有刑,而王霸立其功焉。是故以人求人,则人重矣;以数求物,则物重矣。"公曰:"此若言何谓也?"管子对曰:"举国而一则无赀,举国而十则有百。然则吾将以徐疾御之,若左之授右,若右之授左,是以外内不踺,终身无咎。王霸之不求于人,而求之终始,四时之高下,令之徐疾而已矣。源泉有竭,鬼神有歇。守物之终始,身不竭,此谓源究。"

轻重戊第八十四 | 轻重十七

　　桓公问于管子曰："轻重安施？"管子对曰："自理国虙戏以来，未有不以轻重而能成其王者也。"公曰："何谓？"管子对曰："虙戏作，造六峜以迎阴阳，作九九之数以合天道，而天下化之。神农作，树五谷淇山之阳，九州之民乃知谷食，而天下化之。黄帝作，钻燧生火，以熟荤臊，民食之，无兹胃之病，而天下化之。黄帝之王，童山竭泽。有虞之王，烧曾薮，斩群害，以为民利；封土为社，置木为闾，始民知礼也。当是其时，民无愠恶不服，而天下化之。夏人之王，外凿二十虻，蕀十七湛，疏三江，凿五湖，道四泾之水，以商九州之高，以治九薮，民乃知城郭、门闾、室屋之筑，而天下化之。殷人之王，立帛牢，服牛马以为民利，而天下化之。周人之王，循六峜，合阴阳，而天下化之。"公曰："然则当世之王者，何行而可？"管子对曰："并用而毋俱尽也。"公曰："何谓？"管子对曰："帝王之道备矣，不可加也。公其行义而已矣。"公曰："其行义奈何？"管子对曰："天子幼弱，诸侯亢强，聘享不上。公其弱强继绝，率诸侯以起周室之祀。"公曰："善。"

　　桓公曰："鲁梁之于齐也，千谷也，蟊螫也，齿之有唇也。蠭，古蜂字。螫，音尸亦反。言鲁梁二国常为齐患也。今吾欲下鲁梁，何行而可？”管子对曰：“鲁梁之民，俗为绨。徒奚反，缯之厚者谓之绨。公服绨，令左右服之，民从而服之。公因令齐勿敢为，必仰于鲁梁，则是鲁梁释其农事而作绨矣。”桓公曰：“诺。”即为服于泰山之阳，鲁梁二国在泰山之南，故为服于此，近其境也，欲鲁梁人速知之。十日而服之。管子告鲁梁之贾人曰：“子为我致绨千匹，赐子金三百斤，什至而金三十斤。则是鲁梁不赋于民，财用足也。”鲁梁之君闻之，则教其民为绨。十三月，而管子令人之鲁梁。鲁梁郭中之民，道路扬尘，十步不相见，緤繙而踵相随，緤繙，谓连续也。緤，息列反。繙，丘乔反。车毂齸骑连伍而行。齸，啮也，士角反。言其车毂往来相啮，而骑东西连而行，皆趋绨利耳。管子曰：“鲁梁可下矣。”公曰：“奈何？”管子对曰：“公宜服帛，率民去绨。闭关，毋与鲁梁通使。”公曰：“诺。”后十月，管子令人之鲁梁。鲁梁之民饿馁相及，相及，犹相继也。应声之正无以给上。应声之正，谓急速之赋。正，音征。鲁梁之君即令其民去绨修农，谷不可以三月而得。鲁梁之人籴十百，谷斗千钱。齐粜十钱。谷斗十钱。二十四月，鲁梁之民归齐者十分之六。三年，鲁梁之君请服。

桓公问管子曰：“民饥而无食，寒而无衣，应声之正无以给上，室屋漏而不居，墙垣坏而不筑，为之奈何？”管子对曰：“沐涂树之枝也。”桓公曰：“诺。”令谓左右伯沐涂树之枝。左右伯受沐涂树之枝阔。其年，民被白布，清中而浊，应声之正有以给上，室屋漏者得居，墙垣坏者得筑。公召管子问曰："此何故也？"管子对曰："齐者，夷莱之国也。一树而百乘息其下者，以其不捎也。众鸟居其上，丁壮者胡丸操弹居其下，终日不归；父老桛枝而论，终日不归；归市亦惰倪，终日不归。今吾沐涂树之枝，日中无尺寸之阴，出入者长时，行者疾走，父老归而治生，丁壮者归而薄业。彼，臣归其三不归，此以乡不资也。"

桓公问于管子曰："莱莒与柴田相并，为之奈何？"管子对曰："莱莒之山生柴，君其率白徒之卒，铸庄山之金以为币，重莱之柴贾。"莱君闻之，告左右曰："金币者，人之所重也；柴者，吾国之奇出也。以吾国之奇出，尽齐之重宝，则齐可并也。"莱即释其耕农而治柴。管子即令隰朋反农。二年，桓公止柴。莱莒之粜三百七十，齐粜十钱，莱莒之民降齐者十分之七。二十八月，莱莒之君请服。

桓公问于管子曰："楚者，山东之强国也。其人民习战斗之道，举兵伐之，恐力不能过。兵弊于楚，功不成于周，为之奈何？"管子对曰："即以战斗之道与之矣。"公曰❶："何谓也？"管子对曰："公贵买其鹿。"桓公即为百里之城，使人之楚买生鹿。楚生鹿当一而八万。管子即令桓公与民通轻重，藏谷什之六。令左司马伯公将白徒而铸钱于庄山，令中大夫王邑载钱二千万，求生鹿于

---

❶ "曰"，原作"田"，据墨宝堂本、刘绩本、赵用贤本改。

楚。楚王闻之，告其相曰："彼金钱，人之所重也，国之所以存，明主之所以赏有功；禽兽者，群害也，明王之所弃逐也。今齐以其重宝贵买吾群害，则是楚之福也。天且以齐私楚也。子告吾民，急求生鹿，以尽齐之宝。"楚民即释其耕农而田鹿。管子告楚之贾人曰："子为我至生鹿，二十赐子金百斤，什至而金千斤也。则是楚不赋于民而财用足也。"楚之男子居外，女子居涂。隰朋教民藏粟五倍，楚以生鹿藏钱五倍。管子曰："楚可下矣。"公曰："奈何？"管子对曰："楚钱五倍，其君且自得而修谷。钱五倍，是楚强也。"桓公曰："诺。"因令人闭关，不与楚通使。楚王果自得而修谷，谷不可三月而得也，楚籴四百。齐因令人载粟处芊之南，楚人降齐者十分之四。三年而楚服。

桓公问于管子曰："代国之出，何有？"管子对曰："代之出，狐白之皮。公其贵买之。"管子曰："狐白应阴阳之变，六月而壹见。公贵买之，代人忘其难得，喜其贵买，必相率而求之。则是齐金钱不必出，代民必去其本而居山林之中。离枝闻之，必侵其北。离枝侵其北，代必归于齐。公曰今❶齐载金钱而往。"桓公曰："诺。"即令中大夫王师北将人徒载金钱之代谷之上，求狐白之皮。代王闻之，即告其相曰："代之所以弱于离枝者，以无金钱也。今齐乃以金钱求狐白之皮，是代之福也。子急令民求狐白之皮，以致齐之币，寡人将以来离枝之民。"代人

❶ "曰今"，墨宝堂本同。刘绩本、赵用贤本作"因令"。

果去其本，处山林之中，求狐白之皮。二十四月而不得一。离枝闻之，则侵其北。代王闻之大恐，则将其士卒葆于代谷之上。离枝遂侵其北，王即将其士卒，愿以下齐。齐未亡一钱币，修使三年而代服。

桓公问于管子曰："吾谷制衡山之术，为之奈何？"管子对曰："公其令人贵买衡山之械器而卖之，燕代必从公而买之。秦赵闻之，必与公争之，衡山之械器必倍其贾。天下争之，衡山械器必什倍以上。"公曰："诺。"因令人之衡山求买械器，不敢辩其贵贾。齐修械器于衡山十月，燕代闻之，果令人之衡山求买械器。燕代修三月，秦国闻之，果令人之衡山求买械器。衡山之君告其相曰："天下争吾械器，令其买再什以上。"衡山之民释其本，修械器之巧。齐即令隰朋漕粟于赵。赵籴十五，隰朋取之石五十。天下闻之，载粟而之齐。齐修械器十七月，修棠五月，即闭关不与衡山通使。燕代秦赵即引其使而归。衡山械器尽，鲁削衡山之南，齐削衡山之北。内自量无械器以应二敌，即奉国而归齐矣。

轻重己第八十五 ｜ 轻重十八

清神生心，心生规，规生矩，矩生方，方生正，正生历，历生四时，四时生万物。圣人因而理之，道遍矣。

以冬日至始，数四十六日，冬尽而春始。天子东出其国四十六里而坛，服青而絻青，搢玉揔，带玉监，朝诸侯卿大夫列士，循于百姓，号曰祭日，牺牲以鱼。发❶出令曰："生而勿杀，赏而勿罚。罪狱勿断，以待期年。"教民樵室钻燧，墐灶泄井，所以寿民也。耜耒耨，怀铚鉊，又擐权渠绳絿，所以御春夏之事也必具。教民为酒食，所以为孝敬也。民生而无父母，谓之孤子；无妻无子，谓之老鳏；无夫无子，谓之老寡。此三人者皆就官，而众可事者不可事者食如言而勿遗。多者为功，寡者为罪，是以路无行乞者也。路有行乞者，则相之罪也。天子之春令也。

以冬日至始，数九十二日，谓之春至。天子东出其国九十二里而坛，朝诸侯卿大夫列士，循于百姓，号曰祭星。十日之内，室无处女，路无行人。苟不树艺者，谓之贼人；下作之地，上作之天，谓之不服之民；处里为下陈，处师为下通，谓之役夫。三不树而主使之。天子之春令也。

以春日至始，数四十六日，春尽而夏始。天子服黄而静处，朝诸侯卿大夫列士，循于百姓，发号出令曰："毋聚大众，毋行大火，毋断大木、诛大臣，毋斩大山，毋戮大衍。灭三大而国有害也。"天子之夏禁也。

以春日至始，数九十二日，谓之夏至，而麦熟。天子祀于太宗，其盛以麦。麦者，谷之始也；宗者，族之始也。同族者人，殊族者处。皆齐大材，出祭王母。天子之

❶ 刘绩本"发"下有"号"字。

所以主始而忌讳也。

以夏日至始，数四十六日，夏尽而秋始，而黍熟。天子祀于太祖，其盛以黍。黍者，谷之美者也；祖者，国之重者也。大功者太祖，小功者小祖，无功者无祖。无功者皆称其位而立沃，有功者观于外。祖者，所以功祭也，非所以戚祭也。天子之所以异贵贱而赏有功也。

以夏日至始，数九十二日，谓之秋至，秋至而禾熟。天子祀于太恋。西出其国百三十八里而坛，服白而絻白，搢玉揔，带锡监，吹埙篪之风凿，动金石之音，朝诸侯卿大夫列士，循于百姓，号曰祭月，牺牲以彘。发号出令，罚而勿赏，夺而勿予。罪狱诛而勿生。终岁之罪，毋有所赦。作衍牛马之实，在野者王。天子之秋计也。

以秋日至始，数四十六日，秋尽而冬始。天子服黑絻黑而静处，朝诸侯卿大夫列士，循于百姓，发号出令曰：“毋行大火，毋斩大山，毋塞大水，毋犯天之隆。”天子之冬禁也。

以秋日至始，数九十二日，天子北出九十二里而坛，服黑而絻黑，朝诸侯卿大夫列士，号曰发繇。趣山人断伐，具械器。趣菹人薪蘿苇，足蓄积。三月之后，皆以其所有易其所无，谓之大通三月之蓄。

凡在趣耕而不耕，民以不令，不耕之害也；宜芸而不芸，百草皆存，民以仅存，不芸之害也；宜获而不获，风雨将作，五谷以削，士民零落，不获之害也；宜藏而不藏，雾气阳阳，宜死者生，宜蛰者鸣，不臧之害也。张耜当弩，铫耨当剑戟，攫渠当胁铅，蓑笠当铠橹。故耕械具则战械备矣。

轻重庚第八十六 ┃ 轻重十九❶

亡佚

管子卷第二十四

---

❶ "轻重十九"四字原无，墨宝堂本、刘绩本、赵用贤本同。今参照原书体例并据浙江书局本补。

读管子

张嵲巨山

　　余读《管子》，然后知庄生、晁错、董生之语时出于《管子》也。不独此耳，凡《汉书》语之雅驯者，率多本《管子》。《管子》，天下之奇文也。所以著见于天下后世者，岂徒其功烈哉？及读《心术》、《白心》上下、❶《内业》诸篇，则未尝不废书而叹，益知其功业之所本，然后知世之知《管子》者殊浅也。《管子》书多古字，如"专"作"抟"，"忒"作"貣"，"宥"作"侑"，"况"作"兄"，"释"作"泽"，此类甚众。《大匡》载召忽语曰："百岁之后，吾君下❷世，犯吾命而废吾所立，夺吾纠也，虽得天下，吾不生也，兄与我齐国之政也？"而注乃谓"召忽呼管仲为兄"。曰"泽命不渝"，而注乃以为"泽恩之命"。甚陋，不可遍举。书既雅奥难句，而为之注者复缪于训，故益使后人疑惑，不能究知。

---

　　❶ "《心术》、《白心》上下"，根据正文篇目，当作"《心术》上下、《白心》"。

　　❷ "下"，《管子·大匡》原文作"卜"。

世传房玄龄所注，恐非是。予求《管子》书久矣，绍兴己未，乃从人借得。之后，而读者累月，始颇窥其义训。然舛脱甚众，其所未解尚十二三。用上下文义，及参以经史刑政，颇为改正其讹谬。疑者表而发之，其所未解者置之，不敢以意穿凿也。既又取其间奥于理、切于务者，抄而藏于家，将得善本而卒业焉。

黄丕烈跋

　　《管子》世鲜善本，往时曾见陆敕先校宋本在小读书堆。后于任蒋桥顾氏借得小字宋本，其卷一后有长方印记，其文云"瞿源蔡潜道宅墨宝堂新雕印"。验其款式，当在南宋末年。中缺十三至十九卷，即其存者，取与陆校本对，亦多不同，盖非最善之本也。

　　甲子岁，余友陶蕴辉鬻书于都门，得大宋甲申秋杨忱序本，板宽而行密，亦小字者。因以寄余，索直一百二十金，豪厘不可减。余亦重其代购之意，如数许之，遂得有其全本。案大宋甲申，不言何朝。核其板刻，当在南宋初，以卷末附张巨山《读管子》一篇也。内有钞补并伪刻之叶，在第六卷中，遍访诸藏书家，无可借钞。时钱唐友人谓余曰："嘉兴某家有影宋钞本，与此正同。"余闻之欣然，久而无以应我之求。适陶君往嘉兴，于小肆中获其半，检所缺叶，一一完好，字迹与刻本纤毫不爽，方信影钞者即从余所得本出，而下半部偶失之耳。命工用宋纸从影钞本重摹，辍钞补伪刻之叶而重装之。《管子》至今日，宋刻始完好无阙，岂非快事！取对顾氏小字本，高出一筹，当是敕先所据以校刘绩之本者也。后钱唐友人来询之，知嘉兴所见者即此钞本，其不肯明言在书肆者，恐余捷足先得。孰知已有代购之人为之始之终之，俾作两美之合哉！

嘉庆丙寅立冬后一日，士礼居重装并记。

茗翁黄丕烈

戴望跋

　　戊辰正月，从瞿氏叚得此本，与海宁唐嵩甫、常孰张纯卿同校一过于赵刻本之上，并记此。戴望志于冶城山书局。